**Für registrierte Leser halten wir
zusätzliche Informationsangebote bereit.**

Bitte geben Sie Ihren Code auf der
Verlagswebsite ein.

**Ihr persönlicher
Registrierungscode**   04GP45711400

Leseproben · Artikel · Angebote · Newsletter · BuchScanner · Foren · Glossar

Liebe Leserin, lieber Leser,

vielen Dank, dass Sie sich für ein Buch von SAP PRESS entschieden haben.

SAP PRESS ist eine gemeinschaftliche Initiative von SAP und Galileo Press. Ziel ist es, qualifiziertes SAP-Wissen Anwendern zur Verfügung zu stellen. SAP PRESS vereint das fachliche Know-how der SAP und die verlegerische Kompetenz von Galileo Press. Die Bücher bieten Expertenwissen zu technischen wie auch zu betriebswirtschaftlichen SAP-Themen.

Jedes unserer Bücher will Sie überzeugen. Damit uns das immer wieder neu gelingt, sind wir auf Ihre Rückmeldung angewiesen. Bitte teilen Sie uns Ihre Meinung zu diesem Buch mit. Ihre kritischen und freundlichen Anregungen, Ihre Wünsche und Ideen werden uns weiterhelfen.

Wir freuen uns auf den Dialog mit Ihnen.

Ihre Eva Tripp
Lektorat SAP PRESS

Galileo Press
Gartenstraße 24
53229 Bonn

eva.tripp@galileo-press.de
www.sap-press.de

 PRESS

SAP PRESS wird herausgegeben von
Bernhard Hochlehnert, SAP AG

Christian Krämer, Christian Lübke, Sven Ringling
mySAP HR Personalwirtschaft
2003, 620 Seiten, 2. Auflage, geb.
ISBN 3-89842-373-5

Christian Krämer, Christian Lübke, Sven Ringling
Personalplanung und -entwicklung mit mySAP HR
Prozessorientierte Einführung – Rollenbasierte Anwendung
2003, 576 Seiten, geb.
ISBN 3-89842-211-9

Ewald Brochhausen, Jürgen Kielisch, Jürgen Schnerring, Jens Staeck
SAP HR – Technische Grundlagen und Programmierung
2003, 370 Seiten, geb.
ISBN 3-89842-335-2

Ewald Brochhausen, Markus Melzer, Marcus Thurner,
Hendrik Vordenbäumen
SAP Travel Management
2004, 384 Seiten, geb.
ISBN 3-89842-407-3

Heinz Forsthuber
SAP-Finanzwesen für Anwender
2002, 430 Seiten, geb.
ISBN 3-89842-179-1

Aktuelle Angaben zum gesamten SAP PRESS-Programm finden Sie unter
www.sap-press.de.

Jörg Edinger, Anja Junold,
Christian Krämer, Sven Ringling

SAP-Personalwirtschaft für Anwender

Galileo Press

Bibliografische Information Der Deutschen Bibliothek
Die Deutsche Bibliothek verzeichnet diese Publikation in der Deutschen Nationalbibliografie; detaillierte bibliografische Daten sind im Internet über http://dnb.ddb.de abrufbar.

ISBN 3-89842-457-X

© Galileo Press GmbH, Bonn 2004
1. Auflage 2004

Der Name Galileo Press geht auf den italienischen Mathematiker und Philosophen Galileo Galilei (1564–1642) zurück. Er gilt als Gründungsfigur der neuzeitlichen Wissenschaft und wurde berühmt als Verfechter des modernen, heliozentrischen Weltbilds. Legendär ist sein Ausspruch **Eppur se muove** (Und sie bewegt sich doch). Das Emblem von Galileo Press ist der Jupiter, umkreist von den vier Galileischen Monden. Galilei entdeckte die nach ihm benannten Monde 1610.

Lektorat Inken Kiupel, Eva Tripp **Korrektorat** Holger Schmidt, Bonn, U. Hübner, Lüneburg **Einbandgestaltung** department, Köln **Herstellung** Vera Brauner **Satz** SatzPro, Krefeld **Druck und Bindung** Bercker Graphischer Betrieb, Kevelaer

Das vorliegende Werk ist in all seinen Teilen urheberrechtlich geschützt. Alle Rechte vorbehalten, insbesondere das Recht der Übersetzung, des Vortrags, der Reproduktion, der Vervielfältigung auf fotomechanischen oder anderen Wegen und der Speicherung in elektronischen Medien.

Ungeachtet der Sorgfalt, die auf die Erstellung von Text, Abbildungen und Programmen verwendet wurde, können weder Verlag noch Autor, Herausgeber oder Übersetzer für mögliche Fehler und deren Folgen eine juristische Verantwortung oder irgendeine Haftung übernehmen.

Die in diesem Werk wiedergegebenen Gebrauchsnamen, Handelsnamen, Warenbezeichnungen usw. können auch ohne besondere Kennzeichnung Marken sein und als solche den gesetzlichen Bestimmungen unterliegen.

Sämtliche in diesem Werk abgedruckten Bildschirmabzüge unterliegen dem Urheberrecht © der SAP AG, Neurottstr. 16, D-69190 Walldorf.

SAP, das SAP-Logo, mySAP, mySAP.com, mySAP Business Suite, SAP NetWeaver, SAP R/3, SAP R/2, SAP B2B, SAPtronic, SAPscript, SAP BW, SAP CRM, SAP Early Watch, SAP ArchiveLink, SAP GUI, SAP Business Workflow, SAP Business Engineer, SAP Business Navigator, SAP Business Framework, SAP Business Information Warehouse, SAP inter-enterprise solutions, SAP APO, AcceleratedSAP, InterSAP, SAPoffice, SAPfind, SAPfile, SAPtime, SAPmail, SAPaccess, SAP-EDI, R/3 Retail, Accelerated HR, Accelerated HiTech, Accelerated Consumer Products, ABAP, ABAP/4, ALE/WEB, BAPI, Business Framework, BW Explorer, Enjoy-SAP, mySAP.com e-business platform, mySAP Enterprise Portals, RIVA, SAPPHIRE, TeamSAP, Webflow und SAP PRESS sind Marken oder eingetragene Marken der SAP AG, Walldorf.

Inhalt

1 So nutzen Sie dieses Buch — 13

1.1 Zielgruppe 13
1.2 Wie arbeiten Sie mit diesem Buch? 14
1.3 Noch mehr Inhalt 15

2 Was ist SAP? — 17

2.1 Das Unternehmen SAP AG 17
2.2 Die Softwareprodukte 17
2.3 Weiterentwicklung und Anpassung des Systems 19

3 Grundlagen und Navigation — 21

3.1 Anmeldung am R/3-System 21
3.2 Der R/3-Bildschirm 23
    3.2.1 Der Aufbau des R/3-Bildschirms 23
    3.2.2 Die Konfiguration des R/3-Bildschirms 28
3.3 Abmeldung vom R/3-System 31
3.4 Die Navigation im R/3-System 33
    3.4.1 Voraussetzung: Benutzerstammsatz 33
    3.4.2 Arbeiten mit dem Benutzermenü 33
    3.4.3 Mit Transaktionscodes navigieren 36
    3.4.4 Verknüpfung einer Transaktion auf dem Desktop 38
    3.4.5 Probleme beim Ausführen von Transaktionen 39
3.5 Die Datenpflege 40
    3.5.1 Arbeiten mit Textfeldern 40
    3.5.2 Weitere Feldtypen 43
3.6 Benutzervorgaben 43
    3.6.1 Vorschlagswerte dauerhaft einrichten 44
    3.6.2 Temporäre Vorgabewerte setzen 45
    3.6.3 Weitere Benutzervorgaben 46
3.7 Arbeiten mit Reports 47
    3.7.1 Ausführen von Reports im R/3-System 49
    3.7.2 Arbeiten mit den Ergebnislisten 52

| 3.8 | Drucken | 55 |
| 3.9 | Übungsaufgaben zu Kapitel 3 | 62 |

4   Der Aufbau des HR — 65

| 4.1 | Die HR-Komponenten | 65 |
| 4.2 | Strukturen im HR | 66 |

5   Personaladministration — 69

5.1	Die Bedeutung der Stammdaten für das HR	69
5.2	Die Funktion der Personaladministration	72
5.3	Das Infotypkonzept	73
	5.3.1 Infotypen	73
	5.3.2 Verprobung der Daten	74
	5.3.3 Mussfelder	74
	5.3.4 Unterteilung in Subtypen	74
	5.3.5 Infotypsatz	75
	5.3.6 Gültigkeitszeitraum	75
	5.3.7 Zeitbindung	76
	5.3.8 Unternehmensspezifische Besonderheiten	77
5.4	Infotyppflege am Beispiel des Infotyps 0006 – Anschriften	77
	5.4.1 Einstieg in die Stammdatenpflege	77
	5.4.2 Auswahl von Mitarbeitern mit und ohne Objektmanager	78
	5.4.3 Auswahl von Zeitraum und Infotyp	82
	5.4.4 Infotypsatz anlegen	83
	5.4.5 Infotypsatz ändern	84
	5.4.6 Infotypsatz kopieren	87
	5.4.7 Infotypsatz löschen	87
	5.4.8 Infotypsatz abgrenzen	88
	5.4.9 Infotypsatz sperren/entsperren	89
	5.4.10 Infotypsatz anzeigen	89
	5.4.11 Pflege rückrechnungsrelevanter Felder/Infotypen	90
5.5	Das Maßnahmenkonzept	91
	5.5.1 Aufrufen und Ausführen einer Maßnahme	91
	5.5.2 Überspringen eines Infotyps in der Maßnahme	92
	5.5.3 Unterbrechen und Wiederaufnehmen der Einstellungsmaßnahme	92
5.6	Ausführen einer Einstellungsmaßnahme	92
	5.6.1 Maßnahmenmenü	93
	5.6.2 Infotyp 0000 – Maßnahmen	93
	5.6.3 Infotyp 0003 – Abrechnungsstatus	98
	5.6.4 Infotyp 0001 – Organisatorische Zuordnung	98
	5.6.5 Infotyp 0002 – Daten zur Person	102
	5.6.6 Infotyp 0006 – Anschriften	105
	5.6.7 Infotyp 0007 – Sollarbeitszeit	107
	5.6.8 Infotyp 0008 – Basisbezüge	109

	5.6.9	Infotyp 0009 – Bankverbindung	112
	5.6.10	Infotyp 0012 – Steuerdaten Deutschland	113
	5.6.11	Infotyp 0013 – Sozialversicherungsdaten Deutschland	115
	5.6.12	Infotyp 0020 – DEÜV	117
	5.6.13	Infotyp 0016 – Vertragsbestandteile	118
	5.6.14	Infotyp 0019 – Terminverfolgung	120
	5.6.15	Infotyp 2006 – Abwesenheitskontingente	121
	5.6.16	Abschluss der Maßnahme	121
5.7		**Pflege ausgewählter Infotypen**	**122**
	5.7.1	Infotyp 0004 – Behinderung	122
	5.7.2	Infotyp 0010 – Vermögensbildung	123
	5.7.3	Infotyp 0011 – Externe Überweisung	126
	5.7.4	Infotyp 0014 – Wiederkehrende Be-/Abzüge	127
	5.7.5	Infotyp 0015 – Ergänzende Zahlung	128
	5.7.6	Infotyp 0022 – Ausbildung	130
	5.7.7	Infotyp 0027 – Kostenverteilung	131
	5.7.8	Infotyp 0030 – Vollmachten	132
	5.7.9	Infotyp 0031 – Referenzpersonalnummer	132
	5.7.10	Infotyp 0032 – Betriebsinterne Daten	133
	5.7.11	Infotyp 0033 – Statistik	133
	5.7.12	Infotyp 0036 – Sozialversicherung Schweiz	135
	5.7.13	Infotyp 0038 – Steuer Schweiz	136
	5.7.14	Infotyp 0040 – Leihgaben	137
	5.7.15	Infotyp 0041 – Datumsangaben	138
	5.7.16	Infotyp 0042 – Steuer Österreich	139
	5.7.17	Infotyp 0044 – Sozialversicherung Österreich	139
	5.7.18	Infotyp 0045 – Darlehen	141
	5.7.19	Infotyp 0128 – Mitteilungen	143
5.8		**Ausführen ausgewählter Maßnahmen**	**143**
	5.8.1	Die Maßnahme »Organisatorischer Wechsel«	144
	5.8.2	Die Maßnahme »Austritt«	145
5.9		**Tipps und Tricks**	**147**
	5.9.1	Maßnahmenschnellerfassung	147
	5.9.2	Schnellerfassung	148
	5.9.3	Personalakte	151
	5.9.4	Abrechnungsstatus ändern	152
	5.9.5	Einstellungsdatum korrigieren	154
5.10		**Übungsaufgaben zu Kapitel 5**	**159**

6 Reports und Queries in der Personaladministration — 161

6.1		**Überblick über die Auswertungsmöglichkeiten**	**161**
	6.1.1	Die Basis für Auswertungen	161
	6.1.2	Die Werkzeuge zum Erstellen von Auswertungen	162
6.2		**Reports über Personalstammdaten**	**163**
	6.2.1	Erstellen einer Mitarbeiterliste	163
	6.2.2	Das Standardselektionsbild	168

	6.2.3	Arbeiten mit der Ergebnisliste	179
	6.2.4	Ausgewählte Standardauswertungen	180
6.3	Queries über Personalstammdaten		184
	6.3.1	Formen der Query	184
	6.3.2	Ausführen einer Query	185
	6.3.3	Erstellen einer Ad-hoc Query	186
	6.3.4	Spezielle Funktionen der Ad-hoc Query	191
6.4	Übungsaufgaben zu Kapitel 6		195

7 Zeitwirtschaft — 197

7.1	Das Aufgabengebiet der Zeitwirtschaft		197
	7.1.1	Ziel der Zeitwirtschaft	197
	7.1.2	Formen der Zeiterfassung	198
	7.1.3	Voraussetzungen in den Stammdaten	198
7.2	Die Pflege von Zeitdaten		200
	7.2.1	Infotyp 2001 – Abwesenheiten	202
	7.2.2	Infotyp 2002 – Anwesenheiten	207
	7.2.3	Infotyp 2003 – Vertretung	212
	7.2.4	Infotyp 2005 – Mehrarbeit	214
	7.2.5	Infotyp 2006 – Abwesenheitskontingente	215
	7.2.6	Infotyp 2007 – Anwesenheitskontingente	218
	7.2.7	Infotyp 2010 – Entgeltbelege	219
	7.2.8	Infotyp 2011 – Zeitereignisse	220
	7.2.9	Infotyp 2012 – Zeitumbuchungsvorgaben	223
7.3	Zeitabrechnung und Zeitnachweis		224
	7.3.1	Ziel der Zeitabrechnung	224
	7.3.2	Zeitabrechnung durchführen	224
	7.3.3	Zeitnachweis anzeigen	226
7.4	Das Tagesgeschäft im Arbeitsvorrat		231
	7.4.1	Zweck des Arbeitsvorrats und Einstieg	231
	7.4.2	Fehlerhafte Zeitereignisse bearbeiten	235
	7.4.3	Die Fehlerbehandlung	237
7.5	Der Arbeitsplatz Personalzeitwirtschaft (TMW)		239
	7.5.1	Zweck des TMW und Einstieg	239
	7.5.2	Zeitdatenpflege im TMW	241
	7.5.3	Die Meldungsbearbeitung im TMW	244
7.6	Zeitdaten auswerten		245
	7.6.1	Besonderheiten beim Auswerten von Zeitdaten	245
	7.6.2	Ausgewählte Auswertungen in der Zeitwirtschaft	247
7.7	Übungsaufgaben zu Kapitel 7		249

8 Personalabrechnung 251

- 8.1 Überblick ... 251
- 8.2 Voraussetzungen in den Stammdaten ... 256
- 8.3 Abrechnungskonzeption und Abrechnungsergebnisse ... 257
  - 8.3.1 Das Abrechnungskonzept in SAP R/3 ... 257
  - 8.3.2 Abrechnungsergebnisse ... 260
- 8.4 Abrechnungssimulation und Entgeltnachweis ... 262
  - 8.4.1 Die Abrechnungssimulation ... 262
  - 8.4.2 Der Entgeltnachweis ... 266
- 8.5 Abrechnungsstatus und Verwaltungssatz ... 271
  - 8.5.1 Der Abrechnungsstatus ... 271
  - 8.5.2 Der Abrechnungsverwaltungssatz ... 273
- 8.6 Der Ablauf der Personalabrechnung am Beispiel der deutschen Abrechnung ... 275
  - 8.6.1 Prozessüberblick ... 275
  - 8.6.2 Vorbereitende Aktivitäten ... 275
  - 8.6.3 Durchführen der Personalabrechnung ... 278
  - 8.6.4 Überweisungen ... 280
  - 8.6.5 Sozialversicherung ... 285
  - 8.6.6 Finanzamt ... 296
  - 8.6.7 Buchung ins Rechnungswesen ... 299
- 8.7 Auswertungen in der Personalabrechnung ... 301
- 8.8 Besonderheiten für Österreich und die Schweiz ... 306
  - 8.8.1 Ähnlichkeiten und Analogien ... 306
  - 8.8.2 Unterschiede bei der Personalabrechnung in Österreich ... 307
  - 8.8.3 Unterschiede bei der Personalabrechnung in der Schweiz ... 308
- 8.9 Übungsaufgaben zu Kapitel 8 ... 309

9 Organisationsmanagement 311

- 9.1 Überblick ... 311
  - 9.1.1 Der Begriff der Planvariante ... 311
  - 9.1.2 Objekte, Verknüpfungen und Infotypen ... 312
  - 9.1.3 Ausgewählte Objekttypen ... 313
  - 9.1.4 Ausgewählte Infotypen ... 314
- 9.2 Pflege der Organisationsstruktur ... 317
  - 9.2.1 Elemente der Pflegeoberfläche ... 317
  - 9.2.2 Organisationseinheiten pflegen ... 332
  - 9.2.3 Planstellen pflegen ... 337
  - 9.2.4 Zuordnung/Versetzung von Mitarbeitern ... 339
- 9.3 Pflege ausgewählter Daten ... 340
  - 9.3.1 Die Registerkarte Kontierung ... 340
  - 9.3.2 Die Registerkarte Kostenverteilung ... 341

	9.3.3	Die Registerkarte Adresse	342
	9.3.4	Die Registerkarte Arbeitszeit	342
9.4	Auswertungen im Organisationsmanagement		343
	9.4.1	Beispiel-Report Vakante Planstellen	344
	9.4.2	Beispiel-Report Besetzungsplan	348
9.5	Übungsaufgaben zu Kapitel 9		350

10 Veranstaltungsmanagement 353

10.1	Unterstützte Prozesse des Veranstaltungsmanagements		353
10.2	Die dynamischen Menüs		354
10.3	Die Veranstaltungsvorbereitung		354
	10.3.1	Struktur des Veranstaltungskatalogs	354
	10.3.2	Veranstaltungsgruppen anlegen	357
	10.3.3	Veranstaltungstypen anlegen	359
10.4	Veranstaltungsangebot		372
	10.4.1	Veranstaltungsmenü	372
	10.4.2	Veranstaltungsangebot anlegen	375
10.5	Tagesgeschäft		387
	10.5.1	Teilnahmemenü	387
	10.5.2	Korrespondenz	404
10.6	Wiederkehrende Arbeiten		408
	10.6.1	Fixieren von Veranstaltungen	408
	10.6.2	Absagen von Veranstaltungen	412
	10.6.3	Sperren/Entsperren von Veranstaltungen	413
	10.6.4	Nachbereitung von Veranstaltungen	414
	10.6.5	Interne Leistungsverrechnung	415
10.7	Infosystem		419
	10.7.1	Auskunftsmenü	419
	10.7.2	Berichtsbaum Teilnahmen	422
	10.7.3	Berichtsbaum Veranstaltungen	425
	10.7.4	Berichtsbaum Ressourcen	427
10.8	Übungsaufgaben zu Kapitel 10		428

11 Reisemanagement 431

11.1	Voraussetzung in den Stammdaten		431
	11.1.1	Infotyp 0017 – Reiseprivilegien	432
	11.1.2	Infotyp 0027 – Kostenverteilung	433
	11.1.3	Infotyp 0105 – Kommunikation	433
11.2	Reisedaten im Reisemanager erfassen		434
	11.2.1	Reiseantrag und Vorschuss erfassen	434
	11.2.2	Reise zur Abrechnung erfassen	441

11.3	Reisedaten im Reisekostenmanager erfassen	446
11.4	Die verschiedenen Status einer Reise	448
	11.4.1 Genehmigungs- und Abrechnungsstatus	448
	11.4.2 Druck- und Überleitungsstatus	450
	11.4.3 Historie der Reisestatus	451
11.5	Reisen genehmigen	451
11.6	Druck des Reisekostennachweises	454
11.7	Zahlung und Buchung	457
11.8	Übungsaufgaben zu Kapitel 11	458

12 Employee Self Service (ESS) — 459

12.1	Voraussetzungen	459
	12.1.1 Zugang zum ESS	459
	12.1.2 Personalstammdaten	459
12.2	Einstieg in den ESS	460
12.3	Arbeiten mit dem ESS	462

13 Manager's Desktop (MDT) — 465

13.1	Integration mehrerer Komponenten	465
13.2	Aufbau des Manager's Desktop	466
13.3	Die verschiedenen Themenkategorien	468
	13.3.1 Personendaten	468
	13.3.2 Organisation	468
	13.3.3 Vergütungsmanagement/Kosten + Budget	469
	13.3.4 Personalbeschaffung	470
	13.3.5 Workflow-Eingang	472
	13.3.6 Spezialgebiete	472
13.4	Anpassung des eigenen Manager's Desktop	473
	13.4.1 Überspringen des Einstiegsbilds	473
	13.4.2 Themenkategorien und Funktionen auswählen	473
	13.4.3 Registerkarten auswählen	474
	13.4.4 Spalten im rechten Bildbereich auswählen	474
13.5	Übungsaufgaben zu Kapitel 13	476

14 Hilfefunktionen — 477

14.1	Online-Hilfen	477
	14.1.1 Das SAP Help Portal	478
	14.1.2 SAP Service Marketplace	480

14.2	Die Hilfefunktionen des Systems		481
	14.2.1 Dokumentation im Easy Access-Menü		481
	14.2.2 Customizing-Dokumentation		482
	14.2.3 Die F1-Hilfe		483
14.3	Übungsaufgaben zu Kapitel 14		484

A Wichtige Transaktionscodes — 485

B Erläuterungen zu Prozessmodellen — 487

C Weitere Quellen — 491

D Das Autorenteam — 493

Index — 497

1 So nutzen Sie dieses Buch

Die in diesem Buch behandelten Themen sind sehr umfangreich. Hier erläutern wir, wie Sie das Buch optimal nutzen

1.1 Zielgruppe

Dieses Buch ist in erster Linie für *Endanwender* und *Key-User* geschrieben, die entweder ganz neu in das Thema einsteigen oder Tipps für die Effizienzsteigerung Ihrer täglichen Arbeit suchen.

Außerdem stellt das Buch eine wichtige Informationsquelle für *Trainer* dar, die Schulungen zu SAP HR für Endanwender aufbauen oder abhalten wollen. Sie können das Buch als Vorbereitungslektüre Ihren Teilnehmern empfehlen, um die Präsenztrainings zu verkürzen, und/oder selbst aus dem Buch Anregungen für die Gestaltung der Schulungen entnehmen.

Aber auch folgende Zielgruppen werden in diesem Buch wertvolle Informationen finden:

- *Projektleiter*, die sich nicht mit den Details und dem Customizing des HR beschäftigen, jedoch die grundlegenden Begriffe kennen lernen wollen. Durch Anlesen der einzelnen Kapitel und der Hinweise und Tipps werden Sie die Sprache und Probleme der Anwender künftig besser verstehen.
- *Teammitglieder* von Implementierungsprojekten, *Berater* und *Customizing-Verantwortliche*, die neu in das Thema einsteigen und sich zunächst in einfacher Art und Weise mit der Anwendung des Systems beschäftigen möchten.
- *Programmierern*, die im Umfeld von mySAP HR anwendungsnah programmieren, wird durch dieses Buch der Aufbau von Testfällen stark erleichtert. Außerdem dient das Buch dem Verständnis der Anforderungen von Endanwendern.
- *Studierende* oder andere Interessierte, die sich in das Thema Personalwirtschaft einarbeiten, erhalten einen echten Einblick in die Praxis der Personalarbeit und deren IT-Umsetzung mit mySAP HR. Die Themen des Buchs repräsentieren wesentliche Funktionen einer Personalabteilung und vermitteln ein Gefühl dafür, wie operative Personalarbeit im administrativen Bereich aussieht.

1.2 Wie arbeiten Sie mit diesem Buch?

Die einzelnen Kapitel des Buchs können durchaus in beliebiger Reihenfolge durchgearbeitet werden. Wenn Sie Tipps zu konkreten Fragestellungen suchen, nutzen Sie den Index und springen Sie unmittelbar an die entsprechende Stelle! Für Leser ohne Kenntnisse in mySAP HR empfiehlt sich aber, die folgenden Empfehlungen zur Reihenfolge einzuhalten:

- Beginnen Sie mit Kapitel 2, *Was ist SAP?*, Kapitel 3, *Grundlagen und Navigation* und Kapitel 4, *Aufbau des HR*. Dabei genügt es, Kapitel 3 zügig durchzuarbeiten – Sie können dann immer wieder darauf zurückkommen, wenn Sie eine bestimmte Technik im Verlauf eines anderen Kapitels wieder benötigen. Die Kapitel 2 und 3 können Sie weglassen, wenn Sie sich in einem anderen Bereich des SAP R/3-Systems bzw. mySAP ERP-Systems bereits gut auskennen.

- Bearbeiten Sie dann in jedem Fall Kapitel 5, *Personaladministration*. Wenn der Schwerpunkt Ihrer Arbeit nicht auf der Personaladministration liegt, müssen Sie die Vielzahl der Infotypen nicht im Detail berücksichtigen. Sie sollten aber das Konzept der Infotypen und der Maßnahmen verstehen und die Infotypen 0000 bis 0003 kennen.

- Da viele der im Folgenden beschriebenen Anwendungen Auswertungen sein werden, sollten Sie dann mit Kapitel 6, *Reports und Queries in der Personaladministration*, fortfahren. Sie benötigen dieses Kapitel auch dann, wenn der Schwerpunkt Ihrer Arbeit nicht in der Personaladministration liegt. Lassen Sie in diesem Fall lediglich die ausgewählten Standardauswertungen (Abschnitt 6.2.4) weg. Arbeiten Sie das Kapitel zur Query nur dann durch, wenn Sie auch berechtigt sind, mit Queries zu arbeiten.

- Die weiteren Kapitel können nun in beliebiger Reihenfolge bearbeitet werden. Lesen Sie lediglich Kapitel 9, *Organisationsmanagement*, vor Kapitel 10, *Veranstaltungsmanagement*.

- Der Anhang und das Kapitel 14, *Hilfefunktionen*, können zu jedem erforderlichen Zeitpunkt eingebaut werden. Informieren Sie sich über die Hilfefunktionen, sobald Sie die ersten Schritte im System gemacht haben – so gewöhnen Sie sich rasch daran, selbst die nötigen Informationen im System zu finden. An Stellen, wo dieses Buch und die beschriebenen Hilfefunktionen nicht mehr weiter helfen, verweist der Anhang auf weitere Informationsquellen in der Literatur und im Internet.

1.3 Noch mehr Inhalt

Am Ende jedes größeren Kapitels findet sich eine Liste von Übungsaufgaben, die das Verständnis überprüfen. Lösungen zu diesen Aufgaben finden Sie im kostenfreien Zusatzangebot zu diesem Buch im Internet. Wie Sie dieses Angebot nutzen, ist am Ende des Buchs sowie unter *www.sap-press.de* beschrieben.

Wie schon bei beiden bisherigen HR-Büchern dieses Autorenteams, können auch die Leser dieses Buchs den kostenfreien HR-Newsletter der Autoren abonnieren. Schicken Sie einfach eine E-Mail mit dem Betreff »Abo/Buch« an *newsletter@iprocon.de*.

2 Was ist SAP?

Das Unternehmen SAP ist in aller Munde. Nun, da Sie einen großen Teil Ihrer täglichen Arbeit mit seinen Produkten verbringen, wollen wir Ihnen einige wichtige Begriffe aus seinem Umfeld nahe bringen.

2.1 Das Unternehmen SAP AG

»SAP« steht zunächst einmal nur für »Systeme, Anwendungen und Produkte in der Datenverarbeitung«. Der Begriff »SAP« bezeichnet eigentlich keine Software, sondern das Unternehmen, das diese Software herstellt: die SAP AG mit Sitz in Walldorf.

Da dieses Unternehmen aber über lange Zeit mit seinem wichtigsten Softwareprodukt, dem R/3-System, identifiziert wurde, wird im allgemeinen Sprachgebrauch »SAP« häufig mit diesem System oder allgemein mit den Softwareprodukten der SAP AG gleichgesetzt.

Die SAP AG wurde 1972 gegründet, ist heute das größte deutsche Softwarehaus und gehört zu den größten Softwareanbietern weltweit.

2.2 Die Softwareprodukte

1979 bot SAP mit dem System R/2 ein umfassendes Softwarepaket an, mit dem Großunternehmen ihre Prozesse in Logistik, Rechnungswesen und Personalwirtschaft unterstützen konnten.

Seit 1993 existiert das System R/3. Es war zunächst dazu gedacht, den Kundenbestand der SAP AG um mittelständische Unternehmen zu erweitern, da es durch den Einsatz so genannter Client-Server-Technologie mit sehr viel preiswerterer Hardware auskam. Das R/3-System war jedoch auch im Markt der Großunternehmen erfolgreich und wurde so zum Quasi-Nachfolger des R/2-Systems. Mit diesem R/3-System hatte SAP weltweit großen Erfolg. Die Begriffe »SAP« und »R/3« wurden danach oft synonym gebraucht.

Die Komponente HR ist innerhalb des R/3-Systems für die personalwirtschaftlichen Funktionalitäten verantwortlich. Ein großer Vorteil des Systems gegenüber verschiedenen Einzelprodukten ist die Integration. Dadurch, dass die zentralen Daten aller Unternehmensfunktionen im gleichen System geführt werden, wird eine doppelte Datenhaltung vermieden und es können Daten zwischen den einzelnen Bereichen ausgetauscht werden (z. B. werden die Ergebnisse der Entgeltabrechnung direkt in die Finanzbuchhaltung gebucht).

Mit dem System *R/3 Enterprise* oder R/3 Release 4.7 beschreiben wir in diesem Buch das letzte Produkt von SAP, das den Namen »R/3« tragen wird. Die Software wird künftig in das Produkt *mySAP ERP* übergehen und dessen Kern (Core) bilden. Die in diesem Buch gezeigten Abläufe und Oberflächen sind jedoch mit minimalen Ausnahmen auch zur Einarbeitung in mySAP ERP geeignet – ebenso wie für die Vorgängerversion R/3 Release 4.6C.

Bereits seit einiger Zeit bietet SAP Software-Lösungen über das R/3-System hinaus an. Einige dieser Produkte sind z. B.:

- mySAP CRM (Customer Relationship Management): unterstützt kundenbezogene Geschäftsprozesse (Vertrieb, Service und Marketing)
- mySAP SRM (Supplier Relationship Management): unterstützt lieferantenbezogene Geschäftsprozesse (Beschaffungsstrategien, Lieferanteneinbindungen usw.)
- mySAP APO (Advanced Planner and Optimizer): unterstützt Geschäftsprozesse, die die Logikkette optimieren (als Teil des mySAP Supply Chain Management)

Relevante Produkte für das HR, die oft unter mySAP HCM (Human Capital Management) zusammengefasst sind, sind insbesondere:

- das R/3-System (Modul HR) als Kern
- das BW (Business Information Warehouse) als Auswertungswerkzeug
- das SEM (Strategic Enterprise Management) als kennzahlenbasiertes System zur Unternehmenssteuerung
- das E-Recruiting
- die SAP Learning Solution, eine Lernlösung der SAP als Plattform für Blended Learning[1]
- der ESS (Employee Self Service) für den webbasierten Zugriff der Mitarbeiter auf ihre Personaldaten
- der MSS (Manager Self Service) als webbasiertes Portal für Führungskräfte
- das SAP Enterprise Portal für den zentralen, webbasierten Zugang zu verschiedenen Anwendungen – z. B. auch MSS, ESS und Learning Solution

---

[1] Unter Blended Learning versteht man die Kombination von klassischen Präsenztrainings mit E-Learning-Komponenten.

2.3 Weiterentwicklung und Anpassung des Systems

Die SAP AG entwickelt ihre Produkte ständig weiter. So genannte Support Packages (ca. alle zwei bis sechs Wochen) oder neue Releases (ca. einmal jährlich) dienen dazu:

- Fehler zu bereinigen
- gesetzliche Änderungen abzubilden
- die Anwenderfreundlichkeit zu verbessern
- das System an neue Technologien anzupassen
- neue betriebswirtschaftliche Funktionalitäten bereitzustellen

Durch diese fortlaufende Weiterentwicklung ändert sich auch die Ihnen bekannte Oberfläche des Systems ständig – wenn auch meist nur geringfügig. Daher kann es sein, dass eine Maske in Ihrem System etwas anders aussieht als im Buch dargestellt.

Neben der Weiterentwicklung des Systems durch den Hersteller, passt auch jedes Unternehmen die Software an seine spezifischen Anforderungen an. Die Produkte der SAP sind von Anfang an darauf ausgelegt, flexibel an die Kundenanforderungen angepasst bzw. erweitert werden zu können. Die Funktionalität des Systems, die vom Hersteller geliefert wird, wird oft auch als *Standard* bezeichnet.

Ein Teil der Anpassungen erfolgt durch das so genannte *Customizing*. Dieses sorgt z.B. dafür, dass das System Ihren Lohnartenkatalog und Ihre Urlaubsregelung kennt und Felder, die in Ihrem Unternehmen nicht benötigt werden, ausgeblendet sind.

Ein weiterer Teil der Anpassung erfordert eine *Programmierung*. Diese wird z.B. erforderlich, wenn in Ihrem Unternehmen eine spezielle Auswertung benötigt wird, die im Standard nicht vorhanden ist.

Sowohl Customizing als auch Programmierung sorgen ebenfalls dafür, dass die in diesem Buch dargestellten Bildschirmmasken nicht exakt denen Ihres Systems entsprechen. Unsere Erklärungen sind aber so allgemein gehalten, dass die Arbeit mit dem Buch eine sehr gute Grundlage liefert und Sie das Gelernte leicht auf Ihr unternehmensspezifisches Umfeld übertragen können.

3 Grundlagen und Navigation

Die Benutzeroberfläche des R/3-Systems besteht aus einigen Funktionalitäten, die dem Anwender aus bekannten PC-Anwendungen vertraut sein dürften. Darüber hinaus bietet es umfangreiche Möglichkeiten zur individuellen Konfiguration, um die Arbeit eines jeden Anwenders so komfortabel wie möglich zu gestalten.

3.1 Anmeldung am R/3-System

SAP-Logon

Wenn Sie täglich mit dem SAP-System arbeiten, empfiehlt es sich, auf Ihrem Desktop eine Verknüpfung zum SAP-Logon zu erstellen (siehe Abbildung 3.1). Per Doppelklick starten Sie die Anwendung SAP GUI, *Graphical User Interface*, die die Kommunikation zwischen Ihnen als R/3-Benutzer und dem R/3-System ermöglicht.

Abbildung 3.1 Verknüpfung zum SAP-Logon auf dem Desktop

Im Logon-Verzeichnis wählen Sie das System aus, auf dem Sie arbeiten wollen. Die meisten Unternehmen haben neben dem Produktivsystem mindestens ein Entwicklungs- und Qualitätssicherungssystem installiert. Auf dem Entwicklungssystem werden Eigenentwicklungen und unternehmensspezifische Einstellungen (Customizing) vorgenommen. Die veränderten Systemdaten werden danach in der Regel in das Qualitätssicherungssystem transportiert, ehe sie im Produktivsystem verwendet werden.

Anmeldebild

Nachdem Sie das System mit einem Doppelklick aktiviert haben, sehen Sie das Anmeldebild der Abbildung 3.2.

Bitte halten Sie die Logon-Daten bereit, die Sie von Ihrem Benutzeradministrator erhalten haben. Tragen Sie zunächst – wenn nicht bereits vorbelegt – die Mandantennummer ein. Mit der Tabulatortaste **Tab** oder Ihrer Maus bewegen Sie sich zum nächsten Feld.

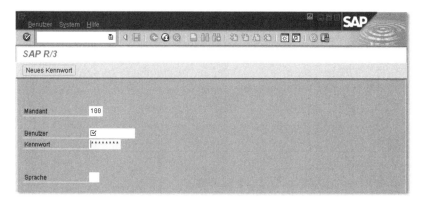

Abbildung 3.2 Anmeldung am Mandanten 100

Beim Eintragen Ihres Kennwortes bleiben die Sterne aus Sicherheitsgründen stehen, nur der Cursor rückt weiter.

Das Feld **Sprache** ist immer vorbelegt, auch wenn Sie es nicht sehen. Wenn Sie hier nichts eintragen, melden Sie sich in der Sprache an, in der das R/3-System in Ihrem Unternehmen installiert wurde. Geben Sie also nur wenn nötig eine davon abweichende Sprache ein. Um Ihre Anmeldesprache in diesem Feld dauerhaft vorzubelegen, müssen Sie Ihre Benutzervorgaben entsprechend pflegen. Bitte lesen Sie dazu Abschnitt 3.6.3.

> **Hinweis** Dem Häkchen, wie Sie es im Feld **Benutzer** sehen, werden Sie noch häufiger begegnen. Es bedeutet immer, dass das Feld unbedingt gefüllt werden muss. Man spricht auch von einem **Mussfeld**.

Das Kennwort

Das System fordert Sie bei der Erstanmeldung und auch später in regelmäßigen Abständen auf, das Kennwort zu ändern (siehe Abbildung 3.3). Wie oft Sie das Kennwort ändern müssen und welche Anforderungen für die Zusammensetzung des Kennwortes gelten, wird kundenindividuell im System hinterlegt. Anforderungen können beispielsweise sein:

- Mindestlänge des Kennwortes
- unerlaubte Zeichenfolgen (z.B. kein Firmenname)
- keine Wiederholung von Kennwörtern

Bestätigen Sie Ihre Eingaben mit einem Klick auf den grünen Haken. Bei erfolgreicher Anmeldung gelangen Sie auf das Einstiegsbild SAP Easy Access (siehe Abbildung 3.5).

Abbildung 3.3 Ändern des Kennwortes

Fehler beim Anmelden

Bei fehlerhafter Anmeldung gibt Ihnen das System eine entsprechende Fehlermeldung aus. Geben Sie erneut Ihre Daten ein. Doch Vorsicht: Bei mehreren erfolglosen Versuchen, sich anzumelden, sperrt das System Ihren Benutzer. Dies soll verhindern, dass jeder wahllos Kennwörter an fremden Benutzern ausprobiert. Sie müssen dann Ihren Benutzer beim Administrator freischalten lassen.

Mehrfachanmeldung

Wenn Sie sich mehrfach – möglicherweise an verschiedenen PCs – anmelden, sehen Sie das Bild in Abbildung 3.4. Um zu verhindern, dass eine andere Person mit Ihrem Login Änderungen im System vornimmt, sollten Sie stets mit einer Anmeldung arbeiten. Wählen Sie also **Mit dieser Anmeldung fortfahren und alle bestehenden Anmeldungen beenden**. Beachten Sie aber, dass ungesicherte Daten beim Beenden verloren gehen.

3.2 Der R/3-Bildschirm

3.2.1 Der Aufbau des R/3-Bildschirms

Damit Sie sich schnell auf dem R/3-Bildschirm zurechtfinden, stellen wir Ihnen nun den Aufbau vor (siehe auch Abbildung 3.5). Die Elemente, die wir Ihnen erläutern, befinden sich im Kopf- und Fußbereich des Bildschirms. Diese finden Sie auf jedem Fenster wieder, egal, ob Sie beispielsweise Bewerber verwalten oder Mitarbeiter abrechnen. Innerhalb der Leisten können jedoch die Drucktasten und Bezeichnungen variieren. Vor allem aber das Innere des Bildschirms – der Bildrumpf – ist abhängig vom betriebswirtschaftlichen Kontext.

Menüleiste

Die Menüleiste befindet sich am obersten Rand des R/3-Bildschirms. Während die Menüs **System** und **Hilfe** und das Layout-Menü auf jedem Bild des SAP-Systems sichtbar sind, variieren die anderen Aktionsmenüs abhängig von der jeweiligen Anwendung.

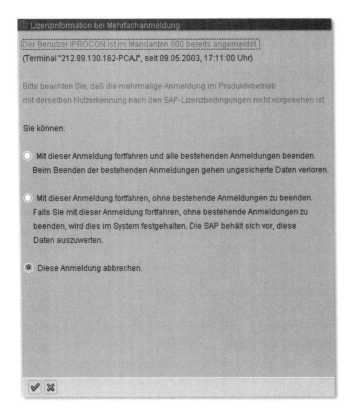

Abbildung 3.4 Mehrfachanmeldung

Das Menü **System** umfasst sämtliche Funktionen, die sich auf das SAP-System beziehen. Weitere Funktionen aus diesem Menü erläutern wir Ihnen im Verlauf des Buches. Unter dem Menüpunkt **Hilfe** finden Sie verschiedene Hilfefunktionen. Für ausführliche Informationen zur Hilfe empfehlen wir Ihnen Kapitel 14 in diesem Buch.

Symbolleiste

Die Symbolleiste bzw. Systemfunktionsleiste befindet sich unterhalb der Menüleiste. Die Systemfunktionsleiste enthält Drucktasten für oft benutzte Funktionen wie **Sichern**, **Zurück**, **Beenden** und **Abbrechen** sowie zur Navigation und Hilfe. Eine Beschreibung der Drucktastenfunktion erhalten Sie über die so genannte *Quick-Info*. Das kleine Textfeld erscheint, wenn Sie mit dem Mauszeiger auf die Drucktaste gehen. Die Symbolleiste ist immer gleich aufgebaut. Abhängig vom Kontext können einige Drucktasten inaktiv (grau) sein.

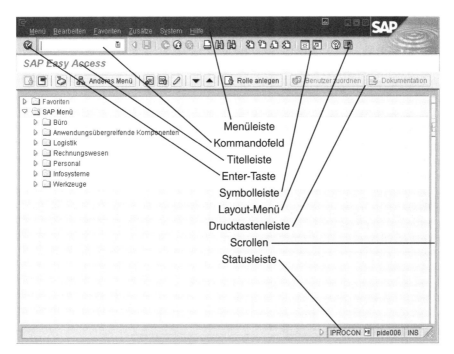

Abbildung 3.5 Aufbau des R/3-Bildschirms

Weiterhin sind einigen Drucktasten Funktionstasten zugeordnet. Folgendes ist dabei unbedingt zu unterscheiden: Drucktasten befinden sich auf dem Bildschirm, Funktionstasten liegen auf der Tastatur. Abbildung 3.6 gibt Ihnen einen Überblick über die Symbole und die Zuordnung zu einer Funktionstaste sowie den Gebrauch der Druck- bzw. Funktionstaste im R/3-System. Die Funktionstasten, die größer als **F12** sind, erreichen Sie über die Shift-Taste, z. B. **Shift + F1** für die Funktionstaste 13.

Tipp Die Belegung einiger Funktionstasten ist abhängig von der jeweiligen Anwendung. Sie können sich die Bearbeitungsfunktionen auf jedem Bildschirm anzeigen lassen, indem Sie mit der rechten Maustaste auf das Fenster klicken. Wählen Sie mit der Maus aus dem Dialogfenster eine Bearbeitungsmöglichkeit aus (siehe Abbildung 3.7).

Kommandofeld

Rechts neben dem Symbol **Enter** ✓ befindet sich das Kommandofeld zur Eingabe von Befehlen an das R/3-System. Wenn Sie dieses nicht sehen, öffnen Sie es über den kleinen weißen Pfeil ▷. Darüber können Sie es auch selbst wieder schließen. Wie Sie mit dem Kommandofeld arbeiten, erläutern wir in Abschnitt 3.4.3 näher.

Symbol	Name	Gebrauch
	Enter	Freigeben/Bestätigen der Daten
	Kommando-feld	auch »Befehlsfeld«; zum Eingeben von Befehlen (meist Transaktionen), um eine neue Anwendung zu starten
F11	Sichern	Speichern der Daten
F3	Zurück	Zurückkehren auf das vorige Bildschirmbild innerhalb einer Anwendung
F15	Beenden	Verlassen der aktuellen Anwendung; von der Startseite ausgehend, beenden Sie die Sitzung
F12	Abbrechen	Beenden eines aktiven Vorgangs, Zurückkehren auf das vorige Bildschirmbild innerhalb einer Anwendung
F13	Drucken	Aufrufen der Druckfunktion
	Suchen	Aufrufen der Suchfunktion
	Weiter suchen	Aufrufen der Suchfunktion mit Detailsuche
F21	Erste Seite	in der angezeigten Liste oder Tabelle zur ersten Bildschirmseite blättern
F22	Vorige Seite	in der angezeigten Liste oder Tabelle eine Seite zurückblättern
F23	Nächste Seite	in der angezeigten Liste oder Tabelle eine Seite vorblättern
F24	Letzte Seite	in der angezeigten Liste oder Tabelle zur letzten Bildschirmseite blättern
	Modus erzeugen	Aufrufen eines weiteren R/3-Bildschirms, um in mehr als einer Anwendung zu arbeiten
	Verknüpfung auf Desktop	Verknüpfen der aktuellen Anwendung mit dem Desktop, um diese direkt beim Anmelden aufzurufen
F1	Hilfe	Aufrufen einer näheren Erläuterung des Feldes, in dem der Mauszeiger steht
	Layout-Menü	Aufrufen des Layout-Menüs zur individuellen Konfiguration Ihres Bildschirms

Abbildung 3.6 Funktion der Symbole

Modus

Wenn Sie im SAP-System an mehreren Anwendungen arbeiten möchten, können Sie bis zu sechs Modi gleichzeitig über den Button **Modus erzeugen** öffnen (siehe Abbildung 3.6). Zwischen den Modi springen Sie am einfachsten mit **Alt + Tab**. Falls Sie ein und denselben Datensatz in zwei Modi bearbeiten, kann es geschehen, dass Sie sich selbst sperren. Verlassen Sie dann in einem Modus die Anwendung mit **Beenden** oder **Zurück**, um im anderen Modus die Daten weiter pflegen zu können.

Abbildung 3.7 Beispiel einer Funktionstastenbelegung

Layout-Menü

Das Layout-Menü wird durch eine bunte Drucktaste dargestellt. Es enthält unter anderem Funktionen, mit denen Sie Ihren R/3-Bildschirm individuell konfigurieren können. Sie haben beispielsweise die folgenden Möglichkeiten:

- Einstellen des Verhaltens von Quick-Infos
- Ändern des Cursor- und Tab-Verhaltens
- Steuerung der Anzeige von Meldungen

Wie Sie den R/3-Bildschirm nach Ihren Wünschen einrichten, erfahren Sie in Abschnitt 3.2.2.

Eine weitere hilfreiche Funktion finden Sie unter dem Menüpunkt **Hardcopy**. Damit können Sie einen Ausdruck (Screenshot) Ihres aktuellen R/3-Fensters erstellen. Ausführliches zu Druckfunktionen finden Sie im Abschnitt 3.8.

Titelleiste

Die Titelleiste zeigt die betriebswirtschaftliche Funktion an, die Sie mit dem aktuellen Bildschirm durchführen. So wissen Sie stets, in welcher Anwendung Sie sich befinden.

Drucktastenleiste

Unter der Titelleiste sehen Sie die Drucktastenleiste bzw. Anwendungsfunktionsleiste. Hier werden jeweils die Drucktasten (Buttons) angezeigt, die für den aktuellen Kontext relevant sind. Die Drucktasten bestehen aus Grafiken und/oder

Text. Die meisten Drucktasten haben eine feste Bedeutung. Welche Funktion eine Drucktaste hat, erfahren Sie über die Quick-Info. Halten Sie dazu den Mauszeiger über der Drucktaste. Es erscheint ein kleines Textfeld mit der Beschreibung.

Statusleiste

Die Statusleiste befindet sich am Fuß des Bildschirms und besteht aus zwei Teilen. In der linken Hälfte werden Systemmeldungen angezeigt. Im folgenden Beispiel fordert Sie das System auf, die Eingaben zu sichern (siehe Abbildung 3.8).

Abbildung 3.8 Statusleiste

Auf der rechten Seite stehen allgemeine Informationen für den SAP-Benutzer. Im Beispiel sind Informationen zum System eingeblendet. Per Klick auf das weiße Blatt können andere Informationen wie der Benutzername oder die aktuelle Transaktion angezeigt werden. Mit dem kleinen weißen Pfeil schließen bzw. öffnen Sie die Anzeige.

Eine *Transaktion* stellt eine Anwendung im SAP-System dar. Sie reicht von einem einfachen Vorgang, wie dem Erzeugen einer Mitarbeiterliste, bis zu einer komplexen Anwendung, wie dem Abrechnen mehrerer Mitarbeiter.

3.2.2 Die Konfiguration des R/3-Bildschirms

SAP-Konfiguration

Ab Release 4.6C haben Sie die Wahl zwischen dem klassischen und dem neuen Design des R/3-Bildschirms. Die Designs unterscheiden sich lediglich durch die Farbgestaltung und verschiedene Animationsgrafiken. Um zwischen den Designs zu wechseln, rufen Sie die Windows-Systemsteuerung auf. Darunter finden Sie den Eintrag **SAP-Konfiguration**. Setzen Sie den Haken entsprechend bei **Neues Design verwenden** oder klicken Sie auf die dargestellten Designs (siehe Abbildung 3.9). Die geänderten Einstellungen werden erst durch den Neustart des Systems wirksam.

Quick-Infos

Oft fragen Anwender, wie man die Quick-Info schneller anzeigen lassen kann. Diese Einstellung nehmen Sie im Layout-Menü unter **Optionen** auf der Registerkarte (auch: Kartenreiter) **Optionen** vor. Dort haben Sie die Wahl, die Quick-Infos langsam oder schnell anzeigen zu lassen oder ganz abzuschalten (siehe Abbildung 3.10).

Abbildung 3.9 Auswahl des neuen Designs

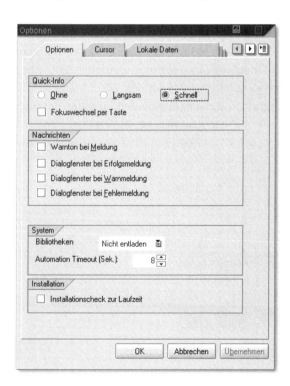

Abbildung 3.10 Konfiguration von Quick-Info und Systemmeldungen

Schlüssel in Drop-Down-Listen

In manchen Feldern können Sie sich mögliche Eingabewerte aus einer Drop-Down-Liste auswählen. Unter **Layout-Menü • Optionen • Experte** haben Sie die Möglichkeit, diese Werte mit Schlüssel und sortiert nach Schlüssel anzeigen zu lassen (siehe Abbildung 3.11).

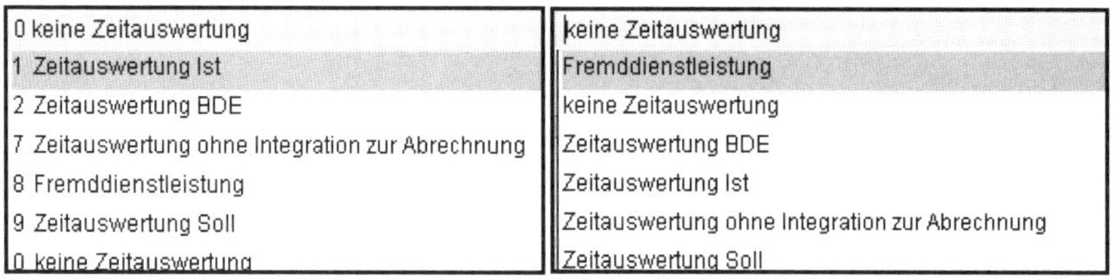

0 keine Zeitauswertung	keine Zeitauswertung
1 Zeitauswertung Ist	Fremddienstleistung
2 Zeitauswertung BDE	keine Zeitauswertung
7 Zeitauswertung ohne Integration zur Abrechnung	Zeitauswertung BDE
8 Fremddienstleistung	Zeitauswertung Ist
9 Zeitauswertung Soll	Zeitauswertung ohne Integration zur Abrechnung
0 keine Zeitauswertung	Zeitauswertung Soll

Abbildung 3.11 Drop-Down-Liste mit und ohne Schlüssel

Systemmeldungen

Systemmeldungen werden bei verschiedenen Bearbeitungsschritten ausgegeben. Sie warnen beispielsweise vor fehlerhaften Eingaben oder geben Hinweise, welchen Schritt Ihre Bearbeitung nach sich zieht. Die Systemmeldung erscheint entweder in der Statusleiste oder in einem Dialogfenster.

Unter dem Punkt **Nachrichten** auf der Registerkarte **Optionen** (siehe Abbildung 3.10) können Sie angeben, wie die Meldungen ausgegeben werden sollen. Wenn das Häkchen gesetzt ist, öffnet sich ein Dialogfenster mit dem Meldungstext. Dies erweist sich jedoch eher als störend. In der Regel gewöhnt sich der Benutzer schnell daran, die Statusleiste während der Bearbeitung im Auge zu behalten. Außerdem können Sie einstellen, dass mit der Meldung ein Warnton ausgegeben wird.

Das System unterscheidet verschiedene Meldungsarten, die jeweils durch ein Symbol (Häkchen, Ausrufezeichen oder Kreuz) gekennzeichnet sind (siehe Abbildung 3.12, 3.13 und 3.14).

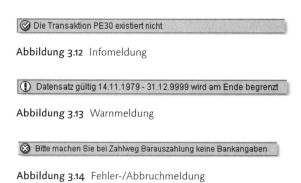

Abbildung 3.12 Infomeldung

Abbildung 3.13 Warnmeldung

Abbildung 3.14 Fehler-/Abbruchmeldung

Der Meldungstext in der Statusleiste oder im Dialogfenster ist sehr kurz und deshalb nicht immer aufschlussreich. Weitere Informationen zur Systemnachricht erhalten Sie, wenn Sie auf die Statusleiste doppelklicken bzw. die Hilfefunktion auf dem Dialogfenster aufrufen.

Übrigens: Liegt der Fehler an einer unternehmensspezifischen Einstellung, kann man oftmals direkt aus dem Zusatztext in die Customizingtabelle springen und dort die Änderung vornehmen. Dazu bedarf es jedoch auch der entsprechenden Berechtigung.

Tab- und Cursorverhalten

Auf der Registerkarte **Cursor** im Layout-Menü können Sie das Cursorverhalten und die Cursorbreite steuern. Unter **Cursorposition** nehmen Sie bei gesetztem Häkchen die folgenden Einstellungen vor:

- Automatisches Tab am Feldende
  Wenn Sie das Ende des Feldes erreicht haben, springt der Cursor automatisch zum nächsten Feld. Diese Einstellung lohnt sich, wenn Sie Daten in sehr vielen Feldern eingeben müssen.
- Bei Tab die Position im Feld merken
  Setzt den Cursor an die Stelle im Eingabefeld, an der Sie zuletzt geklickt haben.
- Cursor an das Textende
  Setzt den Cursor an das Ende eines Textes in einem Eingabefeld, wenn Sie rechts neben dem Text klicken.
- Text im Bearbeitungsfeld im Einfügemodus markieren
  Markiert den Text, wenn Sie mit der Tabulatortaste in ein Eingabefeld springen. Wenn Sie dann eine Eingabe machen, wird der ursprüngliche Inhalt des Feldes gelöscht bzw. überschrieben.
- Cursor in Listen
  Es wird nur ein Zeichen markiert (sonst eine ganze Spalte).

3.3 Abmeldung vom R/3-System

Wenn Sie Ihre Sitzung am SAP-System abgeschlossen haben, sollten Sie sich vom R/3-System abmelden, damit niemand anderes mit Ihren Benutzerdaten Änderungen am System vornimmt. Sie haben verschiedene Möglichkeiten, sich vom R/3-System abzumelden:

1. Auf jedem R/3-Bildschirm befindet sich die Drucktaste . Klicken Sie so lange auf dieses Symbol, bis sich ein Dialogfenster öffnet (siehe Abbildung 3.15).

Bestätigen Sie die Sicherheitsabfrage mit »Ja«. Sie haben sich vom System erfolgreich abgemeldet.

Übrigens: Der Hinweis, dass nicht gesicherte Daten beim Abmelden verloren gehen, erscheint immer, egal ob Sie die Daten bereits gesichert oder gar nicht geändert haben.

Abbildung 3.15 Dialogfenster zum Abmelden vom R/3-System

2. In der Menüleiste unter **System** hängt an letzter Stelle die Funktion **Abmelden** (siehe Abbildung 3.16). Beim Aufruf erscheint zunächst das Dialogfenster mit der Sicherheitsabfrage.

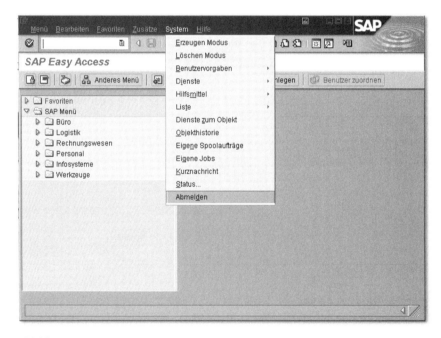

Abbildung 3.16 Menüpfad zum Abmelden vom R/3-System

3. Sie finden weiterhin auf jedem R/3-Bildschirm in der Symbolleiste rechts von der Drucktaste **Enter** das Kommandofeld . Hier können Sie Befehle eingeben. Mit dem Befehl **/nend** und **Enter** beenden Sie die Sitzung. Es erscheint das Dialogfenster zur Warnung vor ungesicherten Daten. Geben Sie

den Befehl **/nex** in das Kästchen ein, werden alle Modi sofort geschlossen und die Sitzung sofort – ohne Sicherheitsabfrage – beendet.

4. Wie Sie vielleicht schon aus anderen PC-Anwendungen wissen, können Sie das aktive Fenster mit der Tastenkombination **Alt + F4** oder einem Klick auf das Kreuz in der rechten oberen Fensterecke schließen. Dies funktioniert gleichermaßen für den R/3-Bildschirm. Hierbei schließen Sie zunächst nur den Modus, und erst beim letzten geöffneten Fenster erscheint das Dialogfenster zum Abmelden.

3.4 Die Navigation im R/3-System

3.4.1 Voraussetzung: Benutzerstammsatz

Eine Voraussetzung dafür, dass Sie sich am SAP-System anmelden und verschiedene Aktivitäten durchführen können, ist der Benutzerstammsatz. Diesen hat der Benutzeradministrator bereits für Sie angelegt. Der Benutzerstamm enthält zum einen die wichtigsten Daten zu Ihrer Person als Benutzer des R/3-Systems. Sie können diese Daten selbst pflegen, z. B. die Raumnummer ändern, wenn Sie in ein anderes Büro gewechselt sind (siehe Abbildung 3.17). Rufen Sie dazu in der Menüleiste **System · Benutzervorgaben · Eigene Daten** auf.

Zum anderen befindet sich im Benutzerstamm die Zuordnung einer oder mehrerer Rollen, die Ihnen bestimmte Aktivitäten im System erlauben. Zur Registerkarte mit den Berechtigungsdaten haben Sie keinen Zugang. Abhängig von den zugeordneten Rollen, die insgesamt Ihre Berechtigung ergeben, baut sich im SAP Easy Access (erstes Bild nach der Anmeldung am SAP-System) ein benutzerabhängiges Menü auf. Es enthält nur den Teil der Anwendungen des SAP-Menüs, für den Sie eine Berechtigung haben.

Im Benutzerstammsatz können Sie außerdem Standardwerte hinterlegen, die Sie ständig benutzen. Dies sind einerseits der Drucker, den Sie normalerweise gebrauchen, aber auch Eingaben im System, die Sie besonders häufig vornehmen. Lesen Sie dazu Abschnitt 3.6.

3.4.2 Arbeiten mit dem Benutzermenü

Das Benutzermenü erscheint, wenn Sie sich am R/3-System anmelden. Mit den ersten beiden Buttons in der Drucktastenleiste wechseln Sie in der Ansicht zwischen Benutzer- und SAP-Menü. Die Auswahl der Funktionen im Benutzermenü ist abhängig von Ihrer Berechtigung und entspricht Ihrem Aufgabenbereich im SAP-System. In Abbildung 3.18 sehen Sie das Benutzermenü eines Anwenders, die für die Stammdatenpflege von Mitarbeitern zuständig ist. Es enthält Transaktionen, Berichte und einen Link zur Homepage der Firma iProCon GmbH.

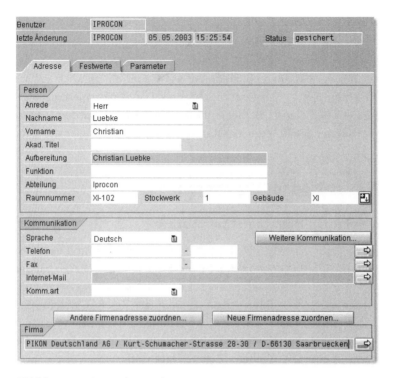

Abbildung 3.17 Registerkarte Adresse im Benutzerstammsatz

Abbildung 3.18 Gegenüberstellung der Menüs

Zur besseren Übersicht sind die Anwendungen in verschiedenen Ordnern abgelegt, die wiederum Unterordner enthalten können. Öffnen Sie die Ordner mit einem Klick auf den weißen Pfeil links daneben ▷ 🗀 oder einem Doppelklick auf den Ordner. Die Transaktionen und Berichte erkennen Sie an dem weißen Kasten 🔷. Mit einem Doppelklick auf die Zeile führen Sie die Anwendung aus. Weitere Möglichkeiten, eine Anwendung zu starten, sind:

- Markieren der Zeile und Drücken der **F2**-Taste
- über den Menüpfad **Bearbeiten · Ausführen**
- über das Kontextmenü der rechten Maustaste (hier kann auch die Anwendung direkt in einem neuen Modus geöffnet werden)

Favoriten anlegen

Ihr Benutzermenü können Sie nicht anpassen. Dafür haben Sie die Möglichkeit, ein eigenes Menü **Favoriten** zusätzlich zum Benutzermenü zu erstellen. Darin können Sie Transaktionen (Anwendungen) ablegen, die Sie sehr oft benötigen. Es gibt folgende Möglichkeiten zum Verschieben einer Transaktion oder eines Berichtes aus dem Benutzermenü in den Ordner Favoriten:

- Markieren Sie die Transaktion im Menü und klicken Sie anschließend auf die Drucktaste mit dem Plus-Zeichen.
- Ziehen Sie die Transaktion auch mit gehaltener linker Maustaste per Drag and Drop in die *Favoriten.*
- Benutzen Sie das Kontextmenü der rechten Maustaste.
- Gehen Sie in der Menüleiste auf *Favoriten* und verwenden Sie die Funktion **Transaktion einfügen** (zum Ermitteln des Transaktionscodes siehe Abschnitt 3.4.3).
- Ordnen Sie anschließend die Anwendungen, indem Sie sie mit den Pfeiltasten ▼ ▲ oder der Maus verschieben und vergeben Sie gegebenenfalls sprechende Bezeichnungen. Markieren Sie dazu die Transaktion und gehen Sie in der Menüleiste auf **Favoriten · Ändern**.

Weitere Einstellungen können Sie vornehmen, wenn Sie in der Menüleiste **Zusätze · Einstellungen** aufrufen (siehe Abbildung 3.19). Wie Sie sehen, ist es möglich, die Favoriten an das Ende der Liste zu stellen oder das (Benutzer-/SAP-)Menü ganz auszublenden.

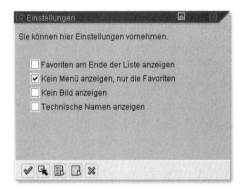

Abbildung 3.19 Einstellungen zum SAP Easy Access

3.4.3 Mit Transaktionscodes navigieren

Wir haben Ihnen erläutert, wie Sie eine Anwendung über Ihr Benutzermenü ausführen können. Dazu müssen Sie sich mitunter durch mehrere Menüebenen klicken. Die Eingabe eines Transaktionscodes in das Kommandofeld erspart das Navigieren durch die Menühierarchie. Sie gelangen direkt zum Einstiegsbild der Anwendung. Dazu müssen Sie jedoch den Transaktionscode der Anwendung kennen. Sie haben mehrere Möglichkeiten, diesen zu ermitteln:

- Wenn Sie sich im SAP Easy Access befinden
  - Gehen Sie in der Menüleiste auf **Zusätze · Einstellungen** (siehe Abbildung 3.19). In dem Bild aktivieren Sie **Technische Namen anzeigen**. Wenn Sie jetzt das komprimierte Menü wieder öffnen, ist zu jeder Anwendung der Transaktionscode eingeblendet.
  - Geben Sie die Transaktion **search_sap_menu** in das Befehlsfeld ein. Anschließend erscheint ein Suchfeld, in das Sie z. B. ein Stichwort aus einem Menütitel eingeben können.

- Innerhalb einer Anwendung
  - Sie können sich den Transaktionscode in der Statusleiste anzeigen lassen (siehe Abschnitt 3.2.1).
  - Sie können den Transaktionscode in der Menüleiste über den Pfad **System · Status** abfragen. Dort sehen Sie den vierstelligen Code im linken mittleren Feld unter **Repository-Daten** (siehe Abbildung 3.20).

Geben Sie den Transaktionscode nun in das Kommandofeld ein und bestätigen Sie mit der Taste **Enter** bzw. . Die Transaktion wird ausgeführt.

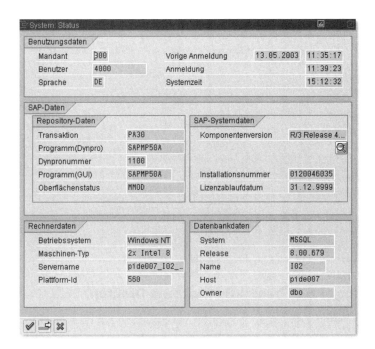

Abbildung 3.20 Ermitteln des Transaktionscodes

Natürlich sind Sie nicht schneller, wenn Sie erst durch die Menüebenen klicken, um den Code zu erfahren und ihn dann in das Befehlsfeld einzutragen. Sie werden aber merken, dass Sie sich die wichtigsten Transaktionscodes schnell einprägen werden. Eine Liste der wichtigsten Transaktions-Codes finden Sie auch im Anhang des Buches. Benutzen Sie deshalb trotzdem auch anfangs das Kommandofeld oder nutzen Sie die Feldhistorie. Diese öffnen Sie über das kleine Symbol rechts im Befehlsfeld.

Die Navigation mit Transaktionscodes bietet sich vor allem an, wenn Sie sich bereits in einer Anwendung befinden und zu einer anderen Anwendung wechseln wollen, ohne erst zum Menü zurückzukehren. Vielmehr würden Sie direkt von Ihrem aktuellen Bildschirm über den Transaktionscode in die neue Anwendung springen. Dabei müssen Sie entscheiden, ob Sie die Transaktion im selben oder in einem neuen Fenster öffnen wollen:

▶ **Transaktion im selben Modus (Fenster) öffnen**
  Sie geben ein: **/nxxxx** (xxxx = Transaktionscode)

▶ **Transaktion in einem zusätzlichen Modus öffnen**
  Sie geben ein: **/oxxxx** (xxxx = Transaktionscode)

An dieser Stelle geben wir Ihnen eine Aufstellung einiger nützlicher Transaktionscodes (siehe Tabelle 3.1).

Transaktionscode	Gebrauch
/n	Die aktuelle Transaktion beenden und zum Startmenü zurückkehren; nicht gesicherte Daten gehen verloren
/o	Neuen Modus erzeugen
/i	Aktuellen Modus löschen
/nend	Vom System abmelden
/nex	Vom System abmelden ohne Sicherheitsabfrage
search_sap_menu	Nur im SAP Easy Access: Suche nach einem Transaktionscode oder Menüpfad
search_user_menu	Nur im Benutzermenü: Suche nach einem Transaktionscode oder Menüpfad

Tabelle 3.1 Nützliche Transaktions-Codes für die Navigation

3.4.4 Verknüpfung einer Transaktion auf dem Desktop

In der Symbolleiste befindet sich u. a. der Button **Verknüpfung auf dem Desktop erstellen**. Mit Hilfe dieser Funktion können Sie jede Transaktion, jede Anwendung oder jeden Report direkt vom Desktop aus starten. Sie sparen sich also die Navigation im Eingangsbildschirm. Und so geht's:

Angenommen, Sie arbeiten hauptsächlich in der Anwendung **Personalstammdaten pflegen**. Um eine Verknüpfung mit dieser Anwendung zu erstellen, sollten Sie sich in der Anwendung befinden. Klicken Sie dann in der Symbolleiste auf den Button . Es öffnet sich das Bild **Neue SAP GUI-Verknüpfung**. Der Transaktionscode ist bereits eingetragen. Wählen Sie unter **Systemdaten** die entsprechende Bezeichnung aus und bestätigen Sie die Eingaben, indem Sie auf **OK** klicken. Noch schneller erstellen Sie die Verknüpfung, indem Sie im Easy Access-Menü mit der rechten Maustaste von der Anwendung ausgehend **Verknüpfung erstellen auf dem Desktop** aufrufen. Auf dem Desktop finden Sie nun ein Icon (siehe Abbildung 3.21), mit dem Sie künftig per Doppelklick die entsprechende Anwendung öffnen können. Im Gegensatz zur »normalen« Anmeldung ist nur noch die Kennworteingabe erforderlich. Um die Verknüpfung vom Desktop zu entfernen, klicken Sie das Symbol mit der rechten Maustaste an und wählen Sie **Löschen**.

Abbildung 3.21 Verknüpfung einer SAP-Anwendung auf dem Desktop

3.4.5 Probleme beim Ausführen von Transaktionen

Es fehlt die Berechtigung

Wenn Sie eine Transaktion aufrufen und anschließend eine Meldung vom System erhalten, wie sie Abbildung 3.22 zeigt, dann fehlt Ihnen die Berechtigung zu dieser Anwendung.

> Sie haben keine Berechtigung für die Transaktion PB40

Abbildung 3.22 Systemmeldung: Fehlende Berechtigung beim Ausführen einer Transaktion

Was ist zu tun?

1. Rufen Sie unmittelbar im Kommandofeld die Transaktion **/nsu53** auf oder gehen Sie über das Menü **System • Hilfsmittel • Anz. Berecht. Prüfung**. Es ist egal, ob Sie dies im selben oder einem anderen Modus tun. Wichtig ist, dass Sie keine andere Transaktion nach der Systemmeldung ausführen. Sie erhalten dann eine Übersicht über Ihre Berechtigungsdaten.
2. Informieren Sie Ihren Benutzeradministrator. Dieser hat nun Zugriff auf die Übersicht Ihrer Berechtigungsdaten und kann somit in der Regel die fehlende Berechtigung schnell analysieren.
3. Sobald Ihnen die fehlende Berechtigung zugeordnet wurde, melden Sie sich erneut am System an, damit die erweiterte Berechtigung wirksam wird.

Das System blockiert

Manchmal kommt es beim Aufruf einer Transaktion vor, dass es sehr lange dauert, bis sich die Anwendung öffnet. Dies kann beispielsweise dann geschehen, wenn Sie beim Aufruf einer Liste vergessen, die Ausgabe auf eine bestimmte Trefferzahl zu beschränken. Darum ist es grundsätzlich zu empfehlen, immer mindestens einen zweiten Modus geöffnet zu haben, um derweil an einer anderen Anwendung weiterarbeiten zu können.

Wenn Sie nur einen Modus geöffnet haben, blockiert die laufende Transaktion sämtliche Eingabefelder und Buttons. Die einzige Möglichkeit, die Sie haben, ist das Kontextmenü aufzurufen, welches Sie in Abbildung 3.23 sehen. Gehen Sie dazu in die linke obere Ecke des Bildschirms und klicken Sie mit der Maus auf das Symbol. Die Funktion **Create Session** öffnet einen neuen Modus und mit der Funktion **Stop Transaction** halten Sie den Aufruf der Anwendung an.

Abbildung 3.23 Transaktion während des Aufrufs stoppen

3.5 Die Datenpflege

Da Sie in den meisten Anwendungen des SAP-Systems Daten eingeben müssen, erläutern wir Ihnen in diesem Abschnitt, was Sie dabei beachten müssen und welche Eingabehilfen Ihnen dabei zur Verfügung stehen.

3.5.1 Arbeiten mit Textfeldern

Daten eingeben

Eine SAP-Anwendung besteht unter anderem aus Eingabe- und Anzeigefeldern. Anzeigefelder erkennen Sie an dem grauen Hintergrund, Eingabefelder hingegen sind weiß hinterlegt. Setzen Sie mit einem Mausklick den Cursor in ein Eingabefeld oder navigieren Sie mit der Tabulatortaste zum nächsten Eingabefeld. Übrigens: Mit der Tastenkombination **Shift + Tab** springen Sie zurück in das vorige Eingabefeld.

Bei der Dateneingabe werden zwei Modi unterschieden. Entweder Sie befinden sich im Einfügemodus. Dann fügen Sie an der Stelle, an der der Cursor steht, die neuen Daten zu den alten hinzu. Oder aber Sie befinden sich im Überschreibemodus. Wenn der Cursor dann vor den alten Daten steht, überschreiben Sie bei der Eingabe die alten Daten. In welchem Modus Sie sich befinden, sehen Sie ganz rechts in der Statusleiste:

- INS – bedeutet Einfügemodus
- OVR – bedeutet Überschreibemodus

Durch Drücken der Taste **Einfg** ändern Sie den Modus.

Bitte beachten Sie hierzu auch die Optionen zur Konfiguration des Tab- und Cursorverhaltens, die wir Ihnen bereits im Abschnitt 3.2.2 vorgestellt haben.

Mit der Zwischenablage arbeiten

Die Zwischenablage kennen Sie wahrscheinlich schon aus anderen PC-Anwendungen. Das Prinzip ist im SAP-System das gleiche. Markieren Sie den Inhalt eines Feldes, indem Sie den Cursor bei gedrückter Maustaste über den Text ziehen. Drücken Sie **Strg + X**, um den Text auszuschneiden, oder **Strg + C**, um den Text zu kopieren. Fügen Sie den Text in ein neues Feld mit **Strg + V** ein. Der Text bleibt in der Zwischenablage, solange Sie nicht erneut durch **Ausschneiden** oder **Kopieren** Text in die Zwischenablage aufnehmen. Sie können natürlich den Text auch in eine SAP-fremde Anwendung einfügen.

Mussfelder

Mussfelder sind mit einem Häkchen gekennzeichnet. Denken Sie bitte daran, dass erst alle Mussfelder gefüllt sein müssen, ehe Sie zum nächsten Bild wechseln können. Felder, die keinen Haken enthalten, bezeichnet man als *Kannfelder*. Mitunter werden Kannfelder jedoch aufgrund einer bestimmten Eingabe in ein Feld zu Mussfeldern. Wenn Sie zum nächsten Bild wechseln wollen, ohne dieses Feld gefüllt zu haben, gibt das System eine Meldung aus und setzt den Cursor in das erforderliche Feld.

Mögliche Eingabewerte

Für viele Felder existiert eine Liste mit möglichen Eingabewerten. Ob ein Feld über solch eine Wertehilfe verfügt, sehen Sie, wenn Sie mit dem Cursor auf das Feld gehen. Rechts vom Feld erscheint dann eine runde Drucktaste . Klicken Sie darauf, um die Liste der möglichen Werte anzuzeigen. Alternativ rufen Sie die Wertehilfe mit der Taste **F4** auf. Wählen Sie den gewünschten Wert mit einem Doppelklick oder durch Markieren und Bestätigen aus. Das System fügt den Wert in das Feld ein. Diese Hilfefunktion wird oft auch als *F4-Hilfe* bezeichnet.

Manche Listen mit möglichen Feldwerten sind sehr lang. Sie können die Zahl der Eingabewerte einschränken, indem Sie beispielsweise nur den Anfangsbuchstaben und das Sternchen (*) als Platzhalterzeichen eingeben – so gezeigt in Abbildung 3.24 für das Feld **Gruppe**. Wenn Sie dann auf die Drucktaste **Wertehilfe** klicken, erscheinen in der Werteliste nur Tarifgruppen, die mit dem Buchstaben A beginnen.

Einige Felder, wie das Feld **Anschriftenart** in Abbildung 3.25, verfügen über eine Drop-Down-Liste, aus der Sie einen möglichen Eingabewert auswählen können. Diese Felder enthalten ein Listensymbol am rechten Feldrand.

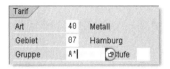

Abbildung 3.24 Feld mit Wertehilfe

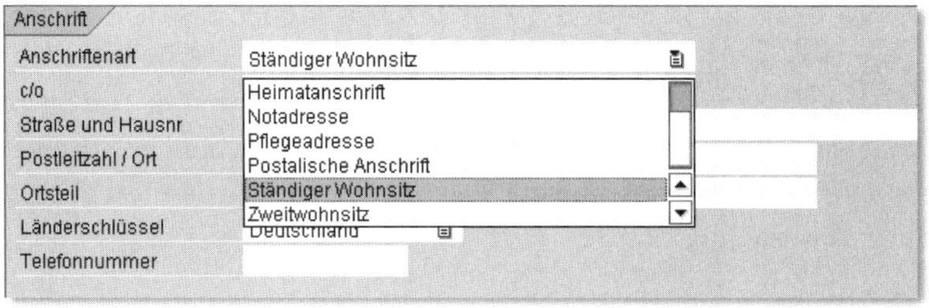

Abbildung 3.25 Drop-Down-Liste mit möglichen Eingabewerten

Die Feldhistorie nutzen

Die Feldhistorie unterstützt Sie ebenfalls bei der Dateneingabe. Denn das System merkt sich die Werte, die Sie zuvor in das Feld eingegeben haben. Wenn Sie die Anwendung erneut aufrufen und ein Zeichen in das Feld eingeben, erscheint eine Liste mit Vorschlagswerten, die mit demselben Zeichen beginnen. Wenn diese Liste den gewünschten Eingabewert enthält, übernehmen Sie ihn von dort.

Um die Feldhistorie zu aktivieren, gehen Sie wie folgt vor: In der Symbolleiste klicken Sie auf das Symbol **Layout-Menü**. Wählen Sie aus dem Kontextmenü **Optionen** und schalten Sie auf der Registerkarte **Lokale Daten** die **Historie** ein.

Eingaben prüfen

Wenn Sie nicht sicher sind, ob die Eingabe in einem Feld zulässig ist, können Sie mit der Taste **Enter** den Wert prüfen lassen. (Die Eingabeprüfung erfolgt jedoch nur bei Feldern, die auch über die F4-Hilfe verfügen oder bei denen Plausibilitätsprüfungen hinterlegt sind.) Falls Sie eine fehlerhafte Eingabe gemacht haben, erscheint eine Systemmeldung vom Typ »Abbruch«. Grundsätzlich prüft das System die Eingaben, wenn Sie den Datensatz sichern.

Eingaben sichern oder zurücknehmen

Wenn Sie neue Daten eingegeben haben und die Anwendung verlassen, müssen Sie die Eingaben sichern. Drücken Sie 🖫 oder **Strg + S** oder **F11**. Das System prüft die Daten, verarbeitet und speichert sie in der entsprechenden Datenbank. Wollen Sie die geänderten Daten nicht übernehmen, drücken Sie ⊗ oder die Taste **F12**. Wenn Sie die Anwendung erneut aufrufen, sind die alten Daten unverändert.

Bedeutung eines Feldes

Zu jedem Feld existiert eine mehr oder weniger ausführliche Dokumentation zur betriebswirtschaftlichen Bedeutung des Feldes. Um den Hilfetext zu öffnen, setzen Sie den Cursor in das Feld und drücken Sie den Hilfe-Button in der Symbolleiste oder die Taste **F1**. Diese Hilfefunktion wird auch *F1-Hilfe* genannt.

3.5.2 Weitere Feldtypen

Nachfolgend finden Sie je ein Beispiel für Radiobuttons und Ankreuzfelder (siehe Abbildung 3.26 und 3.27). Das Besondere an Radiobuttons ist, dass Sie innerhalb einer Gruppe nur einen Button aktiv setzen können und sogar müssen. Bei Ankreuzfeldern hingegen haben Sie die Möglichkeit, keines, mehrere oder alle Felder zu aktivieren. Für Radiobuttons und Ankreuzfelder gilt in Bezug auf das Sichern von Eingaben und die F1-Hilfe dasselbe wie für Textfelder.

Abbildung 3.26 Radiobuttons

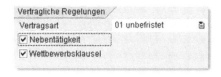

Abbildung 3.27 Ankreuzfelder

3.6 Benutzervorgaben

Manche Felder im SAP-System erfordern von Ihnen immer wieder den gleichen Eintrag. Mögliche Felder sind z.B. die **Ländergruppe**, der **Abrechnungskreis**, aber auch das Ausgabegerät für Ihre Druckaufträge.

Eine andere Situation: Sie pflegen eine umfangreiche Liste, in der sich einige Einträge wie »Periode von« und »Periode bis« in jeder Zeile wiederholen. Sparen Sie sich solche Eingaben! Das System nimmt sie Ihnen ab, wenn Sie dafür die richtigen Einstellungen vornehmen. Und es lohnt sich! Sie bleiben weiterhin flexibel, da Sie die vorbelegten Felder stets überschreiben können.

Wenn Sie Ihre persönlichen Vorgabewerte im System hinterlegen möchten, müssen Sie zuerst entscheiden, ob der Vorschlagswert dauerhaft oder nur temporär in das jeweilige Feld eingetragen werden soll. Werte, die Sie dauerhaft hinterlegen möchten, pflegen Sie in Ihren Benutzerstamm ein. Dort gelten die Werte so lange, bis Sie sie ändern siehe Abschnitt 3.6.1). Temporäre Vorschlagswerte, d.h. Werte, die nach der Sitzung wieder verloren gehen, legen Sie an anderer Stelle fest (siehe dazu Abschnitt 3.6.2).

3.6.1 Vorschlagswerte dauerhaft einrichten

Um Ihren Benutzerstamm mit eigenen Vorschlagswerten zu füllen, rufen Sie in der Menüleiste **System · Benutzervorgaben · Eigene Daten** auf. Sie gelangen auf den Bildschirm *Pflege eigener Benutzervorgaben,* den Abbildung 3.28 zeigt.

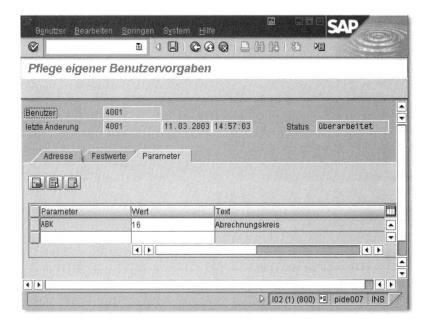

Abbildung 3.28 Pflege eigener Benutzervorgaben im Benutzerstamm

Sie befinden sich auf der Registerkarte **Parameter**. Auf dieser nehmen Sie die Einträge vor. Dazu müssen Sie jedoch die Parameter-Identifikation (Parameter-ID) des Feldes kennen, in dem der Vorschlagswert erscheinen soll. Jedes Feld im R/3-System besitzt eine Parameter-ID, über die es eindeutig identifiziert werden kann.

> **Hinweis** Falls Ihr eingerichteter Benutzerparameter in den folgenden Sitzungen nicht berücksichtigt wird oder andere Vorschlagswerte erscheinen, liegt es an den Einstellungen im Customizing. Diese stehen hierarchisch immer über Ihren Parametereinstellungen.

Ermitteln der Parameter-ID eines Feldes

Wenn Sie das Fenster mit dem Feld, das künftig vorbelegt sein soll, geöffnet haben, setzen Sie den Cursor in dieses Feld. Rufen Sie dann mit der Taste **F1** die Hilfe auf. Es öffnet sich ein Dialogfenster mit einem Hilfetext zu Ihrem Feld. Auf der Drucktastenleiste des Dialogfensters wählen Sie den Button für **Technische Info**. Es öffnet sich ein weiteres Dialogfenster, das Informationen zum Feld aus der Sicht der Datenverarbeitung enthält. Im Bereich **Feld-Daten** finden Sie an letzter Stelle die Parameter-ID des Feldes. In unserem Beispiel haben wir die technische Info für das Feld **Abrechnungskreis** aufgerufen. Die Parameter-ID ist somit »ABK« (siehe Abbildung 3.29).

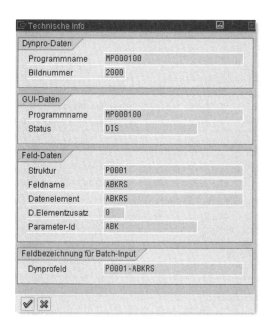

Abbildung 3.29 Technische Info zur Ermittlung der Parameter-ID

Tragen Sie nun die Parameter-ID in die erste Spalte der Registerkarte ein und pflegen Sie den Vorschlagswert dazu. Mit der Taste **Enter** bestätigen Sie den Eintrag. Sichern Sie anschließend Ihre Änderung. In den zukünftigen Anwendungen wird das System Ihren Benutzerparameter berücksichtigen. Sie können die Einträge in Ihrem Benutzerstamm jederzeit wieder ändern, löschen oder weitere Vorgabewerte hinzufügen.

3.6.2 Temporäre Vorgabewerte setzen

Weiterhin besteht die Möglichkeit, Vorschlagswerte für eine kurzfristige Arbeit am System zu setzen. Sie haben z. B. eine umfangreiche Liste zu pflegen, in der sich die Perioden in jeder Zeile wiederholen. Um sich diese Eingaben zu sparen, lassen Sie die Werte vom System vorbelegen. Dazu sollten Sie sich überlegen, ob Sie die Werte gegebenenfalls überschreiben wollen oder ob die Daten fest gesetzt werden können.

▶ **Vorgehen bei änderbaren Daten**
Tragen Sie in die entsprechenden Felder einer Liste oder eines Infotyps vorerst nur die Daten ein, die für die nächsten Sätze ebenfalls gelten. Wählen Sie – noch während sich der Cursor im letzten Eingabefeld befindet – in der Menüleiste **System • Benutzervorgaben • Halten Daten**. Wenn Sie nun zum nächsten Satz übergehen bzw. das betreffende Bildschirmbild erneut aufrufen, schlägt Ihnen das System diese Daten vor. Die gehaltenen Daten können Sie überschreiben.

▶ **Vorgehen bei festen Daten**
Beginnen Sie wie oben beschrieben und wählen Sie dann in der Menüleiste **System • Benutzervorgaben • Setzen Daten**. Beim nächsten Aufruf des Bildschirmbildes mit der gleichen Funktion gibt das System die betreffenden Daten automatisch vor. Der Cursor springt nicht mehr in das Feld, und die gesetzten Daten können Sie nicht überschreiben.

▶ **Daten zurücksetzen**
Wenn Sie die gehaltenen oder gesetzten Daten wieder zurücksetzen wollen, wählen Sie **System • Benutzervorgaben • Löschen Daten** in der Menüleiste aus.

3.6.3 Weitere Benutzervorgaben

> **Hinweis** Die im Folgenden vorgestellten Optionen in Ihren Benutzervorgaben sind in der Regel von Ihrem Benutzer- oder Systemadministrator bereits so eingestellt, dass Sie damit arbeiten können.

Anmeldesprache

Ihr Unternehmen hat das SAP-System in einer bestimmten Sprache installiert. Falls Sie in einer anderen Sprache am System arbeiten wollen, müssen Sie beim Anmelden die Sprache explizit angeben. Sie haben aber auch die Möglichkeit, die Sprache in Ihren Benutzervorgaben zu pflegen. Dann verwendet das System diese Sprache stets als Anmeldesprache. Wählen Sie dazu im Bild *Pflege eigener Benutzervorgaben* die Registerkarte **Festwerte** (siehe Abbildung 3.30) und tragen Sie dort Ihre Anmeldesprache ein.

Abbildung 3.30 Pflege eigener Benutzervorgaben auf der Registerkarte Festwerte

Dezimaldarstellung

Sie möchten mit der numerischen Tastatur arbeiten und den Punkt permanent als Dezimaltrennzeichen hinterlegen. Um diese Festlegung vorzunehmen, wählen Sie im Bild *Pflege eigener Benutzervorgaben* die Registerkarte **Festwerte** und ändern Sie die Einstellungen in der Feldgruppe **Dezimaldarstellung**.

Datumsformat

Das Datumsformat ist von Land zu Land verschieden. Während man in Deutschland üblicherweise zuerst den Tag und dann den Monat eingibt, sind es die Amerikaner gerade andersherum gewöhnt. Markieren Sie deshalb auf der Registerkarte **Festwerte** auch das für Sie übliche Datumsformat.

3.7 Arbeiten mit Reports

Reports sind Programme, die Daten von der Datenbank aufbereiten. Sie dienen also der Berichterstellung. Während einige Reports innerhalb einer betriebswirtschaftlichen Anwendung automatisch gestartet werden, müssen Sie andere selbst aufrufen. Das Ergebnis eines Reports wird in der Regel in Form einer Liste angezeigt.

Reports basieren technisch auf der Programmiersprache *ABAP/4*. SAP liefert im Standard einige Reports aus. Viele Unternehmen entwickeln aber auch zusätzlich Auswertungen, um den individuellen Anforderungen gerecht zu werden.

Reports über das SAP-Menü aufrufen

Die am häufigsten verwendeten Reports sind im SAP Easy Access-Menü eingebunden und können von dort aufgerufen werden. In Abbildung 3.31 sehen Sie das SAP-Menü. Wählen Sie unter **Personal** den Ordner **Informationssystem**. Darin finden Sie, unterteilt in verschiedene personalwirtschaftliche Anwendungen, eine Reihe von Berichten.

1. Starten Sie den Bericht mit einem Doppelklick.
2. Es öffnet sich zunächst ein Selektionsbild. Geben Sie Ihre Werte für die Selektionskriterien des Reports ein oder wählen Sie eine Variante aus. Einzelheiten hierzu finden Sie in Abschnitt 3.7.1.
3. Wählen Sie **Ausführen** bzw. die Taste **F8**. Der Report wird ausgeführt und das Ergebnis angezeigt.
4. Sie haben nun folgende Möglichkeiten:
    - Bearbeiten der Liste (siehe Abschnitt 3.7.2)
    - Drucken, Downloaden, Exportieren des Inhalts (siehe Abschnitt 3.8)

Wenn Ihre Liste leer ist, überprüfen Sie noch einmal Ihre Selektionskriterien einschließlich der Datumsangaben. Möglicherweise fehlt Ihnen aber auch die Berechtigung zum Anzeigen der selektierten Datensätze.

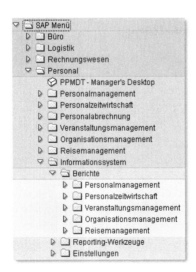

Abbildung 3.31 Berichte aus dem SAP Easy Access-Menü aufrufen

In Ihrem Benutzermenü können sich weniger Berichte befinden, als in Abbildung 3.31 gezeigt, da Sie gegebenenfalls nur für bestimmte Reports eine Berechtigung haben.

3.7.1 Ausführen von Reports im R/3-System

Reports aus der Menüleiste aufrufen

In der Regel werden auch die eigenen entwickelten Reports im Easy Access-Menü eingebunden. Sie können jedoch auch jederzeit einen Report über die Funktion **Reporting** aufrufen.

1. Wählen Sie aus einem beliebigen Modus in der Menüleiste System **Dienste · Reporting** oder tragen Sie den Transaktionscode **/nsa38** in das Kommandofeld ein und bestätigen Sie die Eingabe mit der Taste **Enter**. Sie gelangen dann zu einer Ansicht, wie sie Abbildung 3.32 zeigt.

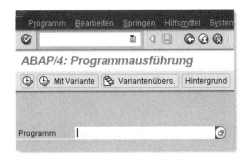

Abbildung 3.32 Aufrufen eines Reports

2. Tragen Sie in das Feld **Programm** den Namen des Reports ein und wählen Sie **Ausführen** bzw. die Taste **F8**. Falls Sie den Namen nicht wissen, verwenden Sie die F4-Hilfe (siehe Abschnitt 3.5.1).
3. Es öffnet sich das Selektionsbild. Folgen Sie nun den Anweisungen ab Punkt 2 in Abschnitt 3.7.

Selektionskriterien

Mit Hilfe der Selektionskriterien schränken Sie die vom Report verarbeiteten Informationen ein. Im Personalbereich sind es zumeist auf Mitarbeiter bezogene Daten wie Mitarbeitergruppe, Mitarbeiterkreis oder Personalnummer (siehe Abbildung 3.33). Ausgegeben werden schließlich nur die Daten, die den Werten Ihrer Selektionskriterien entsprechen. Wenn Sie den Report ohne Einschränkung ausführen, kann der Datenbestand zu groß sein und unter Umständen nicht verarbeitet werden. Sie erhalten eine entsprechende Systemmeldung.

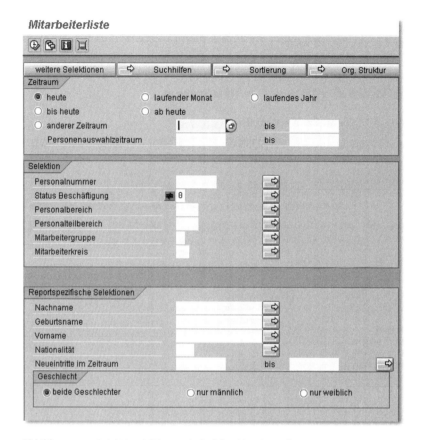

Abbildung 3.33 Selektionsbild zum Aufruf der Mitarbeiterliste

Für erweiterte Möglichkeiten zur Selektion klicken Sie auf den Pfeil rechts neben dem Eingabefeld . Es öffnet sich das Fenster »Mehrfachselektion« (siehe Abbildung 3.34), in das Sie Einzelwerte und Intervalle eingeben können. Unter der grünen Ampel eingetragene Werte werden in die Selektion eingeschlossen und unter der roten Ampel entsprechend bei der Selektion ausgeschlossen.

Mit dem Button **Selektionsoptionen** bzw. der Taste **F2** öffnen Sie ein weiteres Bild, in dem Sie beispielsweise auswählen können, ob die anzuzeigenden Datensätze größer oder kleiner als der angegebene Wert sein sollen.

Bitte beachten Sie bei der Eingabe der Werte, dass eine Und-Verknüpfung zwischen den Selektionskriterien besteht. Das heißt, alle Kriterien müssen erfüllt sein, damit ein Datensatz selektiert bzw. ausgegeben wird. Wählen Sie beispielsweise einen Personalteilbereich aus und schränken Sie zusätzlich auf einen Mitarbeiterkreis ein. Prüfen Sie dann, ob der Mitarbeiterkreis für den Personalteilbereich überhaupt zugelassen ist, denn sonst ist Ihre Ergebnisliste leer.

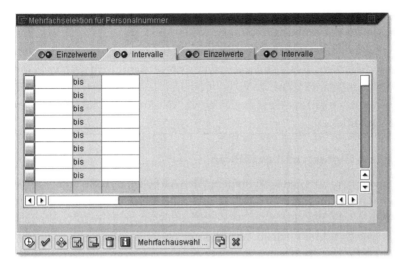

Abbildung 3.34 Mehrfachselektion

Mit Varianten arbeiten

In Varianten sichern Sie die eingegebenen Selektionskriterien. Wenn Sie den Report zu einem späteren Zeitpunkt erneut starten, wählen Sie nur noch die richtige Variante aus. Die Selektionsfelder werden wieder mit den gleichen Werten gefüllt. Damit führen Sie den Report immer wieder mit der gleichen Selektionsmenge aus.

Am einfachsten legen Sie eine Variante wie folgt an:

1. Sie befinden sich im Selektionsbild des Reports, zu dem Sie eine Variante anlegen möchten. Geben Sie die Selektionskriterien ein.

2. Rufen Sie in der Menüleiste **Springen · Varianten · Als Variante sichern** auf oder drücken Sie den Button **Speichern**.

3. Tragen Sie einen Namen der Variante und im Feld **Bedeutung** eine Kurzbeschreibung der Variante ein.

4. Markieren Sie die Ankreuzfelder entsprechend:

    ▸ **Nur für Hintergrundverarbeitung**: Die Verarbeitung des Reports und der Druck der Liste werden verdeckt vorgenommen.

    ▸ **Variante schützen**: Nur Sie als Anleger können die Variante ändern oder löschen.

    ▸ **Nur im Katalog anzeigen**: Die Variante wird nur im Katalog, nicht aber in der allgemeinen Eingabehilfe zur Auswahl einer Variante angezeigt.

5. Klicken Sie auf den Button **Sichern**, um Ihre Variante zu speichern.

Um alle Varianten zu einem Report anzuzeigen, wählen Sie in der Anwendungsfunktionsleiste den Button **Variantenübers.** (siehe Abbildung 3.32). Sie erhalten eine Liste mit allen Varianten zu Ihrem Report. Zum Anzeigen des Inhalts einer Variante stellen Sie den Cursor auf die gewünschte Variante und wählen dann **Anzeigen**. Um die Variante zu verwenden, markieren Sie die Variante und wählen Sie **Ausführen mit Variante**. Oder Sie wählen vor der Programmausführung den Button **Mit Variante**.

Den Report im Hintergrund ausführen

Wenn Sie einen Report normal ausführen, hat das zur Folge, dass Sie an der aktuellen Anwendung nicht weiterarbeiten können. Natürlich haben Sie noch die Möglichkeit, Ihre Arbeit in einem anderen Modus fortzuführen. Reports, die sehr lange laufen, verschlechtern jedoch auch die Antwortzeiten des Systems für andere SAP-Benutzer. Demnach ist es ratsam, komplexe Reports, deren Ergebnis Sie nicht sofort benötigen, im Hintergrund und beispielsweise nachts auszuführen. Dieses Vorgehen hat außerdem den Vorteil, dass Sie mit Hilfe der Hintergrundverarbeitung überprüfen können, ob der Report korrekt gelaufen ist. Und so geht's:

1. Starten Sie die ABAP/4: Programmausführung, indem Sie in der Menüleiste **System • Dienste • Reporting** auswählen oder den Transaktionscode **/nsa38** in das Kommandofeld eintragen und mit der Taste **Enter** bestätigen. Geben Sie den Namen des Reports, den Sie im Hintergrund starten möchten, in das Feld **Programm** ein.

2. Wählen Sie in der Anwendungsfunktionsleiste die Drucktaste **Hintergrund**.

3. Geben Sie die Variante an und klicken Sie auf die Drucktaste **Sofort Ausführen**.

Um die Hintergrundverarbeitung zu einem späteren Zeitpunkt zu starten, wählen Sie bei Punkt 3 die Drucktaste **Einplanen**. Dort geben Sie einen Jobnamen sowie Datum und Uhrzeit der Ausführung ein. Ausführliche Informationen zu Hintergrundjobs bzw. Spool-Aufträgen finden Sie unter *Das Spool-System nutzen* in Abschnitt 3.8.

Um zu überprüfen, ob Ihre Hintergrundverarbeitung erfolgreich verlaufen ist, rufen Sie in der Menüleiste den Pfad **System • Eigene Jobs** auf. Über **System • Eigene Spool-Aufträge** können Sie sich das Ergebnis der Programmverarbeitung anschauen.

3.7.2 Arbeiten mit den Ergebnislisten

Wie Sie bereits wissen, werden die Ergebnisse von Reportauswertungen in Listen ausgegeben. In den folgenden Abbildungen sehen Sie am Beispiel der Mitarbeiterliste, dass es unterschiedliche Darstellungsformen gibt. Abbildung 3.35 stellt die Druckansicht dar und entspricht wohl am ehesten den Vorstellungen von einer Liste. Abbildung 3.36 enthält eine Tabelle, ähnlich wie Sie es aus Microsoft Excel kennen. In diesem Layout stehen Ihnen umfangreiche Funktionen des so genannten *Table Control* (Tabelleneinstellungen) zur Verfügung. Die grundlegenden Funktionalitäten werden wir Ihnen im Folgenden vorstellen. Beachten Sie, dass nicht jeder Report die Ergebnisse in dieser Form bereitstellt. Dies ist abhängig von der Programmierung. Des Weiteren nutzen nicht alle Tabellen im SAP-System die komplette Bandbreite an Funktionalitäten des Table Control.

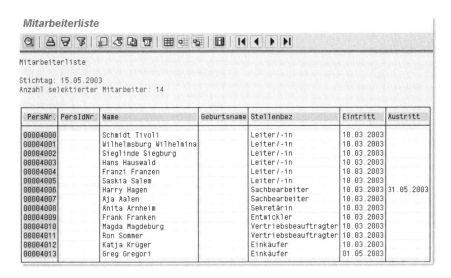

Abbildung 3.35 Druckansicht der Ergebnisliste

Abbildung 3.36 Darstellung der Ergebnisse im Table Control

Spalten markieren und entmarkieren

Klicken Sie auf die Spaltenüberschrift. Der Spaltenhintergrund ist jetzt orange. Um mehrere nebeneinander liegende Spalten zu markieren, halten Sie die **Shift**-Taste gedrückt und klicken auf die erste und die letzte Spalte. Nicht nebeneinander liegende Spalten markieren Sie mit gehaltener **Strg**-Taste, indem Sie die Spalten einzeln anklicken. Zum Entmarkieren klicken Sie mit gehaltener **Strg**-Taste auf die markierte Spalte.

Spaltenbreite anpassen

Setzen Sie den Mauszeiger zwischen zwei Spalten, so dass er sich in ein Spaltenkreuz verwandelt, und klicken Sie nun auf die linke Maustaste. Ziehen Sie die Spalte bei gehaltener Taste breiter oder schmaler. Um die Spaltenbreite zu optimieren, klicken Sie mit der rechten Maustaste auf die Spalte und wählen Sie **Optimale Breite**.

Spalten ein- und ausblenden

Um eine Spalte auszublenden, markieren Sie die Spalte und klicken Sie mit der rechten Maustaste auf den Spaltenkopf. Wählen Sie aus dem Kontextmenü **Ausblenden**. Zum Einblenden der Spalte markieren Sie eine beliebige Spalte in der Tabelle, klicken Sie mit der rechten Maustaste auf den Spaltenkopf und wählen Sie aus dem Kontextmenü **Einblenden**.

Reihenfolge der Spalten ändern

Markieren Sie eine Spalte und klicken Sie auf den Spaltenkopf. Ziehen Sie die Spalte mit gehaltener Maustaste an die gewünschte Stelle. Wenn dort eine rote Linie auftaucht, lassen Sie die Maustaste los.

Sortieren

Sie können die Werte in einer Spalte absteigend oder aufsteigend sortieren. Markieren Sie dazu die Spalte und klicken Sie auf einen der Buttons mit der Pyramide.

Filtern

Bei Bedarf können Sie sich in einer Liste nur diejenigen Zeilen anzeigen lassen, die hinsichtlich einer oder mehrerer Spalten bestimmte Kriterien erfüllen. Markieren Sie eine oder mehrere Spalten und wählen Sie den Button **Filter setzen**. Geben Sie im Dialogfenster *Werte für Filterkriterien festlegen* die zu filternden Werte ein. Bestätigen Sie Ihre Eingaben, indem Sie auf den grünen Haken klicken. Sie können die Daten auch in der Druckansicht **Filtern** und **Sortieren**.

Hinweis Da wir in diesem Buch nicht jede Funktionalität des Table Control ausführen können, bitten wir Sie, durch eigenes Probieren weitere Anpassungsmöglichkeiten herauszufinden. Wenden Sie weitere Funktionen des Kontextmenüs der rechten Maustaste an und benutzen Sie den Button **Layout ändern** bzw. **Strg + F8**. In Abbildung 3.37 sehen Sie das Dialogfenster »Layout ändern« mit den verschiedenen Registerkarten.

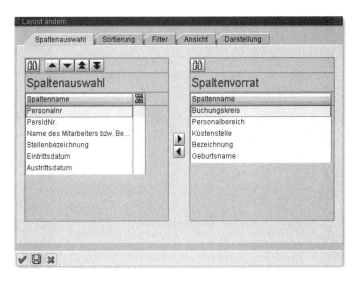

Abbildung 3.37 Dialogfenster zum Ändern des Tabellenlayouts

3.8 Drucken

Grundsätzlich können Sie alles zu Papier bringen, was Sie auf dem Bildschirm sehen. Dazu steht Ihnen die *Hardcopy-Funktion* zur Verfügung, mit der Sie einen Ausdruck des gesamten R/3-Bildschirms – sozusagen von der Menüleiste bis zur Statusleiste – erstellen können. In den meisten Fällen möchte man jedoch Listen drucken, die aufgrund der Länge nicht vollständig auf dem Bildschirm angezeigt werden. Das SAP-System bietet dabei die Möglichkeit, Druckaufträge abzulegen, gegebenenfalls nachzubearbeiten und gesammelt an das Ausgabegerät zu senden. Welche Vorteile Ihnen das so genannte *Spool-System* bietet und wie Sie es nutzen, erläutern wir Ihnen in diesem Kapitel (siehe auch Abbildung 3.38).

Eine Hardcopy erstellen

Die Hardcopy-Funktion haben Sie bereits kennen gelernt. Sie steht Ihnen in jedem Modus zur Verfügung. Am schnellsten erstellen Sie eine Bildschirmkopie, wenn Sie in der Menüleiste auf das Symbol ☐ klicken. Der Ausdruck wird direkt erstellt.

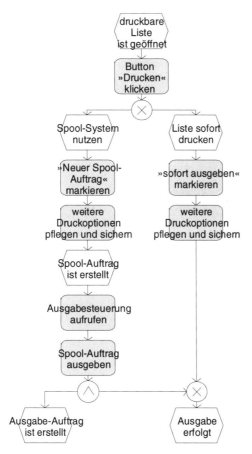

Abbildung 3.38 Drucksteuerung für Sofortdruck und Spool-System

Einen Sofortdruck erzeugen

Rufen Sie eine druckbare Liste oder einen Bericht auf. Klicken Sie auf das Symbol zum Drucken oder wählen Sie alternativ den Menüpfad **Liste · Drucken**. Es öffnet sich ein R/3-Bildschirm mit den Druckoptionen wie in Abbildung 3.39 dargestellt.

Nehmen Sie folgende Einstellungen vor:

1. Geben Sie das Ausgabegerät an.
2. Erhöhen Sie gegebenenfalls die Anzahl der Ausdrucke.
3. Unter Spool-Steuerung markieren Sie **Sofort ausgeben**.
4. Markieren Sie außerdem **Löschen nach Ausgabe**, wenn die Liste nach dem Drucken gelöscht werden soll. Weitere Ausdrucke sind dann nicht mehr möglich!
5. Klicken Sie auf die Drucktaste **Weiter**. Die Liste wird gedruckt.

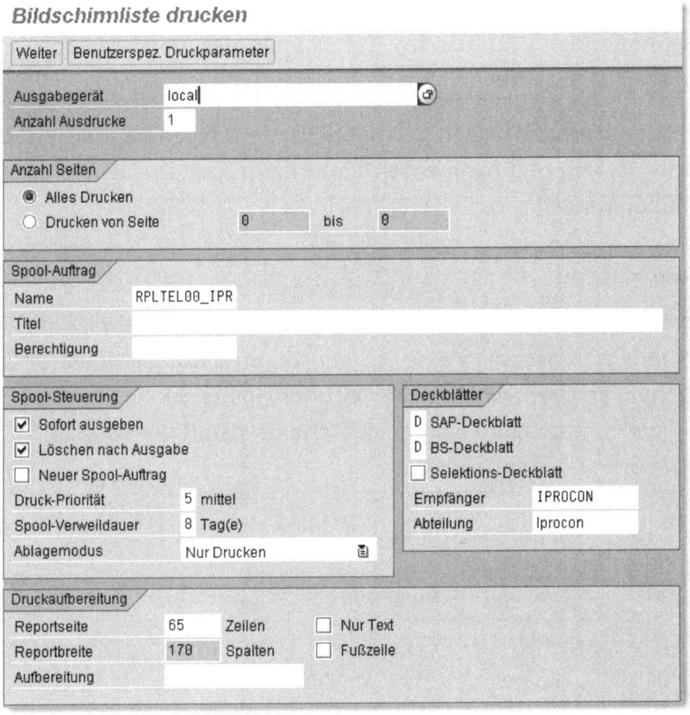

Abbildung 3.39 Druckoptionen pflegen

Deckblätter

Falls Sie die Liste auf einem Drucker ausgeben, der von mehreren Anwendern benutzt wird, sollten Sie zusätzlich ein aussagefähiges Deckblatt ausgeben lassen. Die Einstellungen nehmen Sie ebenfalls in den Druckoptionen unter **Deckblätter** vor. Geben Sie **X** im Feld **SAP-Deckblatt** ein, um ein Deckblatt mit Angaben wie Empfänger, Abteilung, verwendete Aufbereitung etc. auszugeben. Empfänger und Abteilung füllen Sie in den darunter stehenden Feldern, wobei Empfänger standardmäßig mit dem Benutzernamen gefüllt ist. Wenn Sie **D** in das Feld eintragen, hängt die Deckblattausgabe vom jeweiligen Drucker ab. Bleibt das Feld leer, erfolgt keine Deckblattausgabe.

Das Feld **BS-Deckblatt** bestimmt, ob ein Deckblatt des Betriebssystems ausgegeben werden soll. Wenn Sie das Feld **Selektionsdeckblatt** markieren, wird ein Deckblatt mit den Report-Selektionen ausgegeben, die Sie vorgenommen haben.

Druckaufbereitung

Unter **Druckaufbereitung** hat das R/3-System bereits abhängig von der Aufbereitung der Liste im Report eine Anzahl von Zeilen und Spalten ermittelt, in denen es die Liste pro Seite ausgibt. Wollen Sie die Aufbereitung ändern, wählen Sie unter **Aufbereitung** ein anderes Format aus. Die Namen der Standardaufbereitungen für Listenausgaben beginnen mit einem X.

Sie können den Ausdruck beschleunigen, wenn Sie das Feld **Nur Text** markieren. Dabei werden jedoch Farben und Rahmenzeichen unterdrückt, so dass die Liste möglicherweise unübersichtlich wird.

Das Spool-System nutzen

Mit dem Spool-System zu arbeiten, bedeutet, dass Sie Ihre Druckaufträge nicht sofort ausgeben, sondern zunächst in einer so genannten *Spool-Datei* ablegen. Wie Sie dabei vorgehen, erklären wir Ihnen weiter unten in diesem Kapitel. Zuvor möchten wir Ihnen die zusätzlichen Funktionalitäten und damit die Vorteile aufzeigen, die Ihnen das Spool-System bietet.

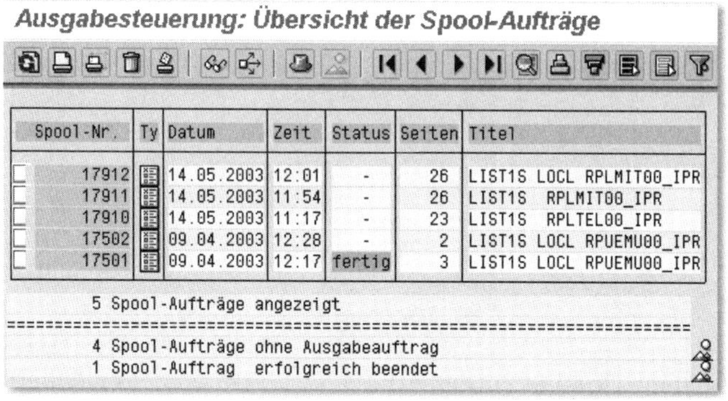

Abbildung 3.40 Übersicht der Spool-Aufträge

Übersicht der Spool-Aufträge
Ein Spool-Auftrag enthält Anwendungsdaten, die von Art und Typ des Ausgabegeräts unabhängig sind. Er kann an einen Drucker oder ein anderes Ausgabegerät geschickt werden. Bei der Ausgabe wird zu einem Spool-Auftrag ein Ausgabeauftrag erstellt.

Über den Menüpfad **System · Dienste · Ausgabesteuerung** oder den Transaktionscode **/nsp01** rufen Sie die Spool-Aufträge auf, also alle Druckaufträge, die Sie in der Spool-Datei abgelegt haben. Nehmen Sie im Selektionsbild die entsprechende Einschränkung auf das Erzeugungsdatum, das Ausgabegerät etc. vor. Abbildung 3.40 zeigt eine Liste der Spool-Aufträge mit Informationen zu Datum und Zeit der Druckerzeugung, Status der Bearbeitung, Anzahl der Seiten und Titel. Welche verschiedenen Status-Zustände es gibt, zeigt Tabelle 3.2.

–	Der Spool-Auftrag wurde noch nicht gedruckt. Es ist kein Ausgabeauftrag vorhanden.
+	Der Spool-Auftrag wird noch erstellt.
wartet	Der Ausgabeauftrag wartet auf die Verarbeitung.
In Arb.	Der Ausgabeauftrag wird für den Druck aufbereitet.
druckt	Der Druck ist in Arbeit.
fertig	Der Ausgabeauftrag wurde ordnungsgemäß gedruckt.
F5	Mehrere Ausgabeaufträge mit unterschiedlichen Merkmalen wurden erzeugt. Doppelklicken Sie auf den Status, um die einzelnen Ausgabeaufträge anzuzeigen.
Problem	Der Druck ist erfolgt, enthält jedoch wahrscheinlich Fehler.
Fehler	Der Druck konnte nicht ausgeführt werden. Klicken Sie auf **Bearbeiten • Anzeigen Protokoll**, um weitere Informationen zu erhalten.
Archiv	Der Spool-Auftrag wurde an ein Archivierungsgerät geschickt und wartet auf Archivierung.
Zeit	Die Ausgabe erfolgt zu einem bestimmten Zeitpunkt.

Tabelle 3.2 Status der Bearbeitung von Spool-Aufträgen

Informationen zu Spool-Aufträgen anzeigen und ändern

Markieren Sie einen oder mehrere Aufträge und wählen Sie den Button . Folgende Änderungen können Sie gegebenenfalls vornehmen:

- Ausgabegerät
- Löschdatum
- Zusammenführen mehrerer Spool-Aufträge – auch neue –, die dieselben Merkmale (Benutzer, Titel, Ausgabegerät usw.) haben
- Löschen des Spool-Auftrags nach fehlerfreier Ausgabe; Verbleib nach fehlerhafter Ausgabe

Inhalt eines Spool-Auftrags anzeigen und weiterleiten

Markieren Sie einen oder mehrere Aufträge und wählen Sie den Button . Die folgenden Aktivitäten sind möglich:

- Einstellen des angezeigten Bereiches (über den Menüpfad **Springen • Auftragsanzeige • Einstellungen**)
- Versenden des Inhalts als E-Mail oder Fax (über den Menüpfad **Spool-Auftrag • Weiterleiten • Über SAP-Office senden**)
- Exportieren des Inhalts (über den Menüpfad **Spool-Auftrag • Weiterleiten • Als Text exportieren**)

▶ Downloaden des Inhalts (über den Menüpfad **System · Liste · Sichern · Lokale Datei**); wählen Sie aus dem Zusatzfenster das gewünschte Format

> **Hinweis** Wenn ein Spool sehr viele Seiten beinhaltet, gibt das System nur einen Teil der Seiten direkt auf dem Bildschirm aus und meldet dies in der Statusleiste. Über den Button **Einstellungen** kann der Bereich der angezeigten Seiten erweitert werden.

Spool-Aufträge ausgeben mit automatischer Ablage in Ausgabeaufträge

▶ Zum Drucken ohne Änderung wählen Sie den Button

▶ Zum Drucken mit geänderten Parametern (z.B. anderes Ausgabegerät, Druckzeit) wählen Sie den Button

Ausgabeaufträge zu einem Spool-Auftrag anzeigen
Einen Ausgabeauftrag erstellt das System jedesmal, wenn ein Spool-Auftrag ausgegeben wird. Er enthält Informationen zum benutzten Ausgabegerät sowie zum Status des Auftrags (siehe Abbildung 3.41).

Wählen Sie einen oder mehrere Spool-Aufträge aus und klicken Sie auf den Button **Ausgabeaufträge** oder die **F5**-Taste.

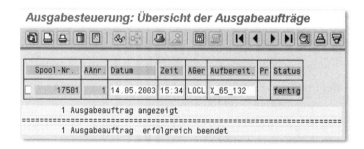

Abbildung 3.41 Übersicht der Ausgabeaufträge

Löschen von Spool-Aufträgen
Wählen Sie einen oder mehrere Spool-Aufträge aus und klicken Sie auf den Button oder **Shift + F2**.

Einen Spool-Auftrag erzeugen

Prüfen Sie in Ihrem Benutzerstamm die Einstellungen zur Spool-Steuerung. Rufen Sie dazu im Menü den Pfad **System · Benutzervorgaben · Eigene Daten** auf und wählen Sie die Registerkarte **Festwerte** (siehe Abbildung 3.42). Richten Sie Ihr Augenmerk auf die Daten unter **Spool-Steuerung**. Der Parameter **sofort aus-**

geben darf nicht markiert sein, um einen Spool-Auftrag zu erzeugen, gegebenenfalls nachzubearbeiten und später mit der Drucksteuerung für das Drucken freizugeben.

Abbildung 3.42 Pflege eigener Benutzervorgaben auf der Registerkarte Festwerte

Pflegen Sie bei dieser Gelegenheit den Namen des Ausgabegeräts, auf dem Sie normalerweise Ihre Listen und Texte ausdrucken. Falls Ihre Listen nach dem Drucken gelöscht werden sollen, markieren Sie das Feld **Löschen nach Ausgabe**. Lassen Sie das Feld leer, um Spool-Aufträge im Spool-System zu halten. Sie können dann einen Auftrag nochmals ausdrucken. Diese Aufträge werden erst nach dem Verfallsdatum gelöscht. Wenn Sie das nächste Mal drucken, hat das System diese Werte bereits auf dem Druckbild eingetragen. Dort können Sie die Werte bei Bedarf wieder ändern.

Rufen Sie nun aus Ihrer druckbaren Liste die Druckoptionen auf, indem Sie auf den Button **Drucken** klicken oder **Shift + F1** drücken. Wählen Sie in den Druckoptionen **Neuer Spool-Auftrag** und pflegen Sie gegebenenfalls weitere Felder. Diese Einstellungen können Sie in der Spool-Datei auch jederzeit ändern.

3.9 Übungsaufgaben zu Kapitel 3

Wir haben zur Lernkontrolle einige Übungsaufgaben für Sie zusammengestellt, die Sie nach der Lektüre dieses Kapitels lösen können sollten. Falls Sie bei einzelnen Aufgaben noch unsicher sind oder Probleme haben, sie zu beantworten, sollten Sie das entsprechende Kapitel noch einmal lesen.

1. Sie möchten einen Wert für den Personalteilbereich dauerhaft als Vorschlagswert ausgeben lassen. Nehmen Sie die entsprechenden Einstellungen im System vor.
2. Sie wollen sich möglichst schnell vom System abmelden, ohne dass das Dialogfenster zur Sicherheitsabfrage erscheint. Wie gehen Sie vor?
3. Füllen Sie im SAP Easy Access den Ordner **Favoriten** mit einigen Anwendungen (Transaktionen, Berichte), die Sie häufig ausführen. Bringen Sie die Anwendungen in eine sinnvolle Reihenfolge.
4. Sie wollen stets wissen, in welcher Transaktion Sie sich befinden. Nehmen Sie die nötige Einstellung auf Ihrem R/3-Bildschirm vor.
5. Sie pflegen eine umfangreiche Liste, in der unter »Personalteilbereich« in fast jeder Zeile der gleiche Wert einzutragen ist. Wie gehen Sie vor, um sich diese Eingabe zu ersparen?
6. Sie befinden sich in einer Transaktion und geben Werte in ein Feld ein. Sobald Sie ein Zeichen eingegeben haben, erscheint eine Liste mit Vorschlagswerten, die mit demselben Zeichen beginnen. Wo machen Sie die Einstellungen, damit diese Funktionalität aktiv ist?
7. Wie ermitteln Sie den (technischen) Feldnamen eines Feldes?
8. Ihr Unternehmen hat einen eigenen Report programmiert. Dieser wurde nicht in Ihr Benutzermenü eingetragen. Wie rufen Sie den Report auf? (Es gibt zwei Wege!)
9. Sie legen Druckaufträge vorerst in einer Datei ab, um sie später gegebenenfalls nachzubearbeiten, bevor Sie die Aufträge an ein Ausgabegerät schicken. Wie wird die Datei, in der Sie die Druckaufträge ablegen, im R/3-System bezeichnet?
10. Wie können Sie die Liste der möglichen Eingabewerte für ein Feld begrenzen?
11. Nennen Sie die Vorteile der Hintergrundverarbeitung von Reports.
12. Sie arbeiten mit dem Spool-System. Welcher Auftrag enthält Informationen zum benutzten Ausgabegerät?
    a) Spool-Auftrag
    b) Ausgabeauftrag

13. Wie wird auf dem R/3-Bildschirm die Leiste bezeichnet, in der sich das Kommandofeld befindet?
14. Sie kennen nur den Transaktionscode, wollen aber gerne den Pfad im SAP-Menü dazu wissen. Wie gehen Sie vor?
15. Wie ist der Transaktionscode aufgebaut, wenn Sie eine neue Anwendung in einem zusätzlichen Modus öffnen wollen?
16. Welche Aussagen sind falsch?

    a) Eingegebene Daten kann man immer mit der Tastenkombination **Strg + S** sichern.

    b) In einer Gruppe mit mehreren Ankreuzfeldern muss immer eines aktiv gesetzt sein.

    c) Um eine Hardcopy zu erstellen, klickt man auf den Button **Drucken**.

    d) Die Anzeige »OVR« in der Statusleiste bedeutet, dass beim Eingeben von neuen Daten alte Daten überschrieben werden.

    e) Zum Ausführen der im Benutzermenü befindlichen Anwendungen ist man immer berechtigt.

    f) Um die Anmeldesprache vorzubelegen, trägt man sie in den Benutzervorgaben auf der Registerkarte **Festwerte** ein.

    g) Systemmeldungen erscheinen immer in der Statusleiste.

    h) Beim Ausführen einer Transaktion über eine Verknüpfung auf dem Desktop muss kein Kennwort eingegeben werden.

    i) Um vom Eingabe- in den Überschreibmodus zu wechseln, drückt man auf die Taste **Strg**.

    j) Über die F1-Hilfe erhält man Informationen zum Sinn und Zweck eines Feldes.

    k) Um einen Report mit einer Reportvariante zu starten, muss er zuerst ausgeführt werden.

    l) Das Table Control bietet die Möglichkeit, Summen in Tabellen zu bilden.

    m) Einstellungen zum Tab- und Cursorverhalten werden im Layout-Menü vorgenommen.

4 Der Aufbau des HR

Das HR ist ein sehr umfangreicher Teil des R/3-Systems bzw. des mySAP ERP-Kernsystems. Auch wenn viele zunächst nur an Entgeltabrechnung und Zeitwirtschaft denken, besteht der Wert des HR in der umfassenden Abbildung personalwirtschaftlicher Prozesse.

4.1 Die HR-Komponenten

Die zahlreichen Komponenten innerhalb des HR bilden fast alle personalwirtschaftlichen Prozesse ab. In Kapitel 2, *Was ist SAP?*, wurde schon darauf hingewiesen, dass auch außerhalb des R/3-Systems bzw. des mySAP ERP-Kernsystems Produkte existieren, die dem HCM (Human Capital Management) zugerechnet werden. An dieser Stelle wollen wir die Komponenten innerhalb des R/3- bzw. des mySAP-Kernsystems noch vollständig vorstellen. Die Basis für jede weitere Arbeit mit dem HR bilden die beiden folgenden Komponenten:

- **Personaladministration**, die die vollständige Personalstammdatenpflege und -verwaltung umfasst
- **Organisationsmanagement**, das die Organisationsstruktur (Organigramm) des Unternehmens flexibel abbildet und die Mitarbeiter darin einordnet

Weitere personalwirtschaftliche Prozesse im R/3-System sind:

- Die **Personalbeschaffung** umfasst das Management von Vakanzen und Ausschreibungen, die Bewerberauswahl und die Bewerberkorrespondenz.
- Die **Personalzeitwirtschaft** dient der Erfassung und Bewertung von Zeitdaten (einschl. der Schnittstelle zu Zeiterfassungsterminals), der Schichtplanung, dem Führen von Zeitkonten und dem Ermitteln von zuschlagspflichtigen Zeiten.
- Die **Leistungslohnkomponente** in SAP HR dient der Berechnung von Einzel- und Gruppenakkord bzw. -prämie und verfügt über eine BDE-Anbindung.
- Die **Entgeltabrechnung** errechnet in erster Linie Brutto und Netto in Gehalt, Lohn und Besoldung. Außerdem umfasst sie z.B. die Auszahlung und das gesetzliche Meldewesen. Länderspezifische Spezialprozesse wie Pfändung, Darlehen, Direktversicherung etc. werden ebenfalls abgebildet.
- Die Komponenten »**Betriebliche Altersversorgung**« bzw. »**Arbeitgeberleistungen**« bilden verschiedene meist länderspezifische Modelle für betriebliche Renten oder Pensionen sowie sonstiger Sozialleistungen ab. Die Komponente für die deutsche Länderversion ist sehr umfangreich ausgebaut.

- Das **Reisemanagement** (wird auch dem Modul Finanzwesen zugeordnet) unterstützt die Planung von Reisen, die Beschaffung von Reisemitteln, ein Antragsverfahren sowie Erfassung, Abrechnung, Auszahlung und Verbuchung von Reisekosten.
- Das **Veranstaltungsmanagement** basiert auf dem unternehmensspezifischen Seminarkatalog. Es umfaßt die Organisation von Veranstaltungen, die Buchung und Verwaltung von Teilnahmen, den Schriftverkehr mit den Teilnehmern und die Ressourcenverwaltung. Außerdem unterstützt diese Komponente die Kalkulation, Fakturierung und Kostenverrechnung von Seminaren und den Vertrieb über Internet.
- Die **Personalentwicklung** in SAP HR beinhaltet das Skillmanagement, eine Karriereplanung und Nachfolgeplanung, Entwicklungspläne und Potenziale.
- Unter **Performancemanagement** sind in SAP HR Mitarbeiterbeurteilung und Zielvereinbarung sowie deren Nachverfolgung und Auswertung zusammengefasst.
- Das **Vergütungsmanagement** umfasst einen Total-Compensation-Ansatz, Budgetierung, Vergütungsrichtlinien, Benchmarking und monetäre Stellenbewertung. Es werden insbesondere leistungsorientierte Vergütung und Aktienprogramme unterstützt.
- Die **Personalkostenplanung** dient der zentralen oder dezentralen Planung und Hochrechnung von Personalkosten.
- In der Komponente **Personaleinsatzplanung** erfolgt die quantitative und qualitative Planung des Personaleinsatzes auf taktischer und operativer Ebene.
- Die **Stellenwirtschaft und Dienstpostenverwaltung** ist eine auf den öffentlichen Dienst zugeschnittene Komponente. Sie umfasst die Bewirtschaftung von Haushalten, die Dienstposten- und Planstellenplanung und Budgetierung. Unterstützt werden auch die Drittmittelverwaltung und eine Integration ins Haushaltsmanagement.

4.2 Strukturen im HR

Es gibt im HR zahlreiche Strukturen, mit denen der Mitarbeiterbestand für die verschiedensten Zwecke gegliedert werden kann. Die Kenntnis dieser Strukturen ist insbesondere beim Erstellen von Auswertungen wichtig. Große Bedeutung haben sie ebenso bei der Datenpflege. Im Folgenden stellen wir die wesentlichen Strukturen kurz vor. Die für Sie wichtigsten werden im Verlauf des Buches genauer beschrieben.

- **Mitarbeiterstruktur**: Mitarbeitergruppe und Mitarbeiterkreis gliedern nach Mitarbeitertyp (siehe Abschnitt 5.6.4)

- **Unternehmensstruktur**: Personalbereich und Personalteilbereich gliedern z.B. nach Unternehmen und Standort (siehe Abschnitt 5.6.4)
- **Organisationsstruktur**: unterteilt anhand des Organigramms (siehe Kapitel 9, *Organisationsmanagement*)
- **Stellenplan**: ordnet nach inhaltlichen Kriterien der Arbeit (siehe Kapitel 9, *Organisationsmanagement*)
- **Abrechnungsstruktur**: Der Abrechnungskreis gliedert nach Zeitpunkt der Entgeltabrechnung (siehe Abschnitt 5.6.4)
- **Rechnungswesenstruktur**: Kostenrechnungskreis, Buchungskreis, Geschäftsbereich und Kostenstelle unterteilen nach Kriterien des Rechnungswesens (siehe Abschnitt 5.6.4)
- **Sachbearbeiterstruktur:** gliedert nach Zuständigkeit (siehe Abschnitt 5.6.4)
- **Status »Zeiterfassung«**: unterteilt nach der Form der Zeiterfassung und Zeitauswertung (siehe Abschnitt 5.6.7)

5 Personaladministration

Die Qualität der Personalstammdaten ist wesentliche Voraussetzung für fast alle personalwirtschaftlichen Funktionen. Die Sachbearbeiter, die ihre Vollständigkeit, Korrektheit und Aktualität sicherstellen, erfüllen damit eine essenzielle Aufgabe. Um diese effizient zu erfüllen, ist eine gute Kenntnis der Anwendung erforderlich.

5.1 Die Bedeutung der Stammdaten für das HR

Das Kernstück der Personaladministration bilden die Personalstammdaten (siehe Abbildung 5.1). Sie sind Grundlage für die nachfolgenden Abläufe des Personalmanagements (z. B. Entgeltabrechnung) sowie weitere integrierte Funktionen des SAP-Systems (z. B. Workflow). Das bedeutet, dass die Daten jederzeit vollständig, richtig und aktuell sein müssen, damit sie in anderen Bereichen nicht zu falschen Ergebnissen führen. Die Investition in eine hohe Datenqualität lohnt sich in jedem Fall, da sich Qualitätsmängel in der Basis zumeist in den nachgelagerten Vorgängen multiplizieren.

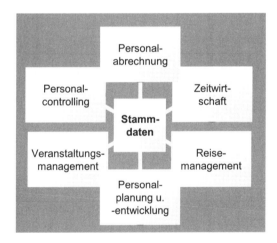

Abbildung 5.1 Integration der Stammdaten

Von besonderer Bedeutung unter den Stammdaten ist die Personalnummer, da sie den Mitarbeiter eindeutig identifiziert. Jeder personenbezogene Datensatz im SAP-System ist über die Personalnummer dem richtigen Mitarbeiter zugeordnet. Diese darf somit nie geändert werden.

Ebenfalls sehr wichtig ist der Beschäftigungsstatus des Mitarbeiters. Dieser gibt an, ob der Mitarbeiter noch **Aktiv**, also tatsächlich im Unternehmen beschäftigt ist. Nichtaktive Personalstämme wie Ausgetretene oder Rentner können z. B. im Veranstaltungsmanagement oder im Organisationsmanagement nicht verarbeitet werden.

Im Folgenden seien einige Beispiele für die weitere Benutzung der Personalstammdaten genannt:

Entgeltabrechnung

Die Entgeltabrechnung verarbeitet eine sehr große Menge von Personaldaten. Sie müssen zwar im Allgemeinen nicht täglich, sondern nur monatlich – zum Abrechnungstermin – aktuell sein, aber fehlerhafte Ergebnisse sind besonders schwerwiegend. Hinzu kommt, dass eine Korrektur der Fehler nicht täglich, sondern erst im Folgemonat erfolgen kann. Die Bedeutung einer hohen Datenqualität wird auch dadurch unterstrichen, dass Ergebnisse an öffentliche Stellen (Finanzamt, Sozialversicherung usw.) weitergegeben werden. Daten, die für die Entgeltabrechnung verwendet werden, sind beispielsweise:

- Organisationsdaten, die die Zugehörigkeit zu betrieblichen, tariflichen und gesetzlichen Regelungen bestimmen und die automatische Buchung in das Rechnungswesen steuern
- Bruttoentgelt einschließlich Einmalbezügen
- Daten zur Steuer und Sozialversicherung
- weitere Leistungen wie Direktversicherung, Firmenwagen usw.
- Adressdaten für den Versand des Entgeltnachweises
- Daten zur betrieblichen Altersversorgung
- Bankverbindung

Zeitwirtschaft

Die Zeitwirtschaft ist in besonderem Maße auf aktuelle Daten angewiesen, wenn die Anwesenheit der Mitarbeiter über Zeiterfassungsterminals festgehalten wird. Die Mitarbeiter erwarten im Allgemeinen täglich den aktuellen Stand ihrer Zeitkonten am Zeiterfassungsterminal. Führt mangelnde Qualität der Grunddaten hier zu Fehlern, entsteht ein hoher Arbeitsaufwand durch Nachfragen der Betroffenen. Erfolgt zusätzlich die Zutrittskontrolle über das Terminal, können Fehler den Mitarbeiter gar »aussperren«. Wesentliche Grunddaten, auf die die Zeitwirtschaft aktuell angewiesen ist, sind z. B.:

- Organisationsdaten, die die Zuordnung des Mitarbeiters zu bestimmten betrieblichen Regelungen bestimmen
- Zuordnung des Mitarbeiters zu seinem Zeitbeauftragten

- Zeitmodell/Schichtplan
- Urlaubsanspruch
- Nummer der Zeiterfassungskarte
- Zuordnung des Mitarbeiters zu Zeiterfassungsterminals

Reisemanagement

Die Abhängigkeit des Reisemanagements von den Personalstammdaten wird häufig dann vergessen, wenn dieses organisatorisch nicht in der Personalabteilung angesiedelt ist. Für das Reisemanagement werden insbesondere folgende Daten benötigt:

- Organisationsdaten, die die Zugehörigkeit zu betrieblichen, gesetzlichen Regelungen bestimmen und die automatische Buchung ins Rechnungswesen steuern
- Präferenzen und Privilegien eines Mitarbeiters für die Wahl der Reisemittel

Personalplanung

Die Vorgänge in der Personalplanung sind abhängig von Administration, Zeitwirtschaft und Abrechnung und deshalb auf tagesaktuelle Daten angewiesen. Für eine genaue Kostenplanung sind aktuelle Daten besonders wichtig. Hier werden speziell auch schon zukünftige Änderungen benötigt, soweit sie bereits bekannt sind. Relevante Informationen der Administration können z. B. sein:

- tarifliche Eingruppierung
- vereinbartes Bruttoentgelt
- organisatorische Zuordnung mit Historie
- Arbeitszeit
- geplante Abwesenheitszeiten

Personalentwicklung

Sowohl im Veranstaltungsmanagement als auch in den übrigen Funktionen der Personalentwicklung sind korrekte Stammdaten erforderlich. So kommt es besonders oft vor, dass neue Mitarbeiter erst kurz vor dem tatsächlichen Eintrittsdatum im System erfasst werden, obwohl der Eintritt schon früher bekannt gewesen ist. Die Personalentwickler können dann weder einen Entwicklungsplan für den Mitarbeiter im System ausarbeiten noch Seminarbuchungen vornehmen. Da beides gerade für neue Mitarbeiter in großem Umfang vorkommt, stört das die Abläufe in hohem Maße. Relevante Stammdaten für die Personalentwicklung sind z. B.:

- Organisatorische Zuordnung
- Alter
- Aufenthaltsgenehmigung
- Schwerbehinderung
- Kommunikationssprache

Personalcontrolling

Das Personalcontrolling oder Personalberichtswesen verarbeitet Informationen aus allen Komponenten. Somit ist möglichst immer die Tagesaktualität aller Daten zu gewährleisten. Auswertungen verwenden aber nicht nur Vergangenheits- oder Ist-Daten, sondern basieren oftmals auch auf Plandaten, so dass auch zukünftig relevante Daten, z. B. die Einstellung eines neuen Mitarbeiters, stets sofort bei Bekanntwerden zu pflegen sind. Die Ergebnisse verschiedener Auswertungen dienen schließlich mitunter als Grundlage für weit reichende Entscheidungen im Unternehmen.

5.2 Die Funktion der Personaladministration

Mit Hilfe der Personaladministration können Sie Mitarbeiterdaten erfassen, bearbeiten und auswerten. Bereits bei der Dateneingabe prüft das System die Daten automatisch auf Plausibilität, d. h., ob die erfassten Daten überhaupt zulässig sind. Dazu wurden in Customizing-Tabellen eine Reihe von Werten bezüglich der Mitarbeiter- und Unternehmensstruktur sowie gesetzlicher Bestimmungen hinterlegt. Gegen diese Einträge werden Ihre erfassten Daten verprobt. Im Vorfeld definierte Vorschlagswerte unterstützen Sie außerdem bei der Dateneingabe. Diese Prüfungen und Vorschlagswerte können Sie als Endanwender nicht ändern – es liegt in der Regel in der Zuständigkeit Ihres HR-Administrators.

Ändern sich Mitarbeiterdaten im Zeitablauf, so wird durch die korrekte Pflege eine Historie aufgebaut. Diese ist nicht nur für Auswertungen äußerst wichtig. Sie ist auch für eine erneute Abrechnung der Vergangenheit in Entgeltabrechnung und Zeitwirtschaft (z. B. für Korrekturen) erforderlich. Da beim Aufbau der Historie oft Fehler entstehen, gehen wir im weiteren Verlauf immer wieder auf diesen Aspekt ein.

Alle mitarbeiterbezogenen Daten werden in einer Datenbank abgespeichert. Daten, die von einem Anwender eingegeben werden, kann ein zweiter Anwender bereits unmittelbar nach dem Speichern abrufen. Da zumeist nicht jeder Benutzer der Komponente alle Mitarbeiterdaten bzw. die Daten aller Mitarbeiter sehen darf, existiert ein umfangreiches Berechtigungskonzept.

Für internationale Unternehmen bietet die Komponente landesspezifische Versionen an, die die jeweiligen landestypischen Besonderheiten berücksichtigen. Somit können die Mitarbeiter aller Standorte im In- und Ausland in einem System verwaltet werden.

In den folgenden Abschnitten werden Sie lernen, wie die Abläufe der Personaladministration im R/3-System gestaltet sind und wie Sie die Personaldaten im System richtig und vor allem effizient erfassen und bearbeiten können. Zunächst erfahren Sie, welche Funktionen ein Infotyp neben der reinen Datenerfassung außerdem bietet. Im Anschluss daran stellen wir Ihnen verschiedene Formen der Datenpflege vor. Dabei erläutern wir Ihnen zu jedem Thema zuerst Schritt für Schritt das Vorgehen. An geeigneter Stelle finden Sie dann eine Erklärung der Begriffe, nützliche Tipps und Hinweise zur Thematik. Es empfiehlt sich, beim ersten Kontakt mit dem System dieses Kapitel von vorn beginnend durchzuarbeiten. Später können Sie jedoch immer wieder die Erläuterungen zu einem Problem zu Rate ziehen. Wenn Sie zunächst ein wenig mit der Datenpflege, die in Abschnitt 5.4 behandelt wird, experimentieren möchten, empfehlen wir Ihnen, anschließend Abschnitt 5.3 vollständig durchzuarbeiten.

5.3 Das Infotypkonzept

5.3.1 Infotypen

In Informationstypen (*Infotypen*) hinterlegen Sie Informationen zu einem Mitarbeiter. Zu jeder Angelegenheit, die diesen Mitarbeiter betrifft, existiert ein Infotyp, sei es die Adresse des Mitarbeiters oder seine Vertragsdaten. Der Infotyp ist neben seiner Bezeichnung insbesondere durch eine vierstellige Nummer gekennzeichnet. Die Infotypen der Personaladministration beginnen mit einer Null.

Ein Infotyp fasst fachlich zusammengehörende Daten zusammen. Dem Anwender gegenüber stellt er sich als Maske mit strukturiert angeordneten Feldern zur Erfassung der Daten dar.

Wie in Abbildung 5.2 zu sehen, sind im Infotyp 0002 – *Daten zur Person* mehrere Felder in der Maske strukturiert angeordnet nach **Name**, **Geburtsdatum**, **Familienstand/Konfession**.

Neben der reinen Erfassung der Daten bietet der Infotyp weitere Funktionalitäten, die in den folgenden Abschnitten beschrieben werden.

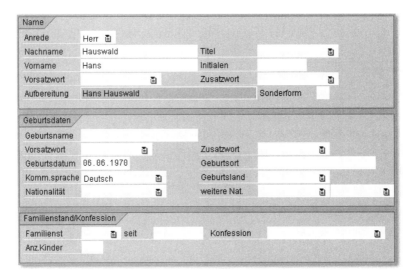

Abbildung 5.2 Infotyp 0002 zur Erfassung der persönlichen Daten des Mitarbeiters

5.3.2 Verprobung der Daten

Beim Eingeben von Daten in das R/3-System prüft der Infotyp für die meisten Felder die Werte und Wertkombinationen auf Zulässigkeit. Das System verprobt die eingegebenen Daten je nach Einstellung mit Customizing-Tabellen, Validierungsregeln oder anderen Daten in Infotypen. Die Plausibilitätskontrollen sollen sicherstellen, dass nur zulässige Informationen in der Personaladministration aufgenommen werden.

5.3.3 Mussfelder

Die Eingabe eines Wertes in einem Mussfeld ist obligatorisch. Mussfelder sind also – wie auch die Plausibilitätsprüfungen – für die Datenkonsistenz wichtig. Mussfelder sind durch ein Kästchen mit einem Häkchen ☑ gekennzeichnet.

5.3.4 Unterteilung in Subtypen

Infotypen können abhängig vom Sachverhalt in weitere Kategorien aufgeteilt sein. Diese Kategorien werden *Subtypen* genannt. Ein Beispiel hierfür ist der Infotyp 0006 – *Anschriften* mit den Subtypen *Ständiger Wohnsitz*, *Zweitwohnsitz* usw. (siehe Abbildung 5.3). Die Oberfläche eines Infotyps kann je nach Subtyp unterschiedlich aussehen oder andere Plausibilitätsprüfungen enthalten.

Abbildung 5.3 Subtypen zum Infotyp 0006 – Anschriften

5.3.5 Infotypsatz

Sobald ein Infotyp für einen Mitarbeiter angelegt wurde, existiert ein Infotypsatz. Diesen können Sie ändern, anzeigen, auflisten, kopieren, abgrenzen und löschen (zur Pflege von Infotypen siehe Abschnitt 5.4). Wenn sich Daten im Zeitverlauf ändern (z.B. der Familienname), ist es nicht zulässig, die Daten zu überschreiben. Denn dann wäre keine Aussage zur Vergangenheit mehr möglich. Deshalb kann der Infotyp abhängig vom Sachverhalt auch mehrere Infotypsätze enthalten (siehe Abbildung 5.4).

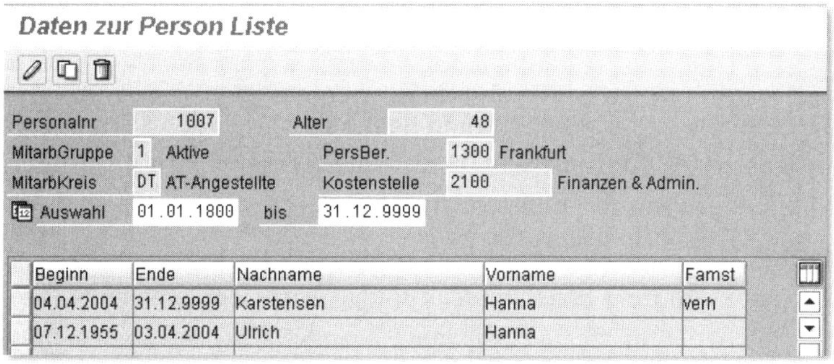

Abbildung 5.4 Infotyp 0002 mit mehreren Infotypsätzen

5.3.6 Gültigkeitszeitraum

Jeder Infotypsatz hat einen Gültigkeitszeitraum. Der Beginn ist abhängig vom Inhalt des Infotyps und/oder dem Datum, zu dem er angelegt wurde. Das Ende ist oft der 31.12.9999 – das so genannte High Date, zumindest solange sich der Mitarbeiter in einem aktiven Beschäftigungsverhältnis befindet. Ob ein Infotyp mehrere Infotypsätze enthalten darf oder ob sich die Gültigkeitszeiträume der Infotypsätze überschneiden können, regelt die Zeitbindung.

5.3.7 Zeitbindung

Die Zeitbindung ist eines der wesentlichen Merkmale des Infotypenkonzepts im SAP-System. Von ihr ist es abhängig, ob eine Historie von Daten eines Infotyps aufgebaut werden kann oder ob der gleiche Infotypsatz immer wieder überschrieben wird. Die Zeitbindung beschreibt also, inwieweit ein Infotyp/Subtyp mehrere Infotypsätze enthalten kann. Weiterhin bestimmt sie, ob die Gültigkeitszeiträume der einzelnen Infotypsätze Lücken aufweisen dürfen. Die Zeitbindung kann insgesamt für einen Infotyp oder je Subtyp festgelegt sein.

Im Folgenden stellen wir Ihnen die vier Zeitbindungsarten vor. Am Beispiel des Ehepartners erläutern wir Ihnen, was es für den Mitarbeiter bedeutet, wenn dem Infotyp 0021 – *Familie/Bezugsperson* eine der folgenden Zeitbindung zugewiesen würde:

- **Zeitbindung 0**
  Über den gesamten Gültigkeitszeitraum des Personalstamms muss genau ein Satz (und zwar immer der gleiche) bestehen. Die Zeitbindung bedeutet hier: »lebenslänglich«. Der Mitarbeiter muss immer den gleichen Ehepartner haben.

- **Zeitbindung 1**
  Zu einem Zeitpunkt muss genau ein gültiger Satz vorhanden sein, Überschneidungen sind nicht möglich. Diese Zeitbindung heißt hier: »Zwang zur Ehe«. In diesem Fall müsste der Mitarbeiter zu jedem Zeitpunkt verheiratet sein, wenn auch nicht unbedingt immer mit dem gleichen Partner.

- **Zeitbindung 2**
  Zu einem Zeitpunkt kann höchstens ein gültiger Satz vorhanden sein. Lücken sind erlaubt, Überschneidungen sind nicht möglich. Dies ist der »realistische Fall«: Der Mitarbeiter kann einen Ehepartner haben, muss es aber nicht.

- **Zeitbindung 3**
  Zu jedem Zeitpunkt können beliebig viele gültige Sätze nebeneinander vorhanden sein. Das bedeutet hier: »Polygamie«. Der Mitarbeiter kann mehrere Ehepartner gleichzeitig haben. Er kann aber auch ledig sein.

Am Infotyp 0021 – *Familie* lässt sich die Bedeutung sehr gut veranschaulichen. Während der Subtyp 1 – *Ehepartner* zumindest im europäischen Kulturkreis Zeitbindung 2 hat, erlaubt der Subtyp 2 – *Kind* mehrere Einträge gleichzeitig. Dieser hat also die Zeitbindung 3.

Abbildung 5.5 stellt den Zusammenhang noch einmal grafisch dar, allerdings ohne den Sonderfall der Zeitbindung 0, die nur beim Infotyp 0003 – *Abrechnungsstatus* auftritt.

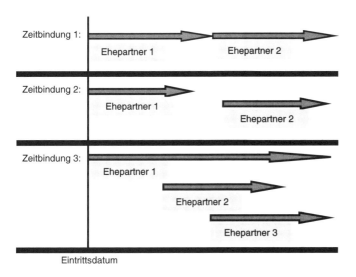

Abbildung 5.5 Verschiedene Zeitbindungen in den Personalstammdaten

5.3.8 Unternehmensspezifische Besonderheiten

Die Infotypmasken sind in der Regel an die Erfordernisse ihres Unternehmens angepasst. Das heißt, dass gegebenenfalls einige Felder ausgeblendet sind, zusätzliche Plausibilitätsprüfungen aktiv sind oder zusätzliche Felder eingebaut wurden. Daher kann die Darstellung in diesem Buch von Ihrem System abweichen. Die grundsätzliche Arbeit mit dem System wird dadurch jedoch meist nicht beeinflusst.

5.4 Infotyppflege am Beispiel des Infotyps 0006 – Anschriften

5.4.1 Einstieg in die Stammdatenpflege

Wie Sie bereits gelernt haben, erfolgt die Pflege von Personaldaten in Infotypen. Die Infotypen zur Pflege der Personalstammdaten sind auf einem Bildschirm in mehreren Gruppen zusammengefasst. Sie erreichen alle diese Infotypen über den gleichen Pfad **Personal · Personalmanagement · Administration · Personalstamm · Pflegen** (siehe Abbildung 5.6). Doppelklicken Sie auf den letzten Menüpunkt, um die Anwendung zu starten. Es öffnet sich das Einstiegsbild der Stammdatenpflege.

> **Tipp** Ziehen Sie sich die Anwendung in die Favoriten, falls Sie häufig damit arbeiten sollten.

Abbildung 5.6 Menüpfad zum Öffnen der Stammdatenpflege

5.4.2 Auswahl von Mitarbeitern mit und ohne Objektmanager

Das Grundbild der Stammdatenpflege (siehe Abbildung 5.7) gliedert sich in den Objektmanager (links) und das Einstiegsbild (rechts). Der Objektmanager besteht aus einem Such- und einem Auswahlbereich. Falls der Objektmanager nicht eingeschaltet ist, wählen Sie in der Menüleiste **Einstellungen · Objektmanager einblenden**. An dieser Stelle können Sie den Objektmanager auch ausblenden, falls Sie ihn nicht nutzen wollen.

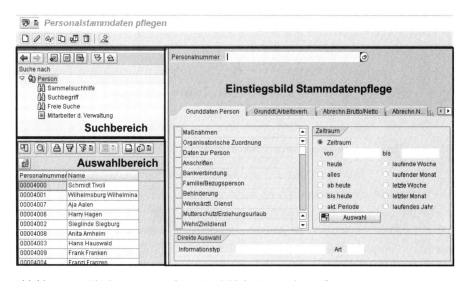

Abbildung 5.7 Objektmanager und Einstiegsbild der Stammdatenpflege

Um Informationen zu einem Mitarbeiter in Infotypen abzulegen, müssen Sie zuerst die Personalnummer des Mitarbeiters wissen, denn diese ist der Schlüssel zum Mitarbeiter. Natürlich ist es unmöglich, sich alle Personalnummern der Mitarbeiter zu merken. Der Objektmanager bietet Ihnen die Möglichkeit, mehrere Personalnummern zu selektieren und diese als Arbeitsvorrat zu speichern. Sie können aber auch ohne Objektmanager in der Stammdatenpflege arbeiten. Wählen Sie dann den Mitarbeiter mit der F4-Hilfe im Feld **Personalnummer** auf dem Einstiegsbild der Stammdatenpflege aus.

Für die Selektion über den Objektmanager gehen Sie wie folgt vor:

1. Klicken Sie im Suchbereich auf den kleinen weißen Pfeil links neben **Person**, so dass sich ein Menü öffnet.
2. Selektieren Sie die Mitarbeiter über eine der Suchfunktionen, z.B. die Sammelsuche (die verschiedenen Suchfunktionen werden weiter unten genauer beschrieben).
3. Die selektierten Personen werden im Auswahlbereich angezeigt. Die Trefferliste können Sie:

       auf- und absteigend sortieren

       filtern

       verkleinern oder vergrößern

       konfigurieren, indem Sie beispielsweise weitere Spalten einblenden

4. Übernehmen Sie nun einen Mitarbeiter per Doppelklick in das Einstiegsbild der Stammdatenpflege, um für ihn einen Infotyp zu pflegen.

Hinweis Die Auswahlmenge mit den zuletzt gewählten Einstellungen bleibt Ihnen auch nach dem Abmelden als persönlicher Arbeitsvorrat erhalten. Vermeiden Sie jedoch sehr große Auswahlmengen, da dann der erneute Aufruf der Anwendung sehr lange dauern kann.

Tipp Um die Auswahl im Objektmanager zu löschen, geben Sie beispielsweise unter **Suchbegriff** einen unrealistischen Namen ein, so dass die Trefferliste leer bleibt. Diese Variante können Sie dann z.B. unter **Liste löschen** sichern.

Sammelsuche

Bei der Sammelsuche haben Sie z.B. die Möglichkeit, nach dem Mitarbeiternamen und seiner organisatorischen Zuordnung zu selektieren (siehe Abbildung 5.8). Dabei können Sie mit so genannten Platzhalterzeichen arbeiten. Tragen Sie beispielsweise »H*« im Feld **Nachname** ein und bestätigen Sie die Eingabe mit **Enter**, erhalten Sie alle Mitarbeiter, deren Nachname mit »H« beginnt. Im Register Organisatorische Zuordnung können Sie Mitarbeiter nach Kriterien der Unternehmens- und/oder Mitarbeiterstruktur (auch: Personalstruktur) selektieren. Die Felder zur organisatorischen Zuordnung lernen Sie in Abschnitt 5.6.4 kennen, wenn wir Ihnen den Infotyp 0001 – *Organisatorische Zuordnung* vorstellen. Beachten Sie bitte auch das Feld **Maximale Trefferzahl**, um Ihre Ergebnisliste zusätzlich einzuschränken. Über die Drucktaste **Mehrfachselektion** können Sie außerdem die Suche nach Intervallen vornehmen.

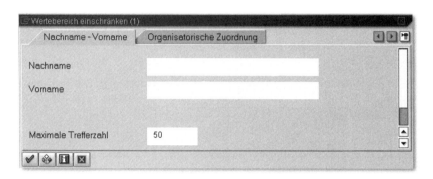

Abbildung 5.8 Sammelsuche im Objektmanager der Stammdatenpflege

Suchbegriff

Mit dieser Funktion können Sie Mitarbeiter schnell nach bestimmten Kriterien selektieren, z.B. alle Mitarbeiter, die einer Organisationseinheit direkt oder/und indirekt zugeordnet sind. Abbildung 5.9 zeigt beispielsweise die Selektion aller Mitarbeiter, die der **Organisationseinheit Verwaltung** und allen (**direkt und indirekt**) darunter liegenden Organisationseinheiten zugeordnet sind. Über den Button Hinzufügen können Sie weitere selektierte Mengen in den Auswahlbereich aufnehmen.

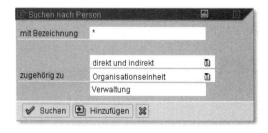

Abbildung 5.9 Suchbegriff im Objektmanager der Stammdatenpflege

Freie Suche

Die freie Suche ermöglicht Ihnen, Mitarbeiter über Felder der Stammdatenpflege zu selektieren (siehe Abbildung 5.10). Links sehen Sie die Feldgruppen, die die Infotypen darstellen. Darunter befinden sich die Felder des Infotyps. Im Beispiel wurde das Feld **Anzahl Kinder** aus dem Infotyp *Daten zur Person* ausgewählt. Damit erscheint es im rechten Teil des Bildes. Es können auch weitere Selektionsfelder übernommen werden. Die Auswahl wird durch die Felder **Option** und **Wert** eingeschränkt. »Größer-gleich 1« bedeutet, der Mitarbeiter muss mindestens ein Kind haben, um selektiert zu werden. Die Treffermenge erfahren Sie, indem Sie unten im Bild auf den Button drücken. In der Abbildung ist zu sehen, dass 113 Mitarbeiter die gewählten Selektionskriterien erfüllen. Mit dieser Selektionsmenge und der Funktionalität **Vorschlagswerte halten** oder **setzen** (siehe Abschnitt 3.6.2) könnten Sie jetzt beispielsweise sehr schnell für viele Mitarbeiter den Freibetrag in Infotyp 0012 pflegen.

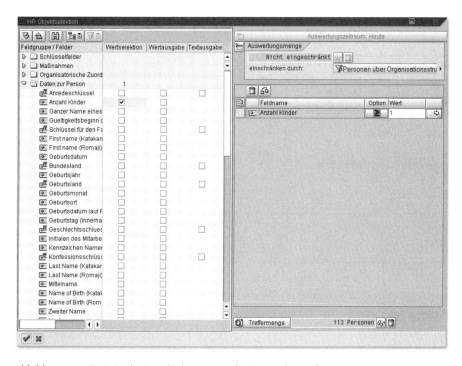

Abbildung 5.10 Freie Suche im Objektmanager der Stammdatenpflege

Suchvarianten

Im Suchbereich können Sie *Suchvarianten* anlegen, um einmal zusammengestellte Suchkriterien bzw. Treffermengen mehrfach verwenden zu können. Wenn Sie Ihre Selektion beendet haben, klicken Sie auf **Suchvariante anlegen** und speichern

Sie diese unter einer aussagekräftigen Bezeichnung. Die Suchvariante taucht dann unter den Suchfunktionen auf und ist mit ▦ gekennzeichnet (siehe Abbildung 5.7).

> **Tipp** Zur Selektion eines einzelnen Mitarbeiters, der nicht bereits im Arbeitsvorrat enthalten ist, ist die direkte Auswahl über das Feld **Personalnummer** ohne Nutzung des Objektmanagers am effizientesten. Die F4-Hilfe dieses Feldes bietet ebenfalls Suchhilfen wie oben beschrieben.
>
> Zur besonders schnellen Selektion über den Namen des Mitarbeiters (z. B. Klaus Bluhm) kann man folgendes Kürzel im Personalnummernfeld eingeben: »=n.Bluhm.Klaus«. Dabei kann man auch auf den Vornamen verzichten oder nur den ersten Teil des Nach- oder Vornamens eingeben (z. B. »=n.Blu«).

5.4.3 Auswahl von Zeitraum und Infotyp

Datenauswahlzeitraum

Im rechten Teil des Einstiegsbilds der **Stammdatenpflege** können Sie den Datenauswahlzeitraum einschränken. Das heißt, das System gibt Ihnen – falls der Infotyp bereits angelegt ist – nur die im Auswahlzeitraum gültigen Infotypsätze aus. Aktivieren Sie beispielsweise den Radiobutton **heute**, werden nur die zum aktuellen Stichtag gültigen Infotypsätze angezeigt.

Auswahl des Infotyps

Abhängig von Ihren unternehmensindividuellen Einstellungen sehen Sie eine oder mehrere Registerkarten zu verschiedenen Themen wie Grunddaten Person, Grunddaten Arbeitsverhältnis usw. Mit den Pfeiltasten ◀▶ können Sie zu verdeckten Registerkarten navigieren. Aktivieren Sie eine Registerkarte durch Klicken auf den Titel oder Auswahl in der Registerkartenübersicht ▤. Auf den Registerkarten sehen Sie die entsprechenden Infotypen. Falls zu einem Mitarbeiter bereits ein Infotyp angelegt worden ist, erkennen Sie dies an dem Häkchen ✓ hinter der Infotyp-Bezeichnung. Um einen Infotyp auszuwählen, markieren Sie ihn, indem Sie vor der Infotyp-Bezeichnung auf den leeren Button drücken. Wählen Sie anschließend eine Funktion in der Anwendungsfunktionsleiste aus.

Weiterhin haben Sie die Möglichkeit, den Infotyp unter **Direkte Auswahl** zu bestimmen. Geben Sie dazu die Infotypnummer in das Feld **Informationstyp** ein (die führenden Nullen müssen Sie nicht eingeben) oder wählen Sie ihn mit der F4-Hilfe aus. Unter **Art** tragen Sie gegebenenfalls das Kürzel des Subtyps ein.

5.4.4 Infotypsatz anlegen

Betrachten wir das folgende Beispiel: Der neu eingestellte Mitarbeiter Herr Hauswald teilt Ihnen seine Wohnanschrift mit, an die auch künftig der Schriftverkehr gehen soll. Außerdem lässt er Sie wissen, dass er in den Sommermonaten in einem Landhaus wohnt. Wenn Sie den Infotypsatz anlegen, gehen Sie folgendermaßen vor:

1. Wählen Sie im Einstiegsbild der Stammdatenpflege die Personalnummer des Mitarbeiters aus.
2. Wählen Sie im Feld **Informationstyp** mit der F4-Hilfe den Infotyp *Anschriften* aus.
3. Drücken Sie den Button **Anlegen**. Es öffnet sich die Maske zum Anlegen der Anschrift (siehe Abbildung 5.11).

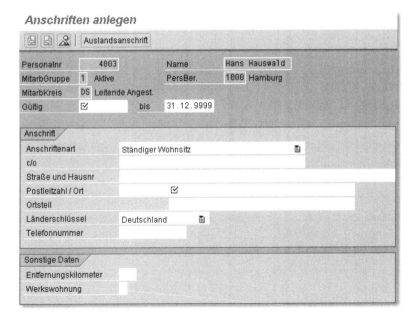

Abbildung 5.11 Anlegen des Subtyps Ständiger Wohnsitz im Infotyp 0006 – Anschriften

4. Geben Sie einen Gültigkeitsbeginn für die Anschrift ein.
5. Im Feld **Anschriftenart** ist der Subtyp *Ständiger Wohnsitz* bereits vorbelegt, da dieser in Ihrem Unternehmen für den Schriftverkehr herangezogen wird.
6. Pflegen Sie die benötigten Daten. Das Feld **Ort** ist in jedem Fall zu füllen, da es ein Mussfeld ist.

7. Speichern Sie die Eingaben. Sie erhalten die Systemmeldung »Satz wurde hinzugefügt«.
8. Legen Sie nun auf gleiche Art und Weise einen weiteren Subtyp *Zweitwohnsitz* an und pflegen Sie die Adressdaten entsprechend.

Auf diese Weise haben Sie zwei neue Infotypsätze angelegt. Im Einstiegsbild der Stammdatenpflege erscheint ✓ hinter **Anschriften**.

> **Tipp** Die Anschrift für den Schriftverkehr benötigen Sie während der gesamten Beschäftigungszeit des Mitarbeiters, so dass als Beginn das Einstellungsdatum zu wählen ist. Das Endedatum des letzten Satzes bleibt deshalb immer auf »High Date« stehen.

Freitextfeld zum Infotypsatz anlegen

Sie möchten nun zum Zweitwohnsitz von Herrn Hauswald im System die Information festhalten, dass er das Landhaus nur im Sommer bewohnt. Sie gehen dazu so vor:

1. Wählen Sie im Einstiegsbild der Stammdatenpflege die Personalnummer des Mitarbeiters und den Infotyp aus.
2. Drücken Sie den **Ändern**-Button.
3. Wählen Sie in der Menüleiste **Bearbeiten • Text pflegen** oder die **F9**-Taste. Es öffnet sich ein leeres Textfeld (siehe Abbildung 5.12).
4. Pflegen Sie darin die Informationen ähnlich wie in einem Word-Dokument.
5. Sichern Sie anschließend Ihre Eingaben.

Mit diesem Vorgang haben Sie einen Freitext am Infotyp hinterlegt. Dies wird durch den **Freitext**-Button in der Maske des Infotyps angezeigt.

> **Hinweis** Über den **Freitext**-Button können Sie den Text jederzeit bearbeiten. Die Drucktaste verschwindet wieder aus der Maske, wenn Sie den gesamten Text löschen und sichern.

5.4.5 Infotypsatz ändern

Beim Ändern von Infotypen spielt die Zeitbindung eine große Rolle. Überlegen Sie genau, ob Sie den bestehenden Infotypsatz überschreiben wollen, denn dann gehen die alten Daten verloren. Unter Umständen ist es notwendig, einen neuen bzw. weiteren Infotypsatz anzulegen.

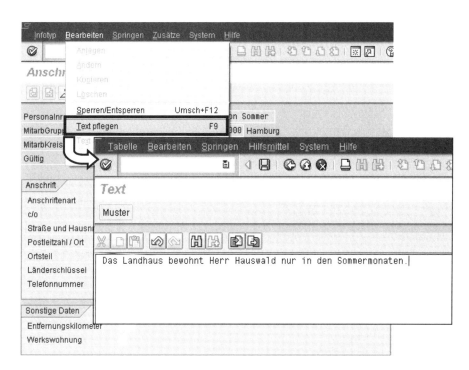

Abbildung 5.12 Einen Freitext in einem Infotyp anlegen/pflegen

Folgende Überlegungen zu den Anschriftenarten (Subtypen) mit unterschiedlicher Zeitbindung (ZB) sollen Ihnen eine Stütze sein (siehe Tabelle 5.1):

Subtyp	ZB	Überlegung
Ständiger Wohnsitz	1	Zu jedem Stichtag muss es einen ständigen Wohnsitz geben, damit der Mitarbeiter jederzeit postalisch erreichbar ist. Zieht der Mitarbeiter um, muss der bestehende Infotypsatz beendet und ein neuer Datensatz zum Folgetag angelegt werden.
Heimatanschrift	2	Zu jedem Stichtag kann es höchstens eine Heimatanschrift geben. Wenn die Heimatanschrift nicht mehr gilt, muss es im Gegensatz zum ständigen Wohnsitz keine neue geben.
Zweitwohnsitz	3	Der Mitarbeiter kann mehrere Zweitwohnsitze zu einem Zeitpunkt haben. Abgelaufene Anschriften werden durch das Endedatum im Infotypsatz gekennzeichnet.

Tabelle 5.1 Bedeutung der Zeitbindung

Im Folgenden kommen wir wieder auf unser Beispiel zurück. Nun stehen Sie vor folgendem Problem: Sie haben festgestellt, dass Sie Herrn Hauswalds Hausnummer falsch eingegeben haben. Wie gehen Sie vor?

1. Wählen Sie im Einstiegsbild der Stammdatenpflege die Personalnummer des Mitarbeiters und den Infotyp aus.
2. Klicken Sie auf den **Ändern**-Button ⬚.
3. Navigieren Sie mit ⬚ ⬚ gegebenenfalls zum entsprechenden Infotypsatz.
4. Überschreiben Sie die falsche Hausnummer.
5. Sichern Sie die Änderung. Sie erhalten die Systemmeldung »Satz wurde geändert«.

Die Hausnummer wurde im selben Infotypsatz gespeichert. Die falsche Nummer ist nicht mehr verfügbar.

> **Hinweis** Das Ändern von Infotypen kommt in der Regel nur dann in Betracht, wenn ein Fehler in der Datenerfassung vorliegt – ändern sich die realen Daten im Zeitablauf, so wird stets ein neuer Satz (gegebenenfalls über die Kopierfunktion) angelegt (siehe Abbildung 5.13).

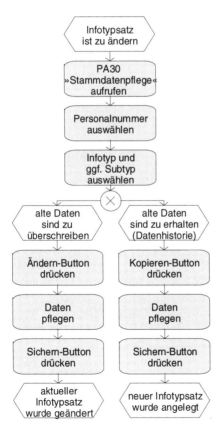

Abbildung 5.13 Prozess »Ändern eines Infotyps«

5.4.6 Infotypsatz kopieren

Bleiben wir bei unserem Beispiel: Herr Hauswald teilt Ihnen mit, dass er ab dem nächsten Monat eine neue Telefonnummer hat. Wenn Sie den neuen Infotypsatz mit der **Kopieren**-Funktion anlegen, sparen Sie sich die erneute Eingabe der Adressdaten.

1. Wählen Sie im Einstiegsbild der Stammdatenpflege die Personalnummer und den Infotyp aus.
2. Klicken Sie auf den **Kopieren**-Button . Es wird automatisch der aktuellste Infotypsatz kopiert.
3. Ändern Sie das Beginndatum und überschreiben Sie die Telefonnummer.
4. Sichern Sie anschließend Ihre Eingaben.
5. Sie erhalten eine Warnmeldung, dass der bestehende Infotypsatz zum Beginn des neuen begrenzt wird. Bestätigen Sie mit **Enter**.
6. Die Systemmeldung »Satz wurde hinzugefügt« wird angezeigt.

Adresse und neue Telefonnummer sind in einem neuen Infotypsatz gespeichert. Der Infotypsatz mit der alten Telefonnummer ist noch bis zum Ende des Monats gültig und weiterhin verfügbar.

Möchten Sie einen anderen Infotypsatz kopieren, wählen Sie im Einstiegsbild der Stammdatenpflege und markieren Sie in der Liste den zu kopierenden Infotyp. Klicken Sie dann auf .

Hinweis Würden Sie einen weiteren Zweitwohnsitz für Herrn Hauswald anlegen, dann grenzt das System den bestehenden Datensatz nicht ab. Denn bei Infotypen bzw. Subtypen mit Zeitbindung 3 können zu einem Stichtag mehrere Sätze gelten.

5.4.7 Infotypsatz löschen

Die Situation hat sich erneut geändert: Herr Hauswald teilt Ihnen mit, dass er seine alte Telefonnummer doch behalten konnte. Der letzte Datensatz des Subtyps *Ständiger Wohnsitz* ist also zu löschen.

1. Im Einstiegsbild der Stammdatenpflege wählen Sie die Personalnummer und den Infotyp aus.
2. Klicken Sie auf den **Löschen**-Button . Der aktuell gültige Infotypsatz wird angezeigt.
3. Navigieren Sie gegebenenfalls mit zum entsprechenden Infotypsatz.

4. Bestätigen Sie das Löschen mit erneutem Drücken des **Löschen**-Buttons.
5. Sie erhalten eine Warnmeldung, denn der Subtyp mit Zeitbindung 1 muss im gesamten Gültigkeitszeitraum lückenlos existieren.
6. Bestätigen Sie mit **Enter**. Das System verlängert den Vorgängersatz automatisch.
7. Sie erhalten die Meldung »Satz wurde gelöscht«.

Der Nachfolgedatensatz wurde mit diesem Vorgang gelöscht. Das Endedatum des ersten Infotypsatzes steht wieder auf »High Date«.

Um den zu löschenden Infotyp aus der Liste auszuwählen, müssen Sie im Einstiegsbild der Stammdatenpflege auf den **Überblick**-Button klicken. Markieren Sie in der Liste den entsprechenden Infotyp und klicken Sie auf .

Hinweis Beim Löschen des Vorgängerdatensatzes eines Infotyps bzw. Subtyps mit Zeitbindung 1 meldet das System: »Es entsteht eine Lücke zum Eintrittsdatum«. Prüfen Sie die Warnmeldung deshalb stets genau und passen Sie gegebenenfalls den Gültigkeitszeitraum des übrigen Infotypsatzes an. Außerdem können Sie einen Infotyp bzw. Subtyp mit Zeitbindung 1 nie komplett löschen.

5.4.8 Infotypsatz abgrenzen

Herr Hauswald meldet Ihnen nun, dass er sein Landhaus zum 01.10.2003 verkauft hat.

1. Geben Sie im Einstiegsbild der Stammdatenpflege die Personalnummer, den Infotyp und den Subtyp ein.
2. Drücken Sie den **Abgrenzen**-Button .
3. Geben Sie in das Pop-up-Feld das Abgrenzdatum ein und bestätigen Sie mit **Enter**.
4. Sie erhalten den Hinweis, dass das Endedatum auf den 31.12.9999 gesetzt wurde. Das heißt, alle bis dahin gültigen Infotypsätze werden angezeigt. Bestätigen Sie mit **Enter**.
5. Markieren Sie in der Liste den entsprechenden Infotypsatz mit Subtyp *Zweitwohnsitz*.
6. Klicken Sie erneut auf .
7. Sie erhalten die Systemmeldung »Datensätze wurden abgegrenzt«.

Das Endedatum dieses Subtyps ist somit auf den 30.09.2003 gesetzt.

> **Hinweis** Sie können keine Infotypen bzw. Subtypen mit Zeitbindung 1 abgrenzen, da sie durchgängig vorhanden sein müssen. Wäre das Landhaus als ständiger Wohnsitz gepflegt, müsste Ihnen Herr Hauswald eine neue Wohnanschrift mitteilen. Im Listbild können Sie gegebenenfalls das Abgrenzdatum noch ändern.

5.4.9 Infotypsatz sperren/entsperren

Gesperrte Sätze eines Infotyps bleiben in der weiteren Verarbeitung unberücksichtigt, insbesondere in der Entgeltabrechnung. Verwenden Sie also diese Funktionalität, falls Sie sich beispielsweise unsicher bezüglich einer Datenerfassung sind und noch Klärungsbedarf besteht oder wenn die Auswirkung einer Löschung vorher getestet werden soll. Manche Unternehmen nutzen die Funktionalität auch zur Qualitätssicherung. Dabei wird der Datensatz nach dem Anlegen vom Sachbearbeiter gesperrt. Ein zweiter Sachbearbeiter entsperrt den Infotypsatz wieder, nachdem er die Dateneingabe überprüft hat. Dieses Vorgehen wird als »Vier-Augen-Prinzip« bezeichnet.

1. Sie befinden sich im Einstiegsbild der Stammdatenpflege und haben die Personalnummer und den Infotyp ausgewählt.
2. Klicken Sie auf den **Überblick**-Button, um in die Liste der angelegten Infotypsätze zu verzweigen.
3. Markieren Sie den Infotypsatz, der gesperrt oder entsperrt werden soll.
4. Drücken Sie auf den **Sperren/Entsperren**-Button und sichern Sie.
5. Sie erhalten die Systemmeldung »Sperrkennzeichen des Satzes geändert«.

5.4.10 Infotypsatz anzeigen

1. Wenn Sie sich jetzt die Daten im Infotyp nur zur Information ansehen möchten, gehen Sie folgendermaßen vor: Geben Sie im Einstiegsbild der Stammdatenpflege die Personalnummer und den Infotyp ein.
2. Wählen Sie den **Anzeigen**-Button.
3. Navigieren Sie gegebenenfalls mit zwischen den Infotypsätzen.

Die Felder des Infotyps sind nicht eingabebereit. Sie können sich die Daten lediglich ansehen.

> **Hinweis** Wenn Sie einen Infotyp nicht pflegen wollen, öffnen Sie ihn grundsätzlich im Anzeigen-Modus, damit Sie die Daten nicht für andere Sachbearbeiter sperren oder versehentlich Daten ändern.

Um alle angelegten Infotypsätze in einer Liste anzuzeigen, wählen Sie im Einstiegsbild der Stammdatenpflege . Markieren Sie in der Liste einen Infotypsatz und klicken Sie auf , um den Inhalt anzuzeigen.

5.4.11 Pflege rückrechnungsrelevanter Felder/Infotypen

Herr Hauswald ist seit einem Monat eingestellt und fährt einen Firmenwagen. Er wurde bereits für eine Periode abgerechnet. Zur Berechnung des geldwerten Vorteils sind die Entfernungskilometer vom Wohnort zur Arbeitsstätte im Infotyp 0006 zu hinterlegen.

1. Geben Sie im Einstiegsbild der Stammdatenpflege die Personalnummer und den Infotyp ein.
2. Wählen Sie den **Ändern**-Button .

> **Tipp** Um hier eine unnötig lange Rückrechnung zu vermeiden, sollten Sie den Infotyp kopieren und das Beginndatum entsprechend der notwendigen Rückrechnung wählen.

3. Pflegen Sie das Feld **Entfernungskilometer** und bestätigen Sie Ihre Eingabe mit **Enter**.
4. Sie erhalten die Warnmeldung »Erfassung für Abrechnungsvergangenheit (Rückrechnung)«.
5. Bestätigen Sie mit **Enter**.

Das System setzt nun den Gültigkeitsbeginn des geänderten Infotypsatzes in das Feld **Früh.Änd.Stamm.** (Früheste Änderung Stammdaten) des Infotyps 0003 – *Abrechnungsstatus* (siehe Abschnitt 5.6.3). Bei der nächsten Entgeltabrechnung erfolgt für den Mitarbeiter automatisch eine Rückrechnung bis zum Datum **Früh.Änd.Stamm.** und die Verrechnung mit der aktuellen Abrechnungsperiode. Danach wird das Feld im Infotyp 0003 gelöscht.

Wenn Sie Infotypsätze rückwirkend und für bereits abgerechnete Perioden ändern oder löschen wollen, kann es passieren, dass Sie abrechnungsrelevante Daten ändern. Eine erneute Abrechnung für diese Periode führt dann zu einem anderen Ergebnis. Da der Mitarbeiter aber bereits seinen Entgeltnachweis und seine Überweisung erhalten hat und Steuern sowie Sozialversicherungsbeiträge abgeführt sind, wird der Fehler mit der folgenden Abrechnung automatisch korrigiert.

> **Hinweis** Im Beispiel des Infotyps 0006 ist das Feld **Entfernungskilometer** das einzige abrechnungsrelevante Feld. Es kann jedoch auch ein gesamter Infotyp abrechnungsrelevant sein wie z. B. der Infotyp *Basisbezüge*.

5.5 Das Maßnahmenkonzept

Einige Vorgänge in der Personaladministration erfordern die Pflege bzw. das Anlegen mehrerer Infotypen in Folge, z.B. die Einstellung eines Mitarbeiters. Solch ein Vorgang wird in mySAP HR als Maßnahme umgesetzt. Eine *Maßnahme* ist somit eine Aneinanderreihung von Infotypen. Wenn Sie eine Maßnahme ausführen, bietet Ihnen das System die Infotypen automatisch nacheinander zur Bearbeitung an. Damit wird gewährleistet, dass jeder Anwender die gleiche Folge von Infotypen pflegt, ohne jeden Infotyp einzeln aufrufen zu müssen.

Das Maßnahmenmenü der Personaladministration kann z.B. Maßnahmen enthalten, wie sie Abbildung 5.14 zeigt.

Abbildung 5.14 Beispiel eines Maßnahmenmenüs

Welche Vorgänge durch eine Maßnahme abgebildet werden, legt jedes Unternehmen individuell fest. Auch die Reihenfolge der Infotypen ist unternehmensspezifisch.

Hinweis Manche Maßnahmen haben neben der Aneinanderreihung von Infotypen eine weitere wichtige Aufgabe: Sie ändern den Status des Mitarbeiters. So wird z.B. durch die Austrittsmaßnahme der Status eines Mitarbeiters von **Aktiv** auf **Ausgetreten** geändert.

5.5.1 Aufrufen und Ausführen einer Maßnahme

Maßnahmen werden über das so genannte Maßnahmenmenü über folgenden Menüpfad aufgerufen: **Personal · Personalmanagement · Administration · Personalstamm · Personalmaßnahmen**.

In der Sicht »Personalmaßnahmen« sind die Personalnummer (außer bei der Einstellung) und das Beginndatum der Maßnahme auszuwählen. Markieren Sie die Maßnahme, indem Sie auf das Feld vor der Bezeichnung klicken, füllen sie die eingabebereiten Felder in dieser Zeile und drücken Sie den **Ausführen**-Button.

Es öffnet sich die erste Infotypmaske, welche stets Felder des Infotyps 0000 – *Maßnahmen* sowie einige Informationen des Infotyps 0001 – *Organisatorische Zuordnung* enthält. Nach dem Sichern der Eingaben wird automatisch der nächste Infotyp aus der Maßnahme angeboten.

5.5.2 Überspringen eines Infotyps in der Maßnahme

Falls Ihnen die notwendigen Daten zum Ausfüllen eines Infotyps der Maßnahme noch nicht vorliegen, können Sie diesen Infotyp überspringen.

1. Um den geöffneten Infotyp zu überspringen, drücken Sie den Button .
2. Gegebenenfalls öffnet sich dabei ein Dialogfenster mit der Nachricht, dass nicht gesicherte Daten verloren gehen. Wählen Sie **Ja**.
3. Sie gelangen in den nächsten Infotyp der Personalmaßnahme.

5.5.3 Unterbrechen und Wiederaufnehmen der Einstellungsmaßnahme

Wenn Sie die Maßnahmenart »Einstellung« nicht vollständig ausführen können, besteht jederzeit die Möglichkeit, die Maßnahme wieder aufzunehmen. Gehen Sie dazu wie folgt vor:

1. Markieren Sie im Einstiegsbild die Maßnahmenart »Einstellung« und drücken Sie wie beim Anlegen den **Ausführen**-Button .
2. Es öffnet sich die erste Eingabemaske. Sie erhalten die Systemmeldung »Person ist schon eingestellt«.
3. Wählen Sie in der Anwendungsfunktionsleiste den Button **Infogruppe ausführen**.
4. Bestätigen Sie die Meldung »Infotyp wird bei Funktion ›Infogruppe ausführen‹ nicht gesichert!« mit **Weiter**.
5. Navigieren Sie mit den Pfeiltasten zum nächsten Infotyp. Bereits angelegte Infotypen werden im Ändern-Modus geöffnet. Noch nicht angelegte Infotypen werden im Anlegen-Modus geöffnet.

5.6 Ausführen einer Einstellungsmaßnahme

Dieses Kapitel führt Sie mit Hilfe eines ausführlich dargestellten Beispiels in die Funktionsweise der Einstellungsmaßnahme ein (Abbildung 5.15 zeigt Ihnen, wie der Einstellungsprozess untergliedert ist). Darüber hinaus stellt Ihnen dieses Kapitel gleichzeitig einen Großteil der wichtigen Infotypen vor. Bitte beachten Sie dabei jedoch:

▶ Der Aufbau der Maßnahmen kann von Unternehmen zu Unternehmen leicht variieren.

▶ Einzelne kundenindividuelle oder weniger wichtige Felder der Infotypen werden nicht erläutert.

▶ Zugunsten der Übersicht konnten die Modellierungskonventionen in den abgebildeten Prozessen nicht vollständig eingehalten werden.

5.6.1 Maßnahmenmenü

Wählen Sie den Pfad **Personal · Personalmanagement · Administration · Personalstamm · Personalmaßnahmen**, um das Maßnahmenmenü zu öffnen (siehe Abbildung 5.17).

Personalnummer

Beim Ausführen der Personalmaßnahme **Einstellung** wird in der Regel keine Personalnummer eingetragen, da diese intern, d.h. vom System vorgeschlagen wird. Nur wenn das System so eingestellt ist, dass die Personalnummer extern, also manuell vergeben wird, fordert Sie das System im nächsten Bild zur Eingabe auf.

Beginn

Geben Sie im Feld **Beginn** das Datum ein, an dem der Mitarbeiter in das Unternehmen eintritt. Dieses ist ein wesentliches Datum für viele Prozesse der Personaladministration, z.B. für die Ermittlung des Dienstalters oder für die Personalabrechnung.

Personalbereich, Mitarbeitergruppe, Mitarbeiterkreis

Diese Felder müssen Sie an dieser Stelle noch nicht füllen – wenn Sie in Ihrem System eingabebereit sind, empfiehlt sich aber das Füllen auf diesem Bild, da dann oft die Benutzerführung für die folgende Maske besser ist.

5.6.2 Infotyp 0000 – Maßnahmen

Nachdem Sie die Maßnahme **Einstellung** mit gestartet haben, öffnet sich die erste Infotypmaske. Sie enthält Felder des Infotyps 0000 – *Maßnahmen* (siehe Abbildung 5.18). Dieser Infotyp speichert alle zum Mitarbeiter durchgeführten Maßnahmen. Weiterhin sind im ersten Bild die wichtigsten Informationen aus Infotyp 0001 – *Organisatorische Zuordnung* enthalten.

Personalnummer

Im Bildkopf sehen Sie das Feld **PersNr** In der Regel vergibt das System automatisch die nächste freie Personalnummer, nachdem Sie die Eingaben auf der Maske bestätigt haben. Falls in Ihrem Unternehmen eine externe Nummernvergabe vorgesehen ist, fordert Sie das System zur Eingabe der Personalnummer auf.

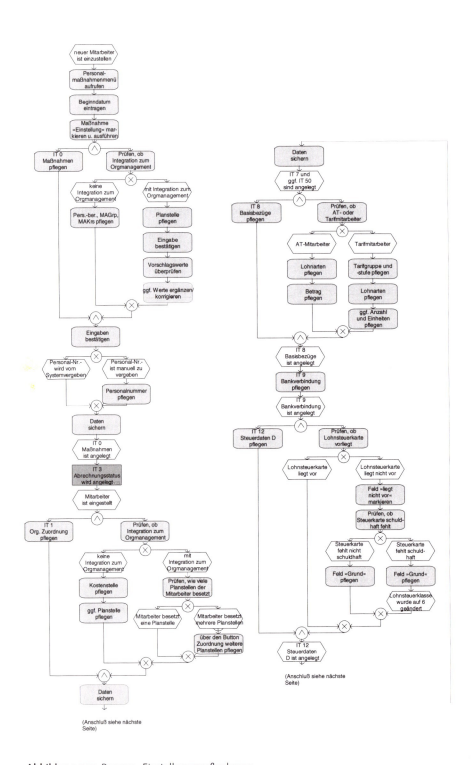

Abbildung 5.15 Prozess »Einstellungsmaßnahme«

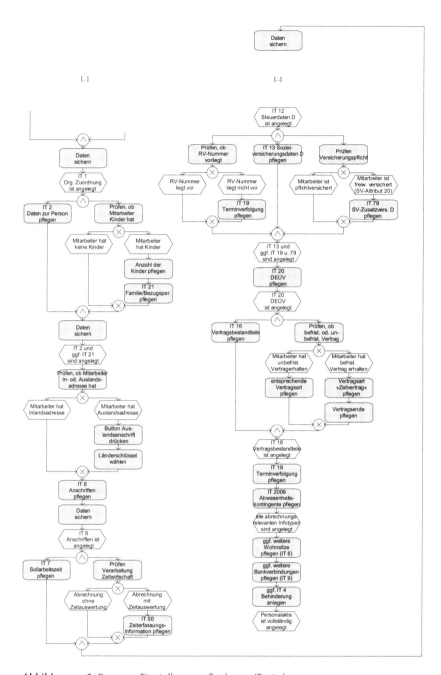

Abbildung 5.16 Prozess »Einstellungsmaßnahme« (Forts.)

Gültigkeitszeitraum

Das Beginndatum ist bereits mit dem Eintrittsdatum gefüllt. Als Endedatum des Gültigkeitszeitraums wird Ihnen standardmäßig der 31.12.9999 vorgeschlagen.

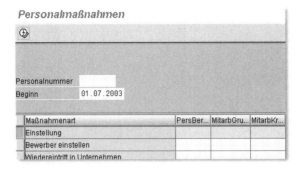

Abbildung 5.17 Maßnahme »Einstellung markiert zum Ausführen«

Abbildung 5.18 Subtyp Einstellung im Infotyp 0000 – Maßnahmen

Damit ist der Gültigkeitszeitraum für den Mitarbeiter im Prinzip nicht begrenzt. Bitte ändern Sie diese Vorgabe auch bei einem befristeten Arbeitsverhältnis an dieser Stelle nicht.

Personalmaßnahme

Maßnahmengrund
Geben Sie hier den Grund für die Einstellung an (z.B. Folgebesetzung, ErzU-Vertretung, Sonderprojekt etc.).

Referenzpersonalnummer
Mitarbeiter, die mehrere Beschäftigungsverhältnisse im Unternehmen eingehen, erhalten für jedes Arbeitsverhältnis eine eigene Personalnummer. Tragen Sie also bei gegebenem Anlass in dieses Feld die Personalnummer ein, unter der der Mitarbeiter bereits im System angelegt ist, damit seine persönlichen Daten in den nachfolgenden Infotypen übernommen werden.

Status

Beschäftigung

Hier wird automatisch der Eintrag aktiv aufgrund der Einstellungsmaßnahme vorgenommen. Weitere Beschäftigungsstatus können sein: ruhend, Rentner oder ausgetreten.

Organisatorische Zuordnung mit Integration des Organisationsmanagements

In diesen Feldern des Infotyps 0001 – *Organisatorische Zuordnung* werden die Informationen zur Eingliederung des neuen Mitarbeiters in die Unternehmens- und Mitarbeiterstruktur hinterlegt (siehe Abbildung 5.19).

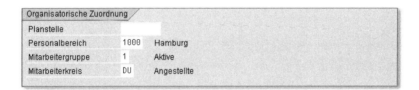

Abbildung 5.19 Felder des Infotyps 0001 im Infotyp 0000 bei eingeschalteter Integration des Organisationsmanagements

Planstelle

Wählen Sie die zu besetzende Planstelle in der Organisationsstruktur aus. Nutzen Sie dazu die F4-Hilfe.

Personalbereich, Mitarbeitergruppe und -kreis

Bestätigen Sie die Eingabe im Feld **Planstelle** mit **Enter**. Abhängig von den Einstellungen trägt das System Vorschlagswerte in diese Felder ein. Überprüfen Sie die Einträge und ändern bzw. ergänzen Sie gegebenenfalls die Werte.

Organisatorische Zuordnung ohne Integration des Organisationsmanagements

Wenn keine Integration mit dem Organisationsmanagement besteht, tauchen im Infotyp 0000 nur Personalbereich, Mitarbeitergruppe und -kreis auf (siehe Abbildung 5.20). Pflegen Sie die Werte entsprechend.

Abbildung 5.20 Ohne Integration des Organisationsmanagements fehlt die Planstelle

Im *Organisationsmanagement* hängen an der Planstelle Informationen wie Personalbereich oder Kostenstelle. Bei eingeschalteter Integration stehen diese Daten in der Personaladministration als Vorschlagswerte bzw. als feste Vorgaben zur Verfügung.

Die *Planstelle* beschreibt die organisatorische Stellung des Mitarbeiters im Unternehmen. Sie ist mit einer Organisationseinheit (z.B. Abteilung) verknüpft. Die Planstelle wird vom Mitarbeiter besetzt. Sie stellt das Bindeglied zwischen der Personaladministration und dem Organisationsmanagement dar.

> **Hinweis** Der Status **Beschäftigung** ist eines der wichtigsten Felder. Darüber erkennt das System z.B., ob ein Mitarbeiter noch Bezüge erhält oder bereits ausgetreten ist.

> **Tipp** Über den Button [✎ Infogruppe ändern] können Sie die zur Maßnahme gehörenden Infotypen anzeigen und gegebenenfalls Reihenfolge und Art der aufgerufenen Infotypen kurzzeitig ändern, z.B. um für einen Mitarbeiter den Infotyp 0004 – *Behinderung* mit in die Einstellungsmaßnahme aufzunehmen.

5.6.3 Infotyp 0003 – Abrechnungsstatus

Der Infotyp 0003 wird vom System selbst im Hintergrund angelegt. Sie merken davon deshalb nichts. Nur in der Stammdatenpflege werden Sie feststellen, dass der Infotyp bereits an dieser Stelle der Einstellungsmaßnahme angelegt ist. Die Funktion dieses Infotyps wird in Kapitel 8, *Personalabrechnung*, Abschnitt 8.5.1 genauer erläutert.

5.6.4 Infotyp 0001 – Organisatorische Zuordnung

Im Infotyp 0001 werden die Informationen zur Unternehmens- sowie zur Personalstruktur des Mitarbeiters gespeichert. Diese Daten sind sowohl für die Zugriffsrechte als auch für die Steuerung von Personalabrechnung, Zeitwirtschaft und weiteren Funktionen von wesentlicher Bedeutung. Darüber hinaus haben sie Einfluss darauf, welche Daten Sie in den weiteren Infotypen eingeben dürfen und welche Werte das System vorschlägt.

Der Infotyp *Organisatorische Zuordnung* (siehe Abbildung 5.20) hat die Zeitbindung 1, d.h., zu jedem Zeitpunkt der Tätigkeit des Mitarbeiters im Unternehmen muss genau ein gültiger Datensatz des Infotyps vorhanden sein.

Unternehmensstruktur

Im Reiter Unternehmensstruktur müssen Sie das Feld **Personalbereich** nicht pflegen, weil die Daten bereits übernommen wurden (siehe Abbildung 5.20). Von diesem Wert leiten sich der Buchungskreis (**BuKr.**) und die juristische Person (**JurPerson**) automatisch ab.

Deswegen sind diese Felder nicht eingabebereit und nur indirekt über den Personalbereich mittels einer Maßnahme änderbar (siehe Abbildung 5.21). Ähnliches gilt für das Feld **Kostenst.** (Kostenstelle), sofern die Integration zum Organisationsmanagement aktiv ist. In diesem Fall ist es hier nicht eingabebereit, sondern leitet sich aus der Planstelle und der Organisationsstruktur automatisch ab.

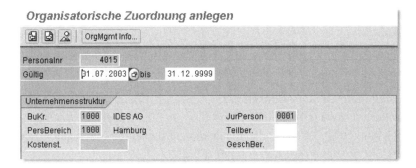

Abbildung 5.21 Der Bereich Unternehmensstruktur des Infotyps 0001 mit Integration des Organisationsmanagements

Sie sollten an dieser Stelle den Teilbereich pflegen, falls Ihr Unternehmen über mehrere Standorte verfügt. Denn in der Regel wird über den Teilbereich die Standortstruktur abgebildet. Dann sind jedem Personalteilbereich u.a. genau ein Tarifvertragsgebiet, eine Tarifvertragsart und ein Feiertagskalender zugeordnet.

Personalstruktur

Auf dem Reiter Personalstruktur haben Sie die Werte für die Felder **MAGruppe** (Mitarbeitergruppe) und **MitarbKreis** (Mitarbeiterkreis) bereits in der ersten Maske der Einstellungsmaßnahme gepflegt. Die Felder sind nicht eingabebereit (siehe Abbildung 5.22). Sie können diese Werte nur über eine Personalmaßnahme ändern (eine solche Maßnahme ist oft mit »Organisatorischer Wechsel« bezeichnet).

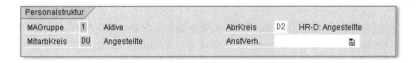

Abbildung 5.22 Der Bereich Personalstruktur des Infotyps 0001 – Organisatorische Zuordnung

Abrechnungskreis

In einem Personalabrechnungskreis werden alle Mitarbeiter zusammengefasst, die zum gleichen Zeitpunkt abgerechnet werden. Somit bestimmt dieses Feld u.a., ob und wann der Mitarbeiter abgerechnet wird. Der Abrechnungskreis leitet sich in der Regel aus anderen Feldern des Infotyps 0001 ab. Den Vorschlagswert können Sie überschreiben.

Anstellungsverhältnis

Das Anstellungsverhältnis ist hier nur in Ausnahmefällen zu pflegen. Es wird in Deutschland für verschiedene Statistiken aufgrund gesetzlicher Vorgaben verwendet und leitet sich normalerweise vom Mitarbeiterkreis ab.

Aufbauorganisation mit Integration des Organisationsmanagements

Prozentsatz

Im diesem Feld können Sie festlegen, mit welchem Prozentsatz der Mitarbeiter die Planstelle besetzt.

Planstelle, Stelle und Organisationseinheit

Der Mitarbeiter ist bereits mit einer Planstelle verknüpft; Stelle und Organisationseinheit hängen an der Planstelle, die Felder werden automatisch gefüllt, sie können nicht überschrieben werden (Abbilung 5.23).

Abbildung 5.23 Die Bereiche Aufbauorganisation und Sachbearbeiter des Infotyps 0001 mit Integration des Organisationsmanagements

Organisationsschlüssel

Der Organisationsschlüssel kann sich aus Elementen der Unternehmens- und der Personalstruktur zusammensetzen. Damit kann jedes Unternehmen die organisatorische Zuordnung weiter spezifizieren. Abhängig von den unternehmensindividuellen Einstellungen wird das Feld automatisch oder manuell gefüllt.

Zuordnung

Wenn die Integration zum Organisationsmanagement eingeschaltet ist, können Sie dem Mitarbeiter weitere Planstellen zuordnen. Wählen Sie den Button **Zuordnung** (siehe Abbildung 5.24). Nehmen Sie im Dialogfenster auf der Registerkarte zukünftige Zuordnung weitere Verknüpfungen vor. Orientieren Sie sich bei der Bestimmung der Prozentsätze an der (Soll-)Arbeitszeit. Wenn Sie Ihre Eingaben abgeschlossen haben, drücken Sie ✓ Zuordnen und anschließend ✓ Weiter. Bei der Zuordnung mehrerer Planstellen werden die Informationen der Planstelle mit dem höchsten Besetzungsprozentsatz vorgeschlagen.

Abbildung 5.24 Zuordnung mehrerer Planstellen zum Mitarbeiter

Aufbauorganisation ohne Integration des Organisationsmanagements

Planstelle, Stelle und Organisationseinheit
Das Feld **Planstelle** können Sie entweder leer lassen oder eine unverknüpfte Planstelle eintragen. Die Felder **Stelle** und **Organisationseinheit** sind wiederum nicht mit der Planstelle verknüpft und können manuell gepflegt werden.

Sachbearbeiter

Die Zuordnung eines Mitarbeiters zu Sachbearbeitern dient der Steuerung der Ablauforganisation innerhalb der Personalabteilung. Anhand der Einträge können zuständige Sachbearbeiter beispielsweise mittels der Terminverfolgung Erinnerungen erhalten (siehe Abschnitt 5.6.14), über Vorgänge mittels dynamisch erzeugter E-Mails informiert oder über die Berechtigungsprüfung in Zugriffen eingeschränkt werden.

Sachbearbeitergruppe
In der Sachbearbeitergruppe sind alle Sachbearbeiter zusammengefasst, die für einen organisatorischen Bereich der Personalverwaltung zuständig sind. Der Wert wird vom System vorgeschlagen und ist nicht überschreibbar.

Sachbearbeiter für Personal, Zeiterfassung und Abrechnung
Pflegen Sie hier die Sachbearbeiter, die für das jeweilige Aufgabengebiet zuständig sind.

Vakanz abgrenzen (bei Integration des Organisationsmanagements)

Abhängig von Ihrer unternehmensspezifischen Konfiguration, fragt Sie das System nach dem Speichern, ob die Vakanz abgegrenzt werden soll (siehe Abbildung 5.25). Bestätigen Sie die Meldung mit Ja, damit die Planstelle künftig in Auswertungen als besetzt angezeigt wird. Ansonsten kann es zu ungewollten Auswirkungen insbesondere in der Personalbeschaffung oder in der Personalkostenplanung kommen.

Abbildung 5.25 Vakanz der Planstelle endet einen Tag vor Eintritt des neuen Mitarbeiters

Als Vakanz wird der Zeitraum einer Planstelle bezeichnet, in dem die Planstelle keinen Inhaber hat. Die Vakanz stellt einen eigenen Infotyp dar, der im Organisationsmanagement der Planstelle zugeordnet ist (siehe auch Abschnitt 9.1.2)

5.6.5 Infotyp 0002 – Daten zur Person

Im Infotyp *Daten zur Person* erfassen Sie die Informationen, die einen Mitarbeiter identifizieren (siehe Abbildung 5.26). Der Infotyp hat die Zeitbindung 1.

Gültigkeitszeitraum
Der Gültigkeitsbeginn des ersten Datensatzes dieses Infotyps wird aus dem Geburtsdatum des Mitarbeiters ermittelt.

Name

Anrede
Aus dem Feld **Anrede** wird das Geschlecht des Mitarbeiters abgeleitet.

Vorsatzwort, Titel und Zusatzwort
Tragen Sie in diesen Feldern gegebenenfalls das Adelsprädikat wie »von« oder »zu«, den akademischen Titel oder Adelstitel des Mitarbeiters wie »Baron«, »Gräfin« usw. ein.

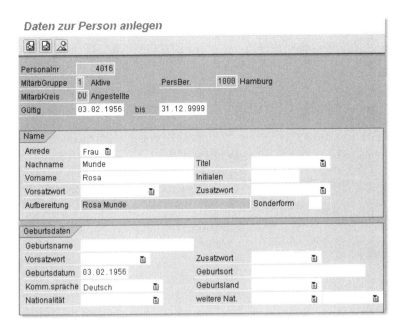

Abbildung 5.26 Name und Geburtsdaten im Infotyp 0002 – Daten zur Person

Aufbereitung und Sonderform

Die Namensaufbereitung wird für die Korrespondenz verwendet und erfolgt in der Regel nach der Standard-Namensaufbereitung. Ein Eintrag im Feld **Sonderform** ist nicht notwendig.

> **Hinweis** Der Name des Mitarbeiters muss in der deutschen Länderversion den Regeln der DEÜV (Datenerfassungs- und Übertragungsverordnung) entsprechen.

Nutzen Sie die verschiedenen Namensfelder unbedingt wie beschrieben aus. Nur dann wird der Name bei verschiedenen Aufbereitungen (z.B. Anrede im Brief, Adresse usw.) korrekt angedruckt und erscheint in der alphabetischen Sortierung an der richtigen Stelle.

Geburtsdaten

Geburtsdatum

Das Geburtsdatum wird u.a. verwendet, um zu einem Stichtag das Alter des Mitarbeiters zu berechnen. Sollte für einen Mitarbeiter das genaue Geburtsdatum nicht bekannt sein, so ist für den Tag der 15. und für den Monat der Juli zu wählen, da der Infotyp ohne einen Eintrag nicht gespeichert werden kann.

> **Tipp** Die Pflege der Felder **Geburtsdatum** und **Geburtsort** ist zu empfehlen, da diese Angaben bei Nichtvorlage der Sozialversicherungsnummer automatisch von der DEÜV für die Beantragung einer SV-Nummer verwendet werden.

Kommunikationssprache

Das System verwendet dieses Feld, wenn Schriftstücke wie der Zeitnachweis oder E-Mails für den Mitarbeiter ausgegeben werden.

Nationalität und weitere Nationalitäten

In diesen Feldern können Sie bis zu drei Staatsbürgerschaften des Mitarbeiters erfassen.

Familienstand/Konfession

Die Daten in diesem Block dienen in erster Linie der Information (siehe Abbildung 5.27). Wenn Sie im Feld **Anz.Kinder** eine Angabe vornehmen und die Eingaben im Infotyp 0002 sichern, dann – und nur dann – bietet Ihnen das System unmittelbar den Infotyp 0021 – *Familie/Bezugsperson* zur Pflege an. Dies wird über eine dynamische Maßnahme gesteuert.

Abbildung 5.27 Familienstand/Konfession im Infotyp 0002 – Daten zur Person

Dynamische Maßnahmen unterstützen Sie bei sämtlichen Vorgängen in der Personaladministration, denen weitere Aktionen folgen. Das oben beschriebene Systemverhalten setzt eine optimale Konfiguration der dynamischen Maßnahmen voraus.

> **Tipp** Das Feld **Konfession** hat an dieser Stelle keinen Einfluss auf die Kirchensteuer – gegebenenfalls werden aber konfessionsabhängige Feiertage darüber gesteuert.

Infotyp 0021 – Familie/Bezugsperson

Im Infotyp *Familie/Bezugsperson* hinterlegen Sie weitere Angaben zum Kind bzw. zu Kindern des Mitarbeiters (siehe Abbildung 5.28). Das Subtypfeld **FamMitglied** ist bereits mit **Kind** vorbelegt. Unter **Kindnummer** zählt das System die Zahl der

Kinder mit. Das System bietet Ihnen den Infotyp so lange nacheinander an, bis Sie entsprechend der Anzahl in Infotyp 0002 alle Kinder gepflegt haben.

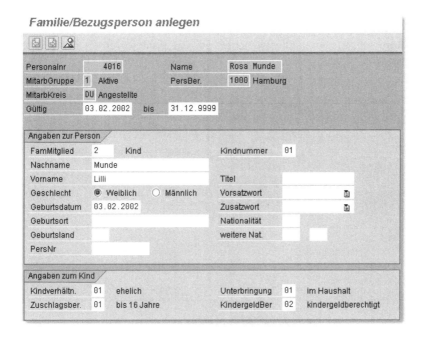

Abbildung 5.28 Infotyp 0021 – Familie/Bezugsperson mit Subtyp Kind

Im Bereich **Angaben zum Kind** können Sie das Kindverhältnis sowie den Ort der Unterbringung vermerken. Sofern Ihr Unternehmen zum öffentlichen Dienst in Deutschland gehört, geben Sie weiterhin an, ob dem Mitarbeiter der Ortszuschlag für das Kind zusteht (**Zuschlagsber.**) und ob ihm Kindergeld zusteht.

> **Hinweis** Im Infotyp 0021 können Sie auch Informationen zum Ehegatten und zu anderen Familienangehörigen bzw. Bezugspersonen des Mitarbeiters hinterlegen. Entsprechend hängt die Zeitbindung vom Subtyp ab. Verwendet werden die Daten in der Lohnabrechnung und bei der Erstellung steuerlicher und sozialversicherungstechnischer Auswertungen sowie für unternehmensinterne Zwecke.

5.6.6 Infotyp 0006 – Anschriften

Der Infotyp *Anschriften* wurde bereits in Abschnitt 5.4 vorgestellt. Die Zeitbindung ist hier abhängig von der Anschriftenart – dem Subtyp.

Auslandsanschrift

Falls Sie für einen Mitarbeiter eine Auslandsanschrift pflegen wollen, können Sie über den Button **Auslandsanschrift** ein anderes Land auswählen. Die Felder des Infotyps werden entsprechend dem jeweiligen Adressformat aufgebaut. Somit kann die Adresse stets im landestypischen Format erfasst werden (siehe Abbildung 5.29).

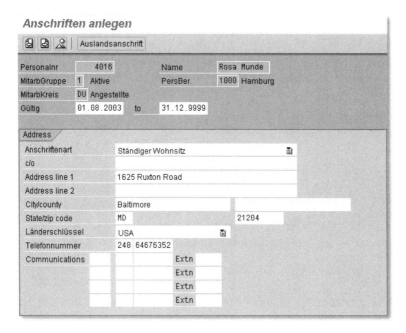

Abbildung 5.29 Infotyp 0006 – Anschriften mit Länderschlüssel USA

Die in den vier unteren Zeilen der Abbildung 5.29 dargestellten Felder dienen der flexiblen Pflege der verschiedensten Kommunikationsnummern. In der ersten Spalte kann der Kommunikationstyp (z.B. Telefon, Mobiltelefon, Pager usw.) ausgewählt werden. In den folgenden Feldern wird dann die Nummer erfasst. Diese Felder stehen standardmäßig nicht für Österreich und für Deutschland zur Verfügung – wohl aber für die Schweiz. Viele Unternehmen stellen ihr System jedoch so ein, dass diese Felder auch für Österreich und Deutschland angezeigt werden.

Sonstige Daten

Entfernungskilometer
In diesem Feld können Sie die einfache Entfernung zwischen Wohnsitz und Arbeitsstätte pflegen. In der deutschen Version wird dieser Eintrag zusammen mit dem Infotyp 0032 – *Betriebsinterne Daten* zur Berechnung des geldwerten Vorteils von Firmenwagen verwendet.

5.6.7 Infotyp 0007 – Sollarbeitszeit

In diesem Infotyp hinterlegen Sie die Informationen zur Arbeitszeit des Mitarbeiters (siehe Abbildung 5.30). Der Infotyp 0007 hat die Zeitbindung 1.

Abbildung 5.30 Infotyp 0007 – Sollarbeitszeit für eine Teilzeitkraft

Arbeitszeitplanregel

Arbeitszeitplanregel
In diesem Feld bestimmen Sie die Arbeitszeitplanregel, also das Zeitmodell für den Mitarbeiter, aufgrund derer das System die Sollarbeitszeit des Mitarbeiters berechnet. Über den Button **Arbeitszeitplan** können Sie sich seinen Arbeitszeitplan ansehen. Nähere Informationen zum Thema Zeitwirtschaft finden Sie in Kapitel 7, *Zeitwirtschaft*.

Status Zeitwirtschaft
Anhand des Eintrags legen Sie fest, ob die Zeitdaten des Mitarbeiters über die Zeitauswertung abgerechnet werden sollen. Wenn Sie die Zeitauswertung aktiv setzen, bietet Ihnen das System nach dem Sichern der Daten automatisch den Infotyp 0050 – *Zeiterfassungsinformation* zur Bearbeitung an. Zur Pflege des Infotyps 0050 siehe auch Kapitel 7, *Zeitwirtschaft*, Abschnitt 7.1.3.

Teilzeitkraft
Durch das Teilzeitkennzeichen werden Teilzeitkräfte von Vollzeitkräften unterschieden. Das System verarbeitet das Kennzeichen in Auswertungen, um beispielsweise zu ermitteln, wie viele Teilzeitkräfte das Unternehmen beschäftigt. Markieren Sie deshalb dieses Feld, wenn die Sollarbeitszeit einer bestehenden Vollzeit-Arbeitszeitplanregel kleiner als 100 % ist. Setzen Sie ebenfalls das Kennzeichen, wenn Sie für Teilzeitkräfte eine spezielle Arbeitszeitplanregel erstellt haben.

Arbeitszeit

Arbeitszeitanteil

Wenn Sie die Sollarbeitszeit der oben angegebenen Arbeitszeitplanregel für einen Mitarbeiter ändern wollen, geben Sie hier den Prozentsatz an, den der Mitarbeiter in Relation zur Vollzeitkraft arbeiten muss (siehe Abbildung 5.31). Das System passt die Arbeitsstunden in den folgenden Feldern automatisch an. Beim Bestätigen der Eingabe erhalten Sie die Systemmeldung »Arbeitszeitanteil ist kleiner 100 % (Teilzeitkr./Dyn. TagesAZP?)«. Bestätigen Sie diese mit **Enter**. Das System markiert automatisch die Felder **Teilzeitkraft** und **Dyn.Tagesarbeitszeitplan**.

Arbeitszeit				
Arbeitszeitanteil	50,00	☑ Dyn.Tagesarbeitszeitplan		
Arbeitsstd. pro Tag	3,60	Min.	Max.	
Arbeitsstd pro Woche	18,00	Min.	Max.	
Arbeitsstd pro Monat	78,24	Min.	Max.	
Arbeitsstd pro Jahr	939,60	Min.	Max.	
Wöch. Arbeitstage	5,00			

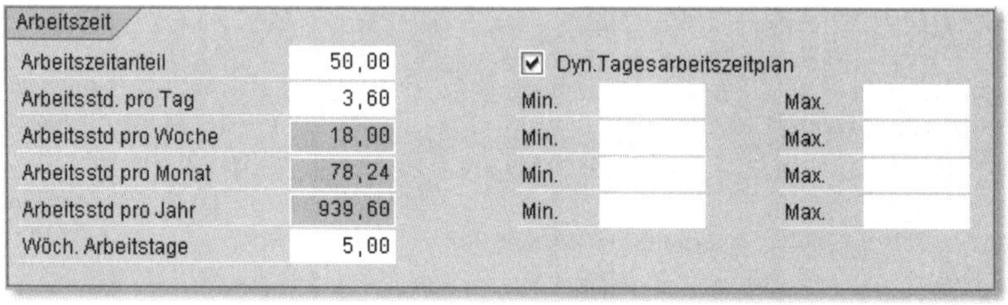

Abbildung 5.31 Bereich Arbeitszeit des Infotyps 0007 – Sollarbeitszeit

> **Hinweis** Dieser Prozentsatz muss nicht dem üblichen Verständnis des Begriffs »Arbeitszeitanteil« entsprechen. Es ist nicht der Anteil an der »normalen« (tariflichen) Wochenarbeitszeit, sondern der Anteil der vollen Stunden der gewählten Arbeitszeitplanregel. Abhängig von der Verwendung von Arbeitszeitplanregeln in Ihrem Unternehmen muss dies nicht dasselbe sein. So werden die Zeitmodelle z. B. oft stundengenau auf die jeweiligen Teilzeitmitarbeiter zugeschnitten – das Feld **Arbeitszeitanteil** steht dann auf 100 %.

Den tatsächlichen Teilzeitfaktor finden Sie im Infotyp 0008 – *Basisbezüge*. Der dort hinterlegte Wert ist auch relevant für die Bezahlung. Der Wert aus dem Infotyp 0007 dient zwar als Vorschlagswert, kann aber überschrieben werden.

Arbeitsstunden pro Tag

Wenn Sie Ihre Eingaben bestätigen, schlägt das System in diesem Feld die Anzahl der Stunden aufgrund der Arbeitszeitplanregel vor. Falls Sie den Eintrag überschreiben, ändern sich automatisch die Werte der nächsten Felder.

Wöchentliche Arbeitstage

Überschreiben Sie bei Bedarf die vom System errechnete Anzahl der Arbeitstage pro Woche. Diese Information dient in erster Linie als Planungsinformation und kann für Auswertungen herangezogen werden. Sie wirkt sich nicht auf die Gestaltung der Sollarbeitszeit aus.

Hinweis Je nach Konfiguration ihres Systems kann auch ein anderes Stundenanzahlfeld eingabebereit sein. Oft ist es die Wochenstundenzahl. In jedem Fall errechnen sich die nicht eingabebereiten Felder auf Basis des eingabebereiten Feldes.

Dynamischer Tagesarbeitszeitplan

Dieses Feld wird markiert, wenn Sie den Arbeitszeitanteil heruntergesetzt und die Systemmeldung »Arbeitszeitanteil ist kleiner 100 % (Teilzeitkr./Dyn. TagesAZP?)« bestätigt haben. Dies hat zur Folge, dass die Sollarbeitszeit und der Tagesarbeitszeitplan entsprechend des Prozentsatzes neu berechnet werden.

Minimale/maximale Arbeitsstunden

Wenn Sie in diesen Feldern Werte hinterlegen, muss gleichzeitig die Option **Dyn. Tagesarbeitszeitplan** markiert sein. Sie können an dieser Stelle Einträge vornehmen, um sie später in der Zeitauswertung aufzurufen.

5.6.8 Infotyp 0008 – Basisbezüge

Im Infotyp 0008 – *Basisbezüge* pflegen Sie zwei Gruppen von Daten, zum einen die Informationen zum Tarifvertrag (siehe Abbildung 5.32) und zum anderen die Grundbezüge des Mitarbeiters (siehe Abbildung 5.33). Dabei ist zu unterscheiden, ob der Mitarbeiter tariflich oder außertariflich (AT-Mitarbeiter) entlohnt wird.

Abbildung 5.32 Infotyp 0008 für einen Tarifmitarbeiter

Kopfbereich

Bezugsart

Der Subtyp 0 – *Basisvertrag* hat die Zeitbindung 1. In der Einstellungsmaßnahme ist die Bezugsart (in der Regel **Basisvertrag**) bereits vorgegeben.

Grund

In diesem Feld können Sie später den Grund für das Ändern von Daten angeben. Es dient lediglich der Information.

> **Tipp** Die konsequente Nutzung dieses Feldes erleichtert in späteren Auswertungen z. B. die Trennung zwischen Tariferhöhungen, Dienstalterssteigerungen etc.

Nächste Vorrückung

Hier können Sie ein vom Customizing abweichendes Datum eintragen, an dem der Mitarbeiter einen Tarifstufen-Sprung gemäß Alter oder Verweildauer erfährt. Dieses Datum wird vorrangig bearbeitet und nach erfolgter Umstufung wieder gelöscht.

Tarif

Art und Gebiet

Abhängig von Personalbereich und -teilbereich des Mitarbeiters werden in der Regel **Art** (Tarifvertragsart) und **Gebiet** (Tarifgebiet) vorgeschlagen. Überprüfen Sie die Vorschlagswerte und ändern Sie gegebenenfalls die Zuordnung.

Gruppe und Stufe

Das System erkennt zumeist am Mitarbeiterkreis, ob es sich um einen außertariflichen Mitarbeiter handelt. Das Feld **Gruppe** ist dann in der Regel entsprechend vorbelegt. Für einen Tarifmitarbeiter müssen Sie im Feld **Gruppe** die Tarifgruppe mit der Tarifstufe auswählen.

Weitere Informationen

Beschäftigungsgrad

Der Beschäftigungsgrad wird aus dem Infotyp 0007 vorgeschlagen und kann überschrieben werden. Der Anteil wirkt sich auf die Bezahlung aus.

Arbeitsstd. Periode

Hier steht die Anzahl der Arbeitsstunden pro Abrechnungsperiode. Dahinter erscheint die Einheit. Überprüfen Sie hier den Vorschlagswert aus Infotyp 0007 – *Sollbezüge*. Das System verwendet den Eintrag zur Umrechnung von Stunden- in

Monatslöhne, zur Teilmonatsberechnung bei Bezugs- und Abzugsmethoden und zur Schätzung des Jahresarbeitslohns für Stundenlöhner.

Jahresgehalt

Dieses Feld wird nicht von der Abrechnung verarbeitet. Es findet keine automatische Berechnung statt. Erfassen Sie also das Jahresgehalt des Mitarbeiters, falls dies für Vergleichs- oder Informationszwecke in Ihrem Unternehmen erforderlich ist.

Lohnarten

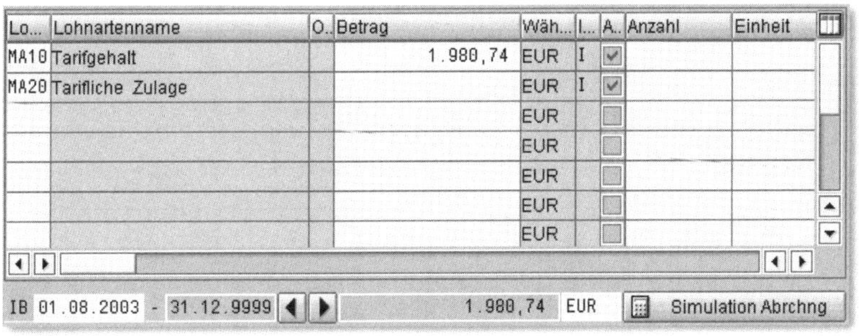

Lo...	Lohnartenname	O..	Betrag	Wäh...	I...	A..	Anzahl	Einheit	
MA10	Tarifgehalt		1.980,74	EUR	I	✓			
MA20	Tarifliche Zulage			EUR	I	✓			
				EUR		☐			
				EUR		☐			
				EUR		☐			
				EUR		☐			
				EUR		☐			

IB 01.08.2003 - 31.12.9999   1.980,74 EUR   Simulation Abrchng

Abbildung 5.33 Indirekt bewertete Lohnarten im Infotyp 0008

Lohnart

In der Wertetabelle der F4-Hilfe finden Sie die für den Mitarbeiterkreis zulässigen Lohnarten. Abhängig von den Einstellungen Ihres Systems werden eventuell Lohnarten vorgeschlagen. Wählen Sie für den Mitarbeiter die entsprechenden Lohnarten aus. Löschen Sie gegebenenfalls mit ￼ Lohnart nicht benötigte Vorschlagslohnarten.

Betrag

In der Spalte **Betrag** ist unbedingt zwischen direkt und indirekt bewerteten Lohnarten zu unterscheiden. Die indirekte Bewertung bedeutet grundsätzlich, dass der Betrag der Lohnart nicht manuell gepflegt, sondern indirekt (z. B. über eine Tariftabelle oder abgeleitet aus anderen Lohnarten) ermittelt wird. Man erkennt dies an dem »I« hinter der Währungsspalte.

Geben Sie deshalb nur für direkt bewertete Lohnarten einen Betrag ein. Für indirekt bewertete Lohnarten müssen Sie gegebenenfalls eine Anzahl und eine Einheit angeben (siehe Abbildung 5.33).

Tabelle 5.2 fasst noch einmal zusammen, welche Faktoren in diesem Infotyp besonders zu beachten sind.

Tarifmitarbeiter	AT-Mitarbeiter
Tarifgruppe mit -stufe pflegen	Tarifgruppe i.d.R. vorbelegt
Lohnarten auswählen, aber keinen Betrag eingeben	Lohnarten auswählen und Betrag eingeben

Tabelle 5.2 Richtige Pflege des Infotyps 0008

Gesamtsumme

Die Gesamtsumme der Bezüge wird vom System errechnet, sie erscheint am Fuß der Tabelle. Alle Lohnarten, die in die Gesamtsumme eingehen, sind durch ein Häkchen im Feld **A** (Addition in Gesamtsumme) gekennzeichnet.

> **Hinweis** Der Betrag indirekt bewerteter Lohnarten wird stets beim Öffnen des Infotyps neu berechnet und deshalb nur angezeigt und nicht gespeichert. Überschreiben Sie nie den Betrag, da sonst die indirekte Bewertung verloren geht (das »I« verschwindet) und der Mitarbeiter keine automatische Tarifumstufung erhält.

5.6.9 Infotyp 0009 – Bankverbindung

An die Hauptbankverbindung (Subtyp 0) werden in der Regel die Nettolöhne und -gehälter überwiesen. Somit muss zu jedem Stichtag ein Datensatz des Subtyps 0 – *Hauptbankverbindung* vorhanden sein (siehe Abbildung 5.34). Der Mitarbeiter hat die Möglichkeit, weitere Bankverbindungen anzugeben, z.B. zur Verteilung der Lohn- bzw. Gehaltszahlungen auf mehrere Konten (Subtyp 1 – *zus. Bankverbindungen*) oder für die Reisespesen (Subtyp 2 – *Reisespesen*).

> **Tipp** Wenn Gehalt und Reisespesen auf das gleiche Konto überwiesen werden, muss kein eigener Satz für die Reisespesen gepflegt werden. Ist dieser Subtyp nicht vorhanden, wird automatisch die Hauptbankverbindung gezogen.

Das System hat die Felder mit den persönlichen Daten bereits vorbelegt. Füllen Sie weiterhin das Feld **Bankschlüssel**. Für Deutschland entspricht dies der Bankleitzahl. Mit der F4-Hilfe können Sie die Bankleitzahl z.B. auch über den Ort suchen. Pflegen Sie außerdem das Bankkonto sowie den Zahlweg. Falls Sie **Zahlweg** frei lassen, nimmt das System Barzahlung an. Der Verwendungszweck wird automatisch auf das Überweisungsformular gedruckt.

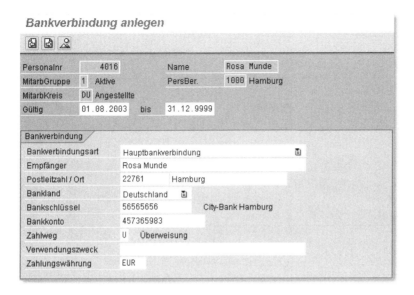

Abbildung 5.34 Infotyp 0009 mit Subtyp Hauptbankverbindung

Vorgabe-Wert und Vorgabe-Prozentsatz

Wenn Sie zusätzlich den Subtyp 1 oder 2 anlegen, erscheinen zwei weitere Felder **Vorgabe-Wert** und **Vorgabe-Prozentsatz**. Geben Sie entweder im ersten Feld einen Betrag oder im zweiten einen Prozentsatz ein. Damit bestimmen Sie den Betrag bzw. prozentualen Anteil, der vom Gesamtüberweisungsbetrag auf ein separates Konto eingezahlt werden soll.

5.6.10 Infotyp 0012 – Steuerdaten Deutschland

Im Infotyp *Steuerdaten Deutschland* erfassen Sie die steuerrechtlichen Daten von der Lohnsteuerkarte des Mitarbeiters (siehe Abbildung 5.35). Die Daten sind erforderlich für die Lohn- und Gehaltsabrechnung, den Lohnsteuerjahresausgleich, die Lohnsteuerbescheinigung sowie für das Lohnkonto. Der Infotyp hat die Zeitbindung 1.

Steuerkarte

Unter **Steuerkarte** erfassen Sie die Daten der Lohnsteuerkarte des neuen Mitarbeiters. Die **ETIN** (Electronic Taxpayer Identification Number) wird vom System automatisch ermittelt. Nutzen Sie für die Gemeindenummer die F4-Hilfe, um diese beispielsweise über die Postleitzahl zu ermitteln.

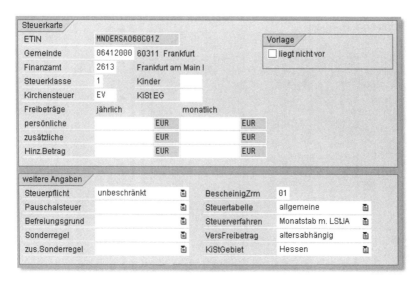

Abbildung 5.35 Infotyp 0012 – Steuerdaten (Deutschland) des Mitarbeiters

Vorlage

Dieses Kennzeichen wird von einem Report ausgewertet, der eine Liste der nicht vorgelegten Lohnsteuerkarten ausgibt. Wenn Sie das Feld markieren, erscheint ein weiteres Feld zum Angeben eines Grundes für die Nichtvorlage. Falls im Feld **Grund** »schuldhafte Nichtvorlage« vermerkt wird, ändert sich automatisch die Lohnsteuerklasse auf 6 (siehe Abbildung 5.36).

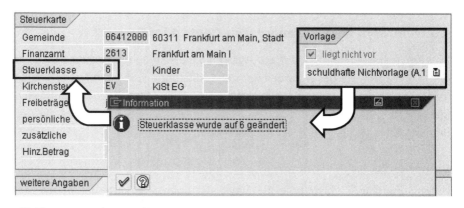

Abbildung 5.36 Lohnsteuerklasse 6 wegen schuldhafter Nichtvorlage

Weitere Angaben

Ein Großteil der Felder ist bereits mit Vorschlagswerten gefüllt. Überprüfen Sie die Eingaben und nehmen Sie gegebenenfalls Änderungen bzw. Ergänzungen vor.

Wenn Sie sich über die Bedeutung eines Feldes nicht sicher sind, öffnen Sie über die F1-Hilfe die Dokumentation zum Feld. Sie ist in diesem Fall sehr ausführlich und hilfreich.

Ausgabemonat Lohnsteuerbescheinigung

Der Ausgabemonat für die Lohnsteuerbescheinigung wird im Customizing festgelegt. Wenn Sie auf den Button **Ausgabemonat LStB** in der Anwendungsfunktionsleiste klicken, öffnet sich ein Dialogfenster, das Ihnen den Ausgabemonat anzeigt. Über die Drucktaste [F12] können Sie den Vorschlagswert für den einzelnen Mitarbeiter manuell ändern. Nach diesem Monat rechnet die Abrechnung Steuerbrutti aus dem Vorjahr dem aktuellen Jahr zu.

5.6.11 Infotyp 0013 – Sozialversicherungsdaten Deutschland

In diesem Infotyp erfassen Sie die Daten, die für die Berechnung, Zuordnung und Abführung von Beiträgen zur Sozialversicherung relevant sind (siehe Abbildung 5.37). Die Daten sind erforderlich für die Personalabrechnung, zum Überweisen der Sozialversicherung, zum Erstellen von Beitragsnachweisen und für die DEÜV. Der Infotyp 0013 hat die Zeitbindung 1.

SV-Schlüssel/RV-Nummer

Das System schlägt Werte für die Kennzeichen der Kranken-, Renten-, Arbeitslosen- und Pflegeversicherung vor. Diese ermittelt es aus den Angaben zu Mitarbeiterkreis und -gruppe aus dem Infotyp 0001. Prüfen Sie die Eingaben und nehmen Sie gegebenenfalls Änderungen vor. Aus den Kennzeichen ermittelt das System den amtlichen SV-Schlüssel, den es im Feld **Amtl. Schlüssel** anzeigt.

RV-Nummer
Falls die Rentenversicherungsnummer des Mitarbeiters noch nicht vorliegt, bietet Ihnen das System nach dem Sichern Ihrer Eingaben den Infotyp 0019 – *Terminverfolgung* mit der Terminart **Vorlage RV-Nummer** an. Tragen Sie gegebenenfalls ein Erinnerungsdatum ein und speichern Sie es. Nähere Informationen zum Infotyp 0019 finden Sie in Abschnitt 5.6.14.

Zuordnung Kranken-/Pflegekasse

Krankenkasse
Tragen Sie in diesem Feld die Krankenkasse ein, bei der der Mitarbeiter versichert ist. Für geringfügig oder kurzfristig Beschäftigte ist hier die Bundesknappschaft einzutragen.

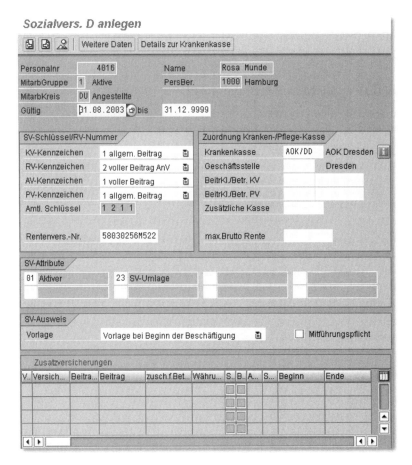

Abbildung 5.37 Infotyp 0013 – Sozialversicherungsdaten Deutschland für einen pflichtversicherten Mitarbeiter

Über den Button **Details zur Krankenkasse** in der Anwendungsfunktionsleiste erhalten Sie ausführliche Informationen, wie etwa KV-Prozentsätze, Beitragsklassen, Berechnungsverfahren usw.

Zusätzliche Kasse

Dieses Feld wird benötigt, wenn die SV-Beiträge sowohl an die Mitarbeiterkasse als auch an die Bundesknappschaft abgeführt werden müssen.

SV-Attribute

Die SV-Attribute beschreiben den Status eines Mitarbeiters für die Sozialversicherung. Das Primär-Attribut (**01-19**) muss immer gepflegt sein, es gibt den Status des Versicherten an, z.B. Aktiver, Rentner. Das Sekundär-Attribut dient der weiteren versicherungsrechtlichen Einordnung des Mitarbeiters und muss zum eingetragenen Primär-Attribut passen.

Das SV-Attribut **20** wird beispielsweise zur Kennzeichnung eines privat Krankenversicherten verwendet. Wenn Sie das SV-Attribut **Private KV** eintragen, wird nach dem Sichern der Infotyp 0079 – *SV-Zusatzversicherung Deutschland* zur Pflege angeboten. Die Übersicht der Zusatzversicherungen erscheint dann im unteren Teil des Infotyps 0013.

Weitere Daten

Um besondere Sachverhalte für einen Mitarbeiter zu hinterlegen, wählen Sie die Drucktaste **Weitere Daten** oder + . Auf einem weiteren Eingabebild können Sie z. B. Angaben machen zu:

▶ Befreiung von der Versicherungspflicht
▶ Aufteilung der Versicherungsbeiträge zwischen Arbeitnehmer und Arbeitgeber
▶ Sonderregel für die Behandlung des Mitarbeiters in der Sozialversicherung

5.6.12 Infotyp 0020 – DEÜV

Im Infotyp 0020 hinterlegen Sie die für die Datenerfassungs- und Übertragungsverordnung (DEÜV) relevanten Daten. Die Angaben werden außerdem bei der Lohn- und Gehaltsabrechnung verwendet. Der Infotyp *DEÜV* hat die Zeitbindung 1.

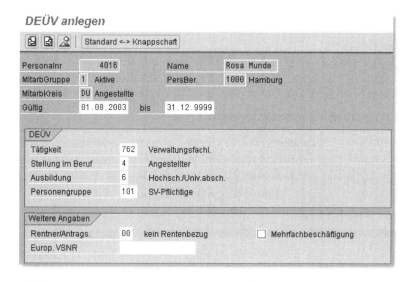

Abbildung 5.38 Infotyp 0020 für die Standard-DEÜV

Der Infotyp *DEÜV* besteht aus zwei Eingabemasken. In Abbildung 5.38 sehen Sie die Oberfläche für die Standard-DEÜV. Über den Button **Standard <-> Knappschaft** verzweigen Sie in die Eingabemaske für knappschaftlich versicherte Mitarbeiter. Die Knappschafts-DEÜV ist dann anzulegen, wenn Sie den Mitarbeiter im Infotyp 0013 – *Sozialversicherung D* als knappschaftlich versichert gekennzeichnet haben (SV-Attribut **21**).

DEÜV

Die Schlüssel für **Tätigkeit**, **Stellung im Beruf** sowie **Ausbildung** bilden gemeinsam die fünfstellige Angabe zur Tätigkeit gemäß dem Schlüsselverzeichnis der Bundesanstalt für Arbeit. Den Vorschlagswert im Feld **Tätigkeit** ermittelt das System aufgrund der Definition der Stelle.

Personengruppe

Wählen Sie hier den entsprechenden DEÜV-Personengruppenschlüssel aus. Falls keiner der besonderen Schlüssel von **102–120** zutrifft, ist der Schlüssel **101** zu verwenden.

Weitere Angaben

Rentner/Antragsteller

Bei der Einstellung eines Mitarbeiters hat das Feld **Rentner/Antragsteller** den Vorschlagswert **00** (kein Rentenbezug). Später ist dieses Feld entsprechend zu pflegen, wenn der Mitarbeiter Rente bezieht oder einen Rentenantrag gestellt hat. Diese Angaben werden nur zu Auswertungszwecken genutzt.

Mehrfachbeschäftigung

Markieren Sie dieses Feld, falls der Mitarbeiter auch bei anderen Arbeitgebern beschäftigt ist.

5.6.13 Infotyp 0016 – Vertragsbestandteile

Im Infotyp 0016 – *Vertragsbestandteile* pflegen Sie Daten zum Arbeitsvertrag (siehe Abbildung 5.39). Der Infotyp 0016 hat die Zeitbindung 1. Beim Anlegen des Infotyps sind bereits einige Felder mit Vorschlagswerten gefüllt.

Vertragliche Regelungen

Vertragsart

Geben Sie hier an, ob es sich um einen unbegrenzten, einen zeitlich befristeten Arbeitsvertrag oder beispielsweise eine ABM-Maßnahme handelt. Bei einem Zeitvertrag erscheint ein zusätzliches Feld **befristet bis**. Geben Sie dort das Vertragsende ein.

Abbildung 5.39 Infotyp 0016 – Vertragsbestandteile für einen Mitarbeiter mit Zeitvertrag

> **Hinweis** Das Feld **Vertragsende** kann für Auswertungen oder als Basis für Terminverfolgungen genutzt werden. Es führt aber *nicht* zu einem automatischen Stopp der Bezüge. Dafür ist eine Austrittsmaßnahme erforderlich.

Nebentätigkeit
Falls dem Mitarbeiter die Ausübung von Nebentätigkeiten gestattet ist, muss dieses Feld markiert werden.

Wettbewerbsklausel
Wenn im Vertrag Tätigkeitseinschränkungen für nachfolgende Beschäftigungsverhältnisse vereinbart sind, ist dieses Feld zu aktivieren.

Zahlungsdauer ab Krankheitsbeginn
Geben Sie unter **Entgeltfortzahlung** und **Krankengeldzuschuss** die Fristen an, wie lange diese gewährt werden. Die Daten werden im Infotyp 2001 – *Abwesenheiten* beim Erfassen einer Krankheit verarbeitet.

Fristen

Hinterlegen Sie hier die Dauer der Probezeit, die Kündigungsfristen und gegebenenfalls das Datum, zu dem die Arbeitserlaubnis abläuft. Über eine dynamische Maßnahme wird anschließend der Infotyp 0019 – *Terminverfolgung* mit der Terminart **Ablauf Probezeit** angelegt.

5.6.14 Infotyp 0019 – Terminverfolgung

Der Infotyp bietet Ihnen die Möglichkeit, Erinnerungen einzurichten. Im Rahmen der Einstellungsmaßnahme wird der Infotyp an verschiedenen Stellen mittels dynamischer Maßnahme angelegt, um an folgende Termine zu erinnern (siehe Abbildung 5.40):

▶ Nachpflegen der RV-Nummer

▶ Ende der Probezeit.

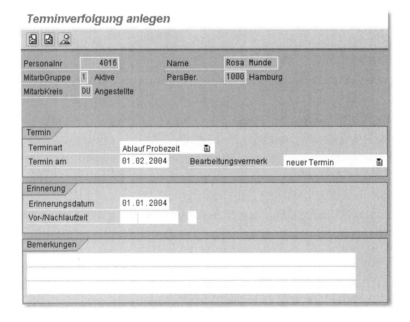

Abbildung 5.40 Infotyp 0019 – Terminverfolgung zur Erinnerung an das Ende der Probezeit

Der Infotyp *Terminverfolgung* hat demnach mehrere Subtypen, um die Terminarten zu kennzeichnen. Die Subtypen haben die Zeitbindung 2, d.h., eine Terminart kann mehrfach, jedoch zu unterschiedlichen Terminen angelegt werden.

Anstatt des Erinnerungsdatums können Sie auch das Feld **Vor-/Nachlaufzeit** pflegen. Dort geben Sie an, wie viele Tage/Wochen/Monate/Jahre Sie vor dem Termin erinnert werden möchten. Um nach dem Termin erinnert zu werden, setzen Sie in das kleine Feld den Operator »+«. »Blank« steht standardmäßig für Vorlaufzeit. Sind beide Erinnerungsoptionen gefüllt, ignoriert das System das Erinnerungsdatum.

> **Hinweis** Es erscheinen keine Pop-ups zum Erinnerungsdatum. Dies wäre bei der Fülle von Terminen gerade zum Monatsende nicht angebracht. Die Fälligkeiten können Sie sich jedoch in einer Terminübersicht je Sachbearbeiter ansehen (Menüpfad: **Personal · Personalmanagement · Administration · Infosystem · Berichte · Mitarbeiter · Terminübersicht**).

5.6.15 Infotyp 2006 – Abwesenheitskontingente

Im Infotyp 2006 pflegen Sie schließlich den Urlaubsanspruch des Mitarbeiters (siehe Abbildung 5.41). Weitere Informationen dazu erhalten Sie in Kapitel 7, *Zeitwirtschaft*, Abschnitt 7.2.5.

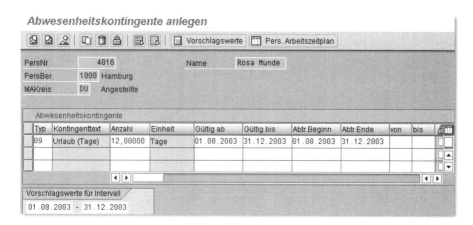

Abbildung 5.41 Infotyp 2006 – Abwesenheitskontingente mit Subtyp Urlaub

> **Hinweis** Früher wurde anstelle des Infotyps 2006 der Infotyp 0005 genutzt. In vielen Unternehmen ist dies immer noch so – dann finden Sie den Urlaubsanspruch im Infotyp 0005.

5.6.16 Abschluss der Maßnahme

Mit dem Urlaubsanspruch beenden wir unsere beispielhafte Einstellungsmaßnahme. In Ihrem System können andere Infotypen in der Maßnahme vorkommen. Pflegen Sie diese ebenfalls, bis die Maßnahme beendet ist. Für das Abschließen der Maßnahme sind dann keine weiteren Aktivitäten erforderlich. Infotypen, die nicht in der Maßnahme vorkamen oder die Sie übersprungen haben, können Sie auch einzeln pflegen wie in Abschnitt 5.4.4 beschrieben. Weitere häufig benötigte Infotypen stellen wir Ihnen im nächsten Abschnitt vor.

5.7 Pflege ausgewählter Infotypen

5.7.1 Infotyp 0004 – Behinderung

Der Infotyp 0004 ist anzulegen, wenn der Mitarbeiter eine Behinderung hat (siehe Abbildung 5.42). Die Daten werden unter anderem verwendet, um der Informationspflicht gegenüber dem Gesetzgeber im Zusammenhang mit der Schwerbehindertenabgabe nachzukommen. Darüber hinaus gibt es weitere Auswirkungen im System, wie z.B. den Anspruch auf Schwerbehindertenurlaub. Der Infotyp hat die Zeitbindung 2.

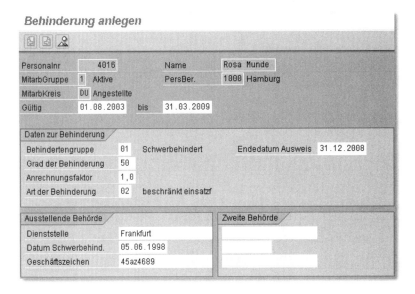

Abbildung 5.42 Infotyp 0004 mit Daten zur Behinderung des Mitarbeiters

Daten zur Behinderung

Pflegen Sie die Felder entsprechend den Angaben auf dem Schwerbehindertenausweis. Die Gültigkeit des Infotypsatzes sollten Sie ebenfalls begrenzen, um später über eine Historie der Schwerbehindertenausweise zu verfügen. Der Gesetzgeber erlaubt es, den Status der Schwerbehinderung eines Mitarbeiters bis zu drei Monate nach Ablauf des Schwerbehindertenausweises zu melden. Setzen Sie deshalb das Endedatum des Infotyps auf drei Monate nach dem Zeitpunkt des Ausweis-Endedatums.

Ausstellende Behörde und Zweite Behörde

Pflegen Sie hier die Angaben zu den Behörden, die die Behinderung bescheinigt haben.

5.7.2 Infotyp 0010 – Vermögensbildung

Im Infotyp 0010 erfassen Sie die Vermögensbildungsverträge des Mitarbeiters (siehe Abbildung 5.43). Die Angaben sind für die Personalabrechnung erforderlich.

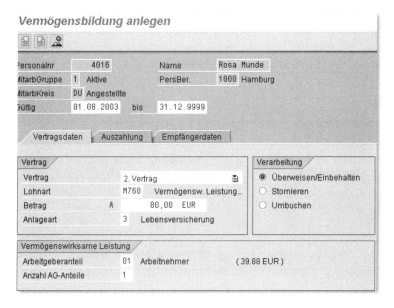

Abbildung 5.43 Infotyp 0010 mit Anlage der vermögenswirksamen Leistung in einer Lebensversicherung

Vertrag

Legen Sie für jeden Vertrag einen Subtyp an. Die Verträge werden unter laufenden Nummern gespeichert. Überprüfen Sie die vorgeschlagene Lohnart. Erfassen Sie weiterhin den Sparbetrag des Mitarbeiters pro Zahlungszeitpunkt.

Pflegen Sie nun die Anlageart laut Vermögensbildungsvertrag. In der Standardauslieferung werden z. B. die Anlagearten **Ratensparen Bank**, **Bausparen** oder **Lebensversicherung** angeboten.

> **Hinweis** Die Summe der Sparbeträge muss höher als der Arbeitgeberanteil sein, andernfalls wird in der Abrechnung der Arbeitgeberanteil auf den Gesamtsparbetrag des Mitarbeiters gekürzt.

Vermögenswirksame Leistungen

Im Feld **Arbeitgeberanteil** bestimmen Sie die Höhe des Arbeitgeberanteils an der vermögenswirksamen Leistung. Im Standard ist der Arbeitgeberanteil für Arbeitnehmer und Auszubildende eingerichtet.

Im Feld **Anzahl Arbeitgeberanteile** geben Sie an, wie oft pro Zahlungszeitpunkt der konstante monatliche Arbeitgeberanteil zum steuer- und beitragspflichtigen Einkommen hinzukommt. Soll die Auszahlung beispielsweise vierteljährlich erfolgen und die Vermögensbildung monatlich berechnet werden, so sind drei Arbeitgeberanteile einzutragen. Die Informationen zum Zahlungszeitpunkt pflegen Sie auf der Registerkarte Auszahlung. In der Regel wird nur für Ausnahmefälle ein von »1« abweichender Wert in Frage kommen.

Verarbeitung

Um den Arbeitgeberanteil auszuzahlen und die Vermögensbildung an den Empfänger zu überweisen, muss das Feld **Überweisen/Einbehalten** aktiviert sein. Beim Stornieren der Vermögensbildung wird der Betrag an den Mitarbeiter ausbezahlt. Wenn **Umbuchen** aktiviert ist, wird ein Einbehalt in eine Überweisung oder umgekehrt umgebucht.

Auszahlung

Die Kombination der Eingaben in den Feldern **Erste Auszahlperiode** und **Abstand** bestimmt die Zahlungszeitpunkte. Prüfen Sie bitte mit Hilfe von Tabelle 5.3 genau, ob Ihre Eingabe zu den gewünschten Zahlungszeitpunkten führt. Die erste Auszahlungsperiode bezieht sich nicht nur auf das aktuelle Jahr, sondern wird auch in den folgenden Jahren berücksichtigt. Wenn die Auszahlung beispielsweise monatlich stattfinden soll (also der Normalfall), bleiben beide Felder frei. Den Zahlungsbeginn steuern Sie über das Beginndatum des Infotypsatzes.

Erste Auszahlperiode	Abstand	Verarbeitung der Vermögensbildung
–	–	monatlich/in jeder Auszahlungsperiode
06	–	monatlich von Juni bis Jahresende

Tabelle 5.3 Bedeutung der Kombination Erste Auszahlperiode und Abstand

Erste Auszahlperiode	Abstand	Verarbeitung der Vermögensbildung
-	03	vierteljährlich – startend mit dem ersten Gültigkeitsmonat des Satzes
06	02	jeweils von Juni bis Jahresende im Abstand von 2 Monaten – also insgesamt 4-mal pro Jahr

Tabelle 5.3 Bedeutung der Kombination Erste Auszahlperiode und Abstand (Forts.)

Falls Sie für den Mitarbeiter mehrere Vermögensbildungsverträge anlegen, bestimmen Sie im Feld **Auszahlungspriorität** die Reihenfolge der Überweisungen. Die Zahl Null hat die höchste Priorität. Prüfen Sie, ob das Kennzeichen **Überweisen** gesetzt ist, andernfalls wird der Betrag intern verbucht. Markieren Sie das Feld **Weiterbezahlen**, falls die Überweisung auch dann erfolgen soll, wenn kein Entgelt gezahlt wird.

Tipp Die oben beschriebene Logik der Auszahlungsperiode und des Abstandes wird auch in anderen Infotypen (z.B. für die Direktversicherung) verwendet und führt sehr oft zu Fehleingaben. Beachten Sie unbedingt, dass das Feld **erste Auszahlungsperiode** in jedem Jahr wieder wirksam wird. Wenn die Zahlung im April eines bestimmten Jahres beginnen soll und von da an monatlich erfolgt (also im ersten Jahr 9-mal und in den folgenden Jahren 12-mal), ist hier nichts einzutragen. Den Beginn der Zahlungen erkennt das System am Beginndatum des Infotyps.

Hinweis Wie bei allen Infotypen, in denen direkt Überweisungen gesteuert werden (insbesondere auch Infotyp 0009 – *Bankverbindung*), ist eine rückwirkende Pflege nicht möglich. Das liegt daran, dass eine einmal erfolgte Überweisung nicht mehr zu ändern ist. Sie müssen solche Fälle durch entsprechende Eingaben in den Folgeperioden oder außerhalb von SAP HR (z.B. über die Finanzbuchhaltung) korrigieren.

Empfängerdaten

Geben Sie auf der Registerkarte Empfängerdaten die Informationen zum Anlageinstitut ein. Wenn Sie im Feld **Empfänger** das Anlageunternehmen in der Feldauswahl finden, werden die nachfolgenden Felder automatisch gefüllt. Ist das Anlageunternehmen noch nicht vorhanden, müssen Sie die Daten manuell pflegen. Der Empfängerschlüssel bleibt dann frei. Als Zahlweg sollte **Überweisung** eingetragen sein. Geben Sie gegebenenfalls einen Verwendungszweck ein. Dieser kann abhängig von Ihren unternehmensindividuellen Einstellungen auch vorbelegt sein.

> **Tipp** Wenn Sie ein Anlageinstitut, das öfter benötigt wird, nicht in der Auswahlliste finden, bitten Sie Ihren HR-Systemverantwortlichen, den entsprechenden Empfängerschlüssel zu hinterlegen!

5.7.3 Infotyp 0011 – Externe Überweisung

Im Infotyp 0011 – *Externe Überweisungen* können Sie beliebige mitarbeiterbezogene Überweisungen an Dritte anlegen. Diese Auszahlungen werden in der Regel vom Netto des Mitarbeiters abgezogen. In der Standardauslieferung steht Ihnen der Subtyp mit der Lohnart M770 **Abzug Miete** als Beispiel zur Verfügung (siehe Abbildung 5.44). Neben Mietzahlungen kann der Arbeitgeber für den Mitarbeiter beispielsweise auch Versicherungsbeiträge oder Kredittilgungen überweisen.

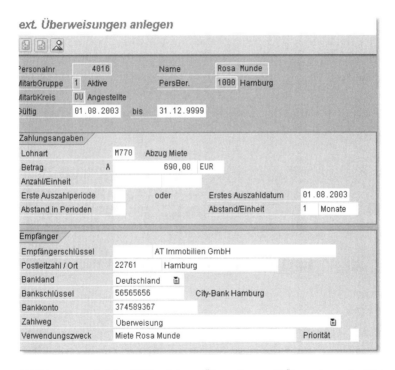

Abbildung 5.44 Infotyp 0011 – Externe Überweisung mit Überweisung der Miete vom Arbeitgeber

Zahlungsangaben

Wählen Sie im Feld **Lohnart** den Subtyp aus. Abhängig von der Lohnart pflegen Sie entweder das Feld **Betrag** oder die Felder **Anzahl** und **Einheit**. Bestimmen Sie weiterhin die Zahlungszeitpunkte. Für die Felder **Erste Auszahlperiode** und **Abstand in Perioden** gilt dieselbe Problematik wie in Abschnitt 5.7.2 bereits ausführlich erläutert.

Empfänger

Wählen Sie im Feld **Empfängerschlüssel** das Institut aus. Die folgenden Felder werden automatisch gefüllt. Wenn der Empfänger nicht in der Feldauswahl vorhanden ist, müssen Sie die Daten manuell eingeben. Der Empfängerschlüssel bleibt dann frei. Geben Sie in das Feld **Verwendungszweck** einen Text ein, der auf dem Überweisungsformular erscheinen soll. Das Feld **Priorität** wird in der Standardauslieferung nicht verwendet.

5.7.4 Infotyp 0014 – Wiederkehrende Be-/Abzüge

Im Infotyp 0014 können Sie Lohnbestandteile hinterlegen, die der Mitarbeiter über die Personalabrechnung regelmäßig ausbezahlt bekommt (z. B. Weihnachts- und Urlaubsgeld) oder die von seinem Lohn oder Gehalt einzubehalten sind (z. B. PKW Nettoabzug) (siehe Abbildung 5.45). Im Gegensatz zu den laufenden Bezügen werden die wiederkehrenden Be- und Abzüge nicht notwendigerweise in jeder Abrechnungsperiode und im Gegensatz zu den ergänzenden Zahlungen (siehe Abschnitt 5.7.5) mit einer festgelegten Periodizität ausbezahlt bzw. einbehalten.

Wiederk. Be/Abzüge

Wählen Sie im Feld **Lohnart** den Subtyp aus. Wenn es sich um eine direkt bewertete Lohnart handelt, pflegen Sie entweder das Feld **Betrag** oder die Felder **Anzahl/Einheit**. Bei indirekt bewerteten Lohnarten bleiben diese Felder frei, da sich die Beträge beispielsweise aus einer Tariftabelle oder abgeleitet aus anderen Lohnarten ergeben. Das Feld **Zuordnungsnummer** wird im Standard nicht verwendet. Das Feld **Änderungsgrund** kann zu Informationszwecken gepflegt werden.

Zahlungszeitpunkte

Geben Sie hier an, zu welchen Zeitpunkten die Auszahlung oder Einbehaltung erfolgen soll. Beachten Sie hierbei bitte die Problematik, die wir in Abschnitt 5.7.2 erläutert haben.

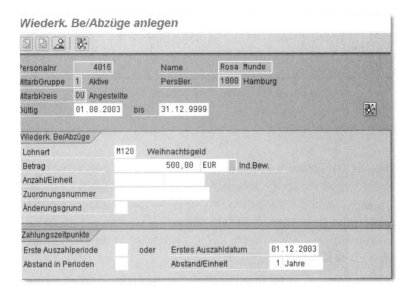

Abbildung 5.45 Infotyp 0014 mit wiederkehrendem Bezug von Weihnachtsgeld

Wiederkehrende Be- und Abzüge mit abweichender Kostenzuordnung

Wenn der Betrag bezüglich der Kostenzuordnung anders behandelt werden soll als in den Infotypen 0001 – *Organisatorische Zuordnung* und 0027 – *Kostenverteilung* vorgegeben, können Sie dies ändern. Gehen Sie in der Menüleiste auf **Bearbeiten – Kostenzuordnung pflegen**. Sie gelangen auf das Dialogfenster **Kostenzuordnungsvorgaben**. Geben Sie hier die gewünschten Daten (z. B. eine abweichende Kostenstelle) ein und wählen Sie **Übernehmen**. Auf der Eingabemaske des Infotypsatzes erscheint das Symbol, über das Sie die abweichende Kostenzuordnung anzeigen können.

> **Hinweis** Die Konfiguration Ihres spezifischen Systems kann die Erfassung einer abweichenden Kostenzuordnung einschränken oder verbieten.

5.7.5 Infotyp 0015 – Ergänzende Zahlung

Im Infotyp 0015 können Sie Lohnbestandteile hinterlegen, die der Mitarbeiter über die Personalabrechnung einmalig oder unregelmäßig ausbezahlt bekommt (z. B. Heiratsbeihilfe) oder die einmalig oder unregelmäßig von seinem Lohn oder Gehalt einzubehalten sind (z. B. Vorschuss) (siehe Abbildung 5.46).

Ergänzende Zahlung

Wählen Sie im Feld **Lohnart** den Subtyp aus. Wenn es sich um eine direkt bewertete Lohnart handelt, pflegen Sie entweder das Feld **Betrag** oder die Felder **Anzahl/Einheit** (siehe Abbildung 5.46). Bei indirekt bewerteten Lohnarten bleiben diese Felder frei, da sich die Beträge beispielsweise aus einer Tariftabelle oder abgeleitet aus anderen Lohnarten ergeben.

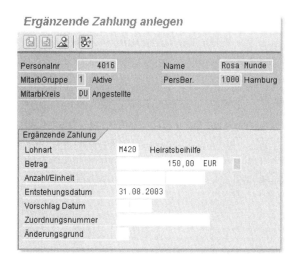

Abbildung 5.46 Infotyp 0015 mit einmaliger Zahlung einer Heiratsbeihilfe

Im Feld **Entstehungsdatum** wird der letzte Tag der aktuellen Abrechnungsperiode aus dem Abrechnungsverwaltungssatz vorgeschlagen. Ändern Sie gegebenenfalls das Datum. In den Feldern **Vorschlag Datum** können Sie sich auch den letzten Tag einer anderen Abrechnungsperiode vorschlagen lassen. Geben Sie im ersten Feld einen anderen Monat und gegebenenfalls im zweiten Feld ein anderes Jahr ein. Bestätigen Sie mit **Enter**. Das Entstehungsdatum wird automatisch aktualisiert.

Das Feld **Zuordnungsnummer** wird im Standard nicht verwendet. Das Feld **Änderungsgrund** kann zu Informationszwecken gepflegt werden.

Ergänzende Zahlung bei abweichender Kontierung

Pflegen Sie über die Drucktaste gegebenenfalls – wie in Abschnitt 5.7.4 beschrieben – eine abweichende Kostenzuordnung für den Subtyp.

5.7.6 Infotyp 0022 – Ausbildung

Im Infotyp 0022 können Sie für jede Ausbildung, die der Mitarbeiter absolviert hat, einen Infotypsatz anlegen. Die Schulart (z.B. Realschule, Universität, interner Kurs) bestimmt dabei den Subtyp (siehe Abbildung 5.47).

Das Feld **Ausbildungsgruppe** ist nicht eingabebereit. Zum Zwecke der Strukturierung ermittelt das System anhand des Customizings automatisch, in welche Ausbildungsgruppe der Infotypsatz einzuordnen ist.

Pflegen Sie die Felder entsprechend. Die Felder **Schulabschluss** und **Fachrichtung** prüft das System gegen die angegebene Schulart. In Letzteren können Sie die Schwerpunkte der Ausbildung vermerken.

Wenn der Mitarbeiter einen internen oder externen Kurs besucht hat, können Sie in den unteren Feldern zusätzliche Angaben zur Kursbezeichnung, -beurteilung sowie zu den -gebühren hinterlegen. Kennzeichnen Sie das Feld **Rückzahlungsverpfl.**, falls der Mitarbeiter die Kursgebühren an das Unternehmen zurückzahlen muss. Mit dem Feld **Rückzahlungsverpfl.** ist keine Automatik hinsichtlich der Entgeltabrechnung verbunden.

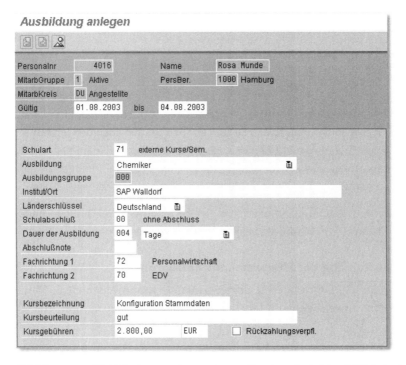

Abbildung 5.47 Die Teilnahme an einem externen Kurs kann im Infotyp 0022 festgehalten werden

Hinweis Die Felder, die Ihnen zur Pflege zur Verfügung stehen, können von der eingegebenen Schulart abhängen. So sind bei Seminaren z.B. die Kursbeurteilung und die Gebühr eingabebereit. Daher ist es sinnvoll, beim Anlegen des Infotyps 0022 schon auf dem Auswahlbild neben dem Infotyp auch den Subtyp anzugeben. Dadurch kann das System die Eingabemaske schon beim ersten Aufrufen optimal gestalten.

5.7.7 Infotyp 0027 – Kostenverteilung

Wenn Lohn-/Gehaltskosten oder Reisekosten für den Mitarbeiter über einen längeren Zeitraum auf mehrere Kostenstellen aufgeteilt werden sollen, ist der Infotyp 0027 anzulegen. Über den Subtyp *Verteilung* wird bestimmt, ob das Entgelt oder die Reisekosten betroffen sind. Geben Sie in dem Listbild die prozentuale Verteilung der Kosten auf die verschiedenen Kontierungsobjekte an (siehe Abbildung 5.48).

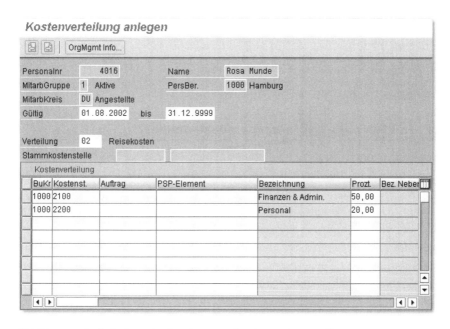

Abbildung 5.48 Aufteilung der Reisekosten auf mehrere Kostenstellen

Hinweis Erfassen Sie hier jedoch nicht die Stammkostenstelle, da der Restwert automatisch auf die im Infotyp 0001 hinterlegte Stammkostenstelle gebucht wird. Somit bleibt diese auch bei einem organisatorischen Wechsel stets aktuell.

5.7.8 Infotyp 0030 – Vollmachten

Im Infotyp 0030 können Sie die erteilten Befugnisse/Vollmachten des Mitarbeiters hinterlegen. Über den Subtyp wird die Art der Vollmacht wie z. B. Kreditvergabekompetenz oder Prokura bestimmt. Der Gültigkeitsbereich der Vollmacht kann in Form einer Organisationseinheit hinterlegt werden (siehe Abbildung 5.49).

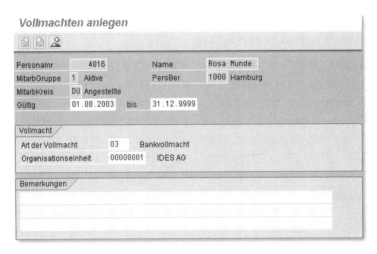

Abbildung 5.49 Infotyp 0030 – Vollmachten mit Subtyp Bankvollmacht

5.7.9 Infotyp 0031 – Referenzpersonalnummer

Da das System keine Möglichkeit bietet, für einen Mitarbeiter bzw. eine Personalnummer mehrere Arbeitsverhältnisse zu erfassen, ist für jedes Arbeitsverhältnis ein neuer Personalstammsatz anzulegen. Die Personalnummern werden im Infotyp *Referenzpersonalnummer* miteinander verbunden. Um die vielen Informationen, vor allem Daten zur Person, nicht doppelt pflegen zu müssen, werden einige Infotypen oder einzelne Einträge von der Referenzpersonalnummer kopiert. Änderungen an den personenbezogenen Stammdaten (z. B. Anschrift) der Referenzpersonalnummer wirken sich dann auch auf den zweiten Stammsatz des Mitarbeiters aus. Vertragsbezogene Daten wie die Bezüge bleiben jedoch unabhängig voneinander.

Sobald der Mitarbeiter ein zweites Arbeitsverhältnis im Unternehmen eingeht, ist bei der Einstellungsmaßnahme im Infotyp 0000 die bereits existierende Personalnummer des Mitarbeiters im Feld **Referenzpersonalnummer** einzutragen. Damit wird für beide Stammsätze automatisch der Infotyp 0031 angelegt und die Personalnummern werden eingetragen. Somit müssen Sie den Infotyp *Referenzpersonalnummer* nur dann manuell pflegen, wenn Sie nachträglich eine Beziehung zwischen Personalnummern einrichten oder eine Referenz auflösen möchten.

5.7.10 Infotyp 0032 – Betriebsinterne Daten

Im Infotyp *Betriebsinterne Daten* können Sie Informationen zu Werksausweis, Dienstwagen und Arbeitsplatz des Mitarbeiters hinterlegen (siehe Abbildung 5.50). Unter **Alte Personalnummer** besteht die Möglichkeit, die Personalnummer des Mitarbeiters zu vermerken, die er beispielsweise vor Einführung des SAP-Systems hatte.

Mit Hilfe der Daten aus den Feldern **PKW-Regelung** und **PKW-Wert** ermittelt die Personalabrechnung den geldwerten Vorteil aus der privaten Nutzung eines Dienstwagens. In der Schweiz steuert das Feld **PKW-Regelung** die Angabe des Geschäftsautos auf dem Lohnausweis.

Wenn Sie die Daten aller Mitarbeiter zum Arbeitsplatz pflegen, erhalten Sie über den Standardreport *RPLTEL00* ein Telefonverzeichnis mit Angabe der Gebäude- und Zimmernummer.

Abbildung 5.50 Infotyp 0032 mit Informationen zu betriebsinternen Daten

5.7.11 Infotyp 0033 – Statistik

Im Infotyp 0033 können Sie hinterlegen, ob ein Mitarbeiter in bestimmten Statistiken besonders behandelt werden soll. Damit werden Ausnahmetatbestände für die verschiedenen Statistiken abgebildet.

Die einzelnen Statistiken gliedern sich in drei Statistikbereiche:

▶ gesetzliche Statistiken
▶ Branchenstatistiken
▶ unternehmensspezifische Statistiken

Der Statistikbereich stellt für den Infotyp 0033 den Subtyp dar.

Prüfen Sie, welche Statistiken in Ihrem Unternehmen mit Hilfe des HR-Systems erstellt werden und welche Ausnahmetatbestände relevant sind. Stimmen Sie sich dazu mit Ihren Kollegen über die Konventionen zur Pflege des Infotyps ab.

Eine der wichtigsten Anwendungen dieses Infotyps bezieht sich auf die Schwerbehindertenstatistik für Deutschland. Hier gibt es einige Ausnahmetatbestände, die für die einzelnen Mitarbeiter gepflegt werden müssen. So sind z.B. die Vorstandsmitglieder einer Aktiengesellschaft – wie in Abbildung 5.51 dargestellt – als **Arbeitgeber** zu kennzeichnen.

> **Hinweis** Auch dann, wenn in Ihrem Unternehmen ein eigener Mitarbeiterkreis für den Vorstand genutzt wird, muss dieser Ausnahmetatbestand gepflegt werden. Der Text des Mitarbeiterkreises wird hier vom System nicht herangezogen. Andere Ausnahmetatbestände erkennt das System automatisch aufgrund der SV- und der DEÜV-Daten.

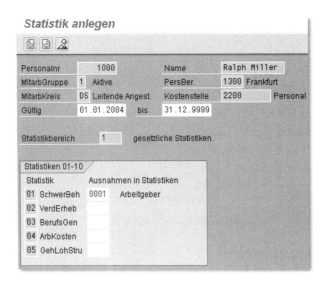

Abbildung 5.51 Infotyp 0033 – Statistiken mit Arbeitgeber-Kennzeichen für Schwerbehindertenstatistik

Tipp Die Schwerbehindertenabgabe wird anhand eines Prozentsatzes berechnet, der in Stufen ansteigt. Wenn Ihr Unternehmen sehr knapp in eine höhere Stufe gerutscht ist, kann es sich lohnen, den Infotyp 0033 besonders genau auf Vollständigkeit zu überprüfen. Das Nachtragen weniger vergessener Ausnahmetatbestände kann in solchen Fällen zu recht hohen Einsparungen führen.

5.7.12 Infotyp 0036 – Sozialversicherung Schweiz

In diesem Infotyp erfassen Sie die Daten des Mitarbeiters zur Berechnung der Sozialversicherungsbeiträge für die Schweiz (siehe Abbildung 5.52). Die Angaben sind erforderlich für die Abrechnung. Aufgrund der Einstellungen im Customizing sind die Mitarbeiter bereits in Abrechnungseinheiten gruppiert. Viele Merkmale der Sozialversicherung werden in der Regel nicht für den einzelnen Mitarbeiter gepflegt, sondern über die Abrechnungseinheit. Im Infotyp 0036 müssen Sie in den entsprechenden Feldern nur dann eine Eingabe vornehmen, wenn der spezielle Mitarbeiter eine Ausnahme darstellt.

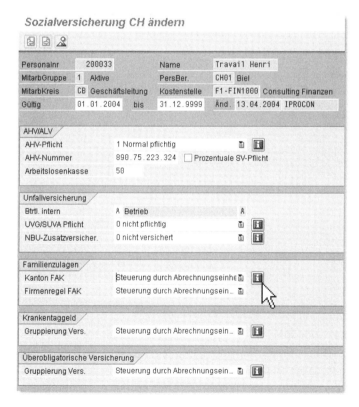

Abbildung 5.52 Infotyp 0036 – Sozialversicherung Schweiz

Eine Abrechnungseinheit ist eine Zusammenfassung von Mitarbeitern. Sie steuert die gemeinsame Behandlung von Mitarbeitern in vielen Bereichen der Abrechnung, in Auswertungen sowie für die gemeinsame Vorgabe von Vorschlagswerten in der Personaladministration. Abrechnungseinheiten werden unter mehreren Gesichtspunkten unterschiedlich gebildet. Dies können Familienzulagen, Quellensteuer, Bundesamt für Statistik etc. sein. Informieren Sie sich, welche Abrechnungseinheiten in Ihrer Organisation angelegt sind und wie sie sich zusammensetzen.

Zu den einzelnen Feldern, die im Infotyp 0036 zu pflegen sind, existiert meist ein Info-Button . Darunter finden Sie weitere Daten und Zusatzinformationen zu den Abrechnungseinheiten. Sie finden darüber z. B. Verantwortliche, Beitragssätze oder Zulagen. Abbildung 5.53 zeigt z. B. die Daten zur Abrechnungseinheit für die Familienzulagen.

Abbildung 5.53 Beispiel von Daten zur Abrechnungseinheit

> **Hinweis** Daten im Infotyp *Sozialversicherung CH* dürfen nie während des Monats, sondern immer nur zum Monatsersten des nachfolgenden Monats geändert werden.

5.7.13 Infotyp 0038 – Steuer Schweiz

Im Infotyp 0038 (siehe Abbildung 5.54) werden die Steuerdaten für die Schweiz erfasst. Auch hier sind einige Felder nur dann zu pflegen, wenn der Mitarbeiter eine Ausnahme darstellt. Werden keine Eingaben vorgenommen, dann gelten für Arbeitsweg und Mahlzeiten diejenigen Regelungen, die an der Abrechnungseinheit **Lohnausweis** hinterlegt sind. Für die Spesen gilt die am Mitarbeiterkreis hinterlegte Steuerung. Erkundigen Sie sich im Zweifelsfall, wie dies in Ihrem Unternehmen geregelt ist. Pflegen Sie diese Felder hier, ohne dass es wirklich erforderlich ist, bedeutet dies nicht nur unnötige Arbeit. Wenn die entsprechende Regelung künftig für eine ganze Abrechnungseinheit umgestellt werden soll, würde dann der individuell gepflegte Mitarbeiter leicht vergessen.

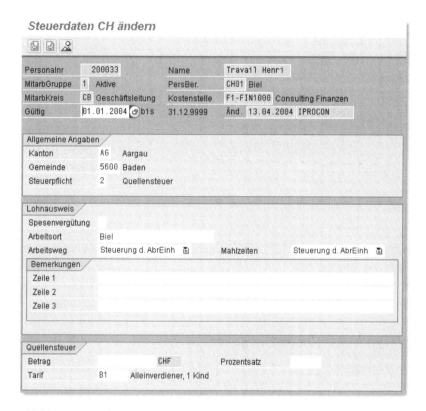

Abbildung 5.54 Infotyp 0038 – Steuerdaten Schweiz

5.7.14 Infotyp 0040 – Leihgaben

Im Infotyp *Leihgaben* (siehe Abbildung 5.55) können Sie vermerken, welche Gegenstände Sie an den Mitarbeiter ausgeliehen haben. Der Subtyp bestimmt die Art der Leihgabe. Im Standard sind u.a. die Subtypen *Schlüssel*, *Kleidung* und *Bücher* angelegt. Zusätzlich können Sie Anzahl und Einheit zur Leihgabe pflegen (z.B. »3 Stück«, wenn drei Schlüssel ausgehändigt wurden).

Das Feld **Anlagennummer** erlaubt eine Integration mit der Anlagenbuchhaltung. Ist diese Integration in Ihrem System aktiv, können Sie die Anlagennummer hier nur pflegen, wenn der jeweilige Anlagenstammsatz angelegt ist. Weiterhin steht Ihnen ein Freitextfeld für Bemerkungen zur Verfügung.

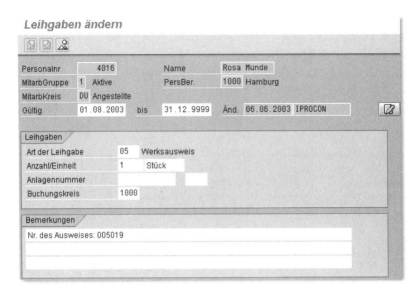

Abbildung 5.55 Die Aushändigung eines Werksausweises kann im Infotyp 0040 festgehalten werden

Idealerweise sind in Ihrem Unternehmen dynamische Maßnahmen eingerichtet, die bei einem organisatorischen Wechsel oder bei Austritt des Mitarbeiters Meldungen an die jeweils zuständigen Abteilungen generieren. Die verantwortlichen Sachbearbeiter werden somit erinnert, die Leihgaben wieder einzufordern.

5.7.15 Infotyp 0041 – Datumsangaben

Im Infotyp 0041 können Sie verschiedene Daten zum Mitarbeiter pflegen, z. B. als ergänzende Information zu bestimmten Infotypen oder um diese an Stelle anderer in Auswertungen, der Personalabrechnung oder für Urlaubsprogramme zu verwenden. Im Standard stehen Ihnen bereits einige Datumsarten zur Verfügung wie **techn. Eintrittsdat.**, **Erster Arbeitstag**, **Erster Zahltag** usw.

Beim Anlegen des Infotyps werden die für Ihr Unternehmen relevanten Datumsarten vorgeschlagen. Ordnen Sie diesen das entsprechende Datum zu (siehe Abbildung 5.56). Es können bis zu zwölf zusätzliche Datumsarten angelegt werden. Falls Sie mehr Felder benötigen, ist in den Infotyp-Eigenschaften die Zeitbindung 3 einzutragen (beantragen Sie dies bei Ihrem Customizing-Verantwortlichen).

> **Hinweis** Das technische Eintrittsdatum wird in einigen Auswertungen genutzt, um ein Eintrittsdatum abweichend vom Infotypen 0000 zu ermitteln (z. B. bei anrechenbaren Vordienstzeiten). Alternativ wird oft auch das Eintrittsdatum im Infotypen 0016 (siehe Abschnitt 5.6.13) genutzt.

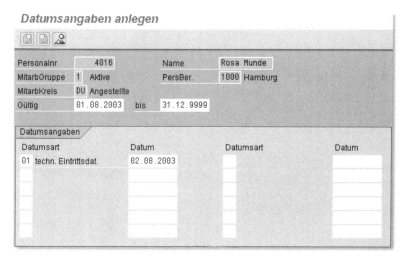

Abbildung 5.56 Das technische Eintrittsdatum im Infotyp 0041 weicht vom tatsächlichen Eintritt ab

5.7.16 Infotyp 0042 – Steuer Österreich

Die Steuerdaten für Österreich werden im Infotyp 0042 gepflegt (siehe Abbildung 5.57). Die Auswahlhilfen sind im Wesentlichen selbsterklärend. Beachten Sie aber Folgendes: Wenn Sie einen Freibetrag aufgrund von § 35 EStG erfassen, prüft das System, ob für den Mitarbeiter eine Behinderung im Infotyp 0004 hinterlegt ist. Ist dies nicht der Fall, erscheint eine Warnung. Sie können diese Warnung mit **Enter** übergehen, sofern der Freibetrag aufgrund der Behinderung des Ehegatten gewährt wird.

5.7.17 Infotyp 0044 – Sozialversicherung Österreich

Die Daten zur österreichischen Sozialversicherung sind im Infotyp 0044 abgelegt (siehe Abbildung 5.58). Neben SV-Gruppe, Anstalt und Beitragsgruppe sind insbesondere die ersten vier Stellen der SV-Nummer zu pflegen. Die folgenden Stellen sind bereits korrekt mit dem Geburtsdatum des Mitarbeiters vorbelegt. Da das System eine Plausibilitätsprüfung vornimmt, lässt sich nur eine korrekte SV-Nummer speichern. Es ist aber möglich, die ersten vier Stellen zunächst offen zu lassen. Die Warnung, die dann erscheint, kann mit **Enter** übergangen werden.

Die Kennzeichen zu Beiträgen und Umlagen im unteren Teil des Bildes werden größtenteils aufgrund von SV-Gruppe, SV-Anstalt und Beitragsgruppe fest vorbelegt. Im Allgemeinen müssen Sie nur noch das Kennzeichen nach dem Nachtschwerarbeitsgesetz und das Geschäftsführer-Kennzeichen manuell pflegen.

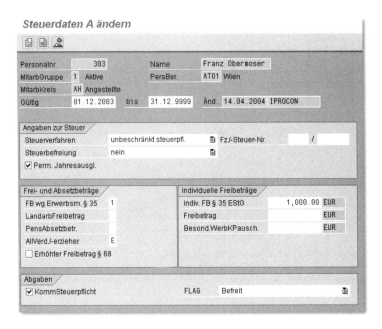

Abbildung 5.57 Infotyp 0042 – Steuerdaten Österreich

Abbildung 5.58 Infotyp 0044 – Sozialversicherung Österreich

Für einige Beitragsgruppen sind im Customizing wichtige Eigenschaften hinterlegt, die im mittleren Teil des Bildes angezeigt werden. Abbildung 5.59 zeigt dies im Fall der Beitragsgruppe N62.

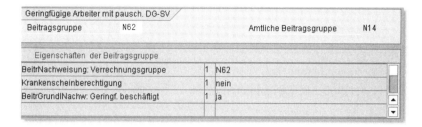

Abbildung 5.59 Eigenschaften der Beitragsgruppe N62

Wird ein Satz des Infotyps 0044 angelegt, so wird dynamisch die Maske des Infotyps 0367 – *SV-Meldungszusätze* A aufgerufen (siehe Abbildung 5.60). Hier pflegen Sie die Informationen für die Elektronische Datenübermittlung (ELDA). Klicken Sie anschließend **ELDA-Satz u. Sichern**, um eine ELDA-Meldung zu erzeugen.

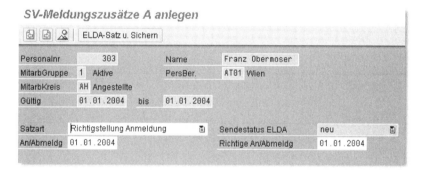

Abbildung 5.60 ELDA-Satz im Infotyp 0367

5.7.18 Infotyp 0045 – Darlehen

Im Infotyp 0045 erfassen Sie die Darlehen, die Ihr Unternehmen an den Mitarbeiter vergeben hat. Die Daten sind erforderlich für die Personalabrechnung. Dabei werden die Darlehensrückzahlung, -verzinsung und die Versteuerung des geldwerten Vorteils berechnet.

Der Subtyp kennzeichnet die Darlehensart. Im Standard existieren z.B. die Subtypen *Baudarlehen mit Ratentilgung*, *KFZ-Darlehen mit Ratentilgung* und *Dauervorschuss*. Für jedes angelegte Darlehen vergibt das System eine laufende Nummer, so dass auch gleiche Darlehen mehrfach angelegt werden können.

Wählen Sie vor dem Anlegen des Infotyps den Subtyp aus. Die Eingabemaske besteht aus drei Registerkarten **Grunddaten, Konditionen** und **Zahlungen**. Das Feld **Externe Referenznummer** pflegen Sie abhängig von Ihren unternehmensindividuellen Bestimmungen, beispielsweise kann die Vertragsnummer vermerkt werden.

Grunddaten

Tragen Sie hier das Bewilligungsdatum und den bewilligten Darlehensbetrag ein. Die weiteren Felder sind nicht eingabebereit, sie zeigen Ihnen aktuell den Darlehensstand an.

Konditionen

Pflegen Sie im Feld **Darlehenskondition** den Schlüssel für die Berechnung von Zinsen und Tilgung. Wenn mit dem Mitarbeiter ein abweichender Zinssatz vereinbart wurde, hinterlegen Sie diesen im Feld **individueller Zinssatz**. Bevor die Tilgungsrate oder das Endedatum berechnet werden können, müssen Sie auf der Registerkarte **Zahlungen** das Datum und die Zahlart **Darlehensauszahlung** anlegen. Wenn Sie nun im Feld **Gültig bis** die Laufzeit des Darlehens festlegen, können Sie auf der Registerkarte Konditionen über den Button die Tilgungsrate berechnen lassen. Sie können auch die Tilgungsrate bestimmen und vom System das Endedatum berechnen lassen. Wählen Sie dazu auf der Registerkarte **Konditionen** oder **Zahlungen** die Drucktaste .

Falls sich die Konditionen während der Laufzeit ändern, müssen Sie einen weiteren Infotypsatz zur Darlehensart anlegen. Alle Infotypsätze zu einem Darlehen müssen dieselbe fortlaufende Nummer haben. Die Buttons zur Berechnung der Rate und des Endedatums befinden sich dann nur auf dem letzten Infotypsatz.

Wenn Sie die Konditionen eines bestehenden Darlehens ändern möchten, schlägt Ihnen das System eine neue laufende Nummer vor. Überschreiben Sie diese mit der Nummer des alten Infotypsatzes. Wenn Sie einen neuen Infotyp durch Kopieren anlegen wollen, kopiert das System auch die laufende Nummer. Hier müssen Sie die Nummer mit der nächsten freien Nummer überschreiben, wenn es sich um einen neues Darlehen handelt.

Zahlungen

Auf dieser Registerkarte sind alle Auszahlungen des Arbeitgebers sowie Rückzahlungen des Mitarbeiters zu erfassen. Der erste Eintrag ist somit in der Regel die Darlehensauszahlung.

> **Hinweis** Wenn ein Darlehen vollständig zurückgezahlt wurde, sollte der Infotypsatz abgegrenzt werden. Falls ein Mitarbeiter vorzeitig austritt und das Darlehen am letzten Arbeitstag komplett zurückzahlt, muss die Zahlungsart **Sondertilgung (extern)** angelegt werden. Mit dieser Zahlungsart werden im Gegensatz zur Zahlungsart **Komplettrückzahlung** für den Tag keine Zinsen mehr berechnet.

5.7.19 Infotyp 0128 – Mitteilungen

Mit diesem Infotyp können Sie den Entgeltnachweis durch zusätzliche Informationen wie z. B. Geburtstagsglückwünsche oder allgemeine Informationen der Geschäftsleitung anreichern.

Über den Subtyp 1 – *Allgemeine Mitteilungen* wählen Sie einen bereits angelegten Textbaustein aus. Im Subtyp 2 – *Persönliche Mitteilungen* können Sie den Text bearbeiten. Er gilt jedoch nur für die ausgewählte Personalnummer und kann nur in diesem Infotypsatz angezeigt werden.

Falls mehrere Mitteilungen zu einem Zeitpunkt gelten, pflegen Sie das Feld **Reihenfolge** entsprechend, ansonsten werden die Mitteilungen in der gespeicherten Reihenfolge ausgegeben.

5.8 Ausführen ausgewählter Maßnahmen

Vorgänge, die als Maßnahme im System umgesetzt werden können, sind beispielsweise ein Wechsel der organisatorischen Zuordnung, der Austritt, die Verrentung, die Versetzung, die Änderung der Bezüge, der Wiedereintritt in das Unternehmen oder die Einstellung eines Bewerbers.

> **Hinweis** Von den hier genannten Maßnahmen ändern lediglich der Austritt, die Verrentung, der Wiedereintritt und die Einstellung eines Bewerbers den Status des Mitarbeiters. Diese sind damit immer im Infotypen 0000 abgespeichert. Andere Maßnahmen ohne Statusänderung können auch ausschließlich im Infotypen 0302 – *Ergänzende Maßnahmen* abgespeichert sein. Das hängt davon ab, wie Ihr System konfiguriert ist und ob am gleichen Tag noch weitere Maßnahmen erfasst sind. Auch die ausschließlich im Infotyp 0302 gespeicherten Maßnahmen werden in der Übersicht des Infotyps 0000 angezeigt.

5.8.1 Die Maßnahme »Organisatorischer Wechsel«

Kehren wir noch einmal zu dem bereits bekannten Beispiel zurück: Herr Hauswald ist aufgestiegen und wechselt zum 01.01.2004 die Position im Unternehmen. Es ändern sich seine Bezüge und die Arbeitszeit. Im Zuge dessen müssen einige Veränderungen vorgenommen werden: Bestimmte Felder der organisatorischen Zuordnung (Mitarbeitergruppe und -kreis, Personalbereich) können nur über eine geeignete Maßnahme geändert werden. Das System bietet Ihnen nacheinander eine Kopie der aktuellen Infotypsätze der betroffenen Infotypen zur Pflege an (siehe Tabelle 5.4).

Organisatorischer Wechsel mit Integration des Organisationsmanagements:	Organisatorischer Wechsel ohne Integration des Organisationsmanagements:
1. Rufen Sie das Maßnahmenmenü über den Pfad **Personal** • **Personalmanagement** • **Administration** • **Personalstamm** • **Personalmaßnahmen** auf.	
2. Wählen Sie die Personalnummer aus und tragen Sie das Datum des organisatorischen Wechsels (1. Arbeitstag auf der neuen Position) in das Feld **Beginn** ein.	
3. Markieren Sie die Maßnahmenart »Organisatorischer Wechsel« und wählen Sie 🕒.	
4. Tragen Sie im Infotyp 0000 den Grund des organisatorischen Wechsels ein.	
5. Ändern Sie die Planstelle und bestätigen Sie die Eingabe.	–
6. Überprüfen, ändern oder ergänzen Sie gegebenenfalls die Daten der organisatorischen Zuordnung, die teilweise auf Basis der Planstelle vorbelegt werden.	–
7. Sichern Sie die Eingaben. Das System informiert Sie, dass der Vorgängersatz zum Ende begrenzt wird.	
8. Bestätigen Sie die Meldung mit **Enter**.	
9. Es wird Ihnen der Infotyp 0001 – *Organisatorische Zuordnung* zur Pflege angeboten.	
10. Die Daten zur Aufbauorganisation werden vom System automatisch auf Basis der Planstelle angezeigt.	11. Ändern Sie gegebenenfalls die Daten zur Aufbauorganisation.
12. Pflegen/korrigieren Sie gegebenenfalls weitere Felder – insbesondere den Personalteilbereich, den Abrechnungskreis und die zuständigen Sachbearbeiter.	
13. Pflegen Sie gegebenenfalls Änderungen in den Infotypen *Sollarbeitszeit*, *Basisbezüge* und *Wiederkehrende Be-/Abzüge*.	
14. Nach dem Pflegen des letzten Infotyps gelangen Sie wieder auf das Einstiegsbild **Personalmaßnahmen**.	

Tabelle 5.4 Die Maßnahme »Organisatorischer Wechsel«

Mit diesem Vorgang haben Sie alle Daten für den organisatorischen Wechsel des Mitarbeiters zum 01.01.2004 erfasst bzw. geändert. Die aktuellen Infotypsätze wurden begrenzt und neue hinzugefügt. Den Abrechnungskreis können Sie immer nur zum Ende einer Abrechnungsperiode ändern.

> **Hinweis** Mit der Personalmaßnahme »Organisatorischer Wechsel« können Sie Eingabefehler bezüglich der Personal- oder Unternehmensstruktur korrigieren, die Ihnen bei der Durchführung der Einstellungsmaßnahme unterlaufen sind. Zum Korrigieren aller anderen Fehler, führen Sie jedoch die ursprüngliche Personalmaßnahme nochmals durch.

> **Hinweis** Abhängig von Ihren unternehmensindividuellen Einstellungen können die zuständigen Sachbearbeiter über den organisatorischen Wechsel des Mitarbeiters automatisch benachrichtigt werden. Sobald der entsprechende Infotypsatz bearbeitet worden ist, wird über eine dynamische Maßnahme eine Mail an die verantwortlichen Sachbearbeiter versendet.

5.8.2 Die Maßnahme »Austritt«

Herr Hauswald verlässt zum 31.12.2004 auf eigenen Wunsch das Unternehmen. Beim Austritt eines Mitarbeiters sind verschiedene Infotypen abzugrenzen. Wenn Sie die Maßnahme *Austritt* ausführen, bietet Ihnen das System einige Infotypen automatisch als Listbild im **Abgrenzen**-Modus an.

1. Rufen Sie das Maßnahmenmenü über den Pfad **Personal · Personalmanagement · Administration · Personalstamm · Personalmaßnahmen** auf.
2. Wählen Sie die Personalnummer aus und tragen Sie das Datum des letzten Arbeitstages in das Feld **Beginn** ein.
3. Markieren Sie die Maßnahmenart *Austritt* und wählen Sie .
4. Tragen Sie im Infotyp 0000 den Grund des Austritts ein.
5. Sichern Sie die Eingaben. Das System informiert Sie, dass der Vorgängersatz zum Ende begrenzt wird.
6. Bestätigen Sie die Meldung mit **Enter**.
7. Markieren Sie im Listbild des folgenden Infotyps alle Datensätze und wählen Sie die Drucktaste (siehe Abbildung 5.61).
8. Sie erhalten die Systemmeldung »Datensätze wurden abgegrenzt«. Es öffnet sich das Listbild des nächsten Infotyps.
9. Verfahren Sie auf gleiche Weise mit den weiteren Infotypen.

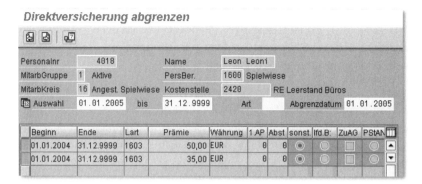

Abbildung 5.61 Abgrenzen der Datensätze des Infotyps 0026 zum 01.01.2005

10. Infotyp 0015 – *Ergänzende Zahlung* wird gegebenenfalls nur im **Anzeigen**-Modus geöffnet. Überprüfen Sie die Gültigkeit eventuell im Voraus angelegter Einmalzahlungen. Wenn die Zahlung an den ausgetretenen Mitarbeiter nicht mehr erfolgen soll, merken Sie sich die Fälle und löschen Sie die Sätze nach Abschließen der Maßnahme über die Personalstammdaten-Pflege.

11. Nach dem letzten Infotyp gelangen Sie wieder auf das Einstiegsbild **Personalmaßnahmen**.

Das Ergebnis ist: Der Mitarbeiter hat den Beschäftigungsstatus **ausgetreten** (siehe Abbildung 5.62).

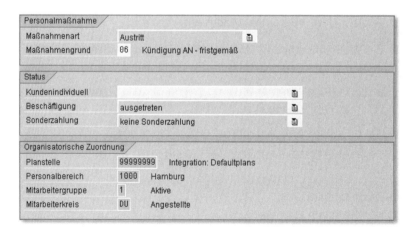

Abbildung 5.62 Infotyp 0000 bei eingeschalteter Integration des Organisationsmanagements

> **Hinweis** Die Austrittsmaßnahme ist nicht für Mitarbeiter auszuführen, die in den Rentenstand wechseln oder für längere Zeit abwesend sind, z. B. aufgrund von Mutterschutz oder Wehr- bzw. Zivildienst.

Das Beginndatum des Infotyps 1 liegt einen Tag hinter dem Datum, das Sie beim Start der Maßnahme erfasst haben – es ist also der erste inaktive Tag des Mitarbeiters.

Hinweis Alle Infotypen, die nicht in der Austrittsmaßnahme enthalten sind, verbleiben im System, damit der Mitarbeiter gegebenenfalls noch Nachzahlungen (Überstunden, Urlaubsabgeltung usw.) erhalten oder angeschrieben werden kann.

Wenn die Integration zum Organisationsmanagement eingeschaltet ist, wird dem Mitarbeiter ab Austrittsdatum eine Sammelplanstelle zugeordnet. Das System fragt beim Sichern des Infotyps 0000 – *Maßnahmen*, ob die bisherige Planstelle nach dem Austritt des Mitarbeiters vakant gesetzt werden soll (siehe Abbildung 5.63). Dies sollte man auch tun, damit die Planstelle z. B. für eine neue Besetzung über die Bewerberverwaltung wieder frei ist.

Abbildung 5.63 Bei Austritt Planstelle wieder vakant setzen

Falls der Mitarbeiter nach seinem Austritt weiterhin Bezüge erhält, so ist im Infotyp 0003 – *Abrechnungsstatus* im Feld **abrechnen bis** das Datum zu pflegen, bis zu dem der Mitarbeiter weiter abgerechnet werden soll. Die Basisbezüge in Infotyp 0008 werden jedoch nach einem Austritt grundsätzlich nicht mehr abgerechnet. Es ist ein wesentliches Merkmal des Infotyps 0008, dass die Bezüge für inaktive Zeiträume oder unbezahlte Abwesenheit nicht gezahlt werden. Möglich ist eine Zahlung an ausgetretene Mitarbeiter z. B. über den Infotyp 0015 – *Ergänzende Zahlung*.

5.9 Tipps und Tricks

5.9.1 Maßnahmenschnellerfassung

Einige Maßnahmen sind auch über die Maßnahmenschnellerfassung ausführbar. Mit dieser Funktion können Sie für jeweils einen Mitarbeiter sehr schnell die wichtigsten Daten innerhalb der Maßnahme vermerken. Dabei werden Ihnen auf einem Bild nur die Musseingabefelder (oder eine unternehmensspezifisch konfigurierte Auswahl von Feldern) angeboten.

Eine weitere Veränderung ist eingetreten: Herr Hauswald meldet Ihnen die Geburt seines Kindes. Sie gehen wie folgt vor: Zur Pflege der Infotypen 0002 – *Daten zur Person*, 0021 – *Familie/Bezugsperson* und 0012 – *Steuerdaten D* wurde in Ihrem Unternehmen eine Maßnahmenschnellerfassung eingerichtet.

1. Im SAP Easy Access-Menü wählen Sie **Personal · Personalmanagement · Administration · Personalstamm · Schnellerf.Maßnahmen**.
2. Rufen Sie die entsprechende Maßnahme auf.
3. Pflegen Sie alle eingabebereiten Felder. Die Maske enthält Felder mehrerer Infotypen.
4. Wenn Sie zu einem Infotyp weitere Felder pflegen möchten, markieren Sie für diesen das Feld **Weitere Daten zum Infotyp**. Nachdem Sie gesichert haben, gelangen Sie auf das »normale« Erfassungsbild für diesen Infotyp.
5. Sichern Sie die Eingaben. Im Fehlerfall wird der entsprechende Infotyp ebenfalls mit dem »normalen« Erfassungsbild angezeigt.

5.9.2 Schnellerfassung

Falls Sie für mehrere Mitarbeiter den gleichen Infotyp pflegen müssen, können Sie dies über die Schnellerfassung tun. Das System bietet Ihnen hierfür eine Liste zur Erfassung der Daten an. Sie können sich somit das Öffnen des Infotyps für jeden einzelnen Mitarbeiter sparen und sehr schnell Massendaten im System eingeben.

Dies könnte beispielsweise der Fall sein, wenn zum Jahresende mehrere Mitarbeiter eine Prämie erhalten. Sie müssen zu jedem dieser Mitarbeiter die gleiche Lohnart im Infotyp 0015 – *Ergänzende Zahlung* pflegen.

1. Im SAP Easy Access-Menü wählen Sie **Personal · Personalmanagement · Administration · Personalstamm · Schnellerfassung**.
2. Sie gelangen auf das Bild Schnellerfassung.
3. Markieren Sie im Vorschlagsmenü den Infotyp *Ergänzende Zahlung*.
4. Wählen Sie in der Gruppe **Eingabe Personalnummern** die Option **Eingabe auf Schnellerfassungsbild** aus (siehe Abbildung 5.64).
5. Drücken Sie den **Anlegen**-Button.
6. Geben Sie in der Liste die Personalnummern der Mitarbeiter ein und pflegen Sie entsprechend die Felder.
7. Sichern Sie die Eingaben.

Sie haben damit in einem Arbeitsschritt einen Infotyp für mehrere Mitarbeiter gleichzeitig angelegt.

Abbildung 5.64 Schnellerfassung für Infotyp 0015 – Ergänzende Zahlung

Schnellerfassung mit Vorschlagswerten

Wenn sich die Eingabewerte oft wiederholen, können Sie die Liste auch mit Vorschlagswerten füllen. Gehen Sie dazu wie folgt vor:

1. Sie befinden sich im Bild Schnellerfassung.
2. Markieren Sie im Vorschlagsmenü den gewünschten Infotyp.
3. Wählen Sie in der Gruppe **Eingabe Personalnummern** die Option **Eingabe auf Schnellerfassungsbild** aus.
4. Drücken Sie den Button Mit Vorschlag .
5. Füllen Sie im folgenden Bild die Felder, die in der Liste vorbelegt sein sollen (siehe Abbildung 5.65).
6. Wählen Sie .
7. Sie gelangen auf die Liste mit 20 vorbelegten Infotypsätzen. Pflegen Sie die Personalnummern und ergänzen oder ändern Sie gegebenenfalls die Vorschlagswerte.

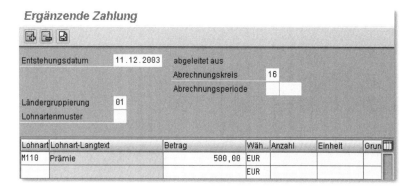

Abbildung 5.65 Vorschlagswerte pflegen

8. Sichern Sie die Eingaben.

9. Wenn Sie weitere Infotypsätze für Mitarbeiter anlegen möchten, wählen Sie Weitere PersNr . Sie erhalten eine neue Liste mit 20 vorbelegten Infotypsätzen (siehe Abbildung 5.66).

Abbildung 5.66 Schnellerfassung mit Vorschlagswerten

Personalnummern für Schnellerfassung über einen Report selektieren

Sie können sich auch die Eingabe jeder einzelnen Personalnummer sparen, wenn Sie die Mitarbeiter vorher über einen Report selektieren. Gehen Sie dazu wie folgt vor:

1. Sie befinden sich im Bild Schnellerfassung.

2. Markieren Sie im Vorschlagsmenü den gewünschten Infotyp oder wählen Sie im Feld **Informationstyp** den Infotyp aus.

3. Wählen Sie in der Gruppe **Eingabe Personalnummern** die Vorselektion mit Report aus.

4. Wählen Sie in dem daneben stehenden Feld einen Report aus.

5. Drücken Sie den **Anlegen**-Button.

6. Füllen Sie entsprechend Ihren Suchkriterien die Selektionsparameter im Bild Personalnummern-Selektion für Schnellerfassung. (Genauere Informationen zur Nutzung des Standardselektionsbildes finden Sie in Kapitel 6 zum Thema Auswertungen).

7. Drücken Sie den **Ausführen**-Button.

8. Sie erhalten eine Liste aller Personalnummern, die den angegebenen Suchkriterien entsprechen.

9. Bearbeiten Sie gegebenenfalls die Liste. Sie können einzelne Personalnummern löschen und einzelne oder mehrere Zeilen (Button **Neue Personalnummern**) einfügen.

10. Wählen Sie nun oder **Mit Vorschlag** und gehen Sie wie oben beschrieben vor.

11. Falls Sie mehr als 20 Mitarbeiter selektiert haben, bietet Ihnen das System die Personalnummern in Gruppen an. Navigieren Sie nach dem Speichern der Eingaben zu den nächsten 20, indem Sie auf die Drucktaste **Weitere PersNr** klicken.

Sie haben damit die über den Report selektierten Personalnummern für die Pflege auf dem Schnellerfassungsbild bereitgestellt.

> **Tipp** Wenn Sie mehrere Lohnarten für die Mitarbeiter anlegen müssen, pflegen Sie alle Lohnarten gleichzeitig als Vorschlagswerte. Sie müssen dann in der Schnellerfassungsliste die Personalnummer nur einmal für alle Sätze zusammen eingeben.

5.9.3 Personalakte

Betrachten wir folgende Situation: Herr Hauswald meldet sich zu einem Gespräch bei Ihnen an. Er möchte von seinem Recht Gebrauch machen, alle Daten, die über die eigene Person gespeichert sind, im System einzusehen. Um sich einen Überblick über die zu Herrn Hauswald erfassten Daten zu verschaffen, rufen Sie seine Personalakte auf.

1. Im Bild **SAP Easy Access** wählen Sie **Personal · Personalmanagement · Administration · Personalstamm · Personalakte**.

2. Geben Sie im folgenden Bild die Personalnummer ein und wählen Sie die Drucktaste.

3. Blättern Sie mit zwischen den Infotypen.

4. Wählen Sie im Bild Basisbezüge anzeigen die Drucktaste **Be- und Abzüge** (siehe Abbildung 5.67).

```
Be- und Abzüge

Auswertungszeitraum: 10.03.2003 bis 31.12.9999

Pernr  Name                              Tätigkeit        Ta Tg Tarifgru Ts
Infotyp                           Subtyp                   Ob Beginndatum Endedatum
Grund
    Lohnart            Betrag         Währ A Anzahl     Einheit %-Differenz

00004003 Hans Hauswald               Leiter/-in        40 07 K1       03

0008 Basisbezüge                  0   Basisvertrag          10.03.2003-31.12.2003

    MA10 Tarifgehalt        1.123,31 EUR        0,00            0,00
    MA20 Tarifliche Zulage    120,00 EUR        0,00            0,00
    **** Summe              1.243,31 EUR        0,00            0,00

0008 Basisbezüge                  0   Basisvertrag          01.01.2004-31.12.9999

    MA10 Tarifgehalt        1.123,31 EUR        0,00            0,00
    MA20 Tarifliche Zulage    120,00 EUR        0,00            0,00
    **** Summe              1.243,31 EUR        0,00            0,00

0010 Vermögensbildung             1   1. Vertrag            01.05.2003-31.12.9999

    M760 Vermögensw. Leistun   38,00 EUR   A    1,00            0,00

0011 ext. Überweisungen              M770                   25.06.2003-31.12.9999

    M770 Abzug Miete          900,00 EUR   A    0,00            0,00

0014 Wiederk. Be/Abzüge              M110                   01.07.2003-31.12.9999

    M110 Urlaubsgeld          340,00 EUR        0,00            0,00
```

Abbildung 5.67 Beispiel eines Überblicks über die Gehaltsbestandteile

Das Ergebnis ist: Sie können durch alle Infotypen und Subtypen des Mitarbeiters im **Anzeigen**-Modus blättern und sich so einen umfassenden Überblick verschaffen.

5.9.4 Abrechnungsstatus ändern

Im Infotyp 0003 sind einige Felder zusammengefasst, die die Abrechnungsorganisation für einen Mitarbeiter steuern. Dies betrifft insbesondere den Bereich der Rückrechnungen (siehe Abbildung 5.68). Wenn Sie den Abrechnungsstatus ändern wollen, gehen Sie folgendermaßen vor:

1. Im SAP Easy Access wählen Sie **Personal · Personalmanagement · Administration · Personalstamm · Pflegen**.

2. Wählen Sie im Einstiegsbild der Stammdatenpflege die Personalnummer des Mitarbeiters aus.

3. Wählen Sie im Menü **Hilfsmittel · AbrStatus ändern**.

Abbildung 5.68 Die Abrechnung steuernde Daten im Infotyp 0003

> **Tipp** Wenn Sie für diesen Menüpfad keine Zugriffsberechtigung haben, können Sie den Infotyp 0003 auch mit dem üblichen Vorgehen ebenso wie andere Infotypen ändern oder anzeigen. Dann sind allerdings nicht alle Felder eingabebereit.

4. Ändern Sie Folgendes, sofern es notwendig ist:

   Früh.Änd.Stamm
   In diesem Feld merkt sich das System, wie weit bei dem Mitarbeiter bei der nächsten Abrechnung rückgerechnet werden muss. Durch eine manuelle Änderung kann man eine Rückrechnung unterdrücken (dann entsteht aber eine fachliche Inkonsistenz zwischen dem Abrechnungsergebnis und den Stammdaten) oder für einen einzelnen Mitarbeiter erzwingen.

   Pers.tiefste Rückr
   Im Feld **Persönliche tiefste Rückrechnung** hinterlegen Sie das Datum, bis zu dem die abrechnungsrelevanten Stammdaten des Mitarbeiters zurück in die Vergangenheit geändert werden können. Das System gibt dann die Fehlermeldung »Änderung zu weit in die Abrechnungs-Vergangenheit« aus, wenn rückrechnungsrelevante Felder oder Infotypen vor diesem Datum geändert werden. In der Regel wird dieser Sachverhalt pro Abrechnungskreis über den Abrechnungsverwaltungssatz gepflegt (siehe Kapitel 8, *Personalabrechnung*). Wenn ein bestimmter Mitarbeiter aufgrund einer speziellen Konstellation aber weniger weit rückgerechnet werden darf als die anderen, ist dieses Feld sehr nützlich.

abrechnen bis
Falls ein Mitarbeiter nach seinem Austritt weiterhin Bezüge erhält, so ist in diesem Feld zu pflegen, bis zu welchem Datum der Mitarbeiter weiter abgerechnet werden soll.

nicht mehr abrechnen
Mit diesem Feld können Sie bestimmen, ab wann ein Mitarbeiter nicht mehr abgerechnet werden soll (obwohl er weiterhin beschäftigt ist). Beachten Sie hierbei, dass auch eine Stammdatenänderung in der Abrechnungsvergangenheit keine Rückrechnung mehr auslöst.

Personalnr gesperrt
Über dieses Kennzeichen können Sie den Mitarbeiter von der aktuellen Abrechnung ausschließen, um z. B. Fehler in den Stammdaten zu korrigieren.

Hinweis Der Infotyp 0003 wird beim Ausführen der Einstellungsmaßnahme automatisch vom System angelegt. Nur in begründeten Fällen sollten manuelle Anpassungen erfolgen.

Im Feld **abgerechnet bis** erkennen Sie, bis zu welchem Datum der Mitarbeiter abgerechnet worden ist. Im Feld **Früh.Änd.Stamm.** (früheste Änderung Stammdaten) vermerkt das System, bis wann eine Änderung abrechnungsrelevanter Stammdaten in die Vergangenheit erfolgt ist. Bei der nächsten Personalabrechnung findet immer dann eine Rückrechnung statt, wenn dieses Datum zeitlich vor der letzten Abrechnung liegt.

Tipp Das Feld **Korrektur der Abrechnung** vermerkt, ob der Mitarbeiter in der aktuellen Abrechnungsperiode ein weiteres Mal abgerechnet werden muss (z. B., weil nach der ersten Abrechnung eine Datenänderung in der Korrekturphase erfolgte). An einigen Stellen des Systems wird auf dieses Feld mit dem Begriff »Matchcode W« Bezug genommen. Sie können den Feldinhalt ausgehend von der oben gezeigten Maske ändern, und zwar über den Menüpfad **Zusätze • Korrekturlauf setzen** bzw. **Zusätze • Korrektur der Abr. Löschen**.

5.9.5 Einstellungsdatum korrigieren

Wenn das Eintrittsdatum bei der Einstellungsmaßnahme des Mitarbeiters falsch gepflegt wurde, kann es nachträglich geändert werden. Es ist jedoch zu unterscheiden, ob der Mitarbeiter bereits abgerechnet worden ist oder nicht, und wenn ja, ob das tatsächliche Eintrittsdatum zeitlich vor oder hinter dem irrtümlichen Eintritt liegt.

Korrektur des Eintrittsdatums vor erstmaliger Abrechnung

Die Situation ist folgende: Kurz nachdem Sie die Einstellungsmaßnahme für Herrn Hauswald durchgeführt haben, merken Sie, dass Sie das Eintrittsdatum falsch gepflegt haben. (Herr Hauswald wurde noch nicht abgerechnet.) Sie gehen folgendermaßen vor:

1. Im Bild SAP Easy Access wählen Sie **Personal · Personalmanagement · Administration · Personalstamm · Pflegen**.
2. Wählen Sie im Einstiegsbild Personalstammdaten pflegen die Personalnummer des Mitarbeiters aus.
3. Wählen Sie in der Menüleiste **Hilfsmittel · Ein-/Austrittsdatum ändern**.
4. Ändern Sie im Infotyp 0000 – *Maßnahmen* den Gültigkeitsbeginn auf das tatsächliche Eintrittsdatum des Mitarbeiters.
5. Sichern Sie die Eingaben.
6. Sie erhalten eine Liste mit den zum Mitarbeiter angelegten Infotypsätzen (siehe Abbildung 5.69).

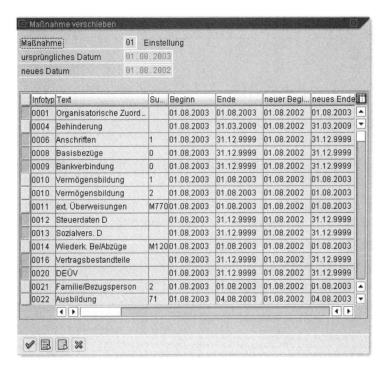

Abbildung 5.69 Markierte Infotypsätze erhalten neuen Gültigkeitsbeginn

7. Überprüfen und ändern Sie gegebenenfalls die Markierungen.

8. Bestätigen Sie mit **Enter**. Das System ändert den Gültigkeitsbeginn der markierten Infotypsätze automatisch auf das korrigierte Eintrittsdatum.
9. Bestätigen Sie die Meldung »Es werden nur die markierten Infotypsätze verschoben«.
10. Bestätigen Sie weiterhin die Meldung »Gültigkeitsbeginn existierender Sätze wird verschoben«.
11. Ändern Sie bei eingeschalteter Integration des Organisationsmanagements gegebenenfalls den Gültigkeitszeitraum der Vakanz.

Sie haben damit das Eintrittsdatum für einen Mitarbeiter, der noch nicht abgerechnet worden ist, nachträglich geändert. Der Gültigkeitsbeginn aller markierten Infotypsätze wurde angepasst.

Korrektur des Eintrittsdatums nach erfolgter Abrechnung

Betrachten wir einen anderen Fall: Sie bemerken das falsche Eintrittsdatum erst, nachdem Herr Hauswald abgerechnet wurde. Der irrtümliche Eintritt liegt zeitlich vor dem tatsächlichen (siehe Abbildung 5.70).

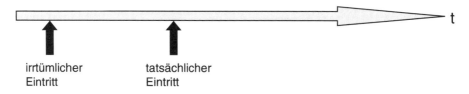

Abbildung 5.70 Mitarbeiter ist später eingetreten als im System gepflegt

1. Im Bild SAP Easy Access wählen Sie **Personal · Personalmanagement · Administration · Personalstamm · Pflegen**.
2. Wählen Sie im Einstiegsbild Personalstammdaten pflegen die Personalnummer des Mitarbeiters und den Infotyp 0000 – *Maßnahmen* aus.
3. Drücken Sie den **Kopieren**-Button.
4. Wählen Sie die Maßnahmenart *Irrtümlicher Eintritt*. Ändern Sie den vorgegebenen Gültigkeitszeitraum nicht. Das falsche Eintrittsdatum gilt in diesem Fall als Beginndatum des Gültigkeitszeitraums. Ändern Sie auch sonst keine Daten.
5. Sichern Sie. Sie gelangen zurück auf das Einstiegsbild zur Bearbeitung der Personalstammdaten.
6. Wählen Sie nochmals den Infotyp *Maßnahmen* (0000).

7. Wählen Sie nochmals **Kopieren**. Sie gelangen wiederum auf das Bild *Maßnahmen kopieren* (Infotyp 0000).
8. Wählen Sie nun die Maßnahmenart *Korrigierter Eintritt*.
9. Geben Sie im Feld **Gültig** (Gültig ab) als Beginndatum für den Gültigkeitszeitraum dieser Personalmaßnahmenart das Datum ein, an dem der Mitarbeiter tatsächlich in das Unternehmen eingetreten ist.
10. Die Personalmaßnahmenarten *Irrtümlicher Eintritt* und *Korrigierter Eintritt* haben keine Infotypgruppen. Sie können die bereits hinterlegten Informationen unverändert übernehmen.
11. Sichern Sie die neuen Eingaben.

Hinweis Nur wenn Sie beide Personalmaßnahmenarten hintereinander durchführen, wird auch die Personalabrechnung für diesen Mitarbeiter korrigiert.

Der fälschlicherweise ausgezahlte Mehrbetrag wird bei der nächsten Personalabrechnung abgezogen. Nachdem Sie beide Personalmaßnahmenarten durchgeführt haben, besitzt der Mitarbeiter für den Zeitraum zwischen irrtümlichem und tatsächlichem Eintritt den Beschäftigungsstatus 0 (ausgetreten).

Nehmen wir als weitere Variante Folgendes an: Sie bemerken das falsche Eintrittsdatum erst, nachdem Herr Hauswald bereits abgerechnet wurde. Der irrtümliche Eintritt liegt zeitlich *hinter* dem tatsächlichen (siehe Abbildung 5.71).

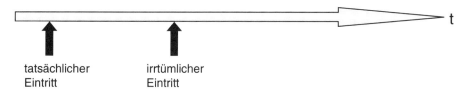

Abbildung 5.71 Mitarbeiter ist früher eingetreten als im System gepflegt

1. Im Bild SAP Easy Access wählen Sie **Personal · Personalmanagement · Administration · Personalstamm · Pflegen**.
2. Wählen Sie im Einstiegsbild Personalstammdaten pflegen die Personalnummer des Mitarbeiters aus.
3. Wählen Sie in der Menüleiste **Hilfsmittel · AbrStatus ändern**.
4. Löschen Sie im Infotyp 0003 – *Abrechnungsstatus* die Eingaben im Feld **abgerechnet bis**.

5. Sichern Sie und bestätigen Sie die Warnmeldung.
6. Wählen Sie in der Menüleiste **Hilfsmittel · Ein-/Austrittsdatum ändern**.
7. Ändern Sie im Infotyp 0000 – *Maßnahmen* den Gültigkeitsbeginn auf das tatsächliche Eintrittsdatum des Mitarbeiters.
8. Sichern Sie die Eingaben.
9. Sie erhalten eine Warnmeldung, dass die Änderungen eine Rückrechnung auslösen. Bestätigen Sie diese.
10. Sie erhalten eine Liste mit den zum Mitarbeiter angelegten Infotypsätzen (siehe Abbildung 5.69).
11. Überprüfen und ändern Sie gegebenenfalls die Markierungen.
12. Bestätigen Sie mit **Enter**. Das System ändert den Gültigkeitsbeginn der markierten Infotypsätze automatisch auf das korrigierte Eintrittsdatum.
13. Bestätigen Sie die Meldung »Es werden nur die markierten Infotypsätze verschoben«.
14. Bestätigen Sie weiterhin die Meldung »Gültigkeitsbeginn existierender Sätze wird verschoben«.
15. Ändern Sie bei eingeschalteter Integration des Organisationsmanagements gegebenenfalls den Gültigkeitszeitraum der Vakanz.

Sie haben das Eintrittsdatum für einen Mitarbeiter, der bereits abgerechnet worden ist, nachträglich geändert. Der Gültigkeitsbeginn aller markierten Infotypsätze wurde angepasst. Außerdem wird die Personalabrechnung für diesen Zeitraum wiederholt, so dass der Mitarbeiter den fehlenden Betrag bei der nächsten Abrechnung erhält.

> **Hinweis** Enthalten einzelne Infotypen noch Fehler (z. B. falsche Daten der organisatorischen Zuordnung), gelangen Sie nach dem Anpassen des Gültigkeitsbeginns der Infotypsätze automatisch in den betreffenden Infotyp, um den Fehler korrigieren zu können.
>
> Die beiden Personalmaßnahmenarten *Irrtümlicher Eintritt* und *Korrigierter Eintritt* sind nicht im Personalmaßnahmenmenü aufgeführt, da Sie diese Personalmaßnahmenarten nur in bestimmten Ausnahmefällen und unter Vorbehalt durchführen sollten.

5.10 Übungsaufgaben zu Kapitel 5

1. Was versteht man unter einer dynamischen Maßnahme?
2. Welche Funktion führen Sie aus, um sich einen vollständigen Überblick über die Daten eines Mitarbeiters zu verschaffen?
3. Sie haben den neuen Mitarbeiter aus Versehen einen Monat zu früh eingestellt. Dies bemerken Sie jedoch erst, nachdem die Abrechnung für den Monat bereits gelaufen ist. Welche Änderungen müssen Sie vornehmen, damit das zu viel gezahlte Gehalt zur nächsten Abrechnung verrechnet wird?
4. Welche Konsequenzen ergeben sich, wenn ein Infotyp die Zeitbindung 1 hat?
5. Welche Rolle spielen die Personalstammdaten in der Komponente Veranstaltungsmanagement? Und in welche weiteren Komponenten sind die Stammdaten integriert?
6. Weshalb ist es wichtig, dass ein organisatorischer Wechsel eines Mitarbeiters immer über eine Maßnahme erfolgt?
7. Wie können Sie in einer Maßnahme die Abfolge der Infotypen kurzzeitig ändern?
8. Was bedeutet es, wenn die Integration des Organisationsmanagements eingeschaltet ist?
9. Warum muss der Infotyp 0003 – *Abrechnungsstatus* die Zeitbindung 0 haben?
10. Welche Funktion wählen Sie, wenn Sie für viele Mitarbeiter denselben Infotyp pflegen wollen?
11. Welche Aussagen sind falsch?
    a) Das Eintrittsdatum eines Mitarbeiters kann korrigiert werden, indem Sie die Einstellungsmaßnahme noch einmal ausführen.
    b) Der Infotyp 0031 – *Referenzpersonalnummer* wird vom System angelegt.
    c) Im Bild **Personalmaßnahmen** ist im Feld **Beginndatum** für die Eintrittsmaßnahme immer der erste Tag der Anwesenheit und für die Austrittsmaßnahme stets der letzte Tag der Anwesenheit anzugeben.
    d) Bei der Maßnahmenschnellerfassung können Sie für mehrere Mitarbeiter eine Maßnahme gleichzeitig durchführen.
    e) Bei der Kostenverteilung im Infotyp 0027 darf nicht die Stammkostenstelle angegeben werden.
    f) Es werden grundsätzlich alle Eingaben, die Sie vornehmen, vom System auf Gültigkeit überprüft.
    g) Infotypen können nur über die Funktion **Personalstammdaten pflegen** angelegt werden.

h) Wenn keine Integration des Organisationsmanagements zur Personaladministration besteht, muss die Kostenstelle im Infotyp 0001 – *Organisatorische Zuordnung* manuell gepflegt werden.

i) Wenn zu einem Stichtag mehrere Infotypsätze eines Infotyps existieren können, dann hat der Infotyp die Zeitbindung 3.

j) Der Infotyp 0019 – *Terminverfolgung* wird immer über eine dynamische Maßnahme angelegt.

k) Ausgetretene Mitarbeiter, die nicht mehr den Beschäftigungsstatus **Aktiv** haben, können trotzdem weiter abgerechnet werden.

l) Die Vorschlagswerte in der Schnellerfassungsmaßnahme können auch überschrieben werden.

m) Der Beschäftigungsstatus eines Mitarbeiters kann nur über eine Maßnahme geändert werden.

n) Wenn ein Mitarbeiter einen Zeitvertrag erhält, so ist im Infotyp 0001 – *Organisatorische Zuordnung* das Endedatum entsprechend zu begrenzen.

6 Reports und Queries in der Personaladministration

Die Verbesserung der Auswertungsmöglichkeiten ist oft ein wesentlicher Grund für den Einsatz von SAP HR. Um die tatsächlich sehr umfangreichen Möglichkeiten nutzen zu können, bedarf es neben einer sauberen Implementierung auch der notwendigen Kenntnisse über die verschiedenen Auswertungswerkzeuge des Systems.

6.1 Überblick über die Auswertungsmöglichkeiten

6.1.1 Die Basis für Auswertungen

Auswertungen basieren stets auf den im System vorhandenen Daten. Diese wurden vorher manuell erfasst (z. B. Personalstammdaten) oder automatisch vom System generiert (z. B. Ergebnisse der Entgeltabrechnung). Es liegt auf der Hand, dass die Qualität der Auswertungsergebnisse aus diesem Grund nie besser sein kann als die Qualität der zugrunde liegenden Daten. Darüber hinaus ist aber für jeden Anwender, der Auswertungen erstellt, ein grundsätzliches Verständnis der Daten erforderlich, die er auswerten möchte. Das heißt z. B., dass zum Erstellen und sinnvollen Interpretieren von Berichten aus den Personalstammdaten die wesentlichen Begriffe aus Kapitel 5, *Personaladministration*, bekannt sein müssen.

Zwei Punkte, die Sie sich beim Auswerten von Personalstammdaten stets bewusst machen sollten, sind hier besonders hervorzuheben:

- Alle im System gespeicherten Personalstammdaten sind mit einem Beginn- und einem Endedatum versehen. Dies erlaubt es Ihnen, nicht nur Berichte zum aktuellen Stand, sondern über beliebige Zeiträume hinweg zu erstellen. Das heißt aber gleichzeitig, dass Sie stets genau überlegen müssen, welchen Zeitraum Sie wirklich auswerten möchten. Insbesondere gibt es viele Fälle, in denen es sinnvoll ist, sich auf genau einen Stichtag festzulegen.

- Sobald neue Daten im System erfasst und gespeichert sind, werden sie von Auswertungen berücksichtigt. Wenn Sie also die gleiche Auswertung im Abstand von fünf Minuten zweimal ausführen, können Sie zwei unterschiedliche Ergebnisse erhalten, wenn innerhalb dieser fünf Minuten Daten gepflegt wurden. Diese Echtzeit-Verarbeitung garantiert, dass Sie stets auf dem neuesten Stand auswerten – es ist jedoch wichtig, diese Tatsache im Gedächtnis zu behalten.

6.1.2 Die Werkzeuge zum Erstellen von Auswertungen

Die wichtigsten Auswertungswerkzeuge (Reporting Tools) im HR sind:

- Report
- Query
- Business Information Warehouse (BW)

Reports

Ein *Report* ist ein fest definiertes Auswertungswerkzeug zum Erstellen von Listen und Statistiken. Man unterscheidet zwischen Standardreports, die von SAP fertig zur Verfügung gestellt werden, und unternehmensspezifisch programmierten Reports. Da Letztere in jedem Unternehmen unterschiedlich sind, werden im Folgenden lediglich Standardreports betrachtet. In der Regel sind unternehmensspezifisch programmierte Reports in der Anwendung den Standardreports jedoch sehr ähnlich. Zwar ist der Reports einerseits das am einfachsten zu bedienende, andererseits aber auch das am wenigsten flexible der genannten Werkzeuge.

Query

Eine *Query* ermöglicht eine wesentlich flexiblere Auswertung Ihrer Personaldaten. Auch die Query lässt sich in zwei Typen aufteilen: die *Ad-hoc Query* und die *SAP Query*. Die Ad-hoc Query ist insbesondere auf Endanwender zugeschnitten und daher einfacher zu bedienen. Da sie fast alle Funktionalitäten bereitstellt, die auch die SAP Query umfasst, konzentrieren wir uns im Folgenden auf die Erstellung von Ad-hoc Queries. Grundsätzlich erlaubt die Query eine flexiblere Gestaltung von Berichten als Reports, allerdings zum Preis einer aufwändigeren Handhabung.

> **Hinweis** An vielen Stellen im System finden Sie statt des Begriffs Ad-hoc Query den Begriff *Infoset Query*. Auch wenn innerhalb des HR Ad-hoc Query die richtige Bezeichnung ist, sind beide Begriffe gleichwertig.

Business Information Warehouse (BW)

Das Business Information Warehouse (BW) ist ein sehr umfangreiches Auswertungs- und Analysewerkzeug. Es dient vor allem strategischen und kennzahlenbasierten Auswertungen und erlaubt insbesondere die Kombination von HR-Daten mit Daten anderer Bereiche. Das BW ist kein Element des R/3-Systems, sondern ein zusätzliches Produkt, das bei vielen Unternehmen nicht genutzt wird. Es wird deshalb hier nicht weiter darauf eingegangen.

Human Resources Information System und Manager's Desktop

Im Zusammenhang mit Auswertungen im HR sind außerdem noch das HIS (Human Resources Information System) und der MDT (Manager's Desktop) zu nennen. Beide dienen dazu, Auswertungen über bestimmte Teilbereiche des Organigramms (z. B. über eine Abteilung) auf möglichst komfortable Art aufzurufen. Das HIS wird zunehmend durch den komfortableren MDT verdrängt und daher nicht näher beschrieben. Den MDT stellen wir Ihnen in Kapitel 13, *Manager's Desktop (MDT)*, ausführlich vor.

6.2 Reports über Personalstammdaten

In diesem Kapitel werden lediglich Daten ausgewertet – es werden keine Daten verändert, erfasst oder gelöscht. Daher können Sie die Übungen dieses Kapitels auch im Produktivsystem Ihres Unternehmens durchführen – insbesondere dann, wenn in Ihrem Test- oder Übungssystem nicht genügend Daten vorhanden sind, um sinnvoll mit Auswertungen arbeiten zu können. Achten Sie aber beim Auswerten im Produktivsystem darauf, dass Sie keine allzu großen Listen (max. 500 Einträge) erzeugen, da dies das System stark beansprucht und so erhebliche Wartezeiten für andere Benutzer entstehen können.

6.2.1 Erstellen einer Mitarbeiterliste

Wie Sie einen Report aufrufen, wurde in Abschnitt 3.7 grundsätzlich beschrieben. Zunächst wollen wir uns ein einfaches Beispiel ansehen. Sie finden über den Menüpfad **Personal** · **Personalinformationssystem** · **Berichte** · **Personalmanagement** · **Administration** zahlreiche Gruppen von Auswertungen. Die Wichtigsten davon sind im Menüpunkt **Mitarbeiter** enthalten. Öffnen Sie diesen und starten Sie dann z. B. den Report **Mitarbeiterliste**. Sie erhalten dann ein Selektionsbild wie in Abbildung 6.1 dargestellt.

Das Selektionsbild besteht – wie bei den meisten anderen Reports auch – aus einem Standardteil und einem reportspezifischen Teil. Während das so genannte Standardselektionsbild in Abbildung 6.1 die beiden oberen grauen Kästen (**Zeitraum** und **Selektion**) und die darüber liegenden Buttons umfasst, beinhalten die beiden unteren Kästen (**Reportspezifische Selektion** sowie **Listenaufbereitung**) Selektionsoptionen, die speziell auf diesen Report zugeschnitten sind.

> **Hinweis** Auch das Standardselektionsbild der Personaladministration kann von Report zu Report leicht abweichen oder über das Customizing an die Unternehmensspezifika angepasst sein. Der grundsätzliche Aufbau ist allerdings immer gleich.

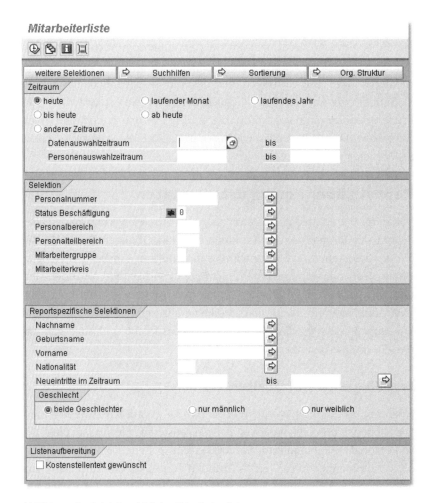

Abbildung 6.1 Selektionsbild der Mitarbeiterliste

Bevor wir im nächsten Abschnitt die Nutzung des Standardselektionsbildes systematisch erklären, sollten Sie ein wenig mit der Auswertung experimentieren. Nutzen Sie dazu die allgemeinen Hinweise aus Abschnitt 3.7 und gehen Sie zum Einstieg anhand der folgenden Beispiele vor. Die dargestellten Beispiele beziehen sich weiter auf die oben bereits vorgestellte **Mitarbeiterliste**.

Schränken Sie zunächst die Liste mit Hilfe der **reportspezifischen Selektion** anhand des **Nachnamens** und des **Geschlechts** ein. Abbildung 6.2 zeigt eine Selektion, bei der alle Frauen mit dem Nachnamen Müller ausgegeben werden sollen.

Abbildung 6.3 zeigt ein Beispiel für eine daraus resultierende Ausgabe. Wenn Ihre Ausgabeliste leer oder zu groß ist, wählen Sie einfach eine andere Selektion.

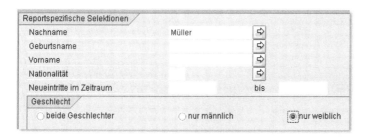

Abbildung 6.2 Alle Frauen namens Müller selektieren

Mitarbeiterliste

Stichtag: 25.05.2004
Anzahl selektierter Mitarbeiter: 6

PersNr.	PersIdNr.	Name	Geburtsname	Stellenbezeichnung	Eintrittsdatum	Austritt
00001409		Emilia Müller			01.01.1994	31.12.2005
00001731		Paula Müller		Vertriebsbeauftragter	01.01.2002	
00050000		Bettina Müller	Schmidt		01.05.2002	
00900165		Leonie Müller		Sachbearbeiter	01.01.1999	
00900197		Ulrike Müller		Sachbearbeiter	01.01.2000	
00900900		Lisa Müller		Abteilungsleiter	01.01.2000	

Abbildung 6.3 Ergebnisliste aller Frauen namens Müller

Die Ergebnisliste können Sie bezüglich des Layouts und der angezeigten Informationen nun noch verändern. Mit Hilfe des Buttons ⊞ (**Layout ändern**) können Sie z.B. eine zusätzliche Spalte einfügen, die die Stammkostenstelle der ausgegebenen Mitarbeiter enthält. Gehen Sie dazu vor wie in Abbildung 6.4 dargestellt. Das Ergebnis sollte dann aussehen wie in Abbildung 6.5 zu sehen ist.

Probieren Sie nun die weiteren Möglichkeiten des Selektionsbildes aus. Verlassen Sie dazu die Ergebnisliste (z.B. mit der Funktionstaste **F3**) und gehen Sie zurück auf das Selektionsbild. Lassen Sie die bisher ausgefüllten Selektionsfelder unverändert und schränken Sie im Teilbild »Selektion« die auszugebenden Personen weiter ein. Das Beispiel in Abbildung 6.6 beschränkt die Ausgabe auf einen bestimmten Personalbereich. Außerdem gilt die standardmäßig vorgeschlagene Einschränkung auf aktive Mitarbeiter weiterhin.

Hinweis Es ist möglich, dass es in Ihrem Unternehmen nur einen einzigen relevanten Personalbereich gibt. Schränken Sie Ihre Selektion dann über ein anderes Feld – z.B. den Personalteilbereich – ein.

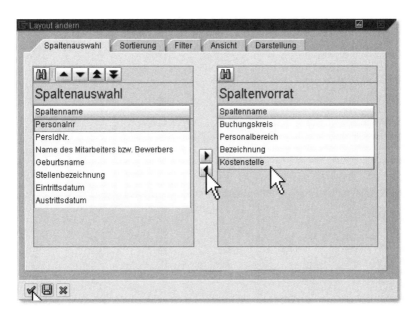

Abbildung 6.4 Einfügen einer weiteren Spalte in die Ergebnisliste

PersNr.	PersIdNr.	Name	Geburtsna...	Stellenbezeichnung	Eintritt	Austritt	Kostenst.
00001409		Emilia Müller			01.01.1994	31.12.2005	
00001731		Paula Müller		Vertriebsbeauftragter	01.01.2002		1110
00050000		Bettina Müller	Schmidt		01.05.2002		
00900165		Leonie Müller		Sachbearbeiter	01.01.1999		2300
00900197		Ulrike Müller		Sachbearbeiter	01.01.2000		1110
00900900		Lisa Müller		Abteilungsleiter	01.01.2000		4400

Abbildung 6.5 Ergebnisliste erweitert um die Spalte »Kostenstelle«

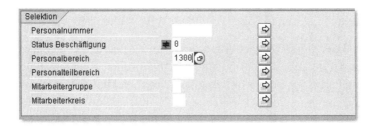

Abbildung 6.6 Selektion über den Personalbereich

Abbildung 6.7 zeigt, dass durch diese Einschränkung die Ergebnisliste weiter reduziert wurde.

PersNr.	PersIdNr.	Name	Geburtsname	Stellenbez	Eintrittsdatum	Austritt
00050000		Bettina Müller	Schmidt		01.05.2002	
00900197		Ulrike Müller		Sachbearbeiter	01.01.2000	

Abbildung 6.7 Reduzierte Ergebnisliste nach Einschränkung

Bisher hatten Sie Ihre Auswertung auf den heutigen Stichtag beschränkt, da **heute** standardmäßig als Zeitraum vorgeschlagen wird. Wollen Sie alle Daten im System sehen, die zu irgendeinem Zeitpunkt den weiter unten angegebenen Selektionskriterien entsprechen, wählen Sie **anderer Zeitraum** aus und lassen die weiteren Eingabefelder für Zeiträume leer, wie in Abbildung 6.8 gezeigt. Damit sind dann weder der **Datenauswahlzeitraum** noch der **Personenauswahlzeitraum** eingeschränkt.

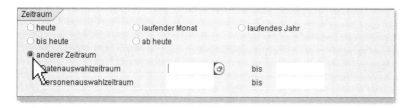

Abbildung 6.8 Uneingeschränkte Zeitraumauswahl

In unserem Beispiel enthält die Ergebnisliste nun eine weitere Mitarbeiterin (siehe Abbildung 6.9). Das heißt, dass diese Mitarbeiterin zwar am Auswahltag nicht im Personalbereich 1300 aktiv ist, es aber zu irgendeinem anderen Zeitpunkt war oder sein wird.

PersNr.	PersIdNr.	Name	Geburtsname	Stellenbez	Eintrittsdatum	Austritt
00001731		Paula Müller			01.01.2002	
00050000		Bettina Müller	Schmidt		01.05.2002	
00900197		Ulrike Müller		Sachbearbeiter	01.01.2000	

Abbildung 6.9 Größere Ergebnisliste bei erweitertem Zeitraum

Experimentieren Sie insbesondere mit den Möglichkeiten der Zeitraumselektion ein wenig. Wie schon in Kapitel 5, *Personaladministration*, beschrieben, ist der Zeitbezug von Daten (Zeitbindung) ein sehr wichtiges Konzept.

> **Hinweis** Wenn Ihr Unternehmen gerade erst mit dem Einsatz von SAP HR begonnen hat, gibt es möglicherweise noch keine umfassende Historie in den Personalstammdaten. Das kann dann bedeuten, dass Ihre Änderungen an der Zeitraumselektion nur selten zu einer geänderten Ergebnisliste führen.

6.2.2 Das Standardselektionsbild

Das Standardselektionsbild ist stets nach dem nachfolgend beschriebenen Muster aufgebaut. Es wird von den meisten Reports aus den folgenden Bereichen genutzt:

- Personaladministration (Stammdaten)
- Entgeltabrechnung
- Zeitwirtschaft
- Betriebliche Altersversorgung

Dies gilt sowohl für Standardreports als auch für einen Großteil der unternehmensspezifisch programmierten Reports.

> **Hinweis** Das einheitliche Selektionsbild entsteht dadurch, dass all diese Reports die gleiche »logische Datenbank« nutzen. In diesem Fall ist es die logische Datenbank PNP oder bei neueren Reports ab Release 4.7 die logische Datenbank PNPCE.

Reports in der Personalplanung und -entwicklung (also auch im Veranstaltungsmanagement), im Reisemanagement und in der Bewerberverwaltung haben in der Regel ein davon abweichendes Selektionsbild.

Das Bild ist stets in drei Bereiche aufgeteilt:

1. Die **Buttonleiste** enthält maximal vier Drucktasten, mit denen die Selektion oder die Sortierung beeinflusst werden kann.
2. Die **Zeitraum-Selektion** legt fest, aus welchem Zeitraum die auszuwertenden Personen und Daten stammen sollen.
3. Die **Personen-Selektion** legt nach einer Vielzahl von möglichen Kriterien fest, welche Personen für die Auswertung berücksichtigt werden.

Alle drei Bereiche können von Report zu Report etwas anders aussehen, abhängig vom jeweiligen Customizing in Ihrem System. Wir betrachten nun die drei Bereiche nacheinander am Beispiel der oben vorgestellten Mitarbeiterliste. Der Einfachheit halber beginnen wir mit der Personenselektion.

Die Personenselektion

Die Personenselektion (siehe Abbildung 6.6) enthält in der Regel mehrere Kriterien, mit deren Hilfe die Auswahl der Mitarbeiter (Personalnummern) erfolgt, die anschließend in der Ergebnisliste ausgegeben werden sollen.

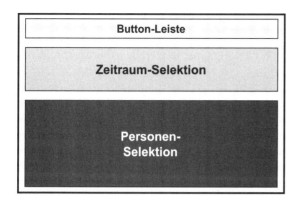

Abbildung 6.10 Aufbau des Standardselektionsbildes

Die einfachste Möglichkeit, eine einzelne Person in die Auswertung aufzunehmen, besteht darin, diese im Feld **Personalnummer** einzugeben oder über die F4-Hilfe dieses Feldes auszuwählen.

In der Regel werden Sie jedoch für das Erzeugen einer Liste nicht über das Personalnummernfeld selektieren. Wenn Sie z.B. eine Liste aller derzeit aktiven leitenden Angestellten des Personalbereichs »Hamburg« erstellen möchten, gehen Sie wie folgt vor (wenn Sie nicht mit einem IDES-System arbeiten, wählen Sie gegebenenfalls andere Bereiche aus, zu denen in Ihrem System Daten vorhanden sind):

1. Rufen Sie den Report **Mitarbeiterliste** auf.
2. Tragen Sie den Personalbereich »Hamburg« (1000) im Feld **Personalbereich** ein.
3. Tragen Sie den Mitarbeiterkreis »Leitende Angestellte« (DT) im Feld **Mitarbeiterkreis** ein.
4. Belassen Sie den Wert »0« mit der Selektionsoption ▦ (ungleich) im Feld **Status Beschäftigung** wie vorgeschlagen. Dieser Vorschlagswert wird in vielen Standardreports geliefert, um ausgetretene Mitarbeiter aus der Selektion auszuschließen. Die Personenselektion sieht nun aus wie in Abbildung 6.11 dargestellt.
5. Starten Sie den Report. Sie erhalten nun das gewünschte Ergebnis.

Mit den Selektionsoptionen bestimmen Sie, ob die selektierten Werte gleich, ungleich, größer oder kleiner sind als die in den Selektionsfeldern eingetragenen Werte (siehe auch Abschnitt 3.7). Sie können sie auf mehreren Wegen aktivieren:

- Klicken Sie mit der rechten Maustaste in das entsprechende Selektionsfeld und wählen Sie die gewünschte Selektionsoption aus.
- Positionieren Sie den Cursor in dem entsprechenden Selektionsfeld und drücken Sie die Taste **F2**.
- Positionieren Sie den Cursor auf dem entsprechenden Selektionsfeld und wählen Sie den Menüpfad **Bearbeiten • Selektionsoptionen**.
- Klicken Sie den Button ⇨ an und tragen Sie die Selektionswerte in die entsprechende Registerkarte ein (grün markierte Registerkarten stehen für »Werte einschließen«, rot markierte für »Werte ausschließen«).

Abbildung 6.11 Selektion über Status, Personalbereich und Mitarbeiterkreis

Nehmen wir z.B. an, Sie möchten die Liste der Mitarbeiter einer bestimmten Kostenstelle erzeugen. Sie stellen fest, dass die Kostenstelle auf der in Abbildung 6.11 gezeigten Maske nicht als Selektionsfeld zur Verfügung steht. In einem solchen Fall können Sie den Button weitere Selektionen betätigen. Sie erhalten dann ein Fenster, in dem Sie aus einer größeren Auswahl Selektionsfelder hinzufügen können (siehe Abbildung 6.12).

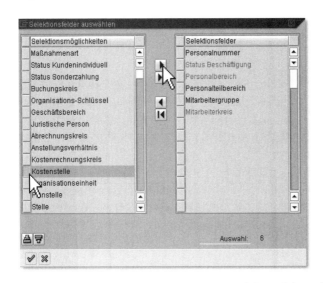

Abbildung 6.12 Auswahl der Kostenstelle – zusätzliches Selektionsfeld

Markieren Sie nun auf der linken Seite das Feld **Kostenstelle** und übernehmen Sie dieses mit Hilfe des Buttons ▶ nach rechts in die Liste der Selektionsfelder.

Nachdem Sie das Fenster mit **Bestätigen** oder **Enter** verlassen haben, steht Ihnen die Kostenstelle als Selektionsfeld zur Verfügung.

Wenn Sie in dem in Abbildung 6.12 gezeigten Fenster den Button ▶| betätigen, werden alle Felder zu Selektionsfeldern. Dadurch gelangen Sie zur maximalen Auswahl und der Bildbereich für die Personenselektion sieht dann so aus wie in Abbildung 6.13 dargestellt. Es stehen Ihnen dann die wesentlichen Felder der Infotypen 0000 – *Maßnahmen* und 0001 – *Organisatorische Zuordnung* zur Verfügung. Diese Darstellung ist allerdings recht unübersichtlich, so dass Sie sich eher auf die tatsächlich benötigten Felder beschränken sollten.

> **Hinweis** Sind alle Selektionsfelder aktiv, so verschwindet der Button **weitere Selektionen** und stattdessen erscheint der Button **Selektionen aus**. Mit Hilfe beider Buttons können Sie Selektionsfelder wieder entfernen – analog zum Hinzufügen von Selektionsfeldern.

Spezielle Felder in der Personenselektion

Nur in Spezialfällen wird die in Abbildung 6.14 vorgestellte Variation verwendet. Sie erscheint im so genannten »neuen Selektionsbild«, welches sowohl von SAP als auch von den Programmierern in den meisten Unternehmen künftig bevorzugt für neue Reports genutzt werden wird. Die Felder **Personen-ID**, **Gruppierungsgrund** und **Gruppierung** sind aber nur in den seltensten Fällen (spezielle Funktionalität der Auslandsentsendung) relevant und werden daher hier nicht weiter erläutert.

> **Hinweis** Das neue Selektionsbild wird dann verwendet, wenn die neue »logische Datenbank« PNPCE als Grundlage für die Programmierung eingesetzt wird. Sie ist die Nachfolgerin der bisher genutzten »logischen Datenbank« PNP. Als Anwender wird Sie diese Umstellung kaum betreffen. Sie erkennen sie in erster Linie an der geänderten Optik des Selektionsbildes.

Die Zeitraumselektion

Die Zeitraumselektion wartet mit einer Besonderheit auf: der Unterscheidung zwischen Datenauswahlzeitraum und Personenauswahlzeitraum (siehe Abbildung 6.15).

Abbildung 6.13 Maximale Ausprägung der Personenselektion

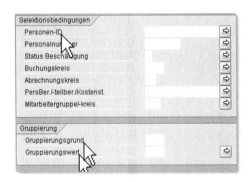

Abbildung 6.14 Selektionsfelder für »globale Mitarbeiter« und »Mehrfachbeschäftigung«

Abbildung 6.15 Eine große Fehlerquelle – Daten- versus Personenauswahl

Viele Anwender haben sich nie mit diesem Unterschied beschäftigt und erhalten daher auch nach mehreren Jahren HR-Erfahrung unerwartete Selektionsergebnisse, weil ihnen die grundlegende Logik des Systems nicht bekannt ist. Das soll Ihnen erspart bleiben!

Bitte beachten Sie die beiden folgenden Definitionen. Wir erläutern sie unmittelbar anschließend an einem praxisnahen Beispiel:

- Der **Personenauswahlzeitraum** bestimmt, welche Personen in die Auswertung aufgenommen werden sollen. Es werden genau die Personen selektiert, die innerhalb des Personenauswahlzeitraums die in der Personenselektion festgelegten Selektionskriterien erfüllen.
- Der **Datenauswahlzeitraum** bestimmt, welche Daten zu den selektierten Personen gelesen werden.

Bei einfachen Auswertungen wie der Mitarbeiterliste ist diese Unterscheidung in der Regel weniger wichtig. Stellen Sie sich aber folgende Anforderung vor:

Sie wollen für alle leitenden Angestellten die Einmalzahlungen des laufenden Jahres ermitteln. Dabei interessieren Sie aber nur genau die Mitarbeiter, die zum Jahresende Leitende und auch noch aktiv sind: Ihre Mitarbeiterselektion erfolgt also stichtagsgenau zum 31.12. So nehmen Sie auch diejenigen Mitarbeiter in die Liste auf, die erst im Laufe des Jahres zu Leitenden wurden – nicht aber diejenigen, die vor dem Jahresende ausgeschieden sind. Nun soll die Liste aber für alle diese Mitarbeiter die Einmalbezüge des gesamten Jahres enthalten, nicht nur diejenigen, die stichtagsgenau am 31.12. gezahlt wurden. In diesem Fall benötigen Sie tatsächlich zwei unterschiedliche Selektionszeiträume:

- 31.12. als Personenselektion
- 01.01. bis 31.12. als Datenselektion

Bitte denken Sie bei Auswertungen immer an diesen Unterschied! Vor allem bei der Arbeit mit der Query (siehe Abschnitt 6.3) ist er sehr oft relevant.

Sie fragen sich nun vielleicht, wie Sie bei Benutzung der fünf Radiobuttons im oberen Bereich der Zeitraumselektion (siehe Abbildung 6.16) die beiden Zeiträume eingeben können. Diese Buttons arbeiten mit einer vereinfachten Zeitraumselektion. Sie setzen damit Datenauswahlzeitraum und Personenauswahlzeitraum automatisch gleich. Sollen die beiden unterschiedlich sein, müssen Sie **anderer Zeitraum** auswählen und die beiden Zeiträume eingeben.

Da wie gesagt in vielen einfachen Listen eine Unterscheidung nicht erforderlich oder sinnvoll ist, bietet sich die Nutzung der Vereinfachungsoption sehr oft an.

Abbildung 6.16 Einfache Zeitraumauswahl – Datenauswahl = Personenauswahl

Variationen der Zeitraumauswahl

Für bestimmte Reports ergeben manche Optionen zur Zeitraumauswahl keinen Sinn. Daher erscheinen – abhängig vom Customizing – oft unterschiedliche Varianten der Zeitraumselektion. Einige davon wollen wir hier ansprechen.

Viele Auswertungen beziehen sich grundsätzlich auf Abrechnungsperioden. Dies ist insbesondere dann der Fall, wenn Daten aus der Entgeltabrechnung oder der Zeitwirtschaft ausgewertet werden sollen. In diesen Fällen ist es oft sinnvoll, als Auswahlzeitraum grundsätzlich eine ganze Abrechnungsperiode zu wählen. Das Selektionsbild (siehe Abbildung 6.17) erlaubt dann die Auswahl einer beliebigen Abrechnungsperiode (z. B. »05 – 2004« für den Mai 2004, sofern die Abrechnung monatlich erfolgt). Als Vereinfachungsoption können Sie auch die **aktuelle Periode** auswählen. Sowohl die Frage, welche Periode nun gerade aktuell ist, als auch die Periodizität der Abrechnung an sich hängen vom Abrechnungskreis ab (z. B. gibt es noch Unternehmen, bei denen gewerbliche Mitarbeiter wöchentlich, Angestellte dagegen monatlich abgerechnet werden). Daher ist das Feld **Abrechnungskreis** ein Mussfeld und zur Identifizierung des auszuwertenden Zeitraums unbedingt erforderlich.

Hinweis Das Konzept des Abrechnungskreises wird in Abschnitt 8.5.2, erläutert.

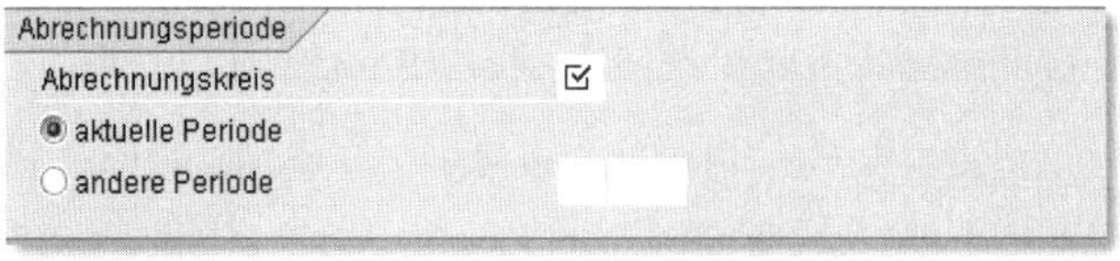

Abbildung 6.17 Zeitraumauswahl nach Abrechnungsperiode

In einigen Reports ist beides möglich: sowohl die Selektion nach Abrechnungsperiode als auch die weiter oben vorgestellte Zeitraumselektion. Bei aktiver Selektion über einen freien Zeitraum können Sie dann durch den Button `Abrechnungsperiode` auf die Selektion über Abrechnungsperioden umstellen. Über den Button `Zeitraum` wählen Sie die umgekehrte Richtung.

Neben der Selektion über Abrechnungsperioden ist die Stichtagsselektion eine wichtige Variation, die Ihnen bei Ihrer Arbeit mit dem System begegnen kann. Wie in Abbildung 6.18 dargestellt, können Sie dann als Zeitraum nur einen einzigen Tag auswählen: entweder den heutigen Tag oder einen beliebigen anderen Stichtag.

Abbildung 6.18 Selektion ausschließlich über einen Stichtag

Abbildung 6.19 stellt das neue Selektionsbild für die Zeitraumselektion dar. Die Radiobuttons im oberen Teil des Bildes wurden durch ein Auswahlfeld ersetzt. Wählen Sie in diesem Auswahlfeld die Option **anderer Zeitraum** wie in Abbildung 6.19 dargestellt, so werden automatisch weitere Felder zur Angabe des Zeitraums eingeblendet. Wählen Sie z. B. die Option **alles** oder **aktueller Monat**, so sind diese Eingabefelder ausgeblendet.

Abbildung 6.19 Das neue Selektionsbild für die Zeitraumauswahl

Die Buttonleiste

Die Buttonleiste (siehe Abbildung 6.20) ist ein wichtiges Element, um die Möglichkeiten des Selektionsbildes voll nutzen zu können. Der Button `weitere Selektionen` wurde bereits weiter oben beschrieben. Die Funktionen der weiteren Buttons werden nun erläutert.

Abbildung 6.20 Die Buttonleiste mit allen vier Buttons

Tipp Bei vielen Reports sind ein oder mehrere dieser Buttons grundsätzlich ausgeblendet. Sollten Sie diese dennoch benötigen, wenden Sie sich an Ihren Systembetreuer. In den meisten Fällen lassen sich die fehlenden Buttons sehr einfach einblenden.

Hinter dem Button [Suchhilfen] verbergen sich weitere Selektionsmöglichkeiten. Diese Suchhilfen werden oft auch als *Matchcodes* bezeichnet. Prüfen Sie die hier verfügbaren Möglichkeiten, wenn die übrigen Selektionsfelder nicht ausreichen.

Die meisten Auswertungen sortieren die Ergebnisliste aufsteigend nach der Personalnummer. Wenn Sie eine andere Sortierung wünschen, können Sie diese über den Button [Sortierung] vorgeben. Gegenüber der nachträglichen Sortierung der fertigen Ergebnisliste über den Button [⊞] hat diese Methode insbesondere den Vorteil, dass die Sortierung über die normale Variante einfach abgespeichert werden kann (siehe auch Abschnitt 3.7).

Der am häufigsten genutzte Button [Org. Struktur] dient der Selektion über die Organisationsstruktur, wie sie im Organisationsmanagement (siehe Kapitel 9, *Organisationsmanagement*) abgebildet ist. Ein Klick auf diesen Button öffnet ein Auswahlfenster mit der Organisationsstruktur Ihres Unternehmens (siehe Abbildung 6.21). Durch Anklicken des Symbols ▷ können Sie die einzelnen Zeilen aufklappen und so diejenigen Elemente der Struktur finden, die Sie auswählen wollen. Zum Auswählen einer Organisationseinheit klicken Sie auf das Symbol ☐, so dass darin ein Häkchen erscheint. In Ihrer Liste werden später alle Mitarbeiter berücksichtigt, die *direkt* den so ausgewählten Organisationseinheiten zugeordnet sind. Wenn Sie aber eine Organisationseinheit einschließlich aller dazugehörenden untergeordneten Einheiten auswählen wollen, wählen Sie zunächst die gewünschte übergeordnete Organisationseinheit aus und klicken dann auf den Button [▣] im unteren Bereich des Fensters. Daraufhin werden alle untergeordneten Organisationseinheiten automatisch ausgewählt. Abbildung 6.21 zeigt dies am Beispiel der Organisationseinheit »Personal (D)«. Mit dem oben beschriebenen Vorgehen wurden die fünf untergeordneten Organisationseinheiten durch einen Klick mit ausgewählt.

Bei Reports, die das neue Selektionsbild (siehe Abbildung 6.19) benutzen, entfällt die oben beschriebene Buttonleiste. Die entsprechenden Funktionalitäten verbergen sich nun hinter etwas anders aussehenden Buttons oberhalb des eigentlichen Selektionsbildes. Sie finden sie neben dem bekannten Button zum **Ausführen** des Reports.

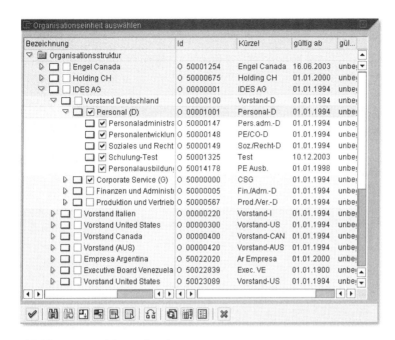

Abbildung 6.21 Selektion über das Organigramm

Abbildung 6.22 zeigt die neue Buttonleiste. Die Buttons stehen für (von links nach rechts):

- Ausführen
- Sortierung
- (weitere) Selektionsfelder
- Organisationsstruktur
- Suchhilfe

Abbildung 6.22 Neue Darstellung der Buttonleiste

Selektion über die freie Abgrenzung

Trotz der vielen bereits besprochenen Möglichkeiten zur Selektion der auszuwertenden Personen, gibt es noch eine weitere Möglichkeit. Bei vielen Reports steht Ihnen neben dem **Ausführen**-Button noch der Button ▓ zur Verfügung. Darüber können Sie durch **freie Abgrenzungen** weitere Einschränkungen vornehmen.

Die **freien Abgrenzungen** enthalten ausgewählte Felder aus verschiedenen Infotypen. Abbildung 6.23 zeigt ein Beispiel, in dem Felder aus den Infotypen 0002 –

Daten zur Person, 0005 – *Urlaubsanspruch, alt*, 0006 – *Anschriften* und 0007 – *Sollarbeitszeit* in der linken Bildhälfte zur Auswahl bereitstehen. Einige der Felder sind bereits ausgewählt und können in der rechten Bildhälfte als Selektionsfelder genutzt werden.

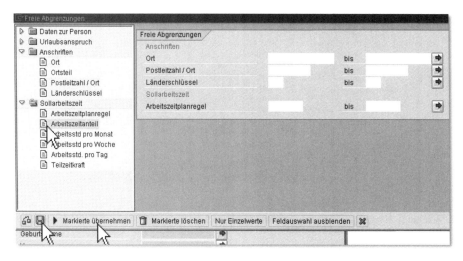

Abbildung 6.23 Die freien Abgrenzungen ermöglichen weitere Selektionen

Wenn Sie auf das Symbol ▷ vor dem jeweiligen Infotyp klicken, erscheinen die entsprechenden Felder zur Auswahl. Um Felder in Selektionsfelder umzuwandeln, haben Sie zwei Möglichkeiten:

▶ Doppelklicken Sie auf das Feld.

▶ Markieren Sie ein oder mehrere Felder und nutzen Sie den Button **Markierte übernehmen**.

Die nun definierten Selektionsfelder sind grün hinterlegt und können in der rechten Bildhälfte gefüllt werden. Damit Ihre Selektion wirksam wird, klicken Sie den **Sichern**-Button unten links.

> **Hinweis** Beachten Sie, dass die verschiedenen Selektionen immer alle zugleich erfüllt sein müssen. Wenn Sie also über die entsprechenden Buttons einen Teil der Organisationsstruktur bestimmen, einige freie Abgrenzungen vornehmen und zusätzlich auf dem Selektionsbild noch nach Personalbereich und Mitarbeiterkreis auswählen, werden nur diejenigen Mitarbeiter im Ergebnis berücksichtigt, auf die alle diese Selektionen zutreffen. Die Mitarbeiter durchlaufen also gewissermaßen mehrere Filter – bis nur noch diejenigen erscheinen, auf die alle Kriterien zutreffen.

6.2.3 Arbeiten mit der Ergebnisliste

Nachdem Sie die Auswertung gestartet haben und die Ergebnisliste angezeigt wird, haben Sie bei den meisten Reports zahlreiche Möglichkeiten, diese Ergebnisse weiter zu bearbeiten.

Layout und Spaltenauswahl

Viele der Funktionen zur Beeinflussung des Layouts und der Spaltenauswahl erreichen Sie über den Button ▦. Diese Möglichkeiten wurden in Abschnitt 3.7 bereits beschrieben.

Wichtig im Zusammenhang mit dem Layout ist auch die Möglichkeit, dieses abzuspeichern und später wieder zu verwenden. Nutzen Sie den Button ▦, um das aktuelle Layout abzuspeichern, und den Button ▦, um ein abgespeichertes Layout anzuwenden. Dabei können Sie ein Layout lediglich für den eigenen Gebrauch oder für die Verwendung durch andere Anwender speichern, indem Sie das Feld **Benutzerspezifisch** in dem entsprechenden Dialogfenster (vgl. Abbildung 6.24) verwenden. Ist das Layout nicht benutzerspezifisch müssen Sie vor den Namen einen Querstrich (»/«) setzen. Im Feld **Bezeichnung** können Sie zudem eine freie Kurzbeschreibung des Layouts erfassen.

Für jeden Report können Sie genau ein Layout als **Voreinstellung** kennzeichnen. Dieses wird dann automatisch angewendet, wenn der Report gestartet und kein anderes Layout ausgewählt wurde.

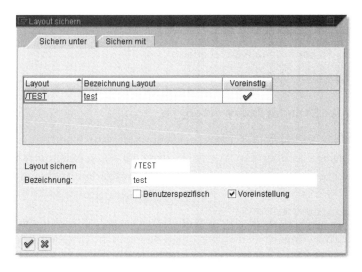

Abbildung 6.24 Sichern des Layouts

Download

Eine wesentliche Funktion zur Weiterverwendung der Ergebnisliste ist der Download, also der Transfer der Daten auf Ihren PC oder in einen bestimmten Ordner innerhalb Ihres Netzwerks.

Dafür gibt es mehrere Möglichkeiten, von denen wir die wichtigsten hier vorstellen:

- Sie können die Daten innerhalb des R/3-Systems als MS Excel-Tabelle darstellen. Dies erreichen Sie über den Button . Um die Excel-Datei dann außerhalb des R/3-Systems abzuspeichern, nutzen Sie *innerhalb* der Excel-Darstellung den Menüpfad **Datei · Kopie speichern unter**.
- Die Werte Ihrer Ergebnisliste können Sie auch verwenden, um einen Serienbrief in MS Word zu erstellen. Dies erreichen Sie über den Button .
- Mit Hilfe des Buttons können Sie Ihre Liste in einem der folgenden Formate speichern:
  - Unkonvertiert (ASCII-Textdatei)
  - Tabellenkalkulation (z. B. MS Excel oder Lotus 123)
  - Rich Text Format (RTF), z. B. zur Weitergabe an ein Textverarbeitungsprogramm
  - HTML-Format (zur Anzeige in einem Webbrowser wie z. B. dem MS Internet Explorer)
- Einige Reports bieten die oben angesprochenen Buttons nicht an. Dann ist ein Download oft über einen der beiden folgenden Menüpfade möglich:
  - **System · Liste · Sichern · lokale Datei** oder
  - **Liste · Sichern/senden · Datei**

6.2.4 Ausgewählte Standardauswertungen

Für das Themenfeld »Personaladministration« existieren zahlreiche Standardauswertungen. Sie erreichen sie über den Menüpfad **Personal · Personalinformationssystem · Berichte · Personalmanagement · Administration** (siehe Abbildung 6.25).

Die Bedienung dieser Auswertungen erfolgt grundsätzlich wie bisher in diesem Kapitel beschrieben. Zwei Reports wollen wir Ihnen dennoch im Einzelnen vorstellen:

- die **Geburtstagsliste** als ein weiteres einfaches Beispiel zum Arbeiten mit Reports
- den Report **Flexible Mitarbeiterdaten** als eine spezielle Auswertung, die Sie sehr flexibel einsetzen können

Abbildung 6.25 Standardauswertungen der Personaladministration

Die Geburtstagsliste

Der untere Teil des Selektionsbildes enthält die Programmabgrenzungen – also die Selektionsfelder, die speziell für die Geburtstagsliste benötigt werden (siehe Abbildung 6.26). Diese Felder dienen insbesondere dazu, Mitarbeiter zu selektieren, die in einem bestimmten Zeitraum geboren sind. Wollen Sie z. B. alle Mitarbeiter selektieren, die am 15. Mai geboren sind, dann geben Sie im Feld **Tag und Monat des Geburtsdat** den Wert »1505« ein.

In unserem in Abbildung 6.26 dargestellten Beispiel selektieren wir alle Mitarbeiter, deren Geburtstag im Mai liegt. Abbildung 6.27 zeigt das Ergebnis. Die in den »Programmabgrenzungen« verfügbaren Selektionsfelder sind auch als Spalten in der Ergebnisliste enthalten.

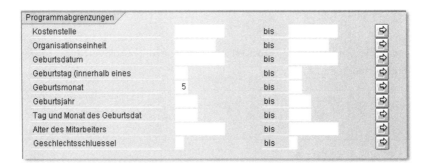

Abbildung 6.26 Geburtstage im Monat Mai selektieren

PersNr	Nachname	Vorname	Eintritt	Austritt	GebDatum	Tag	GbTg	Jahr	Mon	Gsch	Kostenst.	OrgEinh.	Alter des Mitarbeiters
00001000	Müller	Ralf	01.01.1995	31.12.9999	21.05.1960	21	2105	1960	05	1	2200	00001001	44
00001005	Gutjahr	Hanno	01.01.1994	31.12.9999	31.05.1970	31	3105	1970	05	1	2100	50000563	34
00001329	Apfel	Kerstin	01.01.1996	31.12.9999	05.05.1964	05	0505	1964	05	2	4279	50011474	40
00001420	Gehaltsumwandlung	Gerd	01.01.2000	31.12.9999	01.05.1967	01	0105	1967	05	1		00000000	37
00001445	Thoma	Maike	01.01.2001	31.12.9999	15.05.1969	15	1505	1969	05	2	8120	50000101	35
00001508	Rieder	Michael	01.01.1994	31.12.9999	10.05.1959	10	1005	1959	05	1	4100	50000015	45
00001508	Rieder	Michael	01.01.1994	31.12.9999	10.05.1959	10	1005	1959	05	1	4100	50010144	45
00001510	Schüttler	Udo	01.01.1994	31.12.9999	01.05.1955	01	0105	1955	05	1	4100	50010151	49
00001521	Pichler	Andreas	01.01.1994	31.12.9999	01.05.1965	01	0105	1965	05	1	4100	50010156	39
00001524	Netzer	Walter	01.01.1994	31.12.9999	25.05.1960	25	2505	1960	05	1	4100	50010144	44

Abbildung 6.27 Ausgabe der Geburtstagsliste

Der Report »Flexible Mitarbeiterdaten«

Dieser Report ist besonders nützlich, da Sie die Spalten der Ergebnisliste sehr flexibel beeinflussen können. Die Selektionsmöglichkeiten entsprechen denen des Standardselektionsbildes; dieses Selektionsbild enthält jedoch zusätzlich den in Abbildung 6.28 dargestellten Button.

Abbildung 6.28 Der Report »Flexible Mitarbeiterdaten« erlaubt die freie Auswahl der Spalten

Das Anklicken dieses Buttons öffnet die **Feldauswahl** (siehe Abbildung 6.29). Dabei sehen Sie in der linken Bildhälfte alle Felder, die Sie als Ausgabespalten auswählen können, und in der rechten Bildhälfte diejenigen, die bereits ausgewählt sind. Die Auswahl der Felder erfolgt dabei analog zur Auswahl von Selektionsfeldern wie sie Abbildung 6.12 zeigt. Die Reihenfolge der Spalten in der Ausgabeliste von links nach rechts entspricht der Reihenfolge der in der Liste ausgewählten Felder von oben nach unten. Diese können Sie über folgende Buttons beeinflussen:

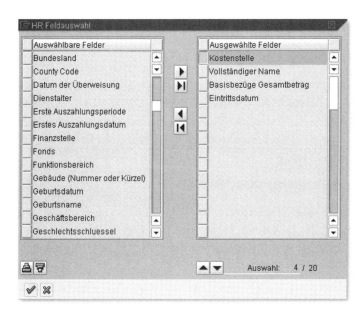

Abbildung 6.29 Auswahl der auszugebenden Spalten

Abbildung 6.30 zeigt die entsprechende Ergebnisliste. Durch den umfangreichen Feldvorrat können Sie mit diesem Report sehr viele Auswertungsanforderungen abbilden. In vielen Fällen erspart er Ihnen so das Erstellen einer Query.

Flexible Mitarbeiterdaten
Stichtag: 31.05.2004

Kostenstelle	Aufbereiteter Name des Mitarbeiters bzw.	Basisbezüge...	Währg	Eintrittsdatum
0000002200	Ralf Müller	8,890.00	DEM	01.01.1995
0000002100	Michaela Maier	2,706.35	EUR	01.01.1994
0000002100	Dipl.Kfm. Ulrike Zaucker	4,601.63	EUR	01.01.1994
0000002100	Stefan Pfändili	1,955.77	EUR	01.01.1994
0000002100	Olaf Paulsen	1,834.78	EUR	01.01.1994
0000002100	Hanno Gutjahr	2,246.62	EUR	01.01.1994
0000002100	Yasmin Awad	2,309.90	EUR	01.01.1994
0000002100	Hanna Karstensen	2,367.28	EUR	01.01.1994

Abbildung 6.30 Ausgabeliste »Flexible Mitarbeiterdaten«

6.3 Queries über Personalstammdaten

6.3.1 Formen der Query

Die Query ist ein Instrument, mit dem ohne Programmierkenntnisse Auswertungen erstellt werden können, die im Standard nicht verfügbar sind. Im Wesentlichen handelt es sich dabei um Listen, die Daten zeilenweise ausgeben, so wie sie (z. B. in Infotypen) gespeichert sind. Eine komplizierte Berechnungslogik lässt sich über die Query nicht abbilden.

Im HR finden Sie zwei Formen der Query vor:

- Die Ad-hoc Query ist auf die Bedürfnisse der Endanwender zugeschnitten und erlaubt die schnelle und in weiten Teilen intuitive Erstellung von Auswertungen. Sie wird an vielen Stellen des Systems auch als Infoset Query bezeichnet.

- Die SAP Query bietet noch einige wenige Funktionen, über die die Ad-hoc Query nicht verfügt. Das Erstellen von SAP Queries ist allerdings deutlich komplizierter und im Allgemeinen nicht die Aufgabe von Endanwendern. Als Endanwender werden Sie in der Regel nur vorgefertigte SAP Queries ausführen, aber keine neuen erstellen.

Wir werden daher im Folgenden beschreiben, wie Sie eine Ad-hoc Query erstellen und im Dialog mit diesem Instrument arbeiten können. Das Erstellen von SAP Queries wird in diesem Buch nicht behandelt. Wir beschränken uns auf das Ausführen einer bereits vorhandenen SAP Query.

Um mit Queries arbeiten zu können, müssen folgende Voraussetzungen erfüllt sein:

1. Es muss ein so genanntes Infoset vorhanden sein, das die Daten enthält, die Sie auswerten möchten. Ein Infoset basiert im Wesentlichen auf einer bestimmten Menge von Infotypen und wird von Ihrem Systembetreuer angelegt.

2. Sie müssen einer so genannten Query-Benutzergruppe zugeordnet sein, die die Erlaubnis hat, mit dem entsprechenden Infoset zu arbeiten. Benutzergruppen werden ebenfalls von Ihrem Systembetreuer oder von Ihrem Benutzeradministrator angelegt.

3. Sie müssen grundsätzlich in der Lage sein, mit Auswertungen zu arbeiten wie dies in Abschnitt 6.2 beschrieben wurde.

4. Sie müssen die Struktur und Bedeutung der Daten kennen, die Sie auswerten möchten. In der Personaladministration müssen Ihnen das Infotypkonzept und die Bedeutung der auszuwertenden Infotypen bekannt sein. Da die Query ein flexibleres Instrument ist als der Report, ist dies hier noch sehr viel wichtiger.

Hinweis Wenn Sie eine Query erstellt und abgespeichert haben, ist das Ergebnis ein Report wie er in Abschnitt 6.2 beschrieben wurde. Das System »programmiert« auf Basis Ihrer Vorgaben selbstständig eine Auswertung. Deshalb können Sie mit einer fertigen Query auch ebenso arbeiten wie mit einem einfachen Report.

6.3.2 Ausführen einer Query

Auf die Query stoßen Sie an vielen Stellen des SAP-Menüs. Der allgemeine Menüpfad zur SAP Query im HR ist jedoch folgender: **Personal · Informationssystem · Reporting-Werkzeuge · SAP Query**. Sie erreichen damit das in Abbildung 6.31 dargestellte Einstiegsbild.

Abbildung 6.31 Einstiegsbild SAP Query

Die meisten der dort verfügbaren Funktionalitäten benötigen Sie zum Ausführen einer Query nicht. Wichtig ist zunächst der untere Bereich des Bildes, in dem die verfügbaren Queries aufgelistet sind. Ist die von Ihnen gesuchte Query nicht in der Liste enthalten, gibt es zwei Möglichkeiten:

1. Es wird die falsche Benutzergruppe angezeigt. Dies ist dann möglich, wenn Sie mehreren Benutzergruppen zugeordnet sind. Dann können Sie über den Button [icon] diejenige Benutzergruppe auswählen, unter der die gesuchte Query einzuordnen ist. Fragen Sie gegebenenfalls Ihren Systembetreuer, welche dies ist.

2. Sie befinden sich im falschen Arbeitsbereich. Grundsätzlich stehen der **Standardbereich** und der **Globale Bereich** zur Verfügung. Fragen Sie auch hierzu Ihren Systembetreuer, in welchem dieser beiden Bereiche Sie arbeiten. Sie können den Bereich über den Menüpfad **Umfeld · Arbeitsbereiche** leicht wechseln.

Haben Sie die gewünschte Query gefunden, gehen Sie wie folgt vor:

1. Markieren Sie die gewünschte Query durch einen einfachen Klick oder schreiben Sie den Namen der Query in das Eingabefeld **Query**.
2. Starten Sie die Query mit dem **Ausführen**-Button, wie er Ihnen von den Reports bekannt ist.
3. Nachdem das Selektionsbild erschienen ist, arbeiten Sie mit der Query weiter wie mit einem normalen Report.

> **Hinweis** Häufig wird eine fertige Query auch in das Menü eingebaut wie ein normaler Report. Sie benutzen diese dann ebenfalls wie einen Standardreport, denn die Handhabung dieser beiden unterscheidet sich nicht.

6.3.3 Erstellen einer Ad-hoc Query

Auch zur Ad-hoc Query können Sie auf vielen verschiedenen Wegen gelangen. Zwei davon sind:

- Nutzen Sie den Button [InfoSet Query] auf dem in Abbildung 6.31 gezeigten Einstiegsbild der SAP Query.
- Wählen Sie den Menüpfad **Personal · Informationssystem · Reporting-Werkzeuge · Ad-hoc Query**.

Infoset-Auswahl

In beiden Fällen erscheint zunächst das Dialogfenster zur Infoset-Auswahl (siehe Abbildung 6.32). Sie müssen nun wissen, in welchem Infoset die Daten zusammengefasst sind, die Sie auswerten möchten. Wenn das gesuchte Infoset nicht in der angezeigten Liste enthalten ist, kann dies wiederum am falschen Arbeitsbereich oder an der falschen Benutzergruppe liegen. Beides können Sie in den beiden Auswahlfeldern im unteren Bereich des Fensters ändern.

Haben Sie das richtige Infoset gefunden, so markieren Sie die entsprechende Zeile mit Hilfe der Maus und bestätigen Sie. Erst dann erreichen Sie die Hauptmaske der Ad-hoc Query.

Abbildung 6.32 Auswahl eines Infosets für die Ad-hoc Query

Bildschirmaufbau in der Ad-hoc Query

Der Bildschirm zum Erstellen einer Ad-hoc Query ist in drei große Bereiche unterteilt (siehe Abbildung 6.33):

1. die Feldauswahl, über die die Selektionsfelder und die auszugebenden Felder bestimmt werden
2. der Selektionsbereich, der wiederum in vier Bereiche unterteilt ist
3. die Ausgabevorschau, über die man schon vor dem Start der Query das Layout ansehen und verändern kann

Außerdem gibt es oben links noch eine kleine Buttonleiste, deren wichtigste Elemente in diesem Abschnitt erklärt werden. Im Folgenden lernen Sie nun alle Bildbereiche anhand eines Beispiels kennen.

> **Hinweis** Wenn Ihnen die Bildbereiche »Auswertungsmenge« und »Treffermenge« nicht wie in Abbildung 6.33 dargestellt angezeigt werden, schalten Sie diese über folgenden Menüpfad an: **Zusätze · Objektselektion einschalten**.

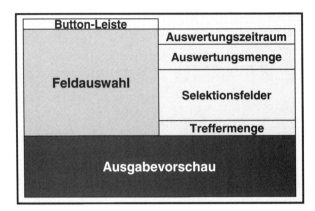

Abbildung 6.33 Aufbau des Bildschirms der Ad-hoc Query

Die Feldauswahl

In diesem Bereich stehen alle Felder des Infosets zur Verfügung. Sie sind in der Regel – wie auch in dem in Abbildung 6.34 gezeigten Beispiel – nach Infotypen geordnet. Da auch ein anderes Ordnungskriterium benutzt werden kann, werden die Ordnungsgruppen hier neutral als *Feldgruppen* bezeichnet.

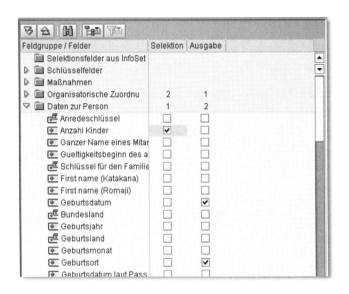

Abbildung 6.34 Auswahl von Selektions- und Ausgabefeldern

Um eine Feldgruppe zu öffnen und die darin enthaltenen Felder zu sehen, klicken Sie einfach auf das Symbol ▷. Dann haben Sie die Möglichkeit, jedes Feld als Selektionsfeld und/oder als Ausgabefeld zu kennzeichnen. In dem dargestellten Beispiel wird die **Anzahl Kinder** als Selektionsfeld genutzt, während das **Geburts-**

datum und der **Geburtsort** in der Ergebnisliste ausgegeben werden. Die Zahlen hinter der Feldgruppe **Organisatorische Zuordnung** zeigen außerdem, dass aus dem Infotyp 0001 noch zwei Felder zur Selektion genutzt werden und ein Feld ausgegeben wird. Sie erkennen dies unmittelbar im Selektionsbereich (siehe Abbildung 6.37) und in der Ausgabevorschau (siehe Abbildung 6.39).

Wählen Sie für Ihr Beispiel nun auch einige Selektions- und Ausgabefelder aus und beobachten Sie die Auswirkung in den anderen Bildbereichen.

> **Tipp** Wenn Sie in einer Query den Namen eines Mitarbeiters ausgeben wollen, müssen Sie ihn nicht aus den einzelnen Feldern des Infotyps 0002 zusammensetzen. Im Infotyp 0001 stehen Ihnen zwei fertig aufbereitete Felder zur Verfügung:
>
> ▶ Der **aufbereitete Name des Mitarbeiters** enthält alle Bestandteile der korrekten Anrede: Vorname, Nachname sowie etwaige Titel usw.
>
> ▶ Das Feld **Name des Mitarbeiters (sortierfähig)** beinhaltet den Namen des Mitarbeiters in einer Form, die bei Sortierung nach diesem Feld die übliche Telefonbuchreihenfolge ergibt.

Damit ist der wesentliche Teil der Arbeit schon getan. Nun arbeiten Sie ähnlich weiter wie bei einem normalen Report. Stellen Sie zunächst den gewünschten Auswertungszeitraum ein (siehe Abbildung 6.35). Dies funktioniert genauso wie bei dem in Abbildung 6.19 gezeigten neuen Reportselektionsbild.

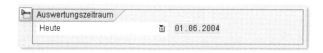

Abbildung 6.35 Stichtag für Auswertungszeitraum auswählen

> **Hinweis** Wenn Sie die Ad-hoc Query in der hier gezeigten Art und Weise nutzen, gilt immer: Personenauswahlzeitraum = Datenauswahlzeitraum.

Abbildung 6.36 Nicht eingeschränkte Auswertungsmenge

Die Grundmenge, über die ausgewertet wird, wird als *Auswertungsmenge* bezeichnet. Sie kann in dem in Abbildung 6.36 gezeigten Bildbereich eingeschränkt werden. Dies erfolgt in der Regel entweder auf Basis der Organisationsstruktur oder durch die Treffermenge der vorangegangenen Selektion. Im hier dargestellten Beispiel erfolgt keine Einschränkung. Übernehmen Sie diese Einstellung für das Erstellen Ihrer ersten Ausgabeliste. Danach können Sie dann ein wenig mit der Auswertungsmenge experimentieren.

Die im ersten Schritt ausgewählten Selektionsfelder stehen Ihnen – wie in Abbildung 6.37 dargestellt – nun zur Einschränkung Ihrer Ausgabeliste zur Verfügung. In unserem Beispiel verwenden wir lediglich die **Anzahl Kinder** zur Selektion. Es sollen alle Personen ausgegeben werden, die mindestens ein Kind haben. Die Bedingung **mindestens** können Sie über die Spalte **Option** erfassen. Klicken Sie dazu in der entsprechenden Zeile in diese Spalte. Dann können Sie eine Selektionsoption auswählen, wie Sie es von einfachen Reports bereits kennen.

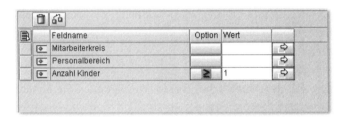

Abbildung 6.37 Selektion nach drei Feldern

Bevor Sie sich nun die Liste anzeigen lassen, können Sie zunächst einmal feststellen, wie viele Personen diese enthalten wird. Dies erfolgt durch die Anzeige der Treffermenge. Klicken Sie dazu auf den in Abbildung 6.38 ganz links angezeigten Button. Das Beispiel zeigt, dass im System 316 Personen mit mindestens einem Kind geführt werden.

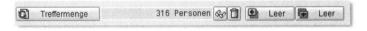

Abbildung 6.38 Gefüllte Treffermenge nach Durchführen der Selektion

Die Vorschau im unteren Bildbereich zeigt bisher noch Dummy-Daten an (siehe Abbildung 6.39). Dies dient lediglich dazu, sich den Aufbau der Ausgabeliste vorstellen zu können. Mit Hilfe des Buttons ist es allerdings auch möglich, den Vorschaubereich mit den echten Daten zu füllen.

Um zur endgültigen Ausgabeliste zu gelangen, klicken Sie auf den **Ausgabe**-Button der Buttonleiste (siehe Abbildung 6.40).

Abbildung 6.39 Vorschau der Ergebnisliste mit Dummy-Daten

Abbildung 6.40 Buttonleiste der Ad-hoc Query

Die Ausgabe sieht dann ebenso aus wie die weiter oben beschriebene Ausgabe eines Reports und kann auch so weiterverarbeitet werden (siehe Abschnitt 6.2.3). Arbeiten Sie ein wenig mit den hier dargestellten Bildbereichen, bevor Sie dann die im nächsten Abschnitt beschriebenen speziellen Funktionen nutzen.

6.3.4 Spezielle Funktionen der Ad-hoc Query

Aufgrund der Vielzahl der Spezialfunktionen der Ad-hoc Query ist es hier nicht möglich, diese erschöpfend zu beschreiben. Wir stellen Ihnen hier jedoch die wesentlichen Elemente dar, so dass Sie, nachdem Sie diese eingeübt haben, weitere Elemente ohne Schwierigkeiten verstehen können. Nehmen Sie sich regelmäßig etwas Zeit, um neue Menüpfade, Buttons oder Einträge des Kontextmenüs, das Sie mit der rechten Maustaste erreichen, zu erforschen.

Abspeichern einer fertigen Ad-hoc Query

Wenn Sie eine Ad-hoc Query erstellt haben, können Sie sie über den Menüpfad **Query · sichern/sichern als** abspeichern. Aufrufen können Sie diese dann wieder über den mittleren Button der Buttonleiste (siehe Abbildung 6.40) oder auf dem in Abschnitt 6.3.2 beschriebenen Weg.

Wert versus Text in der Feldauswahl

Zu vielen Feldern wird im System sowohl ein Wert (Schlüssel) als auch ein Text geführt. Diese Felder erkennen Sie in der Feldauswahl an dem vorangestellten Symbol. Ein Beispiel hierfür ist der Anredeschlüssel aus dem Infotyp 0002. Hier entspricht z. B. dem Wert »1« der Text »Herr«. In der Regel ist das System so voreingestellt, dass in solchen Fällen der Wert zur Selektion herangezogen wird – für die Ausgabe hingegen der Text. Wenn Sie mit der rechten Maustaste auf die Bezeichnung des Feldes in der Feldauswahl klicken, können Sie dies ändern.

Einstellungen der Ad-hoc Query

Über den Menüpfad **Bearbeiten • Einstellungen** können Sie das Verhalten der Query und die Oberfläche gestalten. Da die Beschreibung jeder einzelnen Option den Rahmen dieses Buches sprengen würde, verweisen wir hier lediglich auf die Dokumentation über die F1-Hilfe (siehe Kapitel 14, *Hilfefunktionen*).

Eine Option wollen wir aber dennoch hervorheben. In der Registerkarte **Ausgabe** (siehe Abbildung 6.41) haben Sie die Möglichkeit, über das Feld **Start über Selektionsbild** vor jeder Ausgabe das Standardselektionsbild (siehe Abschnitt 6.2.2) aufzurufen. Auf diese Weise können Sie insbesondere einen vom Personenauswahlzeitraum abweichenden Datenauswahlzeitraum auswählen.

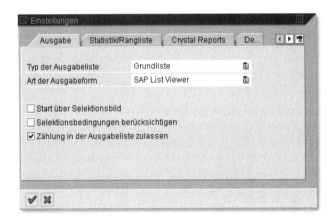

Abbildung 6.41 Einstellungen zur Ad-hoc Query

Mehrstufige Selektion mit Mengenoperationen

Oft ist es nicht möglich, alle Personen, die man in einer Liste ausgeben möchte, in einem Schritt zu selektieren. Mögliche Beispiele dafür sind:

▶ Innerhalb einer bestimmten Gruppe von Personen (z. B. alle gewerblichen Mitarbeiter) diejenigen auswählen, für die bestimmte Daten nicht vorliegen (z. B. keine Sicherheitsbelehrung im Infotyp 0032). Sie können über nicht vorhandene Daten nie selektieren. Wenn Sie die Belehrungsart aus dem Infotyp 0032 als Selektionsfeld deklarieren und dort **ungleich »Sicherheitsbelehrung«** auswählen, werden alle Mitarbeiter ausgegeben, die irgendeine andere Belehrung haben. Nicht aber diejenigen, die gar keine Belehrung haben.

▶ Personen selektieren, die entweder ein Kriterium A erfüllen oder ein Kriterium B oder beides (z.B. alle Mitarbeiter, die über 50 sind, sowie alle Mitarbeiter, die in Berlin wohnen): Wenn Sie Wohnort und Alter als Selektionsfelder deklarieren und entsprechend füllen, dann enthält die Ausgabeliste nur die Mitarbeiter, die beide Kriterien gleichzeitig erfüllen.

In solchen Fällen kann man die so genannten Mengenoperationen nutzen. Um Sie zu aktivieren, wählen Sie zunächst den Menüpfad **Zusätze · Mengenoperationen einblenden**. Dann sehen Sie im Selektionsbereich die Registerkarte **Mengenoperationen**. Klicken Sie diese an, um das in Abbildung 6.42 dargestellte Bild zu erhalten.

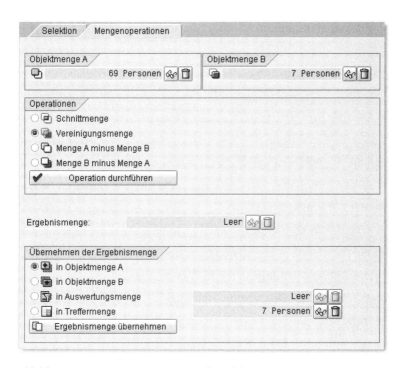

Abbildung 6.42 Mengenoperationen in der Ad-hoc Query

In diesem Bild haben Sie die Möglichkeit, die verschiedenen Mengen von selektierten Personen miteinander zu kombinieren. Dabei werden die Grundoperationen der Mengenlehre genutzt.

Zu Beginn jeder Operation stehen Ihnen die Objektmengen (= Personenmengen) A und B zur Verfügung. Aus diesen können Sie nun durch Auswahl der entsprechenden Operation und Anklicken des Buttons **Operation durchführen** die Schnittmenge oder die Vereinigungsmenge bilden oder eine der Mengen von der jeweils anderen abziehen. Das Ergebnis steht dann erst einmal in der Ergebnismenge. Im unteren Bereich des Bildes haben Sie dann die Möglichkeit, diese Ergebnismenge in eine andere Menge zu transferieren. Dies kann sein:

- eine der Objektmengen A und B, um in weiteren Schritten damit arbeiten zu können
- die Auswertungsmenge, um bei einer folgenden Auswertung die auszuwertende Grundmenge einzuschränken
- die Treffermenge, um damit eine Liste anzuzeigen

Jetzt müssen Sie nur noch wissen, wie Sie die Auswertungsmengen A und B füllen. Hierzu selektieren Sie lediglich die gewünschten Personen und nehmen sie – wie oben beschrieben – in die Treffermenge auf. Über die in Abbildung 6.38 gezeigten beiden rechten Buttons transferieren Sie dann die Treffermenge in die Menge A oder B.

Als Beispiel bedienen wir uns im Folgenden des oben eingeführten Beispiels und selektieren Mitarbeiter ohne Sicherheitsbelehrung. Dazu geht man wie folgt vor:

1. Selektieren Sie über den Mitarbeiterkreis alle gewerblichen Mitarbeiter.
2. Frischen Sie die Treffermenge auf.
3. Transferieren Sie die Treffermenge in die Objektmenge A.
4. Selektieren Sie alle Mitarbeiter, die eine Sicherheitsbelehrung erhalten haben.
5. Frischen Sie die Treffermenge auf.
6. Transferieren Sie die Treffermenge in die Objektmenge B.
7. Wählen Sie die Registerkarte **Mengenoperationen** aus.
8. Wählen Sie die Operation **Menge A minus Menge B** aus.
9. Klicken Sie auf den Button **Operation durchführen**.
10. Wählen Sie im unteren Bereich **in Treffermenge** aus.
11. Klicken Sie auf den Button **Ergebnismenge übernehmen**.

Die Treffermenge enthält nun genau die Personen, die Sie auswerten wollen. Sie können nun die gewünschte Ausgabe für diese Treffermenge erzeugen.

Sehr ähnlich können Sie im zweiten Beispiel vorgehen, in dem Sie die Vereinigungsmenge für zwei Kriterien ermitteln möchten. In diesem Fall arbeiten Sie mit der Operation **Vereinigungsmenge**.

6.4 Übungsaufgaben zu Kapitel 6

1. Welche Auswertungswerkzeuge bietet SAP HR?
2. Wie gliedert sich das Selektionsbild eines Standardreports?
3. Wie können Sie zusätzliche Selektionsfelder auf dem Standardselektionsbild aufblenden?
4. Welche weiteren Möglichkeiten haben Sie, die Menge der selektierten Personen einzuschränken?
5. Wie gehen Sie vor, wenn Sie über das Standardselektionsbild Daten der aktuellen Woche auswählen wollen?
6. Welche Möglichkeiten haben Sie, die Ergebnisliste eines Reports zu sortieren?
7. Was ist die Besonderheit der Auswertung **Flexible Mitarbeiterdaten**?
8. Was ist der Unterschied zwischen Ad-hoc Query und Infoset-Query im HR?
9. Welches Feld sollte als Ausgabefeld gewählt sein, wenn Sie die Ausgabeliste alphabetisch nach dem Namen der Mitarbeiter sortieren wollen?
10. Sie finden eine vorher abgespeicherte Query nicht mehr in der Liste der Queries. Was überprüfen Sie zunächst?
11. Wie können Sie die Treffermenge in der Ad-hoc Query einblenden?
12. Wie kommt das System von der Auswertungsmenge zur Treffermenge?
13. Sie möchten erreichen, dass in der Ausgabeliste einer Query sowohl die Nummer als auch der Text des Personalbereichs angezeigt wird. Wie gehen Sie vor?

7 Zeitwirtschaft

Die Zeitwirtschaft beschäftigt sich mit der Verwaltung der Ressource »Arbeitszeit«. Neben dem Führen von Ab- und Anwesenheitszeiten sowie Zeitkonten stellt sie auch einen wichtigen Input für die Entgeltabrechnung dar. Mehrarbeit und die verschiedensten zuschlagspflichtigen Zeiten werden in dieser Komponente ermittelt.

7.1 Das Aufgabengebiet der Zeitwirtschaft

7.1.1 Ziel der Zeitwirtschaft

Zunächst soll die *Zeitwirtschaft* das Arbeitszeitverhalten des Mitarbeiters im Allgemeinen dokumentieren. Dazu zählen unter anderem:

- Dauer und Lage der Anwesenheitszeiten
- Dauer und Lage der Pausenzeiten
- Arbeitszeiten außerhalb der Firma (z. B. Dienstreisen)
- besondere Abwesenheiten (Krankheit, Urlaub usw.)
- Art der Tätigkeit während der erfassten Zeiten (Produktivzeit, Verteilzeit usw.)

Im Bereich des *Leistungslohns* werden diese Informationen außerdem mit Daten aus der Produktion kombiniert, wie z. B.:

- gefertigte Stückzahl
- Vorgabezeiten
- Ausschuss

Aus diesen Sachverhalten, deren Erfassung in Abschnitt 7.2 beschrieben wird, werden dann weitere Informationen abgeleitet. Dazu werden betriebliche Regelungen wie Arbeitszeitmodelle, Gleitzeitregelung und Regeln zur Zuschlagsberechnung angewendet. Diese so genannte *Zeitabrechnung* (oder *Zeitbewertung*) liefert dann z. B. folgende Ergebnisse:

- Stand des Urlaubskontos
- Stand des Gleitzeitkontos und/oder Langzeitkontos
- zu bezahlende Mehrarbeitsstunden
- zu bezahlende Zuschläge für Mehrarbeit, Nachtarbeit, Sonn- und Feiertagsarbeit

- zu bezahlende Zulagen für besondere Tätigkeiten
- Handlungsbedarf bei Verletzung des Arbeitszeitgesetzes oder der betrieblichen Kernzeitenregelung

7.1.2 Formen der Zeiterfassung

Man unterscheidet bei der Zeiterfassung im Wesentlichen zwei Formen:

Positiverfassung
Im Rahmen der Positiverfassung werden die Zeiten der Mitarbeiter vollständig erfasst. Insbesondere werden alle Kommen- und Gehen-Uhrzeiten genau dokumentiert. Letzteres erfolgt in der Regel nicht manuell, sondern mit Hilfe von Zeiterfassungsterminals, die die Mitarbeiter beim Betreten und Verlassen des Unternehmens mit Hilfe einer Zeiterfassungskarte bedienen.

Negativerfassung
Die *Negativerfassung* geht von einem definierten Arbeitszeitmodell aus, d.h. tägliche Arbeitszeit, Schichtplan usw. Nur die Abweichungen hierzu werden erfasst. Dies führt im Allgemeinen dazu, dass kleinere Abweichungen nicht berücksichtigt werden, sondern nur Mehr- oder Minderarbeit ab 15 Minuten sowie ganz- und untertägige Abwesenheiten. Außerdem ist in der Regel die Lage der Arbeitszeit nicht relevant. Solange diese keine Auswirkungen auf die Bezahlung hat (z.B. durch Nachtzuschläge), wird lediglich die Arbeitsdauer erfasst.

Mischformen
In einer Mischform sind beide Formen kombiniert. Dies könnte bedeuten, dass im Verwaltungsbereich Negativerfassung und im Produktionsbereich Positiverfassung eingesetzt wird. In der Praxis wird fast nie unternehmensweit Positiverfassung eingesetzt, da viele Arbeitsplätze sich dafür nicht eignen.

Eine weitere sehr gebräuchliche Mischform besteht darin, die Kommen- und Gehen-Uhrzeiten zwar grundsätzlich zu erfassen, bei den Pausenzeiten aber von einer festen Pausenzeit auszugehen (z.B. 45 Minuten) und die Pause nur dann zu erfassen, wenn sie davon abweicht.

In diesem Buch stellen wir Ihnen im Wesentlichen die Positivzeiterfassung vor, da sie umfangreicher ist und die Elemente der Negativerfassung weitgehend mit beinhaltet.

7.1.3 Voraussetzungen in den Stammdaten

Damit Sie die Zeitabrechnung für einen Mitarbeiter durchführen können, müssen im Personalstamm folgende Infotypen gepflegt sein:

- 0000 – *Maßnahmen*
- 0001 – *Organisatorische Zuordnung*
- 0002 – *Daten zur Person*
- 0004 – *Abrechnungsstatus*
- 0007 – *Sollarbeitszeit*
- je nach Customizing Ihres Systems auch: 0008 – *Basisbezüge*

Im Fall der Positiverfassung ist außerdem der Infotyp 0050 erforderlich, den wir im folgenden Abschnitt vorstellen.

Infotyp 0050 – Zeiterfassungsinformation

Die Erfassung von Zeitereignissen – ganz gleich, ob manuell oder über ein Terminal – setzt die korrekte Pflege des Infotyps 0050 – *Zeiterfassungsinformation* voraus (siehe Abbildung 7.1).

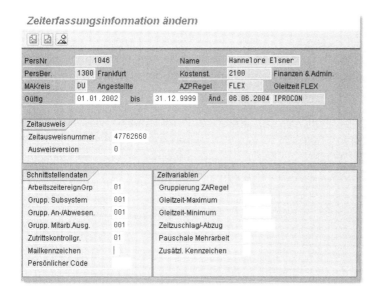

Abbildung 7.1 Pflege der Zeitausweisdaten

Er enthält insbesondere folgende Informationen:

- Die **Zeitausweisnummer** erlaubt die Zuordnung eines Zeitausweises und damit der Buchungen am Zeiterfassungsterminal zu einem Mitarbeiter. Auch wenn Zeitereignisse ausschließlich manuell gepflegt werden, muss dieses Feld im Standard stets gepflegt und eindeutig sein. Ansonsten lässt sich der Infotyp nicht speichern. Das gilt sogar dann, wenn das Feld über das Customizing ausgeblendet wird.

> **Tipp** Wenn Sie den Infotyp 0050 für einen Mitarbeiter pflegen müssen, der keinen Zeitausweis besitzt, geben Sie einfach die Personalnummer ein. Diese ist stets eindeutig. Wenn Personalnummern und Zeitausweisnummern im gleichen Nummernbereich liegen, stellen Sie eine einfache Ziffernkombination voran, z. B. »999«.

- Die **Arbeitszeitereignisgruppe** bestimmt die zulässigen Zeitereignisse.
- Die **Gruppierung Subsystem** bestimmt die Terminals, an denen der Mitarbeiter stempeln darf.
- Die **Gruppierung An-/Abwesenheitsgründe** bestimmt die erlaubten Gründe (Beispiel: Nur bestimmte Mitarbeiter dürfen einen Dienstgang buchen).
- Die **Gruppierung Mitarbeiterausgaben** bestimmt, welche Lohnarten über das Subsystem gebucht werden können (z. B. Parkgebühren).
- Die **Zutrittskontrollgruppe** ist dann relevant, wenn das gleiche Subsystem für die Zutrittssteuerung genutzt wird und bestimmt, wann und wo der Mitarbeiter Zugang hat.

Die übrigen Felder werden nur selten genutzt und dann oft sehr firmenspezifisch interpretiert. Erkundigen Sie sich gegebenenfalls nach der Nutzung dieser Felder in Ihrem Unternehmen.

Die Felder der Gruppe **Schnittstellendaten** werden zum großen Teil aufgrund der organisatorischen Zuordnung des Mitarbeiters schon korrekt vorbelegt. Sie müssen also in der Regel lediglich die Zeitausweisnummer pflegen und eventuell einige Besonderheiten bzw. Abweichungen von der Regel.

> **Hinweis** Pflegen Sie den Infotyp 0050 frühzeitig – spätestens dann, wenn die Zeiterfassungskarte an den Mitarbeiter ausgehändigt ist. Ansonsten kann das System die Zeitbuchungen nicht zuordnen und Sie müssen die daraus entstehenden Fehler manuell nachbearbeiten (siehe Abschnitt 7.4.2).

7.2 Die Pflege von Zeitdaten

Nachfolgend wird die Pflege der wichtigsten Infotypen der Zeitwirtschaft erläutert. Den Einstieg in die Pflege der Zeitwirtschaftsdaten erreichen Sie über die Transaktion PA61 oder den Menüpfad **Personal · Personalzeitwirtschaft · Administration · Zeitdaten · Pflegen**. Grundsätzlich erreichen Sie die Zeitwirtschaftsinfotypen auch über die bereits aus der Personaladministration bekannte Transaktion PA30; in der PA61 stehen Ihnen aber auf den Registerkarten bereits die Zeitwirtschaftsinfotypen zur Verfügung. Des Weiteren gibt es in der Pflegetransaktion zur Zeitwirtschaft z.B. die Spezialfunktion der Listerfassung.

Gleich beim Einstieg in die Transaktion PA61 werden Sie feststellen, dass die Aufteilung der Infotypen auf die einzelnen Registerkarten eine andere ist als in der Personaladministration (siehe Abbildung 7.2).

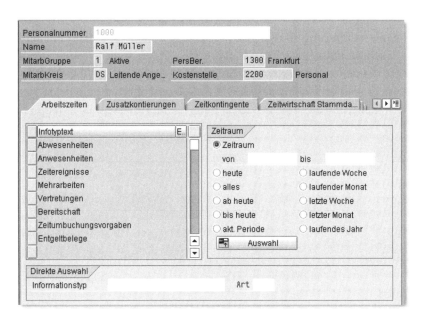

Abbildung 7.2 Transaktion PA61 (Zeitdatenpflege)

Abgesehen von der Aufteilung der Registerkarten sieht die Transaktion genauso aus wie die PA30 der Personalstammpflege. Auch bezüglich des Infotypkonzepts gelten die gleichen Ausführungen wie in Kapitel 5, *Personaladministration*. Besonders das Konzept der Subtypen wird in der Zeitwirtschaft sehr intensiv genutzt. Identisch funktioniert ebenfalls die Auswahl der Mitarbeiter mit Hilfe des Objektmanagers und das Anlegen, Ändern, Löschen, Kopieren oder Abgrenzen von Infotypen. Daher werden nachfolgend lediglich die Besonderheiten der wichtigsten Zeitwirtschaftsinfotypen erläutert.

> **Hinweis** Zur effizienten Eingabe mehrerer Sätze für eine Person nutzen Sie den Button Listerfassung. Um mehrere Personen in einer Liste bearbeiten zu können, steht Ihnen über den Menüpfad **Personal · Personalzeitwirtschaft · Administration · Zeitdaten · Schnellerfassung** eine Schnellerfassung zur Verfügung.

> Diese ist ebenso zu handhaben wie die Schnellerfassung für Personalstammdaten (siehe Kapitel 5, *Personaladministration*). Im Folgenden werden die einzelnen Infotypen mit ihren Einzelerfassungsmasken vorgestellt, um sie vollständig erläutern zu können.

7.2.1 Infotyp 2001 – Abwesenheiten

Abwesenheiten werden im Infotyp 2001 erfasst. Die einzelnen Abwesenheitsarten sind teilweise hinsichtlich der zu pflegenden Daten stark unterschiedlich. Insbesondere Krankheiten erfordern die Erfassung zusätzlicher Daten, die sich auf die Dauer der Entgeltfortzahlung auswirken. Die Abwesenheitsarten entsprechen den einzelnen Subtypen des Infotyps 2001. Beispiele für Abwesenheitsarten sind:

- Arztbesuch
- Elternzeit
- Gleittag
- Krankheit
- Kur
- Mutterschutz
- Urlaub
- Wehrdienst

> **Hinweis** Arbeitszeiten, die außerhalb der üblichen Arbeitsstätte erbracht werden, stellen keine Abwesenheiten dar. Sie werden als Anwesenheiten geführt und dementsprechend im Infotyp 2002 (siehe Abschnitt 7.2.2) gepflegt.

Abbildung 7.3 zeigt die Erfassungsmaske für Urlaub, die im Wesentlichen nur Beginn- und Endedatum sowie die Auszählung der Abwesenheit enthält. Dabei wird zwischen Abwesenheitstagen und Kalendertagen unterschieden, da arbeitsfreie Tage nicht als Abwesenheitstage gezählt werden. Außerdem zeigt das Feld **Kontingentverbrauch**, wie viele Tage vom Urlaubsanspruch (Infotyp 2006 oder in älteren Versionen Infotyp 0005) abgetragen werden. Um einen Urlaub im System zu erfassen, gehen Sie wie folgt vor:

1. Rufen Sie die Zeitdatenpflege wie zu Beginn dieses Kapitels beschrieben auf.
2. Wählen Sie den Infotyp 2001 – *Abwesenheiten* aus.

3. Wählen Sie im Feld **Art** den Subtypen aus: Die Abwesenheitsart »Urlaub« entspricht oft dem Subtypenkürzel 0100 – dies kann aber in Ihrem System anders sein, so dass Sie die F4-Hilfe nutzen sollten, solange Ihnen die Kürzel noch nicht vertraut sind.
4. Geben Sie im Feld **Zeitraum** Beginn- und Endedatum des Urlaubs ein.
5. Betätigen Sie den Button **Anlegen**.
6. Überprüfen Sie in der nun erscheinenden Maske Ihre Daten und sichern Sie die Daten mit dem Button.

Abbildung 7.3 Anlegen von Urlaub

Bei der Pflege von Abwesenheiten werden vom System zahlreiche Plausibilitätsprüfungen durchgeführt. Achten Sie daher darauf, welche Meldungen in der Statusleiste angezeigt werden. Dies können insbesondere sein:

▶ Der erste oder letzte Tag der Abwesenheit ist arbeitsfrei.

▶ Der gesamte Zeitraum ist arbeitsfrei.

▶ Der Zeitraum ist länger als erlaubt.

▶ Das Kontingent reicht nicht aus.

▶ Der Satz überschneidet sich mit anderen Zeitdaten. In diesem Fall existieren drei voreingestellte Varianten, wie das System reagieren kann:

▹ Es wird nur eine Warnmeldung ausgegeben. Sie können die Daten aber trotzdem speichern.

▹ Die Eingabe ist nicht möglich. Sie müssen dann gegebenenfalls zunächst die störenden Daten korrigieren (dies ist üblich, wenn Sie Urlaub in einem Zeitraum erfassen wollen, in dem bereits eine Krankheit vorliegt).

▶ Der bereits vorhandene Datensatz wird abgegrenzt bzw. gelöscht, so dass der neue gespeichert werden kann (dies ist üblich, wenn Sie eine Krankheit in einem Zeitraum erfassen wollen, in dem bereits Urlaub vorliegt). Abbildung 7.4 zeigt diesen Sachverhalt: Im oberen Bildbereich wird die neu erfasste Krankheit angezeigt; im unteren Bildbereich der Urlaub. Das Scherensymbol deutet an, dass der Urlaub um die beiden Krankheitstage gekürzt wird. Das Listbild des Infotyps 2001 in Abbildung 7.5 zeigt das Ergebnis dieses Abgrenzvorgangs.

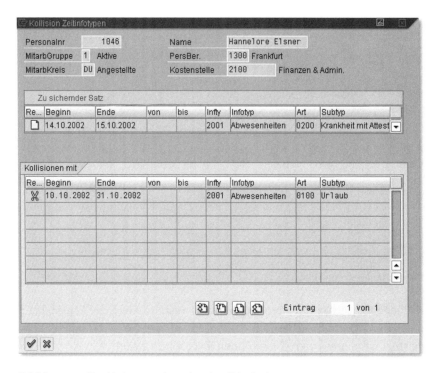

Abbildung 7.4 Krankheit grenzt bestehenden Urlaub ab

Die Erfassungsmaske für Urlaub entspricht im Wesentlichen denen der meisten anderen Abwesenheitsarten. Bei untertägigen Abwesenheiten sind zusätzlich noch die Uhrzeiten zu pflegen, wie in Abbildung 7.6 dargestellt. Geben Sie dafür die Uhrzeiten ein. Das System errechnet dann die Stundenzahl, gegebenenfalls unter Berücksichtigung der Pausenzeiten. Liegt eine Nachtschicht vor und die Abwesenheit liegt in der Zeit nach Mitternacht, setzen Sie im Feld **Vortag** ein »X«.

Bei Krankheit und Kur kommen in der Feldgruppe **Fristen für Bezahlung** spezielle Felder zur Steuerung der Entgeltfortzahlung hinzu. Abbildung 7.7 zeigt dies am Beispiel der deutschen Entgeltabrechnung.

Abbildung 7.5 Krankheit unterbricht Urlaub

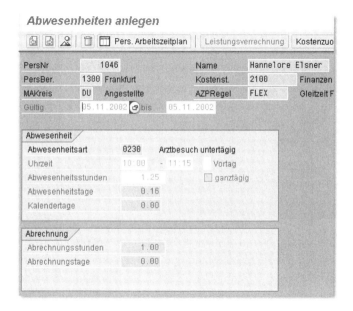

Abbildung 7.6 Uhrzeitgenaue Erfassung eines Arztbesuchs

Abbildung 7.7 Steuerung der Entgeltfortzahlung

Die Pflege von Zeitdaten **205**

Im Normalfall müssen Sie hier keine manuellen Eingaben vornehmen. Das System errechnet die Fristen für die Entgeltfortzahlung und für den Krankengeldzuschuss aufgrund der Daten des Infotyps 0016 – *Vertragsbestandteile* (siehe Kapitel 5, *Personaladministration*) automatisch und belegt die Felder **Ende Lohnfortzahlung** und **Krankengeldzuschuss** entsprechend vor. In folgenden Fällen müssen Sie Eingaben vornehmen:

▶ Wenn die Krankheit eine Folgeerkrankung zu einer früher erfassten Krankheit darstellt, dann erfassen Sie im *ersten* der beiden Felder hinter **Verknüpfungen** ein Kennzeichen (z. B. »01«). Pflegen Sie dieses Kennzeichen dann bei allen zugehörigen Vor- und Folgeerkrankungen. Daran erkennt das System zusammengehörende Krankheiten. Beim Speichern oder beim Drücken von **Enter** werden die Felder zu Entgeltfortzahlung und Krankengeldzuschuss neu berechnet.

▶ Wenn die Krankheit als Mehrfacherkrankung mit einer unmittelbar vorangehenden Erkrankung zu verknüpfen ist, dann erfassen Sie im *zweiten* der beiden Felder zu **Verknüpfungen** ein Kennzeichen (z. B. »01«). Pflegen Sie dieses Kennzeichen dann bei allen zugehörigen Mehrfacherkrankungen. Daran erkennt das System zusammengehörende Krankheiten. Beim Speichern oder beim Drücken von **Enter** werden die Felder zu Entgeltfortzahlung und Krankengeldzuschuss neu berechnet.

Hinweis Das Feld **anrechenbare Tage** übersteuert die Wirkung der Verknüpfungen vollständig.

▶ Sind für die Berechnung der Fristen frühere Erkrankungen anzurechnen, die aber aus technischen Gründen nicht im System gepflegt werden können, dann erfassen Sie diese Zahl im Feld **anrechenbare Tage**. Dies kann insbesondere dann erforderlich sein, wenn Ihre Personalsoftware gerade erst auf SAP HR umgestellt wurde und die Historie des Personalstamms nicht gepflegt werden kann. Beim Speichern oder beim Drücken der von **Enter** werden die Felder zu Entgeltfortzahlung und Krankengeldzuschuss neu berechnet.

▶ Bescheinigt die Krankenkasse einen anderen als den tatsächlichen Beginn der Krankheit, dann erfassen Sie diesen im Feld **bescheinigter Beginn**. Das System zieht dann dieses Datum anstatt des Beginndatums zur Berechnung der Fristen heran. Beim Speichern oder beim Drücken von **Enter** werden die Felder zu Entgeltfortzahlung und Krankengeldzuschuss neu berechnet.

7.2.2 Infotyp 2002 – Anwesenheiten

In der Zeitwirtschaft werden unter Anwesenheiten z. B. Dienstreisen oder auch der Besuch von Weiterbildungen verstanden. Das heißt, alle Ereignisse, bei denen der Mitarbeiter zwar nicht im Unternehmen, aber dennoch für das Unternehmen tätig ist, werden nicht als Abwesenheiten, sondern als Anwesenheiten im System verbucht. Anwesenheiten untergliedern sich in Anwesenheitsarten, wie z. B. Dienstreise, Seminar, Betriebsratstätigkeit. Die Anwesenheitsarten sind als Subtypen des Infotyps 2002 – *Anwesenheiten* (siehe Abbildung 7.8) im System hinterlegt.

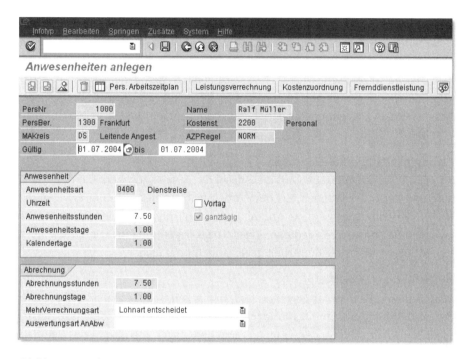

Abbildung 7.8 Infotyp 2002 – Anwesenheiten: Beispiel Dienstreise

Gültigkeitszeitraum

Bei einigen Subtypen kann im System hinterlegt sein, dass Sie bereits vor dem Einstieg in das Anlegen des Infotyps das Beginn und/oder Endedatum angeben müssen. Sollte dies der Fall sein, werden Sie vom System darauf hingewiesen (Das Endedatum muß angegeben sein).

Uhrzeit/Anwesenheitsstunden

Wenn Sie eine Anwesenheitsart eingeben, berechnet das System automatisch die Anwesenheitsstunden und -tage. Hierbei berücksichtigt es die Sollarbeitszeit des Mitarbeiters und arbeitsfreie Tage (siehe Abbildung 7.8). Die Stundenfelder können Sie auch überschreiben. Anwesenheitszeiten können im Gegensatz zu Abwesenheitszeiten auch über die Sollarbeitszeit eines Tages hinausgehen. Abhängig von den Systemeinstellungen können Sie Anwesenheiten mit Uhrzeiten oder mit Stunden erfassen. Das Kennzeichen für eine ganztägige Anwesenheit (☑ ganztägig) setzt das System in Abhängigkeit von der Sollarbeitszeit des Mitarbeiters laut Infotyp 0007 – *Sollarbeitszeit*.

Vortag

Das Vortageskennzeichen in der Zeitwirtschaft gibt an, dass der Satz dem Vortag zuzuordnen ist. Es ist hauptsächlich bei mitternachtsübergreifenden Tagesarbeitszeitplänen (z. B. 22:00–06:00 Uhr) relevant. Das Vortageskennzeichen verwenden Sie nur, wenn Sie die Zeitdaten mit Uhrzeiten erfassen. In diesem Fall gilt der dem Mitarbeiter zugeordnete Tagesarbeitszeitplan immer für den Tag, an dem die Beginnuhrzeit liegt. Aus diesem Grund ist die Information, die Sie mit dem Vortageskennzeichen setzen, sehr wichtig. Nur so kann das System einen erfassten Datensatz, dessen Beginnuhrzeit einen Tag später liegt als die im persönlichen Arbeitszeitplan angegebene Beginnuhrzeit, dem richtigen Tagesarbeitszeitplan zuordnen.

Anwesenheitstage/Kalendertage

Im Feld **Anwesenheitstage** wird die Anzahl der Tage angegeben, die das System aufgrund der Informationen aus dem Arbeitszeitplan des Mitarbeiters ermittelt. Im Feld **Kalendertage** wird die Anzahl der tatsächlichen Tage wiedergegeben, die zwischen Beginn- und Endedatum eines Satzes liegen, unabhängig davon, ob es sich für den Mitarbeiter um Arbeitstage handelt oder nicht.

Abrechnungsstunden/-tage

Was in diesen Feldern ausgegeben wird, hängt von den Systemeinstellungen zu den bewerteten Abrechnungsstunden und -tagen ab. Diese Stunden/Tage müssen nicht unbedingt mit den Anwesenheitsstunden/-tagen identisch sein. Beispiele: Die Mitarbeiter arbeiten 38 Stunden in der Woche. Von Montag bis Donnerstag arbeiten sie jeweils 8,5 Stunden, am Freitag dagegen nur vier Stunden.

Mehrarbeitsverrechnungsart

Über die Mehrarbeitsverrechnungsart werden Anwesenheiten bezüglich der Art der Vergütung unterteilt. Es gibt die Möglichkeit, die durch eine Anwesenheit entstehende Mehrarbeit in Geld oder in Zeit zu vergüten.

Auswertungsart An-/Abwesenheit

Hier kann angegeben werden, dass eine Anwesenheit speziell zu bewerten ist. Dieses Feld wird bei Ihnen nur eingeblendet sein, wenn bei Ihnen die Zeitabrechnung bzw. Abrechnung im Einsatz ist und es spezielle Bewertungsvorschriften für bestimmte Anwesenheiten gibt. So kann eine Anwesenheit z. B. wie folgt bewertet werden:

- als Mehrarbeit
- mit einer Zulage für eine Referententätigkeit oder für gefährliche und schmutzige Arbeit

Persönlicher Arbeitszeitplan

Mit Hilfe der Schaltfläche Pers. Arbeitszeitplan können Sie sich einen Überblick über den Arbeitszeitplan des Mitarbeiter verschaffen. Wenn Sie die Schaltfläche betätigen, werden Sie erst nach dem gewünschten Zeitraum für die Anzeige des Arbeitszeitplans des Mitarbeiters gefragt. Das System schlägt hier automatisch das Beginn- und Endedatum des aktuellen Infotypsatzes vor. Diesen Vorschlag können Sie aber überschreiben. Bestätigen Sie den Auswahlzeitraum mit dem Button und Sie bekommen eine Übersicht über die Sollarbeitszeit des Mitarbeiters laut seinem persönlichen Arbeitszeitplan angezeigt.

Leistungsverrechnung

Über die Schaltfläche Leistungsverrechnung können Sie Angaben zur Verrechnung der gerade eingegebenen Anwesenheit machen. Dies kann dann sinnvoll sein, wenn z.B. der Mitarbeiter im Rahmen der Anwesenheit für eine andere Abteilung tätig war und die Kostenstelle für diese Zeit mit den Kosten des Mitarbeiters belastet werden soll. Gleichzeitig wird die Kostenstelle des Mitarbeiters entlastet. Hierzu müssen Sie in der Eingabemaske für die Leistungsverrechnung (siehe Abbildung 7.9) im Bereich Kontierung Angaben zum Empfänger der Leistung machen (Angabe des Geschäftsbereichs und der Kostenstelle oder des Auftrags oder des PSP-Elements, z.B. für Projektarbeit). Bei den Angaben zum Sender der Leistung, also in diesem Fall dem Mitarbeiter, ist in der Regel die Kostenstelle und der Buchungskreis aufgrund der Stammdaten des Mitarbeiters bereits vorgegeben. Erfasst werden muss jetzt mindestens noch die Leistungsart, mit der die erbrachte Leistung einer Kostenstelle angegeben wird. Anhand der Leistungsart können Steuerdaten festlegen, ob der Tarif zur Bewertung der Leistung manuell gesetzt oder über die Tarifermittlung automatisch berechnet wird. Die weiteren Angaben, wie z.B. Sonderfonds, werden nur eingesetzt, falls Sie in Ihrem Unternehmen das Haushaltsmanagement verwenden sollten. Mit Hilfe des Buttons Übernehmen übernehmen Sie Ihre Eingaben.

Kostenzuordnung

Unabhängig von der sonstigen Kontierung der Kosten des Mitarbeiters gemäß der Systemeinstellungen können Sie mit Hilfe der Funktion der Kostenzuordnung explizit angeben, welche Kontierungsobjekte des CO (Controlling-Modul im R/3-System) mit den Kosten des Mitarbeiters während der Anwesenheit belastet werden sollen.

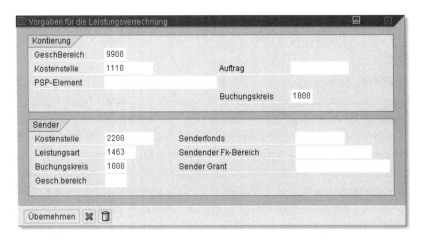

Abbildung 7.9 Angaben zur Leistungsverrechnung

Diese so genannte individuelle Kostenzuordnung erlaubt es also, die Kosten für Arbeitsstunden eines Mitarbeiters individuell einzelnen Controlling-Objekten zuzuweisen (siehe Abbildung 7.10). Übernehmen Sie anschließend Ihre Eingabe mit der Schaltfläche Übernehmen .

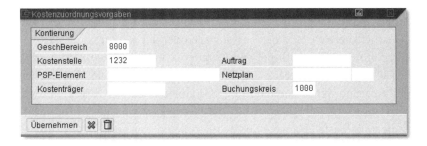

Abbildung 7.10 Angaben zur Kostenzuordnung

Fremddienstleistung

Wenn nicht eigene Mitarbeiter Arbeiten übernehmen, sondern Beschäftigte externer Firmen, können Sie diese externen Beschäftigten über die Personalzeitwirtschaft verwalten. Mit Hilfe des Buttons Fremddienstleistung können Sie für solche »Mitarbeiter« die Leistung, welche Sie im Infotyp 2002 – *Anwesenheiten* erfasst haben, einem Beschaffungsbeleg im Modul MM/SRV (Einkauf von Dienstleistungen) zuordnen. Das heißt, die angegebenen Arbeitszeiten werden mit spezifischen Informationen für den Einkauf versehen und dienen dort der Überprüfung und Abrechnung von externen Dienstleistungen. Hierzu geben Sie in der Erfassungsmaske für Fremddienstleistungen den Einkaufsbeleg, die betroffene Position innerhalb des Einkaufsbelegs, die Leistungsnummer (Art der Dienstleistung) und die Stelle des externen Dienstleisters an (siehe Abbildung 7.11). Betätigen Sie anschließend die Schaltfläche `Übernehmen` zum Bestätigen Ihrer Eingaben.

Abbildung 7.11 Angaben zu Fremddienstleistungen

Abweichende Bezahlung

Um bestimmte Leistungen des Mitarbeiters speziell vergüten zu können, haben Sie bei einigen Zeitwirtschaftsinfotypen die Möglichkeit, direkt bezahlungsrelevante Informationen zu hinterlegen. Diese Angaben zu einer abweichenden Bezahlung legen Sie über die Schaltfläche an. Die dort hinterlegten Angaben werden in der Lohn- und Gehaltsabrechnung abgefragt und verarbeitet.

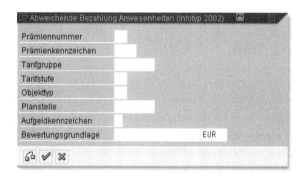

Abbildung 7.12 Abweichende Bezahlung erfassen

In der Eingabemaske zur abweichenden Bezahlung (siehe Abbildung 7.12) haben Sie folgende Möglichkeiten, die Vergütung festzulegen:

▶ Vergabe einer Prämie: Für bestimmte Leistungen oder Arbeitsbedingungen können Sie einem Mitarbeiter eine Prämie zuweisen. Diese wird anhand einer Prämiennummer und eines Prämienkennzeichens ausgewählt. Verwenden Sie zur Auswahl die Eingabehilfe, die Ihnen alle zulässigen Prämien mit Verwendungstext und jeweiligem Wert anzeigt (beispielsweise eine Erschwerniszulage). Eine Prämie können Sie entweder allein oder zusätzlich zu den nachfolgend aufgezeigten Möglichkeiten zuweisen.

- Vergütung nach einem alternativen Tarif: Über die Felder **Tarifgruppe** und **Tarifstufe** können Sie die Vergütung für eine Leistung neu festlegen. In der Abrechnung werden dann nicht die im Infotyp 0008 – *Basisbezüge* für den Mitarbeiter festgelegten Tarife ausgewählt, sondern die Vergütung erfolgt für den Zeitraum der abweichenden Bezahlung anhand der hier angegebenen Tarife.

- Vergütung nach den Vorgaben einer anderen Planstelle: Über die Felder **Objekttyp** und **Planstelle** können Sie die Vergütung für die Leistung über die Vorgaben einer anderen Planstelle zuweisen. Voraussetzung ist hier allerdings, dass an der zugewiesenen Planstelle die Angaben zur Bezahlung hinterlegt sind (Sollbezahlung).

- Korrektur der Abrechnungsergebnisse: Über die Felder **Aufgeldkennzeichen** und **Bewertungsgrundlage** haben Sie die Möglichkeit, die Ergebnisse der Abrechnung zu korrigieren. Der Hintergrund ist: In der Abrechnung wird nicht jede Lohnart mit einem festgelegten Betrag bewertet. Zur Bewertung einer Lohnart kann die Abrechnung während des Abrechnungslaufs eine Bewertungsgrundlage errechnen. Diese ermittelt sich aus den Basisbezügen sowie den Be- und Abzügen des Mitarbeiters. Über die beiden genannten Felder können Sie den Wert dieser Bewertungsgrundlage für den angegebenen Zeitraum verändern. Geben Sie dazu im Feld **Bewertungsgrundlage** einen Betrag ein. Das Aufgeldkennzeichen steuert, wie die neue Bewertungsgrundlage gebildet werden soll:

  - **Aufgeld**
    Wenn Sie im Feld **Aufgeldkennzeichen** ein »+« eingeben, wird der im Feld **Bewertungsgrundlage** angegebene Betrag auf die in der Abrechnung ermittelte Bewertungsgrundlage aufgeschlagen.

  - **Kürzung**
    Wenn Sie im Feld Aufgeldkennzeichen ein »-« eingeben, wird der im Feld Bewertungsgrundlage angegebene Betrag von der in der Abrechnung ermittelten Bewertungsgrundlage abgezogen.

  - **Festlegung eines alternativen Betrages**
    Wenn Sie das Feld Aufgeldkennzeichen nicht füllen, wird die in der Abrechnung für die Lohnart ermittelte Bewertungsgrundlage durch den im Feld Bewertungsgrundlage angegebenen Betrag ersetzt.

7.2.3 Infotyp 2003 – Vertretung

Unter Vertretung wird im Allgemeinen das zeitweise Ersetzen einer abwesenden Person verstanden. Aus betriebswirtschaftlicher Sicht wird eine Vertretung als eine zweite Besetzung einer Planstelle definiert, die bei Abwesenheit des Planstelleninhabers dessen Aufgabe für den Zeitraum der Abwesenheit übernimmt. In der Personalzeitwirtschaft hingegen wird der Begriff Vertretung weiter gefasst. Hiernach ist nicht nur das Ersetzen eines abwesenden Mitarbeiters gemeint, sondern in erster Linie die Abänderung der Sollarbeitszeit eines Mitarbeiters, z.B. durch die Arbeitszeit eines anderen Mitarbeiters. Nachfolgend werden die gängigsten Vertretungsarten kurz erläutert.

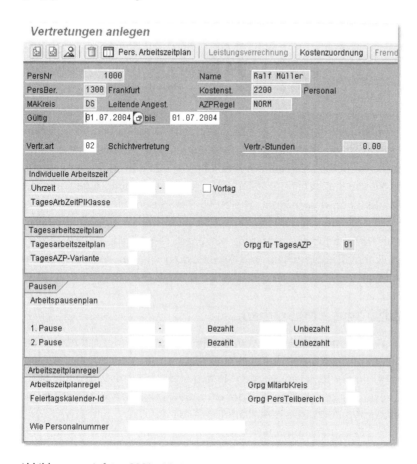

Abbildung 7.13 Infotyp 2003 – Vertretungen

Vertretungen können Sie auf folgende Weisen im System erfassen (siehe Abbildung 7.13):

Individuelle Arbeitszeit

Geben Sie hier die Beginn und Enduhrzeit an, die einem Mitarbeiter im ausgewählten Zeitraum anstelle seiner Sollarbeitszeit aus dem Infotyp 0007 zugeordnet werden soll. Zum Vortageskennzeichen sei auf die Ausführungen zum Infotyp 2002 – *Anwesenheiten* verwiesen.

Tagesarbeitszeitplan

Über diese Funktion hinterlegen Sie tageweise Abweichungen vom Arbeitszeitplan Ihres Mitarbeiters. Ein Tagesarbeitszeitplan ist eine Beschreibung der Arbeitszeitdauer und Arbeitszeitlage an einem nicht konkret bestimmten Arbeitstag. Eine Verwendung dieser Funktion anstelle der Vertretung auf Basis einer Arbeitszeitplanregel empfiehlt sich, wenn z. B. ein Mitarbeiter nur kurzzeitig einen anderen Arbeitszeitplan erhalten soll. Dem Mitarbeiter werden also zeitweise andere Arbeitszeiten zugewiesen, z. B. 09:00–17:00 anstelle von 08:00–16:00 Uhr. Benutzen Sie hier die Auswahlhilfe des Feldes **Tagesarbeitszeitplan**, mit deren Hilfe Sie den gewünschten Tagesarbeitszeitplan leicht ermitteln können.

Arbeitszeitplanregel

Über diese Funktion hinterlegen Sie eine mehrtägige Abweichung vom persönlichen Arbeitszeitplan eines Mitarbeiters. Eine Verwendung dieser Funktion empfiehlt sich auch, wenn Sie z. B. einem Mitarbeiter für einen bestimmten Zeitraum eine andere Personalteilbereichs-/Mitarbeitergruppierung oder einen anderen Feiertagskalender zuordnen müssen. Hierzu können Sie in den entsprechenden Feldern Eingaben machen. Alternativ können Sie auch einfach eine andere Personalnummer als Vorlage für die Vertretung eingeben. Der Mitarbeiter erhält dann genau die gleichen Gruppierungen und Arbeitszeiten wie der der angegebenen Personalnummer.

7.2.4 Infotyp 2005 – Mehrarbeit

In diesem Infotyp können Sie Arbeitsstunden hinterlegen, die der Mitarbeiter zusätzlich zu seiner im Tagesarbeitszeitplan hinterlegten Sollarbeitszeit leistet (siehe Abbildung 7.14). In der Regel verwenden Sie den Infotyp *Mehrarbeiten* nur, wenn keine Zeitabrechnung genutzt wird. Dort wird die Mehrarbeit automatisch berechnet. Der Infotyp 2005 ist ein Auslaufmodell, da die Daten mittlerweile vollständig im bereits erläuterten Infotyp 2002 – *Anwesenheiten* erfasst werden können. Sie können die Mehrarbeit im System wie in diesem Abschnitt beschrieben erfassen:

Uhrzeit/Mehrarbeitsstunden

Die Berechnung der Mehrarbeitsstunden erfolgt auf Basis des Tagesarbeitszeitplans, der dem Mitarbeiter zugeordnet ist. Daher berücksichtigt das System bei der Erfassung eines Mehrarbeitssatzes keine Zeiten, die innerhalb der Sollarbeitszeit des Mitarbeiters liegen. Geben Sie hier entweder die Stunden oder die Uhrzeit der Mehrarbeit an. Wenn Sie nur Stunden erfassen, trägt das System automatisch die Beginn- und Enduhrzeit ein. Dabei liest das System die Sollarbeitszeit des Mitarbeiters und schlägt das Ende der Sollzeit als Beginnuhrzeit der Mehrarbeit vor.

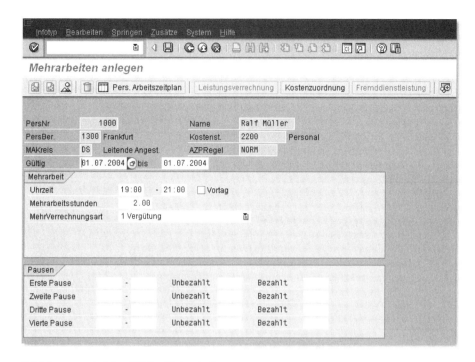

Abbildung 7.14 Infotyp 2005 – Mehrarbeit

Mehrarbeitsverrechnungsart

Über die Mehrarbeitsverrechnungsart werden Mehrarbeiten bezüglich der Art der Vergütung unterteilt. Es gibt die Möglichkeit, die Mehrarbeit in Geld oder in Zeit zu vergüten. Ergänzend hierzu können Sie auch über das Menü **Springen · Abweichende Bezahlung** oder mit Hilfe der Schaltfläche für die Mehrarbeiten noch weitere zusätzliche Angaben hinsichtlich einer abweichenden Bezahlung hinterlegen

Pausen

Wenn in dem zugrunde liegenden Tagesarbeitszeitplan Mehrarbeitspausen definiert sind, überträgt das System diese automatisch in den Infotyp. Die Pausen können Sie aber auch individuell über Beginn- und Enduhrzeit festlegen. Dabei legen Sie über die Felder **unbezahlt** oder **bezahlt** die Abrechnungsrelevanz der Pausen fest. Dazu werden in den Feldern die (un-)bezahlten Stunden erfasst.

7.2.5 Infotyp 2006 – Abwesenheitskontingente

Im Infotyp *Abwesenheitskontingente* (siehe Abbildung 7.15) werden Zeitkonten geführt, die Abwesenheitsansprüche bzw. Zeitguthaben der Mitarbeiter abbilden. Das verfügbare Kontingent ist dabei über eine bestimmte Anzahl von Tagen oder

Stunden hinterlegt, in denen die Mitarbeiter der Arbeit fernbleiben dürfen. Klassisches Beispiel ist der Urlaub, der in der Regel als Abwesenheitskontingent geführt wird. Abwesenheitskontingente können manuell erfasst, vom SAP-System vorgeschlagen oder automatisch aufgebaut werden.

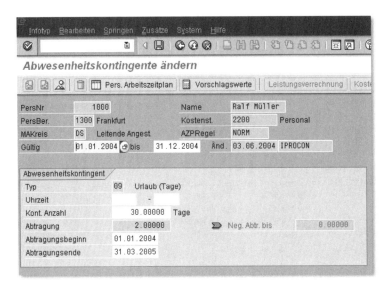

Abbildung 7.15 Infotyp 2006 – Abwesenheitskontingente

Gültigkeitszeitraum/Abtragungsbeginn und -ende
Abwesenheitskontingente gelten nur für einen bestimmten Gültigkeitszeitraum, z. B. das Urlaubsjahr oder den Monat der erarbeiteten Mehrarbeitsstunden. Wann ein Kontingent abgetragen werden kann, wird durch den Abtragungszeitraum vorgegeben. Gültigkeits- und Abtragungszeitraum müssen dabei nicht identisch sein. Betrachten wir das folgende Beispiel:

Mitarbeiter in Ihrem Unternehmen erhalten einen Urlaubsanspruch von 30 Tagen pro Jahr. Das entsprechende Abwesenheitskontingent erhält einen Gültigkeitszeitraum von einem Jahr, z. B. 01.01.2004 bis 31.12.2004. Es hat den Abtragungszeitraum 01.01.2004 bis 31.03.2005. Die Mitarbeiter können den Urlaub also drei Monate über das Urlaubsjahr hinaus nehmen. Nach diesem Datum verfällt das Konto, wenn Sie es nicht in ein anderes Abwesenheitskontingent umbuchen.

Typ
Abwesenheitskontingente sind in Subtypen unterteilt. So kann es z. B. einen Subtyp *Urlaub* und einen Subtyp *Sonderurlaub*, aber auch z. B. einen weiteren für so genannte Kompensationskonten geben, in denen geleistete Mehrarbeitsstunden geführt werden, die der Mitarbeiter als Freizeit in Anspruch nehmen darf. Wählen Sie hier den gewünschten Typ unter Verwendung der Auswahlhilfe aus.

Uhrzeit

Sie vergeben Abwesenheitskontingente, indem Sie für einen Gültigkeits- und Abtragungszeitraum einen Gesamtanspruch definieren, den der Mitarbeiter auf Abwesenheit hat. Durch die Angabe von konkreten Uhrzeiten können Sie festlegen, dass das Kontingent nur durch untertägige Abwesenheiten abgetragen werden darf, die innerhalb des angegebenen Zeitrahmens liegen.

Kontingentanzahl

In diesem Feld erfassen Sie die Anzahl der Tage, die dem Mitarbeiter innerhalb des angelegten Kontingents zur Verfügung stehen sollen. Je nach Systemeinstellung kann es sein, dass Ihnen bereits beim Anlegen des Anwesenheitskontingents ein Wert vorgeschlagen wird. Sollten Sie diesen Wert überschrieben haben, können Sie den ursprünglich vorgeschlagenen Wert mit Hilfe der Schaltfläche Vorschlagswerte wieder einfügen.

Abtragung

In diesem Feld werden die bisher vorhandenen Abtragungen dieses Kontingentes durch Abwesenheiten angezeigt. Der Wert bezieht sich auf alle erfassten Abtragungen des Kontingents, auch wenn diese in der Zukunft liegen.

Negative Abtragung bis

Abhängig von den Systemeinstellungen zum jeweiligen Kontingenttyp können negative Abtragungen, also Abtragungen über das Kontingent hinaus, erlaubt sein. Wenn dem so ist, wird die Anzahl der maximal möglichen negativen Abtragungen in diesem Feld angezeigt.

Über das Menü **Springen · Abtragung** können Sie sich Details zu den bereits erfassten Abtragungen aus dem aktuellen Kontingent anzeigen lassen (siehe Abbildung 7.16).

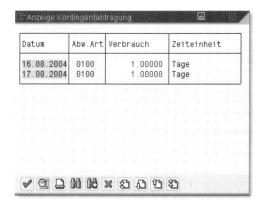

Abbildung 7.16 Übersicht über Kontingentabtragungen

Wenn Sie hier eine Zeile markieren und die Schaltfläche ![btn] betätigen, können Sie sich den Abtragungssatz z.B. im Infotyp 2001 – *Abwesenheiten* näher ansehen.

7.2.6 Infotyp 2007 – Anwesenheitskontingente

Da bestimmte Arbeitszeiten, wie z.B. Mehrarbeiten, besonders kostenrelevante Faktoren darstellen, können Sie über den Infotyp 2007 – *Anwesenheitskontingente* für bestimmte Anwesenheiten festlegen, wie viel ein Mitarbeiter zu welcher Zeit davon ableisten darf. Der Auf- und Abbau dieser Zeitkonten wird durch das System kontrolliert. Über Anwesenheitskontingente werden z.B. folgende Sachverhalte geführt:

▶ Genehmigungen für einen Mitarbeiter, innerhalb eines Jahres eine bestimmte Anzahl von Tagen zur Fortbildung zu nutzen

▶ Genehmigungen für einen Mitarbeiter, über einen bestimmten Zeitraum und bei Bedarf zu bestimmten Uhrzeiten eine festgelegte Anzahl von Mehrarbeitsstunden leisten zu dürfen

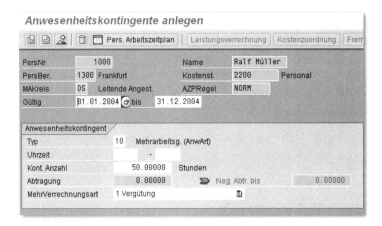

Abbildung 7.17 Infotyp 2007 – Anwesenheitskontingente

Dieser Infotyp ist dem Infotyp 2006 – *Abwesenheitskontingente* sehr ähnlich. Daher werden hier nur die Abweichungen kurz erläutert: Bei dem gezeigten Beispiel (siehe Abbildung 7.17) wird das Kontingent in Stunden angegeben, was an den Systemeinstellungen zu dem ausgewählten Kontingenttyp *Mehrarbeitsgenehmigung* liegt.

Mehrarbeitsverrechnungsart
Abweichend zum Infotyp *Abwesenheitskontingente* können hier Angaben zur Art der Verrechnung der Anwesenheit gemacht werden, d.h., Sie legen hier fest, ob die Verrechnung z.B. in Geld (Vergütung) oder in Zeit (Freizeitkontingent) erfolgen soll.

7.2.7 Infotyp 2010 – Entgeltbelege

Mit dem Infotyp 2010 – *Entgeltbelege* (siehe Abbildung 7.18) haben Sie die Möglichkeit, Lohn- und Gehaltsarten manuell zu erfassen und so direkt Informationen für die Lohn- und Gehaltsabrechnung zu hinterlegen. Hier werden Lohn- und Gehaltsarten verwendet, die nicht automatisch von der Lohn- und Gehaltsabrechnung erzeugt werden. Daher können Sie diesen Infotyp nutzen, um z.B. manuell berechnete Lohngrößen, Erschwerniszulagen, Prämien oder andere nicht planbare Entgeltbestandteile zu hinterlegen.

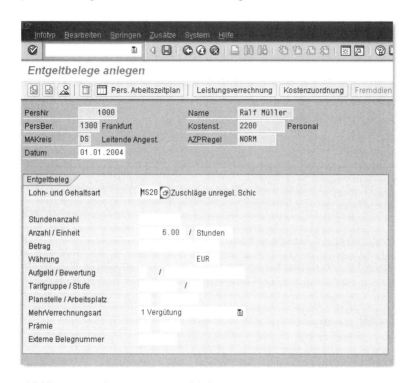

Abbildung 7.18 Infotyp 2010 – Entgeltbelege

Der Infotyp ist in einzelne Subtypen unterteilt, welche hier Lohnarten darstellen. Abhängig von den im System hinterlegten Einstellungen zu den Lohnarten ist festgelegt:

▶ welche Felder jeweils eingabebereit sind
▶ ob Zusatzinformationen für das Rechnungswesen und die Logistik erfasst werden können
▶ ob eine Lohn- und Gehaltsart einmal oder mehrfach pro Abrechnungsperiode hinterlegt werden darf

- welche Felder eine Eingabe erfordern

Stundenzahl/Anzahl/Einheit/Betrag

Die notwendigen Eingaben in diesen Feldern hängen von der jeweiligen Lohnart ab. Durch Systemmeldungen werden Sie darauf hingewiesen, in welche Felder Sie etwas eingeben müssen.

Angaben zur abweichenden Bezahlung

Im Gegensatz zum Infotyp 2002 – *Anwesenheiten* geben Sie im Infotyp 2010 – *Entgeltbelege* die abweichende Bezahlung direkt im Infotyp und nicht über die Schaltfläche ein. Ansonsten sind die Auswirkungen der Eingaben zur abweichenden Bezahlung identisch mit denen im Infotyp 2002, weshalb hier auf die entsprechenden Ausführungen in Abschnitt 7.2.2 verwiesen wird.

Auch die bereits anhand des Infotyps 2002 – *Anwesenheiten* erläuterten Funktionalitäten zur Leistungsverrechnung und Kostenzuordnung stehen in diesem Infotyp zur Verfügung (siehe ebenfalls Abschnitt 7.2.2).

> **Hinweis** Der Infotyp *Entgeltbelege* ist dem Infotyp 0015 – *Ergänzende Zahlung* in vielerlei Hinsicht sehr ähnlich. Fragen Sie gegebenenfalls, welche Tatbestände im Infotyp 2010 zu erfassen sind und welche im Infotyp 0015.

7.2.8 Infotyp 2011 – Zeitereignisse

Falls Sie in Ihrem Unternehmen die so genannte positive Zeitwirtschaft, d.h. die Erfassung der Ist-Zeiten der Mitarbeiter durch Zeiterfassungsterminals, verwenden, werden von diesen Terminals die Zeitereignisse, also z.B. Kommen- und Gehen-Buchungen, an das SAP-System übermittelt. Diese Daten werden in den Infotyp 2011 – *Zeitereignisse* eingespielt und stehen dort zur weiteren Bearbeitung zur Verfügung.

Da für jede einzelne Buchung an einem Terminal jeweils ein Satz im Infotyp *Zeitereignisse* angelegt wird, entstehen in diesem Infotyp sehr viele Einzelsätze, die eigentlich immer nur im Zusammenhang mit dem jeweiligen Partner-Datensatz Sinn machen. Daher empfiehlt es sich, zur Pflege der Zeitereignisse die Listerfassung zu nutzen. Korrekturen an Zeitereignissen können notwendig sein, wenn z.B. ein Mitarbeiter am Vortag vergessen hat, eine Gehen-Meldung abzusetzen. Dann wird die Zeitabrechnung mit einer entsprechenden Fehlermeldung abbrechen, und eine manuelle Korrektur ist notwendig.

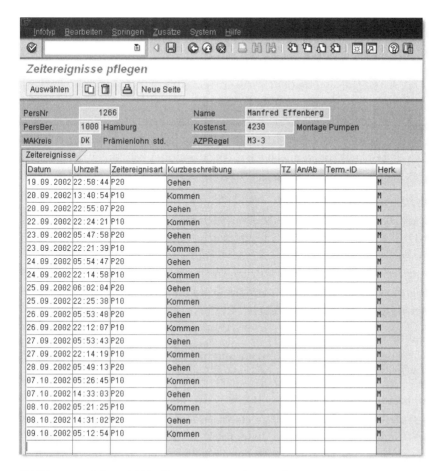

Abbildung 7.19 Infotyp 2011 – Zeitereignisse in der Listerfassung

Zum Aufruf der Listerfassung müssen Sie zunächst den Infotyp 2011 – *Zeitereignisse* und den gewünschten Zeitraum oder Stichtag auswählen. Anschließend betätigen Sie die Schaltfläche Listerfassung. Sie gelangen in ein Übersichtsbild, in dem – abhängig vom gewählten Zeitraum – alle vorhandenen Zeitereignisse aufgelistet sind (siehe Abbildung 7.19). Hier existieren folgende Felder:

Datum/Uhrzeit
Hier stehen das Datum und die Uhrzeit des Zeitereignisses.

Zeitereignisart
Hier wird die Art des Zeitereignisses (Kommen oder Gehen) angezeigt.

Tageszuordnung (TZ)
In diesem Feld kann vermerkt werden, welchem Tag das Zeitereignis zugeordnet werden soll. Die Tageszuordnung gibt an, ob ein Zeitereignis dem aktuellen oder

dem Vortag zugeordnet wurde. Das Kennzeichen wird durch die Zeitwirtschaft automatisch gesetzt. Folgende Ausprägungen sind möglich:

- »=« Das Zeitereignis wurde dem aktuellen Tag zugeordnet.
- »<« Das Zeitereignis wurde dem Vortag zugeordnet.

Diese automatische Zuordnung kann durch folgende manuelle Eingabe übersteuert werden:

- »+« Das Zeitereignis soll dem aktuellen Tag zugeordnet werden.
- »–« Das Zeitereignis soll dem Vortag zugeordnet werden.

An-/Abwesenheitsgrund
Zusätzlich zu der Kommen- oder Gehen-Buchung kann ein Ab-/Anwesenheitsgrund direkt von den Mitarbeitern am Terminal eingegeben werden. Diese Schlüssel können Sie im Infotyp *Zeitereignisse* im Feld **Ab-/Anwesenheitsgründe** manuell korrigieren bzw. nachtragen. So kann es in Ihrem Unternehmen z.B. das Zeitereignis »Gehen« zusammen mit dem Abwesenheitsgrund »Krank« oder Anwesenheitsgrund »Dienstreise« geben.

Terminal-ID
Hier wird Ihnen angezeigt, an welchem Terminal der Mitarbeiter gestempelt hat. Dieses Feld wird automatisch vom System gefüllt.

Herkunftskennzeichen
Aus dem Herkunftskennzeichen können Sie ersehen, ob das Zeitereignis manuell im SAP-System erfasst wurde. In diesem Fall ist das Feld mit einem M gefüllt. Wurden die Daten aus den Terminals automatisch in das SAP-System geladen, ist das Feld nicht gefüllt.

> **Hinweis** Bereits über das Herkunftskennzeichen erkennen Sie einen Teil der manuellen Änderungen von Zeitereignissen. Sie ersehen aber dadurch nicht, ob Zeitereignisse gelöscht wurden, oder wie ein manuell geändertes Zeitereignis vor der Änderung ausgesehen hat. Aus Gründen der Nachvollziehbarkeit werden aber automatisch gebuchte Zeitereignisse nie wirklich gelöscht. Sie sind in der Tabelle **TEVEN** weiter vorhanden und im Feld **STOKZ** als storniert gekennzeichnet. Sollten Sie diesbezüglich einmal Nachforschungsbedarf haben, können Sie (ausreichende Berechtigung vorausgesetzt) die Daten mit der Transaktion SE16 einsehen oder Sie bitten Ihren Systembetreuer um Unterstützung.

7.2.9 Infotyp 2012 – Zeitumbuchungsvorgaben

Durch *Zeitumbuchungen* (siehe Abbildung 7.20) haben Sie die Möglichkeit, die durch die Zeitabrechnung ermittelten Zeitsalden zu verändern. Beispiele dafür sind:

- Dem Mitarbeiter sollen drei Stunden aus einem Abwesenheitskontingent in den Gleitzeitsaldo gebucht werden.
- Der Gleitzeitsaldo eines Mitarbeiters soll um fünf Stunden gekürzt werden.

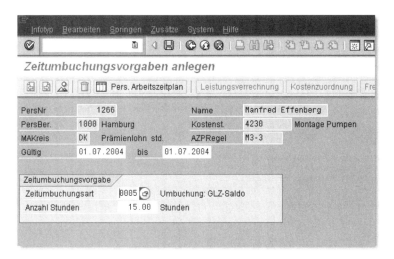

Abbildung 7.20 Infotyp 2012 – Zeitumbuchungsvorgaben

Der Infotyp ist in Subtypen unterteilt, die jeweils eine andere Zeitumbuchungsart darstellen. Abhängig vom Customizing der Zeitumbuchungsart ist es möglich, die angegebene Anzahl von Stunden auf unterschiedliche Weisen festzulegen:

- Die Stunden können in eine oder mehrere Lohnarten gebucht werden. Beispiel: Alle Stunden aus dem Gleitzeitsaldo, die über fünf Stunden hinausgehen, sollen vergütet werden.
- Eine Zeitart (z. B. Gleitzeitsaldo) kann auf einen Festwert gesetzt werden, d. h., dass der Zeitsaldo einer Zeitart auf die angegebene Stundenzahl gesetzt wird. Beispiel: Der Gleitzeitsaldo wird auf den Festwert von zehn Stunden gesetzt. Alle Stunden darüber hinaus sollen dem Mitarbeiter vergütet werden.
- Die Stunden können in eine oder mehrere Zeitarten gebucht werden, d. h., der Zeitsaldo einer Zeitart wird erhöht bzw. vermindert. Beispiel: Die angesammelte Vorholzeit wird in den Gleitzeitsaldo umgebucht. Der Gleitzeitsaldo wird um die angegebene Stundenzahl erhöht oder vermindert.
- Die Stunden können in ein Abwesenheitskontingent gebucht werden.

Zeitumbuchungsvorgaben beziehen sich immer auf einen Gültigkeitstag (siehe Abbildung 7.20). Wenn Sie einen größeren Gültigkeitszeitraum auswählen, wird an jedem Tag des Gültigkeitszeitraums die von Ihnen angegebene Zeitumbuchung vorgenommen.

> **Hinweis** In älteren Releases des Systems wurde die Zeitumbuchungsart noch »Saldokorrektur« genannt. Daher finden Sie diesen Begriff teilweise noch in Dokumenten und im allgemeinen Sprachgebrauch.

7.3 Zeitabrechnung und Zeitnachweis

7.3.1 Ziel der Zeitabrechnung

Die Zeitabrechnung dient dazu, die erfassten Zeitdaten auf Basis der im Customizing hinterlegten Regeln auszuwerten. Die Ergebnisse werden dann abgelegt in:

- Zeitarten (z. B. Produktivstunden)
- Kontingenten (z. B. Urlaubsanspruch)
- Zeitlohnarten (z. B. Nachtzuschlag)

Außerdem werden verschiedene Meldungen erzeugt, um die Sachbearbeiter auf Fehler (z. B. fehlende Zeitbuchung) oder kritische Situationen (z. B. Überschreiten der erlaubten Arbeitszeit) aufmerksam zu machen.

Erst nachdem die Zeitauswertung produktiv (d. h. nicht als Simulation) durchgeführt wurde, sind diese Ergebnisse für Auswertungen, den Zeitnachweis und die Entgeltabrechnung verfügbar.

> **Hinweis** Die Zeitabrechnung wird teilweise auch als »Zeitauswertung« oder »Zeitbewertung« bezeichnet.

7.3.2 Zeitabrechnung durchführen

Die Zeitabrechnung – wie auch der Zeitnachweis – ist prinzipiell eine Auswertung, und daher grundsätzlich so zu handhaben wie in Kapitel 6, *Reports und Queries in der Personaladministration*, beschrieben.

Sie erreichen die Zeitabrechnung über den Menüpfad **Personal** · **Personalzeitwirtschaft** · **Administration** · **Zeitauswertung** · **Zeitabrechnung**. Der zugehörige Reportname lautet RPTIME00, der Transaktionscode PT60.

Abbildung 7.21 zeigt das Selektionsbild. Neben dem Feld **Personalnummer** können Sie weitere Selektionen nutzen (siehe Kapitel 6, *Reports und Queries in der Personaladministration*). Die weiteren Felder des Selektionsbildes sind:

Auswertungsschema

Das Auswertungsschema enthält die wesentlichen Regelungen Ihres Unternehmens. Es ist daher sehr wichtig, dass Sie das richtige Schema auswählen. Wenn Sie in einem IDES-Übungssystem arbeiten, können Sie für Positiverfassung mit dem Schema »TM00« arbeiten. In Ihrem Unternehmen kann unter Umständen ein anderes Schema benutzt werden. Fragen Sie dazu Ihren Systembetreuer.

Zeitnachweisvariante

Wenn Sie im Anschluss an die Zeitabrechnung gleich den Zeitnachweis sehen wollen, geben Sie hier die Variante an, mit der der Zeitnachweis (siehe nächster Abschnitt) aufgerufen werden soll. Im IDES-Übungssystem erhalten Sie im Allgemeinen mit dem Wert »SAP&TEDT« gute Ergebnisse.

Anzeigevariante Protokoll

Wenn die Zeitabrechnung ein Protokoll ausgeben soll, können Sie hier den Aufbau steuern. In der Regel werden Sie als Endanwender allerdings nicht mit Protokollen arbeiten. Wenn Sie hier keine Variante angeben und sich dennoch das Protokoll anzeigen lassen, sehen Sie es in der Standardvariante.

Abbildung 7.21 Aufruf der Zeitabrechnung

Zwangsrückrechnung ab Datum

Rückrechnungen werden normalerweise durch Datenänderungen in die Vergangenheit ausgelöst. Solche Rückrechnungen führt das System auch dann durch, wenn Sie hier nichts eingeben. Soll das System aber weiter zurückrechnen als es aufgrund von Datenänderungen erforderlich ist, dann können Sie dies durch eine Eingabe in diesem Feld erreichen.

Auswertung bis Datum

Dieses Feld ist im Allgemeinen mit dem aktuellen Tagesdatum vorbelegt. Soll die Abrechnung an einem anderen Datum enden, dann können Sie dies durch eine Eingabe in diesem Feld erreichen.

Programmoptionen

Über den Button [Programmoptionen] können Sie vier verschiedene Optionen über den Button ▶ aktivieren oder über den Button ◀ deaktivieren. Die rechte Bildhälfte der Optionsauswahl (siehe Abbildung 7.22) zeigt die aktiven Optionen. In der Regel benötigen Sie nur die Option **Testlauf (kein Update)**, welche die Zeitabrechnung als Simulation startet. Um in Fehlerfällen die Ursache genauer feststellen zu können, aktivieren Sie die Option **Ablaufprotokoll anzeigen**. Das Interpretieren dieses Protokolls erfordert aber in der Regel tiefere Kenntnisse im Customizing und wird von Ihrem Systembetreuer vorgenommen.

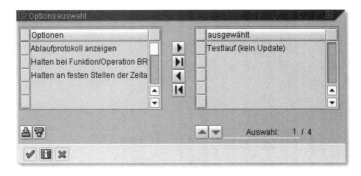

Abbildung 7.22 Zeitabrechnung als Testlauf starten

Starten Sie die Zeitabrechnung ohne Angabe einer **Zeitnachweisvariante**, erhalten Sie eine Protokollausgabe wie in Abbildung 7.23 gezeigt. Die Statistik am Ende der Listausgabe zeigt Ihnen auf einen Blick, ob bei der Durchführung der Zeitabrechnung Probleme auftraten.

Wenn Sie die Zeitabrechnung mit Angabe einer **Zeitnachweisvariante** gestartet haben, wird zunächst der Zeitnachweis angezeigt. Sie können dann über den Button [Protokoll] in die Statistik verzweigen.

7.3.3 Zeitnachweis anzeigen

Sie erreichen den Zeitnachweis über den Menüpfad **Personal · Personalzeitwirtschaft · Administration · Zeitauswertung · Zeitnachweis**. Der zugehörige Reportname lautet RPTEDT00, der Transaktionscode PT61.

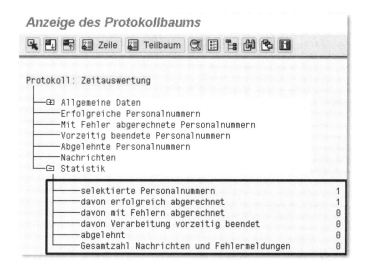

Abbildung 7.23 Statistik einer erfolgreiche Abrechnung einer Person

Abbildung 7.24 zeigt das Selektionsbild. Neben den Feldern **Personalnummer** und **Sachbearbeiter Zeiterfassung** können Sie weitere Selektionen nutzen (siehe Kapitel 6, *Reports und Queries in der Personaladministration*). Auch die Zeitraumauswahl entspricht der dortigen Darstellung. Auf die weiteren Felder des Selektionsbildes wird im Folgenden etwas genauer eingegangen:

Formularbezeichnung

Hier geben Sie ein vierstelliges Kürzel ein, welches das Format und den Inhalt des Zeitnachweisformulars bestimmt. Wenn Sie in einem IDES-Übungssystem arbeiten, liefert das Formular TF00 für Positiverfassung gute Ergebnisse. Informieren Sie sich bei Ihrem Systembetreuer, welche Formulare Sie in Ihrem Unternehmen nutzen.

Ausdruck der Rückrechnung

Wenn Sie nicht nur die aktuell selektierte Periode, sondern auch Rückrechnungszeiträume sehen wollen, setzen Sie in diesem Feld einen Haken.

Auch Mitarbeiter mit Fehlern

Markieren Sie dieses Feld, wenn das Formular auch für die Mitarbeiter ausgegeben werden soll, für die ein Fehler vorliegt. Je nach Art des Fehlers wird das Formular dann nur bis zum fehlerhaften Tag ausgegeben, weil die Zeitabrechnung nicht über den Fehler hinaus abrechnet.

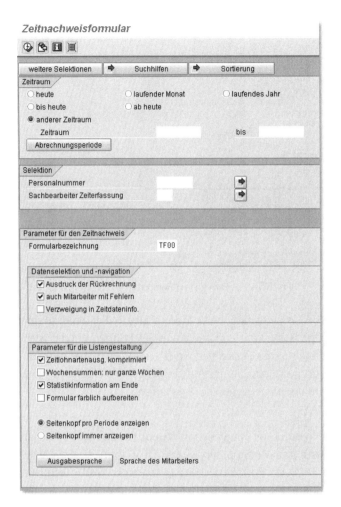

Abbildung 7.24 Aufrufen des Zeitnachweisformulars

Verzweigen in Zeitdateninfo
Haben Sie dieses Feld markiert, so erscheint im Zeitnachweis in den Einzelergebnissen (also Ergebnisse je Tag) für jede Zeile das Symbol . Durch einen Doppelklick auf dieses Symbol verzweigen Sie in die entsprechenden Zeitdateninfotypen (z.B. Zeitereignisse des Tages oder Abwesenheit).

> **Tipp** Deaktivieren Sie diese Option, wenn Sie die Zeitnachweise ausdrucken wollen. Auf dem gedruckten Formular nützt das Symbol nichts und sieht sehr unschön aus.

Parameter für die Listgestaltung

Die Parameter in dieser Feldgruppe dienen der Steuerung des Layouts und sind im Detail über die F1-Hilfe ausführlich beschrieben.

> **Hinweis** Die Ausgabesprache des Formulars ist mit **Sprache des Mitarbeiters** vorbelegt. Mit dieser Option verwendet das System die im Infotyp 0002 – *Daten zur Person* hinterlegte Sprache. In vielen Fällen sind aber das im Customizing hinterlegte Formularlayout und die Texte zu Zeitarten, Lohnarten, Abwesenheitsarten etc. nur einsprachig gepflegt. Wählen Sie in diesem Fall über den Button [Ausgabesprache] z.B. **Deutsch** als die vorgesehene Sprache fest aus (siehe Abbildung 7.25).

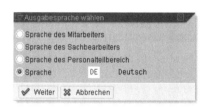

Abbildung 7.25 Deutsch als Ausgabesprache auswählen

Nach Starten des Reports erscheint der Zeitnachweis als Listausgabe auf dem Bildschirm. Er enthält folgende Elemente:

Kopfzeile je Mitarbeiter
In der Kopfzeile je Mitarbeiter werden einige Informationen aus den Personalstammdaten ausgegeben. Typischerweise gehören dazu der Name, die Personalnummer und die Kostenstelle. Abbildung 7.26 zeigt außerdem noch die Ausgabe von Personalbereich, Mitarbeitergruppe und Mitarbeiterkreis.

Kopfzeile je Periode
Da für jeden Mitarbeiter auch mehrere Perioden ausgegeben werden können, gibt es auch eine Kopfzeileninformation für die Periode. Diese enthält in der Regel den Zeitraum der Periode und das während der Periode relevante Zeitmodell, die Arbeitszeitplanregel.

Einzelergebnisse
In den Einzelergebnissen werden die wesentlichen Daten und Auswertungsergebnisse pro Tag angezeigt. Das in Abbildung 7.26 dargestellte Beispiel zeigt (von links nach rechts):

- das Tagesdatum (**Tag**)
- einen Text (**Text**) für »besondere« Informationen (z.B. Feiertag, Abwesenheit, Anwesenheit)

- die Terminalnummern für die Kommen- und Gehen-Zeiten (**Kter** und **Gter**). (Diese Spalten sind hier leer. Daran können Sie erkennen, dass die Beispieldaten manuell erfasst wurden.)
- die Kommen-Zeit (**Beguz**) und Gehen-Zeit (**Enduz**)
- die erfasste Zeit (**erf.**) ist die Zeit zwischen Kommen- und Gehen-Zeit. In diesem Beispiel werden die Zeiten nicht in Stunden und Minuten, sondern in Industrieminuten angezeigt.
- die angerechnete Rahmenzeit (**Rahmenz.**) ist die Zeit ohne unbezahlte Pausen und abgeschnittene Zeiten.
- der Gleitzeitsaldo des Tages (**Glz.**)
- die Kernzeitverletzung des Tages (**Kzvl.**)
- die genehmigte Mehrarbeitszeit des Tages (**Mehrz.**)
- das am Tag gültige Tagesmodell, also der Tagesarbeitszeitplan (**TAZPl.**)
- das Symbol zum Verzweigen in die entsprechenden Infotypen am Ende jeder Zeile

In Ihrem Unternehmen können andere Spalten für den Druck auf dem Zeitnachweis ausgewählt sein. Prinzipiell sind die Tageszeilen jedoch immer ähnlich aufgebaut.

Summenübersicht

Auf die Einzelergebnisse folgt im Allgemeinen die Summenübersicht (siehe Abbildung 7.27). Sie enthält verschiedene Monatssalden, die sich auf den aktuellen Monat oder den Vormonat beziehen können. Typischerweise werden hier Gleitzeitsalden und Resturlaub sowie einige spezielle Informationen angezeigt.

Weitere Informationen

Danach können weitere Informationen angedruckt werden. Das Beispiel in Abbildung 7.27 zeigt die vorhandenen Abwesenheitskontingente an. Es können aber auch Anwesenheitskontingente (Mehrarbeitsgenehmigungen) oder Zeitlohnarten (Nachtzuschläge, Sonntagszuschläge usw.) aufgeführt sein.

Statistik

Am Ende der Ausgabe für die letzte selektierte Personalnummer steht eine dreizeilige Statistik, in der Sie insbesondere erkennen, ob bei der Verarbeitung des Zeitnachweises Probleme aufgetreten sind.

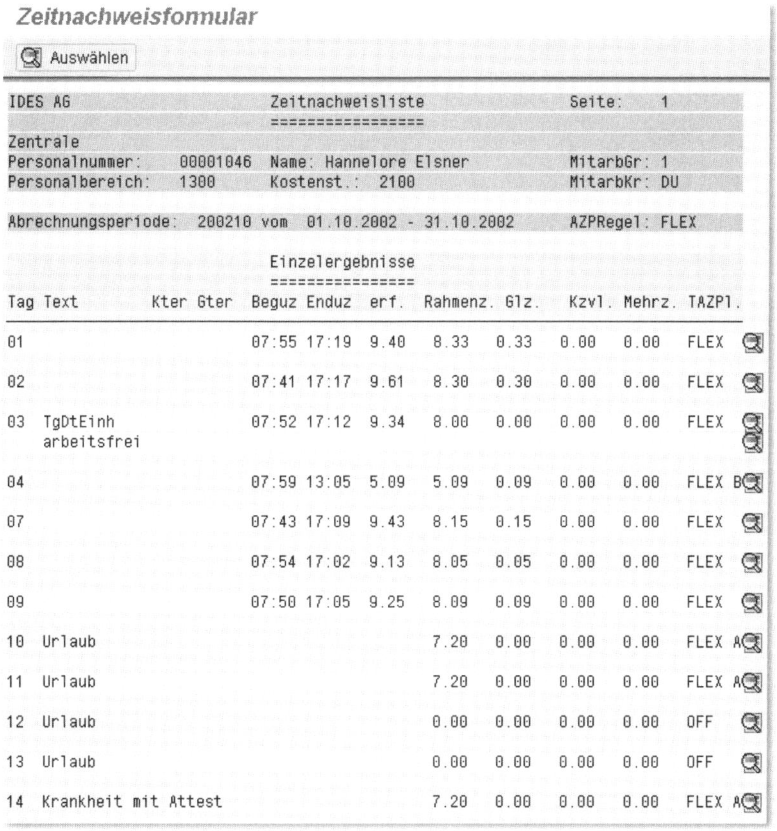

```
Zeitnachweisformular

 Auswählen

IDES AG                         Zeitnachweisliste              Seite:    1
                                ==================
Zentrale
Personalnummer:     00001046    Name: Hannelore Elsner         MitarbGr: 1
Personalbereich:    1300        Kostenst.: 2100                MitarbKr: DU

Abrechnungsperiode: 200210 vom 01.10.2002 - 31.10.2002         AZPRegel: FLEX

                                Einzelergebnisse
                                ================
Tag  Text         Kter Gter  Beguz Enduz  erf.  Rahmenz. Glz.  Kzvl. Mehrz. TAZPl.

 01                          07:55 17:19  9.40   8.33    0.33  0.00  0.00   FLEX
 02                          07:41 17:17  9.61   8.30    0.30  0.00  0.00   FLEX
 03  TgDtEinh                07:52 17:12  9.34   8.00    0.00  0.00  0.00   FLEX
     arbeitsfrei
 04                          07:59 13:05  5.09   5.09    0.09  0.00  0.00   FLEX B
 07                          07:43 17:09  9.43   8.15    0.15  0.00  0.00   FLEX
 08                          07:54 17:02  9.13   8.05    0.05  0.00  0.00   FLEX
 09                          07:50 17:05  9.25   8.09    0.09  0.00  0.00   FLEX
 10  Urlaub                                      7.20    0.00  0.00  0.00   FLEX A
 11  Urlaub                                      7.20    0.00  0.00  0.00   FLEX A
 12  Urlaub                                      0.00    0.00  0.00  0.00   OFF
 13  Urlaub                                      0.00    0.00  0.00  0.00   OFF
 14  Krankheit mit Attest                        7.20    0.00  0.00  0.00   FLEX A
```

Abbildung 7.26 Zeitnachweis – Kopfzeile und Tageszeilen

7.4 Das Tagesgeschäft im Arbeitsvorrat

7.4.1 Zweck des Arbeitsvorrats und Einstieg

Als zentrale Oberfläche für den Zeitsachbearbeiter stellt das System den so genannten Arbeitsvorrat bereit. Während das Abarbeiten der Datenerfassung (z.B. Urlaubsanträge) hauptsächlich über die Einzelerfassung oder Schnellerfassung der einzelnen Infotypen wie in Abschnitt 7.2 beschrieben erfolgt, dient der Arbeitsvorrat dazu, die tägliche Fehlerbehandlung und Kontrollarbeit zu bündeln.

Sie erreichen den Arbeitsvorrat über den Menüpfad **Personal · Personalzeitwirtschaft · Administration · Zeitauswertung · Arbeitsvorrat**. Der entsprechende Transaktionscode lautet PT40.

```
31  Urlaub                                          7.20    0.00    0.00    0.00   FLEX A

                         Summenübersicht
                         ===============
Art                      Arbeitszeit          Mehraz.

Saldo Vormonat              15.00              9.46
Sollzeit                   168.20
Arbeitszeit                169.21
Umbuchung                    0.00              0.00
Saldo                       15.00              9.46
Über/Unterdeck.              1.01
Resturlaub                   0.00

                         Abwesenheitskontingente
                         =======================
Beginn      Ende      Kontingent

01.01.2002  31.12.2002  09   Urlaub (Tage)         30.00000
01.01.2002  31.12.2002  10   Urlaub (Stunden)       8.00000

Anzahl der selektierten Personalnummern             1
Anzahl der nicht verarbeiteten Personalnummern      0
Anzahl der fehlerhaft bearbeiteten Personalnummern  0
```

Abbildung 7.27 Zeitnachweis – Fußzeilen und Statistik

> **Hinweis** Wie bereits in Abschnitt 7.3.1 dargestellt, liefert der Zeitnachweis nur für diejenigen Zeiträume aktuelle Werte, für die die Zeitabrechnung bereits durchgeführt wurde. Wenn Sie den Zeitnachweis vorher ansehen möchten, führen Sie einfach die Zeitabrechnung im Simulationsmodus durch und lassen sich dabei unmittelbar den Zeitnachweis anzeigen.

Wie Abbildung 7.28 zeigt, besteht die Maske des Arbeitsvorrats aus zwei großen Bereichen:

▶ Die Feldgruppe **Selektion** enthält die Felder, über die die jeweils zu bearbeitenden oder auszuwertenden Personen selektiert werden können. Neben den vier dargestellten Feldern können weitere Kriterien über den Button Selektion hinzugefügt werden.

▶ Die Feldgruppen im unteren Bildschirmbereich enthalten eine Vielzahl von Buttons, die die einzelnen Funktionalitäten des Arbeitsvorrats repräsentieren. Dabei ist zu beachten, dass in Ihrem Unternehmen eventuell nicht jede dieser Funktionen sinnvoll genutzt werden kann. Im Folgenden wollen wir diese kurz vorstellen.

Fehlerbehandlung

Da Fehlerbehandlung die wichtigste Funktion des Arbeitsvorrats ist, wird sie im folgenden Abschnitt gesondert behandelt.

Anwesenheitskontrolle

Über die Anwesenheitskontrolle können Sie feststellen, ob ein bestimmter Mitarbeiter zurzeit im Unternehmen anwesend ist. Voraussetzung dafür ist, dass seine Kommen- und Gehen-Zeiten aktuell sind.

Abbildung 7.28 Einstieg in den Arbeitsvorrat Zeitwirtschaft

Zeitabgleich

Der Zeitabgleich findet insbesondere im Bereich der Lohnscheinerfassung seine Anwendung. Sie können mit dieser Auswertung feststellen, welche Anwesenheitszeiten des Mitarbeiters mit Lohnscheinen belegt sind und wo noch Lücken bestehen.

Zeitbelege

Diese Übersicht listet alle Zeitdaten mit Ausnahme der Zeitereignisse (Kommen- und Gehen-Buchungen) eines Mitarbeiters im ausgewählten Zeitraum als Übersicht auf.

Übergreifende Erfassung

Dieses Werkzeug erlaubt es Ihnen, Zeitdaten mehrerer Infotypen für mehrere Personen in einem Listbild zu erfassen. Da diese Funktionalität durch den Arbeitsplatz Personalzeitwirtschaft (TMW – siehe Abschnitt 7.5) abgelöst ist, gehen wir nicht näher darauf ein.

Kalender

Wochenkalender, *Monatskalender* und *Jahreskalender* bieten einen Überblick über die Zeitdaten eines Mitarbeiters im jeweiligen Zeitraum. Sie erlauben auch die Pflege von Zeitdaten, sollten aber zu Gunsten der normalen Listerfassung/Schnellerfassung und des TMW (Time Manager's Workplace) in erster Linie zur Anzeige genutzt werden. Einen besonders guten Überblick erhält man durch den Jahreskalender. Wie Abbildung 7.29 zeigt, erlaubt der verfügbare Platz aber nur einstellige Kürzel. Daher werden oft unterschiedliche Abwesenheitsarten durch den gleichen Buchstaben repräsentiert (z.B. wird oft »H« für Urlaub und Sonderurlaub genutzt, »K« für Krankheit und Kur). Dabei werden ganztägige Sätze stets als Großbuchstaben, untertägige als Kleinbuchstaben dargestellt.

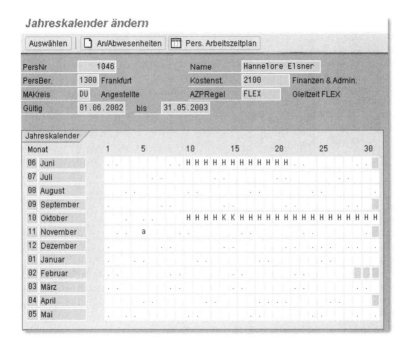

Abbildung 7.29 Einstellige Kürzel im Jahreskalender

Zeitnachweis

Dieser Button ruft den Zeitnachweis (siehe Abschnitt 7.3.3) in einer fest hinterlegten Variante auf.

Saldenübersicht

Die Saldenübersicht gibt ausgewählte Monatssalden für mehrere Mitarbeiter untereinander aus (z.B. Gleitzeitübersicht).

Kumul. Salden
Hier rufen Sie die Auswertung »kumulierte Zeitsalden« bzw. »kumulierte Zeitauswertungsergebnisse« auf, die wir in Abschnitt 7.6.2 beschreiben.

Zeitkonten
Dieser Button zeigt die Zeitkonten eines Mitarbeiters im Überblick an.

Kontingentübersicht
Die Kontingentübersicht liefert eine Liste der Abwesenheits- (z.B. Urlaubsanspruch) sowie Anwesenheitskontingente (z.B. Mehrarbeitsgenehmigung).

> **Hinweis** Die Kontingentübersicht funktioniert für den Urlaubsanspruch nur dann, wenn dieser im Infotyp 2006 geführt wird – Infotyp 0005 wird nicht berücksichtigt.

7.4.2 Fehlerhafte Zeitereignisse bearbeiten

Wenn Sie im oberen linken Bereich des Arbeitsvorrats den Button Zeitereignisse sehen, dann kommen Zeitereignisse vor, die das System nicht verarbeiten konnte. Durch einen Klick auf den Button werden Ihnen die fehlerhaften Buchungen angezeigt (siehe Abbildung 7.30). Es handelt sich dabei ausschließlich um Datensätze, die von den Zeiterfassungsgeräten an das R/3-System geliefert wurden und von diesem nicht richtig zugeordnet werden können.

Oft liegt das Problem darin, dass eine Zeitausweisnummer falsch gepflegt oder noch nicht zugeordnet wurde. Da die Ursache des Problems möglicherweise schon behoben ist, wenn Sie die Fehler bearbeiten, besteht das effizienteste Vorgehen darin, die fehlerhaften Zeitereignisse zunächst einmal nachzubuchen. Nutzen Sie dazu den Button **Buchen**.

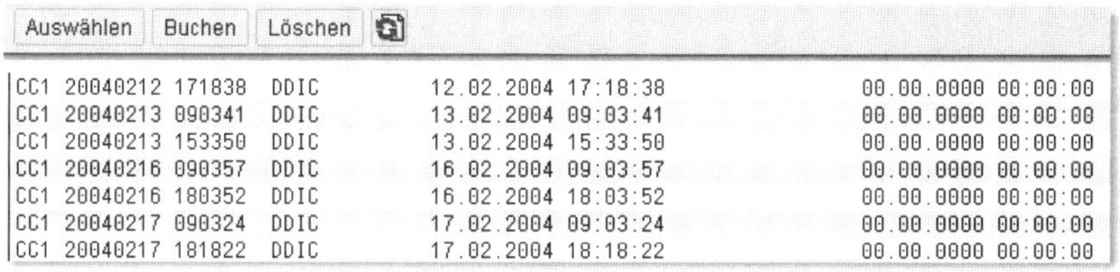

```
Auswählen   Buchen   Löschen

CC1 20040212 171838  DDIC    12.02.2004 17:18:38    00.00.0000 00:00:00
CC1 20040213 090341  DDIC    13.02.2004 09:03:41    00.00.0000 00:00:00
CC1 20040213 153350  DDIC    13.02.2004 15:33:50    00.00.0000 00:00:00
CC1 20040216 090357  DDIC    16.02.2004 09:03:57    00.00.0000 00:00:00
CC1 20040216 180352  DDIC    16.02.2004 18:03:52    00.00.0000 00:00:00
CC1 20040217 090324  DDIC    17.02.2004 09:03:24    00.00.0000 00:00:00
CC1 20040217 181822  DDIC    17.02.2004 18:18:22    00.00.0000 00:00:00
```

Abbildung 7.30 Liste der fehlerhaften Zeitereignisse

Ist die Ursache des Problems tatsächlich schon beseitigt, wird die Buchung nun vom System korrekt verarbeitet und mit der in Abbildung 7.31 dargestellten Meldung bestätigt.

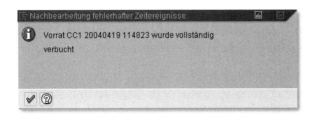

Abbildung 7.31 Erfolgreich nachgebuchtes Zeitereignis

Bleibt der Fehler jedoch bestehen, dann überprüfen Sie das Problem durch einen Doppelklick auf die entsprechende Zeile. Der Fehler wird dann näher beschrieben. Die in Abbildung 7.32 dargestellte Fehlermeldung verweist z. B. darauf, dass ein Zeitausweis benutzt wurde, der im HR keinem aktiven Personalstamm zugeordnet ist.

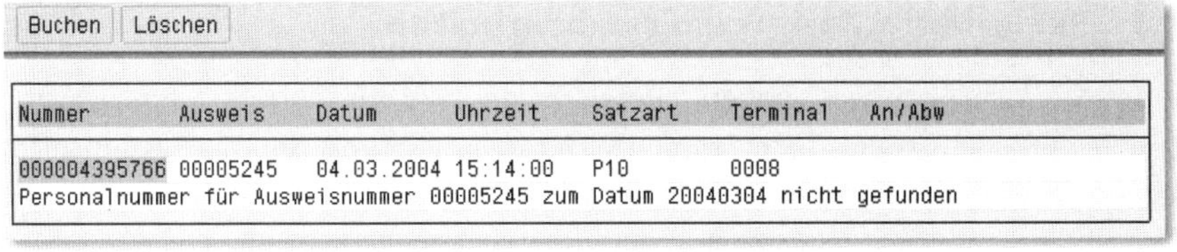

Abbildung 7.32 Fehler – dem Ausweis ist keine Personalnummer zugeordnet

Bei solchen und ähnlichen Fehlermeldungen gehen Sie wie folgt vor:

1. Rufen Sie die Anzeige der Personalstammdaten oder der Zeitdaten auf.
2. Geben Sie im Feld **Personalnummer** die drei Zeichen »=z.«ein (vergessen Sie nicht den Punkt am Ende), gefolgt von der Zeitausweisnummer, die in der Fehlermeldung angezeigt wird.
3. Betätigen Sie die Taste **Enter**.
4. Falls diese Zeitausweisnummer irgendeinem Personalstamm zugeordnet ist, wird Ihnen die entsprechende Personalnummer nun angezeigt.
5. Wählen Sie die angezeigte Personalnummer aus und überprüfen Sie, ob die zeitliche Zuordnung passt, ob die Person noch aktiv ist und ob sie laut Infotyp 0007 an der Zeiterfassung teilnimmt. Sind all diese Daten korrekt, wenden Sie sich bezüglich der Fehlermeldung an Ihren Systembetreuer.
6. Ist die Zeitausweisnummer keiner aktiven Personalnummer zugeordnet, dann bringen Sie in Erfahrung, wer diese Karte verwendet und korrigieren Sie die Daten. Versuchen Sie anschließend, das Zeitereignis nachzubuchen wie oben beschrieben.

Tipp Machen Sie es sich zur Angewohnheit, die fehlerhaften Zeitereignisse stets zu kontrollieren, bevor Sie die weitere Fehlerbearbeitung durchführen. Einige der ansonsten umständlich zu behebenden Fehler können sich auf diesem Wege schnell durch Nachbuchen erledigen. Außerdem erkennen Sie so rasch, ob Zeitausweisnummern falsch zugeordnet sind.

7.4.3 Die Fehlerbehandlung

Wie schon gesagt, stellt die Fehlerbehandlung das wichtigste Element des Arbeitsvorrats dar. Nutzen Sie sie für die täglich anfallenden Korrekturen und selektieren Sie dabei am besten immer alle Mitarbeiter in Ihrem Zuständigkeitsbereich.

Nach dem Starten der Fehlerbehandlung erscheint zunächst ein Fenster zur Angabe eines Stichtags (siehe Abbildung 7.33). Das Datum **Hinweise ab** ist zunächst mit dem aktuellen Tag vorbelegt, und das ist in der Regel auch sinnvoll. Wenn Sie z. B. alle Hinweise ab dem 01.05.2004 selektieren, heißt das nicht, dass nur Hinweise ausgegeben werden, die sich auf den Zeitraum ab 01.05.2004 beziehen. Es heißt vielmehr, dass alle Hinweise ausgegeben werden, die durch eine Zeitabrechnung ab dem 01.05.2004 entstanden sind.

Ein Beispiel: Wird am 30.05.2004 durch einen nicht behobenen Fehler eine rückrechnungsrelevante Datenänderung oder eine Zwangsrückrechnung bis auf den 01.01.2004 zurückgerechnet, dann werden bei der in Abbildung 7.33 dargestellten Selektion auch Hinweise für den Januar ausgegeben, die durch diesen Rückrechnungslauf gebildet werden. Wenn Sie also täglich die Fehlerbehandlung abarbeiten, dann ist die Selektion auf den aktuellen Tag oder den Vortag sinnvoll.

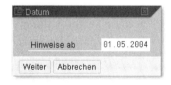

Abbildung 7.33 Stichtag zur Selektion aktueller Hinweise

Nach der Eingabe des Datums und Bestätigen durch **Weiter** erscheint dann die eigentliche Fehlerliste für alle selektierten Mitarbeiter. Die Sortierung erfolgt dabei zunächst nach Mitarbeiter und dann nach Datum. Abbildung 7.34 zeigt eine Fehlerliste für einen Mitarbeiter mit verschiedenen Hinweisen (Gleitzeitüberschreitung und Anwesenheit an freiem Tag) und einem Fehler (fehlende Gehen-Buchung).

Abbildung 7.34 Fehlerliste mit Hinweisen und Fehlern

Grundsätzlich gibt es vier Arten von Meldungen, die anhand der Hintergrundfarbe der Zeile zu unterscheiden sind:

- Weiß oder hellblau: Hinweise. Hinweise werden immer nur einmal angezeigt und müssen nicht bearbeitet werden. Je nach Customizing Ihres Systems werden die Hinweise erneut angezeigt, wenn der entsprechende Tag rückgerechnet wurde.

- Gelb: Informationen. Informationen werden nach der Bearbeitung als »bearbeitet« gekennzeichnet, was anhand eines grünen Hakens leicht zu erkennen ist. Diese Kennzeichen können Sie über den Menüpfad **Bearbeiten · Kennzeichen löschen** wieder entfernen oder über **Bearbeiten · Kennzeichen sichern** speichern. Sie können eine Information ebenfalls über **Bearbeiten · Information löschen** entfernen. Bei Informationsmeldungen besteht nicht unbedingt Handlungsbedarf. Als bearbeitet gelten sie, wenn Sie sich über Doppelklick die Details angesehen haben.

- Hellrot: Fehler. Diese einfachen Fehler müssen bearbeitet und durch Änderung der Daten beseitigt werden. Die Zeitauswertung läuft zwar auch über diesen Tag hinaus weiter, es wird aber immer wieder auf diesen Termin rückgerechnet.

- Dunkelrot: Fehler mit Abbruch der Zeitauswertung. Für diese Fehler gilt prinzipiell das Gleiche wie für die hellrot gekennzeichneten. Allerdings bricht die Zeitauswertung an diesem Tag für den betroffenen Mitarbeiter so lange ab, bis die Ursache des Fehlers beseitigt ist.

Sie haben innerhalb der Fehlerliste bereits die Möglichkeit, sofort in die Datenpflege zu verzweigen. Positionieren Sie dazu den Cursor auf der zu bearbeitenden Fehlermeldung und wählen Sie – je nachdem, was Sie pflegen wollen – den entsprechenden Button aus der in Abbildung 7.35 dargestellten Leiste aus.

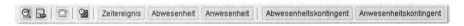

Abbildung 7.35 Buttons in der Fehlerliste

Sie springen damit unmittelbar in die Pflege der entsprechenden Infotypen. Nachdem Sie die Daten korrigiert haben, können Sie über den Button 💾 die Zeitauswertung für die betroffene Person starten und so prüfen, ob der Fehler beseitigt ist.

Wenn Sie nicht unmittelbar erkennen, worin die Fehlerursache besteht, lassen Sie sich über einen Doppelklick auf den Meldungstext oder den Button 🔍 die Details zu dem betroffenen Tag anzeigen.

Damit erhalten Sie dann umfangreiche Informationen über die Daten am betroffenen Tag, dem Vortag und dem Folgetag (Belegsicht oder Detailsicht). In dem in Abbildung 7.36 dargestellten Beispiel ist im Teilbild **Zeitereignisse** leicht zu erkennen, dass zu der Kommen-Zeit um 7:50 Uhr am 09.10.2002 keine passende Gehen-Zeit gebucht ist.

Auch innerhalb des Detailbildes können Sie über die Buttonleiste sofort in die Infotyppflege für den betroffenen Mitarbeiter springen. Im dargestellten Beispiel können Sie also die fehlende Buchung über den Button **Zeitereignis** nachtragen. Auch per Doppelklick auf einzelne Informationen der Belegsicht können Sie in die Einzeldaten verzweigen.

Somit bietet die Fehlerbehandlung eine optimale Möglichkeit, das Tagesgeschäft der Korrekturarbeiten effizient zu erledigen. Wenn Sie nicht den im nächsten Abschnitt vorgestellten TMW (Time Manager's Workplace) einsetzen, sollten Sie sich auf jeden Fall in die Fehlerbehandlung einarbeiten.

7.5 Der Arbeitsplatz Personalzeitwirtschaft (TMW)

7.5.1 Zweck des TMW und Einstieg

Der Arbeitsplatz Personalzeitwirtschaft stellt eine Oberfläche für die dezentrale Zeitsachbearbeitung dar. Er fasst die wesentlichen Aufgaben in diesem Bereich in einer einzigen Oberfläche zusammen. Einige Spezialfunktionen müssen weiterhin auf anderen Wegen erledigt werden, aber diese liegen in den meisten Fällen nicht im Aufgabenbereich dezentraler Zeitbeauftragter. Angelehnt an die englische Bezeichnung »Time Manager's Workplace« wird der Arbeitsplatz Personalzeitwirtschaft meist mit »TMW« abgekürzt. Diese Abkürzung verwenden wir auch hier.

Da der TMW umfangreiche Anwendungen wie die Zeitdatenpflege und die Fehlerbehandlung zusammenfasst, muss er genau an die unternehmensspezifischen Anforderungen angepasst werden, um nicht zu umfangreich zu werden. Der TMW bietet sehr viele Möglichkeiten, die Oberfläche individuell zu gestalten.

Da diese von Unternehmen zu Unternehmen stark unterschiedlich ist, verzichten wir auf eine detaillierte Beschreibung der einzelnen Felder und stellen nur das grundsätzliche Prinzip des TMW vor. Da der TMW als intuitive Oberfläche für gelegentliche Anwender ausgelegt ist, wird das in der Regel auch genügen.

```
                        Belegsicht
Person    00001046 Hannelore Elsner      Sachbearbeiter Thomas Zeit
Zeitraum  08.10.2002 - 10.10.2002
```

Tage	Uhrzeit	Meldung
09.10.2002	00:00:00	Gehen nicht abzugrenzen

Persönlicher Arbeitszeitplan

Tage	Uhrzeit	Stunden	TagesAZPlan		Tagestyp	Feiertag
08.10.2002	08:00-18:00	8.00	FLEX		Arbeit/bezahlt	
09.10.2002	08:00-18:00	8.00	FLEX		Arbeit/bezahlt	
10.10.2002	08:00-18:00	7.20	FLEX	A	Arbeit/bezahlt	

Zeitereignisse

Tage	V	Uhrzeit	AGrund	Zeitereignisart
08.10.2002	=	07:54:43		Kommen
08.10.2002	=	17:02:44		Gehen
09.10.2002	=	07:50:28		Kommen

Zeitpaare

Tage	Uhrzeit	Paartyp	Status
08.10.2002	07:54:43-17:02:44	anwesend	
09.10.2002	07:50:28-	anwesend	Gehen fehlt

Abwesenheiten

Tage	V	Uhrzeit	Stunden	Abwes.-Art
10.10.2002-13.10.2002			14.40	Urlaub

Abwesenheitskontingente

Tage	Uhrzeit	Anzahl	Verbrauch	Kontingentart
01.01.2002-31.12.2002		30.00000	24.00000	Urlaub (Tage)
01.01.2002-31.12.2002		8.00000	0.00000	Urlaub (Stunden)

Abbildung 7.36 Detailinformationen zum Fehler

Sie erreichen den TMW über den Menüpfad **Personal · Personalzeitwirtschaft · Administration · Arbeitsplatz Personalzeitmanagement** oder den Transaktionscode PTMW.

7.5.2 Zeitdatenpflege im TMW

Nach dem Einstieg sieht man sechs Bildbereiche, die in Abbildung 7.37 dargestellt sind. Die einzelnen Elemente stellen wir im Folgenden vor.

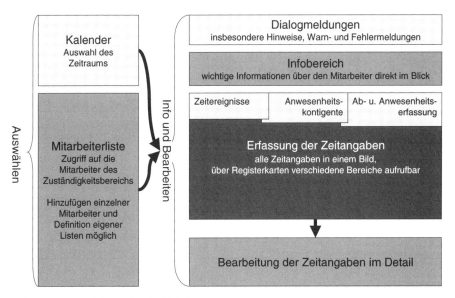

Abbildung 7.37 Bildbereiche des TMW

Die Mehrtagessicht

Abbildung 7.38 zeigt die Oberfläche, wie Sie sich nach dem Einstieg in die so genannte Mehrtagessicht darstellt. Kern der Oberfläche ist die Listerfassungsmaske für Zeitangaben. Diese ist unternehmensspezifisch in verschiedene Registerkarten aufgeteilt, die Sie durch Anklicken des Registerkartentextes aufrufen können. In der Mehrtagessicht bearbeiten Sie immer einen Mitarbeiter und können Daten für mehrere Tage im Überblick pflegen.

Sowohl den Mitarbeiter als auch den Zeitraum wählen Sie in der linken Seite des Bildes aus. Oben steht Ihnen ein Kalender zur Verfügung, in dem Sie den gewünschten Zeitraum per Mauszeiger markieren können.

Den zu bearbeitenden Mitarbeiter selektieren Sie in der Mitarbeiterliste (siehe Abbildung 7.39).

Tipp Um einen Mitarbeiter zu bearbeiten, der in der Liste nicht enthalten ist, können Sie ihn temporär hinzufügen. Nutzen Sie dazu den Button . Voraussetzung dafür ist aber, dass Sie grundsätzlich die Berechtigung haben, diesen Mitarbeiter zu bearbeiten.

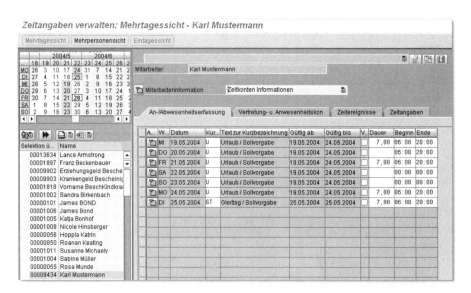

Abbildung 7.38 Bearbeiten einer einzelnen Person in der Mehrtagessicht

Abbildung 7.39 Die Mitarbeiterliste im TMW

In manchen Fällen reicht die Listübersicht für die Pflege der Zeitdaten nicht aus. Dies ist insbesondere bei mehrtägigen Sätzen der Fall, da die Liste für jeden einzelnen Tag zu pflegen ist. In solchen Fällen steht über den Button **Detail** eine detaillierte Sicht auf einen einzelnen Datensatz zur Verfügung. In Abbildung 7.40 wurde über die Detailsicht ein Urlaub vom 19.05. bis zum 24.05. erfasst. Dieser Datensatz ist dann im Listbild auch an jedem der sechs Tage zu sehen.

> **Hinweis** Die Zeitdatenpflege in der Mehrtagessicht kann auch über eine so genannte Kalendersicht erfolgen. Sollte Ihr System die Kalendersicht bereitstellen, so ist es ratsam, diese auch zu nutzen. Die Optik und die Handhabung ähneln stark der des Kalenders in MS Outlook oder Lotus Notes. Wir beschreiben die Kalendersicht hier nicht, da sie zum einen sehr intuitiv zu bedienen ist und zum anderen von Unternehmen zu Unternehmen sehr unterschiedlich genutzt wird. Sie gelangen in die Kalendersicht über die Registerkarte **Kalender**.

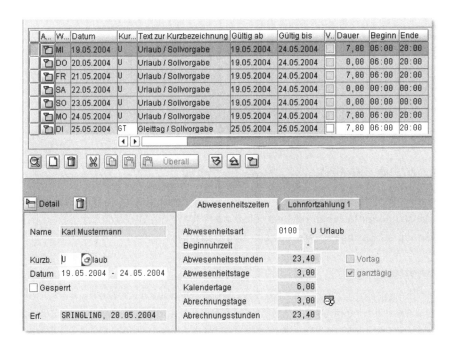

Abbildung 7.40 Erfassen eines mehrtägigen Urlaubs in der Detailansicht

Um während der Bearbeitung eines Mitarbeiters wesentliche Grunddaten auf einen Blick zu sehen, nutzen Sie den Bildschirmbereich **Mitarbeiterinformation** (siehe Abbildung 7.41). Durch die Auswahlhilfe können Sie bestimmen, welche Art von Informationen Sie sehen wollen (z. B. ausgewählte Stammdaten oder ausgewählte Zeitsalden). Der Button am linken Rand des Bildbereichs dient dazu, die Daten zu verstecken oder sichtbar zu machen.

Abbildung 7.41 Auswahl der Mitarbeiterinformation

Mehrpersonensicht

Wollen Sie mehrere Personen gleichzeitig für einen bestimmten Termin bearbeiten, verzweigen Sie über den gleichnamigen Button in die Mehrpersonensicht.

Um eine bestimmte Menge von Personen in den Arbeitsbereich zu übernehmen, markieren Sie diese zunächst in der Mitarbeiterliste und nutzen Sie dann den Button ▶. Anschließend können Sie diese Personen für den ausgewählten Tag im Arbeitsbereich pflegen wie in Abbildung 7.42 dargestellt.

Abbildung 7.42 Einstieg in die Mehrpersonensicht

7.5.3 Die Meldungsbearbeitung im TMW

Die in der Fehlerbehandlung des Arbeitsvorrats enthaltenen Funktionen deckt auch die so genannte Meldungsbearbeitung des TMW ab. Sie erreichen diese über den Menüpfad **Springen · Meldungen bearbeiten**.

Mitarbeitersicht

Die Meldungsbearbeitung kann nach Mitarbeitern oder nach Meldungen erfolgen. Die Bearbeitung nach Mitarbeitern rufen Sie über den gleichnamigen Button auf. In dem in Abbildung 7.43 dargestellten Fenster werden Ihnen dann die einzelnen Meldungen angezeigt.

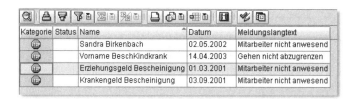

Abbildung 7.43 Meldungen nach Mitarbeitern bearbeiten

Die Buttonleiste (siehe Abbildung 7.44) erlaubt Ihnen auch das Starten der Zeitauswertung und des Zeitnachweises, um nach der Korrektur eines Fehlers den neuen Stand zu prüfen. Rechts in der Buttonleiste können Sie erledigte Meldungen quittieren.

Abbildung 7.44 Buttonleiste der Meldungsbearbeitung

Meldungssicht

Wenn Sie die Meldungsbearbeitung nach Art der Meldungen sortiert vornehmen wollen, wählen Sie den Button **Meldungssicht**. An Stelle der Mitarbeiterliste sehen Sie dann eine Liste aller auftretenden Meldungsarten (siehe Abbildung 7.45).

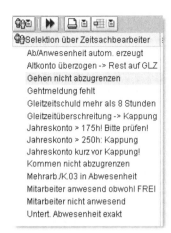

Abbildung 7.45 Auswahl einer Meldungsart

Wählen Sie nun eine davon aus (z. B. »Gehen nicht abzugrenzen«), stellt sich die Meldungsliste wie in Abbildung 7.46 alphabetisch nach Meldungen sortiert dar.

Abbildung 7.46 Meldungen bearbeiten nach Meldungsart

Zum Quittieren einer erledigten Meldung nutzen Sie auch hier den Button .

> **Tipp** Wenn der TMW in Ihrem Unternehmen verfügbar ist, sollten Sie ihn in jedem Fall nutzen. Wenn Sie die Arbeit mit Infotypen kennen, wird Ihnen die Einarbeitung in den TMW nicht schwer fallen, da er spezifisch auf die Anforderungen Ihres Unternehmens zugeschnitten ist.

7.6 Zeitdaten auswerten

7.6.1 Besonderheiten beim Auswerten von Zeitdaten

Auswertungen im Bereich der Zeitdaten lassen sich grundsätzlich ebenso handhaben wie Auswertungen im Bereich der Stammdaten (siehe Kapitel 6, *Reports und Queries in der Personaladministration*). Wenn die Auswertungen nicht die Zeitinfotypen, sondern die Ergebnisse der Zeitabrechnung betrachten, bestehen die Listen im Wesentlichen aus:

- monatlich kumulierten Zeitarten (z. B. Produktivstunden des Monats)
- täglich kumulierten Zeitarten (z. B. an einem Tag erwirtschafteter Gleitzeitsaldo)
- Zeitlohnarten (z. B. Nachtzuschlag), bei denen in der Zeitwirtschaft aber nur die Stundenzahl geführt wird; der Betrag wird erst von der Entgeltabrechnung ermittelt.

Aufgrund dieser Tatsachen machen oft nur bestimmte Zeitraumselektionen Sinn. Monatssalden z. B. sind idealerweise über eine Periodenselektion auszuwerten.

Die meisten Auswertungen der Zeitwirtschaft sind über den Menüpfad **Personal · Personalzeitwirtschaft · Administration · Infosystem · Berichtsauswahl** erreichbar. Die Auswertungen gliedern sich in vier Bereiche, wie in Abbildung 7.47 dargestellt.

Abbildung 7.47 Informationssystem der Zeitwirtschaft

Im folgenden Abschnitt wollen wir beispielhaft zwei Auswertungen vorstellen, wobei die eine die Infotypen der Zeitwirtschaft auswertet und die andere die Ergebnisse der Zeitabrechnung.

7.6.2 Ausgewählte Auswertungen in der Zeitwirtschaft

Die grafische Abwesenheitsübersicht

Diese Auswertung stellt ausgewählte Abwesenheiten (Infotyp 2001) und Anwesenheiten (Infotyp 2002) auf einem Zeitstrahl grafisch dar. Das Selektionsbild (siehe Abbildung 7.48) umfasst zunächst die übliche Zeitraumauswahl und Personenselektion.

Abbildung 7.48 Auswerten aller An- und Abwesenheitsarten

In der Feldgruppe **weitere Angaben** wählen Sie dann insbesondere aus, welche Abwesenheitsarten und Anwesenheitsarten Sie sehen möchten. Das in der Abbildung gezeigte Beispiel nimmt keine Einschränkung vor, d.h. es werden alle Datensätze angezeigt. Sie können aber auch allein die Abwesenheitsart »Urlaub« selektieren und damit eine grafische Urlaubsübersicht erstellen.

Als **Zeiteinheit** bieten sich in der Regel **Tag** oder **Woche** an, gegebenenfalls auch **Monat**. Diese Eingabe bestimmt die Skalierung. Wählen Sie **Tag** aus, reicht der Bildschirm etwa für die Darstellung eines Monats.

Die Ausgabe erfolgt als Balkendiagramm in einem neuen Fenster (siehe Abbildung 7.49). Je nach Größe sind in den einzelnen Abwesenheitssätzen die Kürzel oder die Langtexte der Abwesenheitsarten angegeben. Durch einen Doppelklick können Sie in den jeweiligen Infotyp springen.

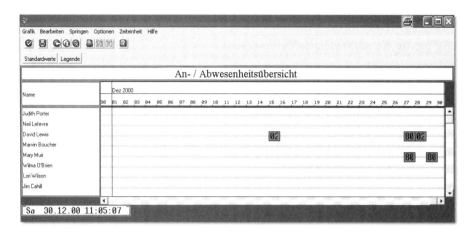

Abbildung 7.49 Grafische Darstellung von Abwesenheitszeiten

Kumulierte Zeitauswertungsergebnisse

Dieser Report ist ein vielseitiges Instrument zur Auswertung von Tagessalden, Monatssalden oder Zeitlohnarten (siehe Abbildung 7.50).

Abbildung 7.50 Auswertung von Zeitarten und Zeitlohnarten

In der Feldgruppe **Selektionsbedingungen** entscheiden Sie sich zunächst dafür, welche Art von Werten Sie anzeigen möchten. Wollen Sie z.B. Gleitzeitsalden auswerten, wählen Sie **kumulierte Salden** und dann die Zeitart **Gleitzeit** (diese wird meist unter dem Kürzel »0005« geführt) aus.

Wenn im Customizing Ihres Systems Grenzwerte hinterlegt sind, können Sie diese über den Button **Stundengrenzwerte** auswählen. Werte, die darüber liegen, werden dann in der Liste hervorgehoben. Abbildung 7.51 zeigt eine auf diesem Weg erstellte Gleitzeitübersicht. Das Layout der Ergebnisliste können Sie auch hier verändern, wie in Kapitel 6, *Reports und Queries in der Personaladministration*, bereits beschrieben.

PersNr	Name MA/Bew.	Periode	Zeitart	ZtArtTxt	Σ Anzahl
1046	Hannelore Elsner	200003	0005	GLZ-Saldo	15.00
1047	Klaus Fischer	200003	0005	GLZ-Saldo	15.00
1048	Bertha Heilig	200003	0005	GLZ-Saldo	15.00
1049	Jürgen Sammer	200003	0005	GLZ-Saldo	15.00
1050	Martina Klinsmann	200003	0005	GLZ-Saldo	15.00
1051	Barbara Fischer	200003	0005	GLZ-Saldo	15.00
					= 90.00

Kumulierte Salden — Datenauswahlzeitraum 01.03.2000 - 31.03.2000

Abbildung 7.51 Gleitzeitübersicht mit Monatssalden aus März 2000

7.7 Übungsaufgaben zu Kapitel 7

1. Welche Infotypen müssen im Personalstamm gepflegt sein, um eine Zeitauswertung auf Basis von Negativerfassung durchführen zu können?
2. In welchem Infotyp wird die Zeitausweisnummer hinterlegt?
3. In welchem Infotyp pflegen Sie eine Dienstreise?
4. Sie wollen den Gleitzeitsaldo eines Mitarbeiters manuell korrigieren. In welchem Infotyp erfassen Sie das?
5. Sie rufen den Zeitausweis eines Mitarbeiters für einen vergangenen Monat auf. Es werden aber nur bis zur Monatsmitte Daten angezeigt. Woran kann das liegen?
6. In welchen Oberflächen sollte die tägliche Fehlerbearbeitung durchgeführt werden?
7. Wie erreichen Sie es, dass beim Ausführen der Zeitauswertung unmittelbar der zugehörige Zeitnachweis angezeigt wird?
8. Was bedeutet es, wenn hinter einer Zeile des Zeitnachweises ein Lupensymbol angezeigt wird?

9. Verschwindet eine hellrote Meldungszeile in der Fehlerbehandlung von selbst?
10. Können Sie im TMW in einer einzigen Maske gleichzeitig Daten für mehrere Mitarbeiter an mehreren Tagen erfassen?
11. Können Sie im TMW einen Mitarbeiter bearbeiten, der nicht automatisch in der Mitarbeiterliste angezeigt wird?
12. In welche vier Gruppen sind die Auswertungen der Zeitwirtschaft im Infosystem gegliedert?
13. Woran erkennen Sie, dass eine Kommen-Buchung maschinell erzeugt und nicht manuell korrigiert wurde?
14. In welchen Infotyp kann Mehrarbeit erfasst werden?
15. Welchen Infotyp nutzen Sie, wenn ein Mitarbeiter an einem Tag außerplanmäßig die Schicht wechselt?
16. Sie wollen wissen, für wie viele Stunden Nachtzuschläge gezahlt wurden. Wo finden Sie die entsprechende Auswertung und in welchem Feld beschränken Sie die Ausgabe auf Nachtzuschläge?

8 Personalabrechnung

Die Personalabrechnung umfasst mit der Vor- und Nachbereitung eine Vielzahl von Aktivitäten und ist aufgrund der unterschiedlichen Gestaltung des Steuerrechts und der sozialen Sicherungssysteme in hohem Maße länderspezifisch aufgebaut. Grundsätzlich können die Prozesse Vorbereitung, Personalabrechnung, Überweisung, Sozialversicherung, Buchung und sonstige Auswertungen unterschieden werden.

8.1 Überblick

Dieses Kapitel soll einen grundlegenden Überblick über die Personalabrechnung geben. Insbesondere die fachlichen Grundlagen hinsichtlich Steuer-, Beitrags- und Arbeitsrecht werden vorausgesetzt; auf diese Grundlagen wird oftmals Bezug genommen.

Im Bereich der Personalabrechnung ist es aufgrund der stark ausgeprägten Länderspezifika nur in geringem Maße möglich, in der Darstellung abstrakt und international zu bleiben. Gleichwohl ist der grundsätzliche Ablauf insbesondere in den stark industrialisierten Ländern ähnlich.

Die starke Integration des R/3-Systems kommt auch im Rahmen der Personalabrechnung zum Tragen. So kann die Personalabrechnung auf die Daten der Personaladministration, der Zeitwirtschaft, des Reisemanagements, des Organisationsmanagements und der Personalentwicklung zugreifen. Eine redundante Datenpflege entfällt somit.

Die Personalabrechnung im R/3-System ist darüber hinaus voll rückrechnungsfähig. Dies bedeutet, dass bei Korrekturen in die Vergangenheit für den entsprechenden Zeitraum eine erneute Abrechnung mit den aktualisierten Daten erfolgt. Dabei bleibt das »alte« Abrechnungsergebnis erhalten, d.h., es wird eine Historie aufgebaut. Korrekturen und Änderungen können so problemlos nachvollzogen werden.

Die allgemein durchzuführenden Aktivitäten im Rahmen der Personalabrechnung zeigt Abbildung 8.1.

Abbildung 8.1 Aktivitäten im Rahmen der Personalabrechnung

Bevor die Personalabrechnung für die Mitarbeiter gestartet werden kann, ist sicherzustellen, dass alle aktuell abrechnungsrelevanten Daten im System eingepflegt sind. Dies sind zum einen die Daten, ohne die eine Abrechnung nicht möglich ist (z. B. die Daten zu Steuern und zur Sozialversicherung) und deren Fehlen in der Regel zu einem Abbruch in der Abrechnung führt. Zum anderen sind dies Daten, die zwar in der Abrechnung keinen Abbruch verursachen, die aber für eine aktuelle und korrekte Abrechnung erforderlich sind. Dazu gehören beispielsweise monatlich zu erfassende Gehaltsbestandteile wie Provisionen oder Ergebnisse aus Akkordtätigkeit. Die Erfassung dieser Daten erfolgt dann manuell durch die Mitarbeiter der Personalabrechnung, sofern keine anderweitige Datenübernahme erfolgen kann.

Nicht alle abrechnungsrelevanten Daten werden aber »von Hand« im System erfasst. Sofern die Möglichkeit gegeben ist und ein angemessenes Verhältnis zwischen Aufwand und Nutzen besteht, ist es sinnvoll, Daten mit Hilfe von Programmen (maschinelle Datenübernahme) einspielen zu lassen. Dabei kann es sich sowohl um Standardprogramme als auch um gesondert für diesen Zweck erstellte kundeneigene Programme handeln. Diese müssen ebenfalls vor dem Start der Abrechnung vollständig und fehlerlos ausgeführt worden sein. Nur aktuelle und fachlich korrekte Daten führen zu richtigen Abrechnungsergebnissen für die Mitarbeiter.

Das Starten der Abrechnung ist recht unkompliziert und wird keine Probleme bereiten. Um einen ersten Einstieg zu finden, wird nachfolgend der Aufruf einer Abrechnungssimulation dargestellt. Weitere Erläuterungen zur Abrechnungssimulation folgen in einem gesonderten Abschnitt. Zu den Menüpunkten der Personalabrechnung gelangen Sie im Easy Access-Menü über **Personal · Personalabrechnung · Europa · Deutschland**. Alle nachfolgend genannten Menüpunkte basieren auf diesem Einstiegspfad, so dass künftig nur die folgenden Menüpunkte genannt werden.

Übung

Stellen Sie sich vor, Sie wollen eine Abrechnungssimulation für einen Mitarbeiter durchführen. Sie gehen wie folgt vor:

1. Wählen Sie im Easy Access-Menü **Abrechnung · Simulation**. Es erscheint das Selektionsbild des länderspezifischen Abrechnungsprogramms (siehe Abbildung 8.2), wobei im Gruppenrahmen **Allgemeine Programmsteuerung** das Ankreuzfeld **Testlauf (kein Update)** markiert und ausgegraut ist. »Ausgegraut« bedeutet im R/3-System generell, dass ein Feld zwar angezeigt wird, nicht aber eingabebereit ist.

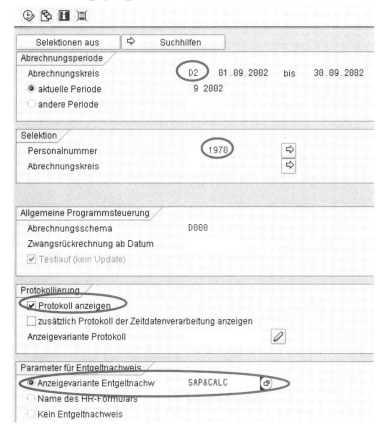

Abbildung 8.2 Selektionsbild der Abrechnungssimulation

2. Im Gruppenrahmen **Abrechnungsperiode**:

    ▷ Erfassen Sie den korrekten Abrechnungskreis im entsprechenden Feld.

    ▷ Wählen Sie die Periode aus. Voreingestellt ist immer die dem R/3-System über den Abrechnungskreis vorgegebene aktuelle Abrechnungsperiode. Welche dies gerade ist, erfahren Sie, wenn Sie nach Erfassen des Abrechnungskreises die Drucktaste ✓ oder die Returntaste betätigen. Soll die Abrechnung für einen anderen Monat erfolgen, so wählen Sie **andere Periode** aus und erfassen Sie den abzurechnenden Zeitraum mit zweistelliger Monats- und Jahresangabe in den entsprechenden Feldern. Für Dezember 2002 erfassen Sie z.B. 12 02.

3. Im Gruppenrahmen **Selektion**:

    ▷ Nun wählen Sie den bzw. die abzurechnenden Mitarbeiter aus. Dazu geben Sie die Personalnummer ein oder nutzen Sie für die Auswahl die F4-Auswahlhilfe. Ohne ausgewählte Personalnummer starten Sie das Programm für alle dem ausgewählten Abrechnungskreis zugeordneten Mitarbeiter, was eine entsprechend lange Laufzeit zur Folge hätte.

4. Im Gruppenrahmen **Allgemeine Programmsteuerung**:

   ▶ Im Feld **Abrechnungsschema** ist im Standard für Deutschland das Schema D000 bzw. D100 für die Arbeitgeber des öffentlichen Dienstes hinterlegt. Sollten Sie ein eigenes Schema für die Abrechnung nutzen, so müssen Sie dieses hinterlegen. (Ob Sie ein eigenes Schema verwenden, kann Ihnen sicher der für die Abrechnung verantwortliche Mitarbeiter beantworten.)

   ▶ Im Feld **Zwangsrückrechnung** *ab Datum* können Sie ein Datum hinterlegen. Es erfolgt dann eine Rückrechnung ab dem angegebenen Datum.

5. Im Gruppenrahmen **Protokollierung**:

   ▶ Das Ankreuzfeld **Protokoll anzeigen** gibt an, ob bei der Abrechnung ein ausführliches Protokoll mit angedruckt werden soll. Dieses Protokoll zeigt die einzelnen von der Abrechnung durchgeführten Schritte an und ist sehr umfangreich. Es wird insbesondere zum Aufspüren von vermuteten Abrechnungsfehlern verwendet. Sofern nur das Ergebnis der Abrechnung in Form des Entgeltnachweises interessiert, kann auf das Ankreuzen des Feldes verzichtet werden.

   ▶ Durch Ankreuzen des Feldes **zusätzlich Protokoll der Zeitdatenverarbeitung anzeigen** kann – sofern Sie eine Positivzeitwirtschaft einsetzen – das Protokoll der Zeitwirtschaft mit erstellt und im Protokoll auch angesehen werden. Nähere Informationen dazu erhalten Sie im Kapitel 7, *Zeitwirtschaft*.

6. Im Gruppenrahmen **Parameter für Entgeltnachweis**:

   ▶ Hier kann entschieden werden, ob und gegebenenfalls welcher Entgeltnachweis angedruckt werden soll. Dazu ist das entsprechende Feld zu markieren und die gewünschte Variante des Entgeltnachweises anzugeben. Die Variante kann problemlos auch über die F4-Auswahlhilfe ausgewählt werden. Ab dem Release 4.7 Enterprise kann der Entgeltnachweis auch als HR-Forms (verbesserte Formulardarstellung und erweiterte Funktionalitäten gegenüber dem herkömmlichen Entgeltnachweis) ausgegeben werden. Durch Anklicken des Radiobuttons wird das Eingabefeld für den Namen aktiv und der Name kann eingegeben bzw. über die F4-Hilfe ausgewählt werden.

7. Betätigen Sie die Drucktaste .

Auf diese Weise haben Sie eine Simulationsabrechnung mit Andruck des Entgeltnachweises erstellt. Um den Entgeltnachweis anzusehen, betätigen Sie im erscheinenden Bild die Drucktaste **Formular**.

> **Tipp** Haben Sie die Abrechnungssimulation versehentlich ohne Angabe einer Personalnummer gestartet (damit führt das Programm die Simulation für alle Mitarbeiter durch, was entsprechend lange Laufzeiten zur Folge hat), können Sie das Programm abbrechen. Klicken Sie dazu auf die Drucktaste ▣ in der linken oberen Ecke des SAP-Fensters. Es öffnet sich ein Drop-Down-Menü, in dem Sie **Transaktion abbrechen** auswählen (siehe Abbildung 8.3). Damit erfolgt der Abbruch des Programms und Sie kehren ins Easy Access-Menü zurück. Diese Form des Abbruchs ist bei vielen Programmen möglich, wenn sie bereits gestartet wurden.

Abbildung 8.3 Geöffnetes Drop-Down-Menü

Mit der Durchführung der Abrechnung selbst sind in den meisten Unternehmen einige wenige Mitarbeiter betraut. Der gesamte Abrechnungsprozess wird im weiteren Verlauf dieses Kapitels anhand der deutschen Abrechnung dargestellt. Die im Rahmen der Abrechnung generierten Ergebnisse sind für die nachfolgenden Aktivitäten und Erzeugnisse unbedingte Voraussetzung. So kann z.B. die Durchführung der Überweisung oder die Erstellung von ausgewählten Bescheinigungen und Auswertungen nur durchgeführt werden, wenn die Abrechnungsergebnisse der Mitarbeiter vorhanden sind.

Die Überweisung der Nettoentgelte an die Mitarbeiter erfolgt mittels des gängigen Datenträger-Austauschverfahrens. Dabei wird aus den Abrechnungsergebnissen der Mitarbeiter eine Datei generiert, die an die Bank übergeben wird. Auf gleichem Wege und zumeist in der gleichen Datei werden auch die weiteren im Rahmen der Personalabrechnung entstehenden Überweisungen für z.B. vermögenswirksame Leistungen, Direktversicherungen oder andere privat veranlasste Überweisungen ausgeführt. Gesondert überwiesen werden die fälligen Zahlungen an die Sozialversicherungsträger.

Insbesondere in Deutschland und Österreich werden die Arbeitnehmerbeiträge zur Sozialversicherung von den Arbeitgebern einbehalten und an die Sozialversicherungsträger überwiesen. Auch diese Zahlungen erfolgen meistens mittels des Datenträger-Austauschverfahrens. In einigen Ländern sind die gezahlten Beiträge mit entsprechenden Nachweisen aufzuschlüsseln und zu belegen. Diese Nachweise basieren ebenfalls auf den Abrechnungsergebnissen der Mitarbeiter und werden im Rahmen des Abrechnungsprozesses erstellt. In Deutschland besteht mittlerweile die Möglichkeit, diese Nachweise papierlos per E-Mail zu übertragen.

Auch die Buchung der Löhne und Gehälter ins Rechnungswesen basiert auf den Abrechnungsergebnissen. Die Buchung wird vom zuständigen Mitarbeiter der Personalabrechnung angestoßen und landet ohne weitere Aktivität durch das Rechnungswesen auf den richtigen Konten der Finanzbuchhaltung und den Kostenstellen der Kostenrechnung.

Weitere Auswertungen im Rahmen der Personalabrechnung sind beispielsweise:

- Erstellung der Lohnsteueranmeldung (Deutschland)
- Erstellung der Lohnsteuerbescheinigungen (Deutschland)
- Erstellung und Bescheinigung von DEÜV-Meldungen (Deutschland)
- Erstellung der Lohnkonten
- Erstellung von Statistiken
- Erstellung von Lohnartenverteilung und Lohnartennachweis

8.2 Voraussetzungen in den Stammdaten

Wie in Abschnitt 8.1 bereits erläutert, müssen die Stammdaten der Mitarbeiter vollständig gepflegt sein, um eine Abrechnung durchführen zu können. Vollständig bedeutet dabei, dass bestimmte Infotypen gepflegt sein müssen, ohne die eine Abrechnung nicht möglich ist. Wie Infotypen gepflegt werden, wurde im Kapitel 5, *Personaladministration*, bereits erläutert. Zu diesen zwingend notwendigen Infotypen zählen:

- Infotyp 0000 – *Maßnahmen*
- Infotyp 0001 – *Organisatorische Daten*
- Infotyp 0002 – *Daten zur Person*
- Infotyp 0003 – *Abrechnungsstatus* (dieser muss von Ihnen aber nicht gesondert angelegt werden, sondern wird vom R/3-System automatisch erzeugt)
- Infotyp 0006 – *Anschrift*

- Infotyp 0007 – *Sollarbeitszeit*
- Infotyp 0008 – *Basisbezüge*
- Infotyp 0009 – *Bankverbindung* (dieser wird auch benötigt, wenn das Nettoentgelt nicht überwiesen, sondern bar ausgezahlt wird)
- Infotyp 0012 – *Steuerdaten*[1]
- Infotyp 0013 – *Sozialversicherung*[2]
- Infotyp 0016 – *Vertragsbestandteile*
- Infotyp 0020 – *DEÜV* (nur Deutschland)

Die Pflege der Infotypen orientiert sich dabei an den fachlichen Gegebenheiten. So enthält z. B. Infotyp 0012 – *Steuerdaten D* für Deutschland alle für eine korrekte Steuerberechnung erforderlichen Angaben. Infotyp 0012 – *Steuerdaten* erfasst von der zuständigen Stadt bzw. Gemeinde über die Steuerpflicht und das Steuerverfahren bis hin zu Freibeträgen, Religionszugehörigkeit und bestimmten Sonderregelungen alle besteuerungsrelevanten Merkmale der Mitarbeiter.

Eine qualitativ hochwertige und zeitnahe Pflege der abrechnungsrelevanten Stammdaten bewährt sich in der Praxis immer wieder, da so Fehler und Zeitverzögerungen möglichst gering gehalten werden können.

8.3 Abrechnungskonzeption und Abrechnungsergebnisse

8.3.1 Das Abrechnungskonzept in SAP R/3

Das Konzept der Personalabrechnung im R/3-System basiert auf Lohnarten, deren Aufgabe und Funktion im weiteren Verlauf des Kapitels noch ausführlicher erläutert werden. Darüber hinaus ist die Unterscheidung der verschiedenen Perioden eine wesentliche Grundlage des Abrechnungskonzepts. Ergebnis einer jeden Abrechnung im R/3-System sind die so genannten Abrechnungsergebnisse, die generell nach einem Periodenkonzept aufgebaut sind. Hierbei werden *Für-* und *In-Perioden* unterschieden. Jedes Abrechnungsergebnis hat eine zugeordnete *Für- und In-Periode*. Dieses Konzept ermöglicht die weiter oben bereits angesprochene vollständige Rückrechnungsfähigkeit. Ein Beispiel soll das Konzept verdeutlichen:

- Es wird angenommen, dass die Abrechnung für den Monat August 2003 durchgeführt werden soll. Mit der erstmaligen Durchführung der Abrechnung im August ist der Monat August auch der so genannte *aktuelle Abrechnungsmonat*.
- Nach der Abrechnung des Monats August wird festgestellt, dass bei einem Mitarbeiter eine Gehaltserhöhung ab dem 01.08.2003 in Höhe von 150,00 EUR

---

[1] Für Österreich Infotyp 0042; für die Schweiz Infotyp 0038
[2] Für Österreich Infotyp 0044 und 0367; für die Schweiz Infotyp 0036

versehentlich nicht in die Stammdaten (hier den Infotyp 0008 – *Basisbezüge*) eingepflegt wurde. Da der Mitarbeiter sein Gehalt inklusive Entgeltnachweis erhalten hat, die Abgaben an Finanzamt und Sozialversicherungsträger bereits überwiesen und auch die Beträge in das Finanzwesen und die Kostenrechnung gebucht worden sind, besteht nur die Möglichkeit, den Fehler mit der nächsten Abrechnung zu korrigieren.

▶ Die Datenpflege wird vom zuständigen Sachbearbeiter nachgeholt. Dabei erfolgt die Datenpflege dann auch zum korrekten Datum, also zum 01.08.2003. Beim Sichern der korrigierten Daten erhält der Mitarbeiter vom R/3-System in der unteren Statusleiste oder als Dialogfenster (je nach Einstellung des Benutzers) eine Warnmeldung, dass er eine bereits abgerechnete Periode bearbeitet hat und ein so genanntes *Rückrechnungsdatum* gesetzt wird (siehe Abbildung 8.4). Dieses Rückrechnungsdatum signalisiert der Abrechnung, dass die Periode August 2003 mit neuen Daten erneut abgerechnet werden muss, um zu korrekten Ergebnissen für den Monat August zu kommen.

> ⓘ Erfassung für Abrechnungsvergangenheit (Rückrechnung)

Abbildung 8.4 Auftretende Warnmeldung, wenn abrechnungsrelevante Daten für eine bereits abgerechnete Periode geändert werden

▶ Diese erneute Abrechnung des Monats August erfolgt dann im September; d.h., der Monat September ist der aktuelle Abrechnungsmonat und der August wird als Rückrechnungsmonat nochmals vollständig abgerechnet. Da das alte Ergebnis aus Revisionsgründen nicht vernichtet werden darf, wird ein neues Ergebnis geschrieben und so eine lückenlose Historie aufgebaut. Dabei werden die oben genannten Begriffe der Für- und In-Periode verwendet. Die *Für-Periode* bezeichnet dabei immer die Periode, *für* die eine Abrechnung durchgeführt wird. Die *In-Periode* gibt die Periode an, *in* der eine Abrechnung erfolgt. So ist die Rückrechnung für den August 2003 der Für-Periode 08/2003 und der In-Periode 09/2003 zugeordnet. Die Tabelle 8.1 verdeutlicht den Zusammenhang nochmals:

Für-Periode	In-Periode	Bezeichnung
August 2003	August 2003	Abrechnung mit Fehler, also ohne Berücksichtigung der Gehaltserhöhung
August 2003	September 2003	Abrechnung als Korrekturlauf, also mit Berücksichtigung der Gehaltserhöhung
September 2003	September 2003	Originalabrechnung September 2003

Tabelle 8.1 Für- und In-Periode

Neben dem Für- und In-Perioden-Konzept ist zum vollständigen Verständnis des Ablaufs der Personalabrechnung im R/3-System die Kenntnis des Lohnartenkonzepts von Bedeutung. Lohnarten sind die Basis und das Ergebnis einer jeden Abrechnung. Natürlich werden für eine Abrechnung auch noch weitere Informationen benötigt, ohne Lohnarten ist eine Abrechnung im R/3-System jedoch nicht lauffähig. Die Pflege von bestimmten abrechnungsrelevanten Infotypen erfolgt, indem Lohnarten erfasst werden. Jede Lohnart kann dabei grundsätzlich folgende Informationen aufnehmen:

- einen Betrag (also z. B. die Höhe des Grundgehaltes von 3000 EUR)
- einen Betrag pro Einheit (z. B. die Höhe des Stundenlohnes von 18,00 EUR je Stunde)
- die Anzahl, die mit einer Einheit verbunden ist (z. B. 5 Stunden, 12 Prozent, 8 Stück, 30 Tage etc.)

Dies ermöglicht dann auch die Ermittlung komplexer Vergütungsbestandteile. So kann z. B. eine Provision anhand der Angabe von Fakturatagen und einem zugeordneten Prozentsatz des Grundgehaltes ermittelt werden. Diese Lohnarten werden von der Abrechnung gelesen und verarbeitet. Das Ergebnis sind wiederum Lohnarten, die im Verlaufe der Abrechnung gebildet werden. Für die Beiträge zur Sozialversicherung oder die Lohnsteuer werden so beispielsweise eigene Lohnarten gebildet. Diese werden dann im weiteren Verlauf des Abrechnungsprozesses von anderen Programmen verarbeitet. Der Lohnartenschlüssel besteht im R/3-System immer aus vier Zeichen (z. B. 0100, 564K, 9K10 etc.). Zusätzlich trägt jede Lohnart eine Bezeichnung (z. B. Tarifgehalt, AT-Gehalt, Urlaubsgeld etc.). Zu unterscheiden sind die so genannten *Dialoglohnarten* (werden vom Anwender im Dialog mit dem R/3-System erfasst) von den *Technischen Lohnarten* (auch *Schräger-Lohnarten* genannt, da sie immer mit einem Schrägstrich »/« beginnen) und den *Zeitlohnarten*. Die Technischen Lohnarten werden vom R/3-System während der Abrechnung gebildet und dienen der systeminternen Abrechnungssteuerung. Gleichwohl sind diese Lohnarten für die Anwender interessant, da damit z. B. auch die Zusammenfassung zu Bruttoentgelten und andere wichtige Verarbeitungssteuerungen erfolgen. Die Lohnart /102 beispielsweise stellt die zusammengefassten laufenden Bruttoentgelte zur Sozialversicherung als Gesamtbetrag ohne Begrenzung auf eine Beitragsbemessungsgrenze dar. Zeitlohnarten werden von der Zeitwirtschaft im Rahmen der Zeitabrechnung erzeugt und fließen in der Regel nur mit der Angabe von Stunden in die Abrechnung ein. Dort erfolgt dann die weitere Bewertung, z. B. die Multiplikation der Stunden mit einem Stundensatz, und die Verarbeitung.

8.3.2 Abrechnungsergebnisse

Der Begriff der *Abrechnungsergebnisse* ist bereits mehrfach aufgetaucht. Nachfolgend wird nun erläutert, welche Daten die Abrechnungsergebnisse konkret beinhalten. Damit werden die weiteren Ausführungen insbesondere zu den Aktivitäten im Rahmen der Folgeverarbeitung besser verständlich.

Der Aufruf der Abrechnungsergebnisse für die Mitarbeiter erfolgt über den Menüpfad **Werkzeuge • Abrechnungsergebnisse anzeigen** oder die Transaktion PC_PAYRESULT oder die Ausführung des Reports *RPCLSTXX* (XX für die Länderkennung, z. B. »RD« für Deutschland). Dies ist vor allem dann wichtig, wenn Fehler in der Abrechnung zu suchen sind. Die technischen Lohnarten, die in den Abrechnungsergebnissen gespeichert sind, finden sich nur zu einem kleinen Teil auch auf dem Entgeltnachweis. Daher ist das Einsehen und verstehen der Abrechnungsergebnisse in Fehlersituationen äußerst nützlich.

Unter Abrechnungsergebnissen sind die während des Abrechnungslaufs ermittelten und für weitere Auswertungen oder auch für Rückrechnungen benötigten Ergebnisse in Form von Lohnarten und weiteren Informationen zu verstehen. Dabei werden die Lohnarten und ergänzenden Informationen nach logischen Gesichtspunkten in Tabellen zusammengefasst. Die folgenden Tabellen stehen in den Abrechnungsergebnissen der Mitarbeiter zur Verfügung. (Beachten Sie bitte, dass dies keine vollständige Aufzählung ist, da weitere Tabellen vorhanden sind. Diese sind für Anwender jedoch von untergeordnetem Interesse, da sie überwiegend Daten technischer Natur enthalten und hier nicht weiter erläutert werden).

- **WPBP – Arbeitsplatz-Basisbezüge**
  Sie wird aus den Infotypen 0000 – *Maßnahmen*, 0001 – *Organisatorische Daten*, 0007 – *Sollarbeitszeit*, 0008 – *Basisbezüge* und 0027 – *Kostenverteilung* gefüllt und enthält relevante organisatorische und zahlungsrelevante Daten.

- **RT – Ergebnistabelle**
  Sie enthält die Ergebnislohnarten der aktuell abgerechneten Periode.

- **CRT – kumulierte Ergebnistabelle**
  Die Tabelle CRT enthält die über einen bestimmten Zeitraum aufsummierten Werte (bei den meisten Lohnarten die über das Jahr aufsummierten Werte) ausgewählter Lohnarten aus der Tabelle RT.

- **SCRT – kumulierte Steuertabelle**
  Dort erfolgt die Kumulation von steuerlich relevanten Lohnarten über das laufende Jahr hinweg.

- **BT – Zahlungsinformationen**
  Sie enthält alle Überweisungen, die an den oder für den Mitarbeiter ausgeführt werden. Dazu zählen allerdings nicht die Überweisungen an die Sozialversicherungsträger sowie an das Finanzamt.

- **C0 – Kostenverteilung**
  In dieser Tabelle sind globale Informationen zur Kostenverteilung abgelegt, d.h., ausgewählte Kosten können auf andere Kostenstellen als die Stammkostenstelle des Mitarbeiters gebucht werden.

- **C1**
  Hier sind Informationen zur individuellen Kostenzuordnung für einzelne Lohnarten zu finden. Die Infotypen 0014 – *Wiederkehrende Be-/Abzüge* bzw. 0015 – *Ergänzende Zahlungen* ermöglichen je Lohnart die Zuordnung zu einer anderen Kostenstelle als der Stammkonstenstelle des Mitarbeiters.

- **SV – Daten zur Sozialversicherung**
  In dieser Tabelle sind die wesentlichen Informationen zur Sozialversicherung enthalten, wie z.B. Krankenkasse, Rentenversicherungsnummer, Beitragsgruppenschlüssel und weitere Besonderheiten (beispielsweise ob Altersteilzeit vorliegt, ob in eine berufsständische Versorgungseinrichtung eingezahlt wird etc.). Für Mitarbeiter, die privat versichert sind oder in eine berufsständische Versorgungseinrichtung einzahlen, wird eine weitere Tabelle *SVZ – Sozialversicherung Zusatzversorgung* erstellt. Diese enthält dann alle wesentlichen Daten zur Zusatzversicherung des Mitarbeiters.

- **ST – Steuer**
  Die Steuertabelle enthält die Daten der Besteuerungsmerkmale des Mitarbeiters wie z.B. Steuerklasse, Steuerverfahren, Freibeträge, Sonderregeln, Bescheinigungszeitraum u.ä., nicht aber die Höhe der Steuer für den entsprechenden Monat. Die finden Sie in der Tabelle RT unter der entsprechenden Lohnart.

- **VERSION – Erstellungsinformationen**
  Hier werden die Erstellungsinformationen zum Abrechnungsergebnis abgelegt. Es handelt sich dabei um Informationen wie das Release, den Benutzer, der die Abrechnung durchgeführt hat, das Datum und die Uhrzeit, das Schema sowie den Programmnamen des Abrechnungsprogramms.

- **VERSC – Statusinformationen der Abrechnung**
  Diese Tabelle enthält überwiegend allgemeine Informationen zur Abrechnung (z.B. Länderversion, Währung, Datum und Uhrzeit, Für- und In-Periodendaten, Abrechnungskreis etc.)

▶ **DUV – DEÜV-Stammdaten**
Hierbei handelt es sich um die Informationen aus Infotyp 0020 – *DEÜV*, also Tätigkeitsschlüssel, Stellung im Beruf, Ausbildung und Personengruppenschlüssel sowie weitere Angaben zu Sonderfällen (nur für Deutschland).

8.4 Abrechnungssimulation und Entgeltnachweis

8.4.1 Die Abrechnungssimulation

Die Simulation der Abrechnung ist immer dann sinnvoll und nützlich, wenn Sie das Ergebnis einer echten Abrechnung erfahren möchten, die mit den vorliegenden Daten noch nicht durchgeführt wurde. Das kann natürlich auch auf eine bevorstehende Rückrechnung zutreffen, wenn z.B. Daten in die Vergangenheit eingepflegt wurden. Typische Fälle sind beispielsweise eine komplexe Stammdatenänderung oder veränderte Systemeinstellungen, deren Auswirkungen auf das Ergebnis zu testen ist. Sie sind damit aber auch sehr schnell in der Lage, dem Mitarbeiter mitzuteilen, wie sich eine Gehaltserhöhung auf das Nettoeinkommen des Mitarbeiters auswirkt.

Das R/3-System verfügt über die Flexibilität, Abrechnungen simulativ durchzuführen. Das bedeutet, dass zwar eine echte Abrechnung durchgeführt wird, diese sich durch folgende Merkmale aber von der Echtabrechnung unterscheidet:

▶ Die simulierten Ergebnisse stehen nur *temporär* – also für den Zeitraum der Darstellung auf dem Bildschirm – zur Verfügung. Die Ergebnisse werden nicht abgespeichert und stehen damit nach Verlassen der Anzeige auch nicht mehr zur Verfügung. Folglich ist auch der Entgeltnachweis nach einer Abrechnungssimulation nicht aktualisiert, d.h., der Entgeltnachweis, den Sie im Rahmen der Abrechnungssimulation aufgerufen haben, ist nicht mit dem Entgeltnachweis identisch, den Sie über das entsprechende Anzeigeprogramm (siehe Abschnitt 8.4.2) aufrufen können, da das Anzeigeprogramm nur auf der Datenbank gespeicherte Ergebnisse liest und diese zur Anzeige bringt.

▶ Das R/3-System sperrt während einer Abrechnungssimulation keine Stammdaten.

▶ Es werden keinerlei Veränderungen im Abrechnungsverwaltungssatz (siehe Abschnitt 8.5.2) vorgenommen.

▶ Auch im Infotyp 0003 – *Abrechnungsstatus* (siehe Abschnitt 8.5.1) erfolgen keine Aktualisierungen.

Eine Simulationsabrechnung kann jederzeit wiederholt werden. Damit können Abrechnungen jederzeit mit veränderten Daten auf ihre Auswirkung hin getestet werden. Es besteht dabei keinerlei Gefahr, dass das generierte Ergebnis eine Auszahlung oder anderweitige unkontrollierbare Vorgänge zur Folge hat. Wie eine Simulationsabrechnung gestartet werden kann, wurde in Abschnitt 8.1 bereits erläutert. Wird im Auswahlbildschirm das Ankreuzfeld **Protokoll anzeigen** ausgewählt, steht als Ergebnis der Abrechnungssimulation das Abrechnungsprotokoll zur Verfügung.

Durch das Abrechnungsprotokoll können Sie detailliert Auskunft über Verlauf und Ergebnis der Personalabrechnung erhalten. Nach dem Ende der Abrechnungssimulation erscheint das geschlossene Protokoll (siehe Abbildung 8.5).

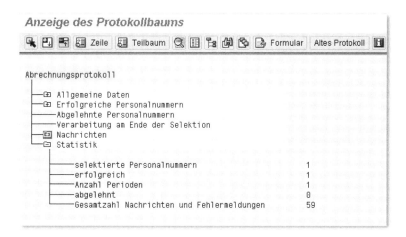

Abbildung 8.5 Geschlossenes Abrechnungsprotokoll nach erfolgter (Simulations-)Abrechnung

Das Protokoll ist in verschiedene Ebenen gegliedert, die den fachspezifischen Vorgaben der Abrechnung folgen. Die in Abbildung 8.6 ersichtlichen Teilschritte der Personalabrechnung können detailliert eingesehen und analysiert werden.

Durch Klicken auf den Strukturknoten kann das Protokoll Schritt für Schritt weiter geöffnet werden. Dazu kann auch die Drucktaste ▣ verwendet werden, wobei Sie den Cursor genau auf den zu öffnenden Teilbereich des Protokolls platzieren müssen. Hüten Sie sich aber davor, das Protokoll komplett zu öffnen. Dies dauert zum einen recht lange, zum anderen werden Sie die benötigte Information dadurch nicht schneller finden. Sinnvoller ist es, anhand der untergeordneten Punkte im Protokollbaum den Suchbereich einzugrenzen und/oder die Suchfunktion (siehe Abbildung 8.7) durch Betätigen der Drucktaste ▣ zu nutzen. Beachten Sie, dass die Suche durch die Angabe im entsprechenden Feld auf eine oder mehrere Personalnummern eingeschränkt werden kann, wenn die Abrechnung für mehrere Personen erfolgt ist.

Abbildung 8.6 Protokoll mit übergeordneten Strukturknoten

Abbildung 8.7 Suche im Abrechnungsprotokoll

Wollen Sie beispielsweise die Ermittlung des Arbeitgeberanteils der vermögenswirksamen Leistungen nachvollziehen, so kann der erste Klick im Abrechnungsbaum auf den Bereich **Bruttoteil: Zeitdatenverarbeitung** gehen. Anschließend platzieren Sie den Cursor auf diesem Knotenpunkt und betätigen die Drucktaste . Im anschließend erscheinenden Dialogfenster (siehe Abbildung 8.7) geben Sie den Suchbegriff »Vermögensbildung« ein.

Nun können Sie Ihre Ergebnisse (siehe Abbildung 8.8) detailliert anzeigen (siehe Abbildung 8.9), indem Sie den passenden Ergebniseintrag markieren und anschließend die Drucktaste ⌕ betätigen.

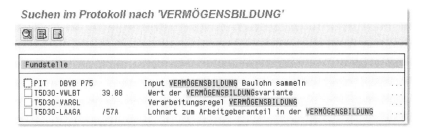

Abbildung 8.8 Ergebnisdarstellung nach Suche im Protokoll

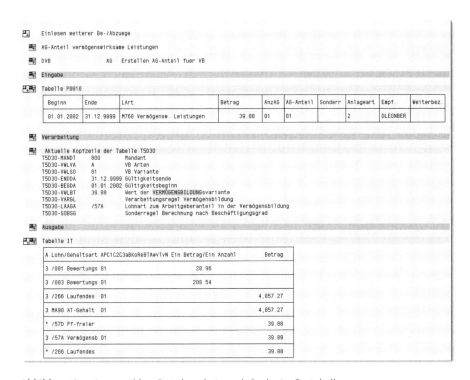

Abbildung 8.9 Ausgewähltes Detailergebnis nach Suche im Protokoll

Bestimmte Abläufe im Protokoll können Sie aber einfacher auffinden. Dabei handelt es sich z.B. um die Berechnung der gesetzlichen Abzüge wie Steuern und Sozialversicherungsbeiträge, aber auch die Berechnung sämtlicher relevanter Beträge im Rahmen der Altersteilzeit oder von Pfändungen.

Für diese Abläufe wird im Allgemeinen Abrechnungsprotokoll ein spezielles Unterprotokoll, das so genannte *Betriebswirtschaftliche Abrechnungsprotokoll*, generiert.

Dieses ist weniger technischer Natur als die sonstigen Protokolleinträge, sondern mehr fachlich aufgebaut. Nach diesem Unterprotokoll kann mittels der Zeichenfolge **BAP** gesucht werden. Dazu betätigen Sie die **Suchen**-Drucktaste und geben die Buchstaben **BAP** ein. In der Regel werden dann die folgenden Betriebswirtschaftlichen Abrechnungsprotokolle aufgefunden:

- Berechnung der Sozialversicherungsbeiträge (Kranken-, Renten-, Arbeitslosen- und Pflegeversicherungsbeiträge)
- Berechnung der Steuern (d.h. Lohn- und Kirchensteuer sowie Solidaritätszuschlag)
- Berechnung der Altersteilzeitergebnisse (sofern vorhanden)
- Berechnung der Pfändungsergebnisse (sofern vorhanden)

Diese Protokolle ermöglichen Ihnen das Nachvollziehen der Berechnung bestimmter Beträge. Das Protokoll kann durch Betätigen der Drucktaste auch noch weiter geöffnet werden und verfügt dann über eine größere Detaillierung (siehe Abbildung 8.10). Eine Vereinfachung der Analyse ist damit aber nur dann verbunden, wenn entsprechende Vorkenntnisse hinsichtlich des Lohnartenkonzepts und der fachlichen Materie vorhanden sind.

Im Übrigen können Sie im Protokoll nach jeder beliebigen Zeichenfolge suchen. Dies hat den Vorteil, dass auch schwer auffindbare Stellen mit vertretbarem Aufwand ermittelt und anschließend analysiert werden können.

8.4.2 Der Entgeltnachweis

Der im R/3-System bis zum Release 4.6C zur Verfügung gestellte Entgeltnachweis ist hinsichtlich seines Aussehens eher schlicht, vermittelt aber alle relevanten Informationen. Der Entgeltnachweis kann im Rahmen der Systemkonfiguration flexibel angepasst werden. Daher kann sich der in Ihrem Unternehmen genutzte Entgeltnachweis von dem Standardentgeltnachweis im R/3-System (siehe Abbildung 8.11) unterscheiden. Die Unterscheidungsmerkmale beziehen sich jedoch vorwiegend auf den Informationsgehalt und nur in geringem Maße auf das Aussehen. Um den Entgeltnachweis aufzurufen, wählen Sie im Easy Access-Menü **Abrechnung · Entgeltnachweis**.

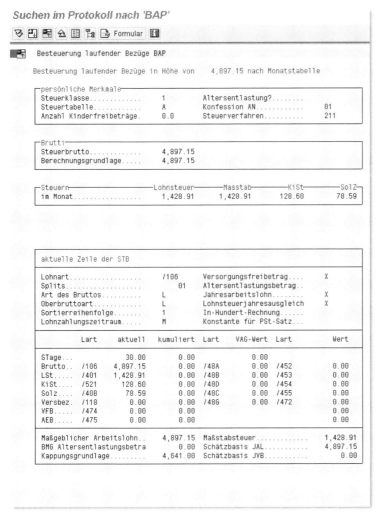

Abbildung 8.10 Teilweiser Auszug des vollständig expandierten Steuer-BAPs

Übung

Nehmen wir an, Sie wollen den Entgeltnachweis eines Mitarbeiters aufrufen. Sie gehen dann wie folgt vor:

1. Im Gruppenrahmen **Abrechnungsperiode**:

    - Erfassen Sie den Abrechnungskreis.

    - Geben Sie den gewünschten Abrechnungsmonat an. Entweder belassen Sie es bei der Auswahl **aktuelle Periode** oder Sie wählen **andere Periode** und erfassen den abzurechnenden Zeitraum mit zweistelliger Monats- und Jahresangabe, z. B. für Dezember 2002 erfassen Sie 12 02.

2. Im Gruppenrahmen **Selektion**:
   - Erfassen Sie die gewünschte(n) Personalnummer(n) oder wählen Sie den Abrechnungskreis.
   - Mit der Drucktaste **weitere Selektionen** besteht die Möglichkeit, die Personalnummern auch über andere Merkmale (z. B. über Kostenstellen, Mitarbeitergruppen und -kreise, Personalbereiche und -teilbereiche etc.) zu selektieren. Die Drucktaste **Suchhilfen** ermöglicht Ihnen die Auswahl der Personalnummern nach weiteren Kriterien wie z. B. organisatorischer Zuordnung, Sachbearbeitern, Nachname, Vorname, Geburtsdatum usw.
3. Im Gruppenrahmen **Allgemeine Programmsteuerung**:
   - Die Felder **Sonderlauf** sind nur relevant, wenn Zwischenabrechnungen erstellt werden sollen. Sie werden hier nicht weiter behandelt, da Zwischenabrechnungen in Deutschland allgemein nicht durchgeführt werden.
   - Im Feld **Formularname** erscheint beim Aufrufen des Programms der Name der SAP-Standardformulars *DF01*. Um das richtige Formular für den Aufruf des Entgeltnachweises nutzen zu können, sollte Ihnen der von Ihrem Unternehmen verwendete Formularname bekannt sein.
   - Im Feld **Aktuelle Periode drucken** geben Sie an, ob und unter welchen Voraussetzungen ein Andruck der aktuellen Periode erfolgen soll (lesen Sie hierzu die F1-Hilfe).
   - Im Feld **Rückrechnungen drucken** geben Sie an, ob vorliegende Rückrechnungsergebnisse angedruckt werden sollen. Dabei bedeutet:
   - »X« = Rückrechnungen werden immer angedruckt
   - » « (Blank) = Rückrechnungen werden nie angedruckt
   - »L« = Rückrechnungen werden gedruckt, wenn für bestimmte Lohnarten (diese werden in der Systemkonfiguration festgelegt) Differenzen vorliegen
   - Im Feld **Darstellung der Rückrechnung** geben Sie an, wie der Andruck der Rückrechnung erfolgen soll. Dabei besteht die Möglichkeit, den Rückrechnungsmonat komplett oder nur die Rückrechnungsdifferenz pro Periode oder auf separatem Formular anzudrucken. Darüber hinaus kann der Andruck der Rückrechnungsdifferenz mit auf dem Formular der aktuellen Abrechnungsperiode erfolgen, wobei die Rückrechnungsdifferenz auf Wunsch nach Lohnarten aufsummiert werden kann.

Tipp Nutzen Sie die Ausprägung *D*. Damit werden nur Differenzen angedruckt, womit das Erkennen von Änderungen erheblich vereinfacht wird.

- Das Feld **Sortierung von Rückrechnungen** gibt an, wie die Lohnarten im Falle von Rückrechnungen auf dem Entgeltnachweis angedruckt werden. Hier können Sie problemlos die Vorgabeeinstellung (in der Regel die 1) übernehmen.
- Im Feld **Ausgabesprache** legen Sie fest, in welcher Sprache das Formular angedruckt wird. Dies ist nur relevant, wenn Abrechnungen für mehrere Länderversionen mit unterschiedlichen Sprachen erfolgen. Folgende Ausprägungen sind möglich:
- A – Sprache des Mitarbeiters
- B – Sprache des Sachbearbeiters
- W – Hinterlegte Sprache des Personalbereichs
- Das Ankreuzfeld **Superzeilendruck** legt die Steuerung des Superzeilendrucks fest. Superzeilen sind Zeilen, in denen Werte von mehreren Lohnarten angedruckt werden.
- Das Ankreuzfeld **ESS prüfen** unterdrückt den Andruck des Entgeltnachweises für Mitarbeiter, die diesen über den Employee Self Service (ESS) erhalten können. Voraussetzung dafür ist aber, dass der Infotyp 0655 – *ESS Einstellungen Entgeltnachweis* entsprechend gepflegt ist. (ESS steht für *Employee Self Service*, übersetzt etwa: Dienste, die der Mitarbeiter über seinen PC selbst beanspruchen kann. Hier bedeutet dies, dass der Mitarbeiter über seinen PC den Entgeltnachweis selbst abrufen und ausdrucken kann.)
- Im Feld **Anzahl Testformulare** geben Sie an, wie viele Testformulare Sie drucken wollen. Diese ermöglicht z.B. die richtige Justierung des Papiers im Drucker.

4. Im Gruppenrahmen **Ausgabewährung**:
   - Hier besteht die Möglichkeit, die Ausgabewährung auszuwählen. Alternativ stehen zur Verfügung:
   - Währung der In-Periode
   - Währung der Für-Periode
   - Eine andere beliebige Alternativwährung

5. Wählen Sie .

Das Ergebnis dieses Vorgehens sehen Sie in Abbildung 8.11: Sie haben den Entgeltnachweis für einen Mitarbeiter aufgerufen.

Die Ansicht auf dem Bildschirm ist beim Aufruf des Entgeltnachweises und bei Durchführung der Simulationsabrechnung mit Entgeltnachweis sowie direkt anschließender Betätigung der **Formular**-Drucktaste gleich bzw. ähnlich.

```
Entgeltabrechnung für September 2002        Datum 26.06.2004  Seite  1
IDES AG Frankfurt                           Währung EUR

Ihr Sachbearbeiter ist Herr Gerhard Abrechner
                                            Personalnr.....       1051
                                            Geburtsdatum... 01.01.1970
                                            Eintritt....... 01.01.1997
                                            Kostenstelle... Konstrukti
                                            Abteilung...... Konstrukti

        Frau                                Urlaubskonto
        Barbara Fischer
        Ziegelgasse 20                      Rest Vorjahr...       0.00
        69117 Heidelberg                    Anspruch.......       0.00
                                            Rest..........        0.00


ENTGELTBESTANDTEILE         Tg/Std Betrag/E.     Monat      Jahressummen

Tarifgehalt                                    3,476.78
Vermögensb.AG-Anteil                              25.56

BRUTTOENTGELTE
Gesamtbrutto                                   3,502.34        33,158.30
Steuer-Brutto                    3,502.34                      33,158.30
SV-Brutto KV/PV                  3,375.00                      30,375.00
SV-Brutto RV                     3,502.34                      33,158.30
SV-Brutto AV                     3,502.34                      33,158.30

GESETZLICHE ABZÜGE
Lohnsteuer                                       465.50         4,651.27
Solidaritätszuschlag                              18.29           212.64
Krankenversicherung                              226.13         2,035.17
Rentenversicherung                               334.47         3,166.58
Arbeitslosenversicherung                         113.83         1,077.68
Pflegeversicherung                                28.69           258.21

Gesetzliches Netto                             2,315.43

SONSTIGE BE-/ABZÜGE
VB Bausparen        AF2                           25.56-          204.48-

ÜBERWEISUNGEN
Überweisung                                    2,289.87
VB Überweisung                                    25.56

 ┌─ Information zur Überweisung ──────────────────────────┐
 │ Überweisung           2,289.87  EUR                     │
 │           67292200  Volksbank Wiesloch 34523            │
 │ VB Überweisung           25.56  EUR                     │
 │           25010030  Bausparkasse Wuestenrot Sparvertrag │
 └─────────────────────────────────────────────────────────┘




Steuerklasse / Kinder   3 / 1.0     RV-Nummer
Kirchensteuer    — / —              SV-Kennzeichen  1211
Freibetrag Jahr                     Krankenkasse  AOK Bruchsal
Freibetrag Monat                    KV-AN   6.70%    PV-AN   0.85%
Steuer-/SV-Tage   30 / 30           AV-AN   3.25%    RV-AN   9.55%
```

Abbildung 8.11 Ausgelieferter Standard-Entgeltnachweis

Allerdings besteht in Bezug auf die Inhalte ein wesentlicher Unterschied:

- Das Programm zum Aufruf des Entgeltnachweises liest nur die für den gewählten Abrechnungsmonat vorliegenden Abrechnungsergebnisse aus, die auf der Datenbank gespeichert sind.
- Die Abrechnungssimulation hingegen führt eine erneute Abrechnung für den gewählten Abrechnungszeitraum aus.

Haben Sie also Stammdaten des Mitarbeiters rückwirkend gepflegt und wollen Sie das Ergebnis kontrollieren, so ist dies nur über die Simulation der Abrechnung möglich.

8.5 Abrechnungsstatus und Verwaltungssatz

8.5.1 Der Abrechnungsstatus

Der Abrechnungsstatus ist ein Infotyp, der bei Eintritt des Mitarbeiters vom R/3-System automatisch angelegt wird. Er informiert das R/3-System über wichtige Tatbestände der Personalabrechnung, aber auch der Zeitwirtschaft. Es handelt sich dabei um den Infotyp 0003 – *Abrechnungsstatus*. Darin werden die nachfolgenden, für die Abrechnung unbedingt erforderlichen Informationen gesichert:

- **Persönlich tiefste Rückrechnung**
  Dies ist der Zeitpunkt, bis zu dem der Mitarbeiter maximal zurückgerechnet werden kann. Es ist jedoch nicht möglich, das beim Abrechnungsverwaltungssatz definierte tiefste Rückrechnungsdatum in die Vergangenheit zu übersteuern (siehe Abschnitt 8.5.2).

- **Früheste Änderung Stamm**
  Das dortige Datum gibt an, für welchen Zeitpunkt frühestens abrechnungsrelevante Stammdaten gepflegt wurden. Das Datum stellt das Rückrechnungsdatum dar, d.h., bis zu diesem Datum wird eine Rückrechnung mit der aktuellen Abrechnung vorgenommen. So ist gewährleistet, dass alle eingepflegten Änderungen berücksichtigt werden.

- **Korrekturlauf der Abrechnung (Ankreuzfeld)**
  Eine produktive Personalabrechnung wird zumeist in Form von mehreren Abrechnungsläufen durchgeführt. Liegt für einen Mitarbeiter bereits ein aktuelles Abrechnungsergebnis vor und werden anschließend abrechnungsrelevante Stammdaten verändert, so wird dieser Haken vom R/3-System automatisch gesetzt. Er dient später zur Selektion aller Mitarbeiter, für die noch eine Abrechnung durchzuführen ist, damit keine Inkonsistenzen entstehen. Dies wäre der Fall, wenn die vorgenommenen Datenänderungen nicht mehr verarbeitet würden und die Abrechnung für diesen Monat geschlossen wird. Darüber hinaus

wird der Haken auch gesetzt, wenn die Personalnummer im Rahmen des Abrechnungslaufs abgelehnt wurde.

▶ **Abrechnen bis**
Mit der Pflege dieses Datums wird angegeben, bis zu welchem Datum eine Abrechnung in jedem Fall erfolgt. Auch wenn ein Mitarbeiter ausgetreten ist, wird er in jedem Falle noch abgerechnet. Es ist allerdings nicht möglich, dem Mitarbeiter nach dem Austritt noch Zahlungen aus dem Infotyp 0008 – *Basisbezüge* zukommen zu lassen. Hierfür müssen die Infotypen 0014 – *Wiederkehrende Be-/Abzüge* bzw. 0015 – *Ergänzende Zahlungen* verwendet werden.

▶ **Nicht mehr abrechnen**
Ein in diesem Feld erfasstes Datum gibt an, dass der Mitarbeiter ab dem Folgetag nicht mehr abgerechnet wird. Eine Eingabe ist allerdings nur für nicht aktive Zeiträume möglich, d.h., der Mitarbeiter muss zu dem eingegebenen Datum ausgetreten sein. Zu beachten ist hierbei, dass auch dann keine Abrechnung erfolgt, wenn im Rahmen von in die Vergangenheit erfassten Änderungen der Stammdaten eigentlich eine Rückrechnung erforderlich wäre.

▶ **Personalnummer gesperrt**
Eine Kennzeichnung in diesem Feld führt zu einer vollständigen Sperrung der betreffenden Personalnummer für die Abrechnung.

> **Hinweis** Die restlichen Felder des Infotyps 0003 – *Abrechnungsstatus* enthalten Informationen, die für die Zeitwirtschaft von Bedeutung sind:
>
> ▶ **Persönlich tiefstes Rückrechnungsdatum Zeitauswertung**
> Dieses Feld gibt analog zum Feld der Abrechnung an, bis zu welchem Datum maximal eine Zeitabrechnung rückwirkend möglich ist.
>
> ▶ **Rückrechnungsdatum für die Zeitauswertung (Rückrechn. BDE)**
> Das Feld enthält das Datum, auf dem die nächste Zeitauswertung aufsetzt. Die Zeitauswertung setzt dieses Datum nach jedem Lauf auf den ersten folgenden noch nicht abgerechneten Tag.
>
> ▶ **Rückrechnung des persönlichen Kalenders**
> In diesem Feld kann bestimmt werden, ab welchem Zeitpunkt der persönliche Kalender des Mitarbeiters generiert werden soll.
>
> ▶ **BDE-Fehlerkennzeichen**
> Dieses Kennzeichen wird vom R/3-System immer dann automatisch gesetzt, wenn der Report für die Zeitauswertung (RPTIME00) auf einen Fehler gelaufen ist. Analog zum Feld **Korrekturlauf der Abrechnung** ist damit auch eine Selektion der abgelehnten Personalnummern möglich. Ist eine erneute Zeitauswertung erfolgreich abgelaufen, wird das Kennzeichen automatisch entfernt.

Der Infotyp 0003 – *Abrechnungsstatus* wird grundsätzlich vom R/3-System automatisch bearbeitet. So setzt das R/3-System nach erfolgter produktiver Abrechnung z.B. das Feld **Abgerechnet bis** auf den letzten Tag der Abrechnungsperiode, für die der Mitarbeiter abgerechnet worden ist. Eine Pflege dieses Infotyps ist nur selten erforderlich. Die Pflege ist auf wenige Mitarbeiter beschränkt, da die Änderung einiger Felder zu Inkonsistenzen führen kann.

> **Tipp** Wählt man den Infotypen 0003 – *Abrechnungsstatus* aus und klickt dann auf **Ändern**, so lassen sich nicht alle Felder des Infotyps pflegen. Die kritischen Felder erreicht man erst, wenn man aus der Personalstammdatenpflege heraus den Menüpfad **Hilfsmittel · AbrStatus ändern** wählt.

8.5.2 Der Abrechnungsverwaltungssatz

Bevor die Funktion des Abrechnungsverwaltungssatzes (kürzer: des Verwaltungssatzes) erläutert wird, erfolgt hier zuvor noch die Erläuterung des Begriffes *Abrechnungskreis*.

Abrechnungskreise dienen der Zusammenfassung der Mitarbeiter, für die zum gleichen Termin die Personalabrechnung erfolgt. Für jeden Abrechnungskreis sind daher die oben genannten Aktivitäten im Verlaufe der Abrechnung (Vorbereitung, Abrechnung, Überweisung, Sozialversicherung, sonstige Auswertungen und Buchung) durchzuführen.

Jeder Abrechnungskreis verfügt über einen Abrechnungsverwaltungssatz, dessen vorrangige Aufgabe die Sperrverwaltung ist. Das bedeutet, der Abrechnungsverwaltungssatz stellt sicher, dass während einer Abrechnung keine Datenpflege in die Abrechnungsvergangenheit bzw. -gegenwart erfolgen kann. Damit ist gewährleistet, dass alle erfolgten Stammdateneingaben im Rahmen der Personalabrechnung auch berücksichtigt und so Inkonsistenzen vermieden werden. Zusätzlich hält der Verwaltungssatz weitere Informationen für das R/3-System bereit:

▶ Welche Periode wird als nächste regulär abgerechnet?

▶ Bis zu welchem Datum ist maximal eine Rückrechnung möglich (Feld **Tiefste rückrechenbare Periode**)?

▶ Welchen Bearbeitungsstand hat die Abrechnung derzeit (welcher Status ist gesetzt)?

Der Abrechnungsverwaltungssatz verfügt über einen Periodenzähler, mit dem signalisiert wird, welche Abrechnung als nächste regulär abgerechnet wird. Der Abrechnungsverwaltungssatz wird wahlweise wie folgt abgespeichert (siehe Abbildung 8.12):

▶ **Frei zur Abrechnung**
In diesem Status sind Stammdateneingaben nur für künftige Abrechnungsperioden möglich; die Abrechnungsvergangenheit wird komplett für die Stammdatenpflege gesperrt, um die oben besprochenen Inkonsistenzen zu vermeiden.

▶ **Frei zur Korrektur**
Dieser Status wird in der Regel nach dem ersten Abrechnungslauf gesetzt und ermöglicht wieder eine vollständige Stammdatenpflege, sowohl in die Vergangenheit als auch in die Zukunft.

▶ **Prüfen**
In diesem Status sind die Stammdaten für Eingaben wieder gesperrt. Das Setzen des Status erfolgt, nachdem alle Mitarbeiter vollständig abgerechnet wurden und ermöglicht dann die Prüfung der Ergebnisse und die Durchführung der erforderlichen Folgeverarbeitungen.

▶ **Ende der Abrechnung**
Dieser Status signalisiert dem R/3-System die erfolgreiche Durchführung der vollständigen Abrechnung für die angezeigte Periode. Nur in diesem Status kann das für das System vorgegebene tiefste Rückrechnungsdatum verändert werden; der Periodenzähler zählt eine Periode nach oben weiter.

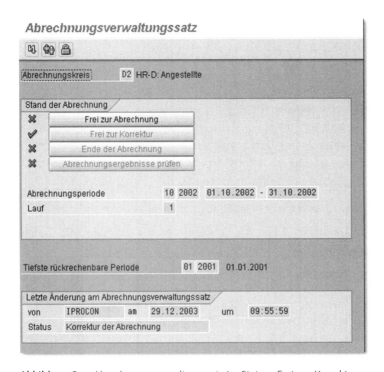

Abbildung 8.12 Abrechnungsverwaltungssatz im Status »Frei zur Korrektur«

Zusätzlich werden in der oberen Menüleiste noch drei Drucktasten angeboten. Sie umfassen folgende Funktionalitäten:

- Anzeige der fehlerhaften Personalnummern (Drucktaste), also der Personalnummern, die nochmals abgerechnet werden müssen, da nach einem vorhergehenden Lauf weitere Änderungen in den Stammdaten vorgenommen wurden
- Anzeige der gesperrten Personalnummern (Drucktaste), also der Personalnummern, die über das Feld **Personalnr gesperrt** im Infotyp 0003 – *Abrechnungsstatus* manuell für die Personalabrechnung gesperrt wurden
- Anzeige aller dem Abrechnungskreis zugeordneten Personalnummern (Drucktaste)

Tipp Bevor Sie mit den Folgeaktivitäten der Personalabrechnung beginnen, vergewissern Sie sich mit den Drucktasten und , dass keine fehlerhaften bzw. unbeabsichtigt gesperrten Personalnummern mehr vorhanden sind.

8.6 Der Ablauf der Personalabrechnung am Beispiel der deutschen Abrechnung

8.6.1 Prozessüberblick

Von grundlegender Bedeutung für die Durchführung einer Personalabrechnung ist die Kenntnis des Prozessablaufes, d.h. welche Aktivitäten der Abrechnung wann und in welcher Reihenfolge auszuführen sind. Für eine deutsche Abrechnung ohne Besonderheiten wie z.B. Baulohn, VBL oder Ähnliches geben Abbildung 8.13 und Abbildung 8.14 einen beispielhaften Überblick.

Wie beide Abbildungen deutlich machen, ist die Abrechnung selbst zwar ein wichtiger Bestandteil, da sie insbesondere im Fehlerfalle mehrfach durchlaufen wird. Der größte Aufwand steckt aber zumeist in der umfangreichen Folgeverarbeitung. Ganz besonders gilt dies für die deutsche Abrechnung.

8.6.2 Vorbereitende Aktivitäten

Wie bereits erwähnt, ist der Garant für eine korrekte Personalabrechnung eine aktuelle und qualitativ hochwertige Stammdatenpflege. Nur wenn alle vor der Abrechnung relevanten Änderungen in den Stammdaten auch eingepflegt wurden, kann die Abrechnung ein aktuelles und exaktes Ergebnis zur Folge haben. Hiermit wird deutlich, dass alle an der Datenpflege beteiligten Mitarbeiter zum Gelingen einer Abrechnung beitragen.

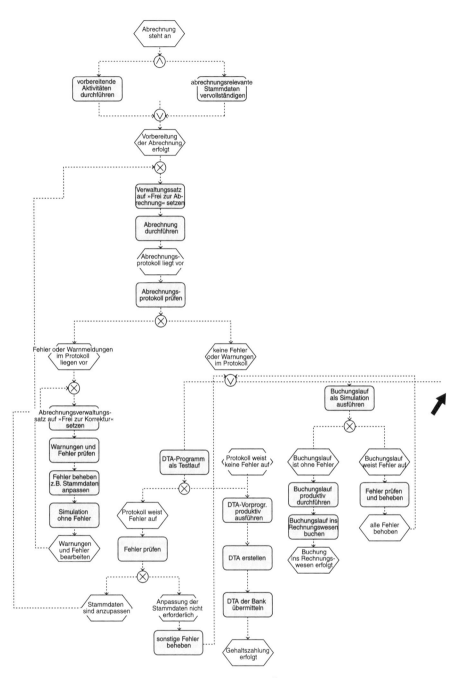

Abbildung 8.13 Abrechnungsprozess Teil I (Abrechnung, Überweisung und Buchung)

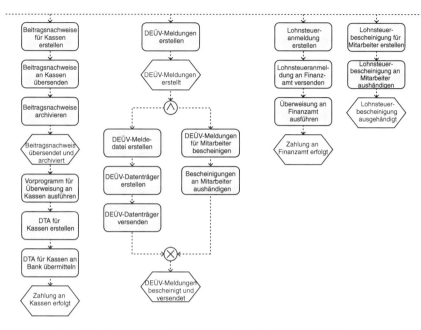

Abbildung 8.14 Abrechnungsprozess Teil II (Beitragsnachweis, DEÜV, Lohnsteueranmeldung und Bescheinigung)

Zu diesen vorbereitenden Aktivitäten zählen beispielhaft:

- die vollständige Pflege aller unbedingt für die Abrechnung benötigten Infotypen
- das Ermitteln und Einpflegen von variablen Entgeltbestandteilen der Mitarbeiter
- das Importieren von Ergebnissen aus externen Systemen, die als Be- oder Abzüge wirksam werden (z. B. die privat veranlassten Telefongebühren der Mitarbeiter)
- im Falle der Positivzeitwirtschaft das regelmäßige Durchführen der Zeitabrechnung

> **Tipp** Legen Sie sich für alle nachfolgend dargestellten Reports Varianten für einen Test- und/oder Produktivlauf an und benennen Sie diese Varianten nach einer einheitlichen Konvention (z. B. könnten alle Produktivvarianten mit dem Kürzel PROD_ beginnen). So können Sie sicher sein, dass die monatliche Abrechnung immer mit den korrekten Parametern gestartet wird.

8.6.3 Durchführen der Personalabrechnung

Bevor das Abrechnungsprogramm nun gestartet werden kann, muss zuerst der Abrechnungsverwaltungssatz umgesetzt werden. Eine produktive Abrechnung ist nur möglich, wenn der Status des Abrechnungsverwaltungssatzes auf **Frei zur Abrechnung** steht.

Um den Abrechnungsverwaltungssatz umzusetzen, gehen Sie wie folgt vor:

1. Wählen Sie im Menü **Abrechnung • Abrechnung freigeben**.
2. Bestätigen Sie im erscheinenden Dialogfenster (siehe Abbildung 8.15) die Frage nach dem Freigeben der entsprechenden Periode mit der Drucktaste **Ja**.

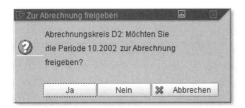

Abbildung 8.15 Dialogfenster zur Freigabe der Abrechnung

3. Wählen Sie nun im Menü **Abrechnung • Abrechnung starten**.
4. Im Gruppenrahmen **Abrechnungsperiode**:

   ▶ Erfassen Sie den abzurechnenden Abrechnungskreis. Dieser wird in diesem Feld für die Zeitraumbestimmung genutzt.

5. Im Gruppenrahmen **Selektion**:

   ▶ Pflegen Sie den Abrechnungskreis. Hier wird der Abrechnungskreis für die Selektion der Mitarbeiter genutzt. Sie können die abzurechnenden Mitarbeiter auch nach anderen Selektionskriterien bestimmen, wobei der Abrechnungskreis das Selektionskriterium der Wahl sein wird, weil die Mitarbeiter mit gleichem Abrechnungskreis auch zum gleichen Termin abgerechnet werden.

6. Starten Sie die Abrechnung durch Betätigen der Drucktaste . Sie können die Abrechnung selbstverständlich auch als Job einplanen oder im Hintergrund starten. (Befragen Sie zu diesen Themen Ihren Administrator.)

Setzen Sie nach Ablauf der Abrechnung den Verwaltungssatz wie oben beschrieben wieder um. Vergeben Sie dabei den Status **Frei zur Korrektur**. Prüfen Sie nach Ablauf der Abrechnung das Ablaufprotokoll auf abgelehnte oder fehlerhafte Personalnummern und korrigieren Sie aufgetretene Fehler.

Tipp Sofern Personalnummern abgelehnt wurden und Sie die Fehler korrigiert haben, empfiehlt es sich, diese Personalnummern mittels einer Abrechnungssimulation auf Fehlerfreiheit zu prüfen.

Nachdem Sie alle Fehler bereinigt und die Ursachen für die Ablehnung von Personalnummern beseitigt haben, müssen diese Mitarbeiter erneut abgerechnet werden. Bei diesen Mitarbeitern wurde durch die Ablehnung im Rahmen der Abrechnung bzw. durch die korrigierende Pflege in den Stammdaten Infotyp 0003 – *Abrechnungsstatus* das Kennzeichen im Feld **Korrekturlauf der Abrechnung** gesetzt (siehe auch Abschnitt 8.5.1). Dieses Kennzeichen nutzt nun das Abrechnungsprogramm, um alle diese Mitarbeiter für einen erneuten Abrechnungslauf auszuwählen. Das Abrechnungsprogramm verfügt wie in Abschnitt 8.4.2 über die Drucktaste ➪ Suchhilfen . Eine dieser Suchhilfen ist **Korrekturlauf Abrechnung** (zumeist *Matchcode W* genannt). Die Auswahl dieser Suchhilfe bedeutet die Selektion aller Mitarbeiter, bei denen im Infotyp 0003 – *Abrechnungsstatus* das Kennzeichen **Korrekturlauf der Abrechnung** gesetzt ist. Wie die Personalabrechnung mit dem Matchcode W zu starten ist, wird nachfolgend erläutert.

Übung

Nehmen Sie an, Sie wollen die Personalabrechnung mit Matchcode W starten. Sie gehen folgendermaßen vor:

1. Navigieren Sie zum Einstiegsbild der Personalabrechnung.
2. Erfassen Sie den Abrechnungskreis.
3. Wählen Sie ➪ Suchhilfen und anschließend **W Korrekturlauf Abrechnung**.
4. Es öffnet sich ein Dialogfenster (siehe Abbildung 8.16), in dem eine weitere Einschränkung auf Personalnummernebene erfolgen kann.
5. Wählen Sie ⊕.

Sie haben den Abrechnungslauf mit Matchcode W gestartet.

Nachdem die Personalabrechnung für den Matchcode W vollständig und ohne Fehler erfolgt ist, sollten Sie prüfen, ob alle relevanten Personalnummern abgerechnet wurden. Diese Prüfung erfolgt wie in Abschnitt 8.5.2 beschrieben durch Betätigen der Drucktaste . Erfolgt hier die Meldung »Keine fehlerhaften Personalnummern im Abrechnungskreis«, sollten Sie den Abrechnungsverwaltungssatz auf den Status **Prüfen** setzen. Der Prozess der eigentlichen Personalabrechnung ist nun grundsätzlich abgeschlossen. Allerdings können auftretende Fehler im Rahmen der Folgeverarbeitung zur erneuten Abrechnung einzelner Personalnummern zwingen.

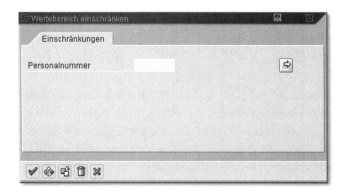

Abbildung 8.16 Wertebereich im Korrekturlauf der Abrechnung ergänzend einschränken

> **Hinweis** Bevor die Aktivitäten der Folgeverarbeitung erläutert werden, sollte ein Abgleich der zur Überweisung vorgesehenen Beträge mit den Beträgen zur Buchung auf die Konten der Finanzbuchhaltung und die Kostenstellen der Kostenrechnung erfolgen. Dieser Abgleich unterstützt das Auffinden von Fehlern sowohl fachlicher als auch systemtechnischer Art.
>
> Um diese Prüfung durchzuführen, ist die Erstellung einer Lohnartenverteilung erforderlich, welche die zur Überweisung vorgesehenen Lohnarten enthält. Die Erläuterung und Erstellung der Lohnartenverteilung entnehmen Sie bitte Abschnitt 8.7.

8.6.4 Überweisungen

Nachdem die Personalabrechnung fehlerfrei durchgeführt ist, muss dafür gesorgt werden, dass die Mitarbeiter ihre Nettoentgelte, die staatlichen Stellen die entsprechenden Abgaben und sonstige Stellen die ihnen zustehenden Beträge zeitgerecht erhalten. Kaum ein Unternehmen nutzt für die Zahlung dieser Beträge noch die Scheckzahlung, obwohl das R/3-System nicht nur dies, sondern auch die Barzahlung unterstützt. Gängiges Zahlungsverkehrsverfahren ist die Überweisung, deren Erstellung nachfolgend dargestellt wird.

Die Überweisungen der oben genannten Beträge erfolgen nicht vollständig zusammen in einem Arbeitsschritt, sondern sind nach Empfängergruppen aufgeteilt. Zu unterscheiden sind die Überweisungen an und für die Mitarbeiter, wie z.B. Gehalt, vermögenswirksame Leistungen, Beiträge zu Versicherungen, Pensionskassen oder -fonds, Unterstützungskassen, sonstigen Trägern der betrieblichen Altersvorsorge, an Gläubiger im Rahmen von Pfändungen etc.; ebenso Überweisungen an die Sozialversicherungsträger, wobei eine Trennung zwischen den gesetzlichen Krankenkassen und privaten Kranken- sowie Rentenversicherungsträgern (z.B. befreiende private Lebensversicherung oder berufsständische Versorgungseinrichtungen) erfolgt. Da der Zahlbetrag an den Fiskus nicht aufgeteilt werden muss und damit in einem Betrag erfolgen kann, wird dafür kein Überweisungsträger erstellt. Vielmehr wird dieser Betrag nur auf ein entsprechendes Zahlungsverrechnungskonto gebucht und von den Mitarbeitern des Finanzwesens manuell überwiesen.

Die Überweisung an die Mitarbeiter und die weiteren oben genannten Empfänger läuft in mehreren Schritten ab (siehe Abbildung 8.17).

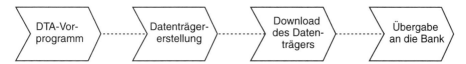

Abbildung 8.17 Prozessablauf der Überweisung an Mitarbeiter und sonstige Empfänger

Der erste Schritt ist das Ausführen des DTA-Vorprogrammes. Dieses Programm erzeugt aus einer Tabelle der Abrechnungsergebnisse *(BT – Tabelle der Bankbewegungen)* Regulierungsdaten, die dann als Grundlage für das nachfolgende Programm der Datenträgererstellung (auch Zahlungsträgerprogramm oder DTA-Programm genannt) dienen. Es wird empfohlen, das Vorprogramm zuerst als Testlauf auszuführen, um Fehler bei den Überweisungsdaten vor der Überweisung erkennen und beheben zu können.

Übung

Sie wollen das Datenträgervorprogramm für die Überweisung als Testlauf ausführen. Sie gehen folgendermaßen vor:

1. Wählen Sie **Abrechnung · Überweisung · Vorprogramm Datenträgeraustausch mehrere Zahlungsläufe**, um zum Selektionsbild des Programms zu gelangen.

2. Im Gruppenrahmen **Abrechnungsperiode**:
   - Erfassen Sie den korrekten Abrechnungskreis im entsprechenden Feld und wählen Sie die korrekte Periode aus wie oben erklärt.

3. Im Gruppenrahmen **Selektion**:
   - Erfassen Sie den Abrechnungskreis, für den Überweisungen erstellt werden sollen. Das R/3-System ermittelt damit alle Personalnummern des Abrechnungskreises und prüft, ob Überweisungsdaten in den Abrechnungsergebnissen vorhanden sind.

4. Im Gruppenrahmen **Weitere Angaben**:

   ▶ Die Felder **Lohnart** können grundsätzlich leer bleiben. Lediglich wenn Sie verschiedene Datenträger in Abhängigkeit von den Überweisungslohnarten erzeugen wollen, müssen Sie die Felder entsprechend füllen (soll z. B. eine Überweisung nur die Gehälter an die Mitarbeiter enthalten und eine andere die vermögenswirksamen Leistungen und weiteren Zahlungen).

   ▶ Das Feld **Testlauf** erzeugt nur eine Auflistung der Überweisungsvorgänge, generiert aber keine Regulierungsdaten für das eigentliche DTA-Erstellungsprogramm (Zahlungsträgerprogramm).

   ▶ Die restlichen Felder bleiben leer bzw. werden nicht aktiviert.

5. Wählen Sie 🕒 .

Auf diese Weise haben Sie das Datenträgervorprogramm im Testlauf gestartet.

Das Vorprogramm erzeugt nun ein Protokoll mit den selektierten Datensätzen und weist auf eventuell aufgetretene Fehler bei der Erstellung der Regulierungsdaten (z. B. fehlende Überweisungsdaten für den Mitarbeiter) hin. Sind Fehler aufgetreten, sollten diese unbedingt geprüft und sofern erforderlich behoben werden. Ist dabei eine Korrektur in den Stammdaten der Mitarbeiter notwendig, muss die Abrechnung für die betroffenen Mitarbeiter erneut durchgeführt werden, da das Vorprogramm seine Informationen wie bereits erwähnt aus der Tabelle *BT – Zahlungsinformationen* in den Abrechnungsergebnissen bezieht und diese noch auf dem alten Stand vor der Änderung ist.

Sind die Fehler beseitigt, kann das Programm im Produktivlauf durchgeführt werden. Der Produktivlauf unterscheidet sich vom Testlauf beim Starten nur gering. Zum einen ist das Ankreuzfeld **Testlauf** nicht markiert. Zum anderen sollten Sie das Ankreuzfeld **Überweisungen kennzeichnen** markieren. Dieses Kennzeichen markiert dann die Überweisungsdaten in der Tabelle *BT – Zahlungsinformationen* in den Abrechnungsergebnissen der Mitarbeiter mit Datum und Uhrzeit des produktiven Laufs. Eine erneute produktive Ausführung ist dann nur mit Angabe von Datum und Uhrzeit des ersten Laufs in den Feldern **Wiederholungslauf Datum** und **Uhrzeit** möglich. Über das Feld **Nur gekennzeichnete Sätze** besteht die Möglichkeit, nur für solche Sätze wiederholt Regulierungsdaten zu erzeugen, die bereits als überwiesen gekennzeichnet sind. Das Protokoll des produktiven Laufs weist am Ende das Programmlaufdatum mit einem Identifikationsmerkmal auf. Da diese beiden Angaben anschließend für die Erstellung der DTA-Datei benötigt werden, sollten Sie sich diese notieren.

Nachdem das DTA-Vorprogramm produktiv ausgeführt wurde und damit die Regulierungsdaten zur Verfügung stehen, kann nun die Erstellung der eigentlichen Datei für den Datenträgeraustausch erfolgen.

Übung

Sie wollen nun die Datei für die Überweisungen im Rahmen des Datenträger-Austauschverfahrens erstellen. Sie unternehmen dazu folgende Schritte:

1. Wählen Sie **Abrechnung · Überweisung · Abrech.überweisung erst. DTA inl**.
2. Platzieren Sie den Cursor im Feld **Identifikationsmerkmal** oder **Programmlaufdatum** und wählen Sie über die F4-Auswahlhilfe den passenden Eintrag (das oben genannte Identifikationsmerkmal des Vorprogramms) aus.
3. Wählen Sie im Gruppenrahmen **Weitere Abgrenzungen** ergänzend erforderliche Parameter aus (in den meisten Fällen wird hier nur der Zahlweg von Bedeutung sein).
4. Setzen Sie im Gruppenrahmen **Drucksteuerung** die Kennzeichen **Datenträgeraustausch** und **Begleitliste drucken**.
5. Erfassen Sie weitere gegebenenfalls erforderliche Daten (die Bedeutung der weiteren Felder kann problemlos über die F1-Hilfe erschlossen werden). Wählen Sie ⊕.
6. Im nun erscheinenden Dialogfenster wählen Sie **Drucken**. Über den Gruppenrahmen **Spool-Steuerung** können Sie entscheiden, ob Sie den DTA-Begleitzettel direkt ausdrucken oder in die Spool-Verwaltung (Verwaltung der in Dateien aufbewahrten Druckerzeugnisse) einstellen. Weitere Informationen erhalten Sie sicher von Ihrem Administrator.

Auf diese Weise haben Sie die DTA-Datei für den Datenträgeraustausch mit Ihrer Bank erstellt. Zusätzlich wurden eine Zahlungsbegleitliste und ein DTA-Begleitzettel erzeugt.

Hinterlegen Sie im Feld **Filename (bei DTA)** einen Dateipfad mit Dateinamen für die DTA-Datei, so erfolgt das direkte Sichern der Datei auf einem lokalen Laufwerk oder dem Netzwerk. Dies empfiehlt sich immer dann, wenn Sie die weiter unten beschriebene Möglichkeit der eigenen Überweisungsausführung in Anspruch nehmen möchten.

Die Ergebnisse des Zahlungsträgerprogramms können nun direkt weiterverarbeitet werden. Durch Klick auf den Begriff **DTA-File** (siehe Abbildung 8.18) erfolgt der direkte Aufruf der Datenträgerverwaltung (siehe Abbildung 8.19). Von dort kann nun unmittelbar der Download der DTA-Datei erfolgen.

Übung

Sie wollen die DTA-Datei auf eine Diskette, lokal auf einen Rechner oder auf das Netzwerk herunterladen und befinden sich bereits in der Datenträgerverwaltung.

Abbildung 8.18 Ergebnisdarstellung des Zahlungsträgerprogramms

Abbildung 8.19 Datenträgerverwaltung (Download noch nicht erfolgt)

(Diese können Sie auch über die Transaktion *FDTA* oder im Menü über **Abrechnung · Überweisung · DTA Verwaltung** erreichen.)

1. Markieren Sie den zum Download vorgesehenen Datenträger.
2. Betätigen Sie die Drucktaste.
3. Wählen Sie den Speicherort über die F4-Auswahlhilfe aus und vergeben Sie einen Namen für die Datei.
4. Bestätigen Sie mit der Drucktaste.

Schon haben Sie den Datenträger für die Überweisung heruntergeladen.

Die nun vorliegende Datei muss jetzt noch der Bank übergeben werden. Sie enthält die Überweisungen im landestypischen und standardisierten Datenformat, welches Ihre Bank problemlos verarbeiten kann.

Alternativ bieten mittlerweile viele Banken aber auch an, die Überweisungen selbst auszuführen. Dies erfolgt in den meisten Fällen via Datenleitung. Dazu wird die Datei lokal auf einem Rechner oder im Netzwerk abgelegt und von dort mittels eines entsprechenden externen Programms (welches in der Regel von der Bank zur Verfügung gestellt wird) ausgeführt.

Die zur Datei gehörigen Druckerzeugnisse (DTA-Begleitzettel und Zahlungsbegleitliste) können ebenfalls direkt aus der Ergebnisdarstellung (siehe Abbildung 8.18) ausgedruckt werden. Alternativ ist die Auslösung des Druckes zu einem späteren Zeitpunkt über die Spool-Verwaltung (Verwaltung der in Dateien aufbewahrten Druckerzeugnisse) möglich. Weitere Informationen erhalten Sie sicher von Ihrem Administrator.

Ab dem Release 4.7 Enterprise ist die Erstellung der DTA-Datei alternativ auch mit der so genannten *Payment Medium Workbench* (auf Deutsch etwa: Werkzeuge für die Zahlungsträgererstellung) möglich. Sie bietet den Vorteil, dass für die Erzeugung von Datenträgern immer das gleiche Programm verwendet werden kann, unabhängig davon, ob es sich um in- oder ausländische Zahlungsempfänger handelt. Die jeweils benötigten Parameter werden nach Auswahl des Datenträgerformats automatisch aufgeblendet.

8.6.5 Sozialversicherung

Nachdem die Überweisungen an die Mitarbeiter und an sonstige Empfänger erfolgt sind, werden nun die Nachfolgeaktivitäten der Sozialversicherung erläutert. Dazu gehört die Erstellung und Versendung der Beitragsnachweise, die Durchführung der Überweisung sowie die Erstellung und Übermittlung der DEÜV-Meldungen an Krankenkassen und Mitarbeiter.

Abbildung 8.20 Ablauf der Folgeaktivitäten »Beitragsnachweise« und »Überweisung« an die SV-Träger

Wie Abbildung 8.20 zeigt, ist der erste Schritt die Erstellung der Beitragsnachweise. Auch für die Beitragsnachweise bilden die Abrechnungsdaten der Mitarbeiter die unbedingt notwendige Basis.

Übung

Sie wollen die Beitragsnachweise für die Krankenkassen erstellen. Sie gehen wie folgt vor:

1. Wählen Sie **Folgeaktivitäten · Pro Abrechnungsperiode Auswertung · Sozialversicherung · SV-Beitragsnachweis (Differenzdarstellung)**.

2. Im Gruppenrahmen **Abrechnungsperiode**:
    - Erfassen Sie den korrekten Abrechnungskreis im entsprechenden Feld und wählen Sie die korrekte Periode aus.

3. Im Gruppenrahmen **Selektion**:

   ▶ Erfassen Sie den Abrechnungskreis, für den Sie die Beitragsnachweise und Überweisungsdaten erstellen wollen.

4. Im Gruppenrahmen **Angaben zur Gestalt des Beitragsnachweises**:

   ▶ Im Feld **Absender festlegen durch** ist das Merkmal für die Bestimmung des Absenders zu hinterlegen. Im Standard ist für diesen Zweck das Merkmal *DZUBT* vorgesehen. Welches Merkmal in Ihrem Unternehmen verwendet wird, werden Ihnen die für die Abrechnung oder Systemeinstellungen verantwortlichen Mitarbeiter benennen können.

   ▶ Im untergeordneten Gruppenrahmen **Einzelnachweisliste** sind nun Angaben zu dem zu verwendenden Formular für die Drucksteuerung notwendig (das Standardformular heißt *HR_DE_SV_SVNW_EN*). Bitte ermitteln Sie bei den verantwortlichen Mitarbeitern, ob die Standardformulare oder eigene Formulare genutzt werden. Darüber hinaus können Sie durch die Angabe eines Druckers erreichen, dass die Beitragsnachweise unmittelbar auf diesem Drucker ausgedruckt werden, ohne dass ein ergänzender Eingriff über die veränderten Druckparameter erforderlich ist. Letztlich können Sie eine Entscheidung über die Sortierung treffen. Entweder erfolgt diese nach Personalnummern oder nach dem Nachnamen der Mitarbeiter.

   ▶ Im untergeordneten Gruppenrahmen **Sammelnachweise** können die Angaben analog dem Gruppenrahmen **Einzelnachweisliste** eingepflegt werden. Zusätzlich ist das Ankreuzfeld **Fälligkeit 25. des lfd. Monats** zu aktivieren, wenn Ihr Unternehmen die Gehälter bis zum 15. des laufenden Monats zahlt. Dies ist aufgrund gesetzlicher Vorgaben und der damit verbundenen verpflichtenden Kennzeichnung der Beitragsnachweise erforderlich.

5. Im Gruppenrahmen **Parameter für die Ausgabe in die TemSe**:

   ▶ Die Angaben in diesem Gruppenrahmen sind dann erforderlich, wenn die Daten für die Überweisung der Beiträge erzeugt werden sollen.

   ▶ Das Ankreuzfeld **Ausgabedateien erstellen** ist zu aktivieren.

   ▶ Im Feld **ObjektNr. für DTA/Krankenkassen** kann eine Objektnummer vergeben werden. Diese wird an den automatisch vom Programm erzeugten Namen des TemSe-Objekts angehängt und erleichtert bei mehreren Objekten die Identifikation.

6. Wählen Sie ⊕.

Sie haben die Beitragsnachweise für die Krankenkassen erstellt. In der Ergebnisdarstellung finden sich folgende Erzeugnisse:

▶ Einzelnachweisliste für Beitragsnachweis
▶ Beitragsnachweise pro Einzelnachweisliste
▶ Beitragsnachweise für die Krankenkassen
▶ Kontrollsummen
▶ im Fehlerfall: Fehlerliste für Beitragsnachweise

Wichtig ist hier, dass eine gegebenenfalls vorhandene Fehlerliste geprüft wurde und vorhandene Fehler korrigiert werden. Darüber hinaus empfiehlt sich ein Abgleich der Kontrollsummen mit den Summen, die auf die Zahlungsverrechnungskonten gebucht werden sollen (siehe dazu Abschnitt 8.6.7).

Für die Übermittlung der Beitragsnachweise stehen abhängig vom Release-Stand Ihres Systems bis zu drei Möglichkeiten zur Verfügung:

▶ Konventionelles Übersenden per Post
▶ Übermittlung per Datenfernübertragung (DFÜ); die Beitragsnachweise werden hierbei via Telefonleitung an die Krankenkassen bzw. deren Verbände übersandt.
▶ Übermittlung per E-Mail; dies stellt das jüngste Verfahren dar. Die Beitragsnachweise werden einer E-Mail als Anhang beigefügt und den entsprechenden Annahmestellen der Krankenkassen übersandt.

Mit der Erstellung der Beitragsnachweise wird bereits die Grundlage für die Erstellung der Überweisung gelegt, da mit den Beitragsnachweisen gleichzeitig auch ein TemSe-Objekt (= Temporäre sequentielle Datei) erstellt werden kann, deren Auswertung im Rahmen des DTA-Vorprogramms erfolgt und deren Ergebnis dann die Regulierungsdaten für die Erstellung des Überweisungsdatenträgers sind. Dieses Vorgehen wird nachfolgend erläutert.

Übung

Sie wollen das DTA-Vorprogramm für die Überweisung an die gesetzlichen Krankenkassen starten. Gehen Sie wie folgt vor:

1. Wählen Sie **Folgeaktivitäten · Pro Abrechnungsperiode · Auswertung · Sozialversicherung · Überweisung Kassen · Vorporgramm Datenträgeraustausch für Krankenkassen**.
2. Wählen Sie über die F4-Auswahlhilfe die Kassenart aus, für welche die Überweisung erfolgen soll. Anschließend erscheinen die zu dieser Kassenart generierten TemSe-Dateien.

3. Wählen Sie hier die korrekte TemSe-Datei aus.

4. Denken Sie daran, sich die erscheinenden Daten der Regulierungsdatei zu notieren.

Sie haben die Regulierungsdaten für die Erstellung des Überweisungsdatenträgers erstellt.

Mit den nun vorhandenen Regulierungsdaten können Sie den Datenträger für die Überweisung an die Krankenkassen erstellen.

> **Hinweis** Ab dem Release Enterprise (oder 4.7) können Sie den Datenträger auch mit der Payment Medium Workbench erstellen. Die Workbench unterstützt generell die Erstellung von Datenträgern, die auf Datenformaten basieren. Dies trifft z. B. auf den deutschen standardisierten Inlandszahlungsverkehr (Format *DTAUS0*) zu.

Übung

Sie wollen den Überweisungsdatenträger für die Überweisungen an die Krankenkassen erstellen. Tun Sie Folgendes:

1. Wählen Sie **Folgeaktivitäten · Pro Abrechnungsperiode · Auswertung · Sozialversicherung · Überweisung Kassen · Abrech.überweisung erst.DTA inl**.

2. Platzieren Sie den Cursor im Feld **Identifikationsmerkmal** oder **Programmlaufdatum** und wählen Sie über die F4-Auswahlhilfe den passenden Eintrag (das oben genannte Identifikationsmerkmal des Vorprogramms) aus.

3. Wählen Sie im Gruppenrahmen **Weitere Abgrenzungen** ergänzend erforderliche Parameter aus.

4. Setzen Sie im Gruppenrahmen **Drucksteuerung** die Kennzeichen **Datenträgeraustausch** und **Begleitliste drucken**.

5. Erfassen Sie weitere eventuell erforderliche Daten (die Bedeutung der weiteren Felder kann problemlos über die F1-Hilfe erschlossen werden). Wählen Sie ⊕.

6. Im nun erscheinenden Dialogfenster wählen Sie **Drucken**. Über den Gruppenrahmen **Spool-Steuerung** können Sie entscheiden, ob Sie den DTA-Begleitzettel direkt ausdrucken oder in die Spool-Verwaltung (Verwaltung der in Dateien aufbewahrten Druckerzeugnisse) einstellen. Weitere Informationen erhalten Sie sicher von Ihrem Administrator.

Sie haben die DTA-Datei für die Überweisung an die Krankenkassen erstellt. Zusätzlich wurden eine Zahlungsbegleitliste und ein DTA-Begleitzettel erzeugt.

Ab dem Release 4.6C kann auch die Möglichkeit der Vergabe einer Einzugsermächtigung an die Krankenkassen genutzt werden. In diesen Fällen entfällt der Prozess der Erstellung von TemSe- und DTA-Datei, da die Kassen die gemeldeten Beiträge vom Konto des Unternehmens abbuchen. Sofern diese Möglichkeit genutzt werden soll, sind Korrekturen im Rahmen der Systemkonfiguration (Customizing) erforderlich.

Der nun folgende Prozess der Erstellung, der Übermittlung an die Sozialversicherungsträger sowie der Bescheinigung der DEÜV-Meldungen (siehe Abbildung 8.21) kann unabhängig von der Überweisung an die Sozialversicherungsträger erfolgen. Sinnvoll ist es aber, den Prozess nach Abwicklung der Überweisungen und Durchführung der Buchung zu starten.

Das Konzept der Erstellung und Verwaltung von DEÜV-Meldungen basiert im R/3-System auf einer Statusvergabe für jede DEÜV-Meldung. Als Status möglich sind:

- **Neu**
  Es lag ein relevanter Meldetatbestand vor, und die Meldung wurde erzeugt. Sie steht für die Übertragung an die Annahmestelle der Krankenkassenverbände zur Verfügung.

- **Fehlerhaft**
  Es lag ein relevanter Meldetatbestand vor, und die Meldung wurde erzeugt. Sie ist jedoch fehlerhaft und steht für die Übertragung nicht zur Verfügung.

- **Übertragen**
  Dieser Status wird vergeben, sobald eine mit dem Status **Neu** versehene Meldung in eine TemSe-Datei (Temporäre sequentielle Datei) aufgenommen wurde.

- **Bescheinigt**
  Diesen Status erhält eine Meldung, sobald eine übertragene Meldung für den Mitarbeiter bescheinigt wurde, d.h. sobald die Druckerzeugnisse für die Aushändigung an die Mitarbeiter erstellt wurden.

- **Abgelehnt**
  Diesen Status erhalten Meldung, wenn sie von den Krankenkassen zurückgewiesen werden und korrigiert werden müssen. Die Kennzeichnung einer Meldung als **Abgelehnt** erfolgt mit einem speziellen Report.

- **Manuell gemeldet**
  Dieser Status wird vergeben, wenn eine Meldung manuell an die Krankenkassen gemeldet wurde und eine Meldung durch das R/3-System unterdrückt werden soll. Auch dieser Status wird gesondert mit einem Report vergeben.

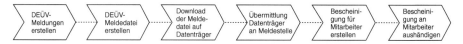

Abbildung 8.21 Ablauf der DEÜV-Meldungserstellung, -Meldeübermittlung an die zuständige Meldestelle sowie Bescheinigung

Die Meldetatbestände für die sozialversicherungspflichtig Beschäftigten erkennt das R/3-System grundsätzlich aus den Abrechnungsergebnissen. Nur im Falle der Neueinstellung wird ein melderelevanter Tatbestand aus den Stammdaten erkannt. Erster Schritt in der Prozesskette im Rahmen der DEÜV ist die Erstellung der DEÜV-Meldungen. Im Verlauf der Erstellung wird ein TemSe-Objekt je Kassenart (AOK, VdAK, IKK, BKK etc.) erstellt.

Übung

Sie wollen die DEÜV-Meldungen für den aktuellen Abrechnungsmonat erstellen. Gehen Sie wie folgt vor:

1. Wählen Sie **Folgeaktivitäten · Pro Abrechnungsperiode · Auswertung · DEÜV · Meldungen erstellen**.

2. Im Gruppenrahmen **Abrechnungsperiode**:

    ▸ Erfassen Sie den korrekten Abrechnungskreis im entsprechenden Feld und wählen Sie die korrekte Periode aus. Die Abrechnungsperiode bestimmt automatisch den maßgeblichen Auswertungs- und Meldezeitraum, d.h. den Zeitraum, für den Daten zur Auswertung eingelesen und auf melderelevante Tatbestände untersucht werden.

> **Hinweis** Für das Erstellen der DEÜV-Meldungen nimmt das R/3-System eine Trennung von Zeiträumen in *Auswertungs-* und *Meldezeitraum* vor. Innerhalb des Meldezeitraums werden die Daten auf relevante Meldetatbestände untersucht.
>
> Der Meldezeitraum reicht in der Regel von der gewählten Abrechnungsperiode bis zum Vormonat der aktuellen Rückrechnungsperiode. Innerhalb des Auswertungszeitraums werden Daten zur Auswertung eingelesen. Der Auswertungszeitraum umfasst über den Meldezeitraum hinaus zusätzlich noch die beiden Abrechnungsperioden vor Beginn des Meldezeitraums.

3. Im Gruppenrahmen **Selektion**:

    ▸ Erfassen Sie den Abrechnungskreis, für den Sie DEÜV-Meldungen erstellen wollen.

4. Im Gruppenrahmen **Programmsteuerung**:

   ▶ Mit der Angabe einer Periode (z. B. 052000) im Feld **Aufrollung ab Periode** bewirken Sie eine Übersteuerung des Meldezeitraums. Das bedeutet, dass das automatisch ermittelte Beginndatum des Abrechnungszeitraums auf das Beginndatum der angegebenen Periode verschoben wird.

   ▶ Wird das Ankreuzfeld **Vorauslesen von Stammdaten** angehakt, so werden für die Auswertung auch die Stammdaten, die noch nach der aktuellsten Abrechnung gültig sind, eingelesen. Bitte beachten Sie, dass durch das Vorauslesen erzeugte Meldungen nur vorläufigen Charakter haben und häufig vom System nach Durchführung künftiger Personalabrechnungen korrigiert werden.

5. Im Gruppenrahmen **Testoptionen**:

   ▶ Das Ankreuzfeld **Protokoll erstellen** ermöglicht die Ausgabe eines detaillierten Protokolls, welches die Ermittlung des relevanten Meldetatbestandes nachvollziehbar macht. Dabei besteht die Wahlmöglichkeit zwischen einer Anzeige in Baumstruktur oder als Liste.

   ▶ Ist das Ankreuzfeld **Kein Datenbank-Update** angehakt, so erfolgt die Meldungserstellung nur im Testlauf, d. h., die Meldungen werden nicht auf der Datenbank gesichert.

   ▶ Das Anhaken des Ankreuzfeldes **Alte Meldungen ignorieren** ermöglicht die Simulation der Meldungen, die bereits in früheren Abrechnungsperioden erstellt wurden.

> **Tipp** Wählen Sie als Protokollart die Baumstruktur (siehe Abbildung 8.22). Sie ist für das Nachvollziehen der Meldungserstellung besser geeignet als die Listanzeige.

Sind die DEÜV-Meldungen erstellt, steht die Übermittlung an die Verbände der Krankenkassen an. Die generierten TemSe-Objekte müssen an die verschiedenen Krankenkassenverbände übermittelt werden. Für die physische Übermittlung stehen abhängig vom Release-Stand bis zu drei verschiedene Möglichkeiten zur Verfügung:

▶ **Übermittlung via Diskette**
Die TemSe-Datei wird auf eine Diskette heruntergeladen. Anschließend wird sie mit dem gleichzeitig generierten Begleitschreiben den zuständigen Krankenkassenverbänden übermittelt.

▶ **Übermittlung via Datenfernübertragung (DFÜ)**
Die Übermittlung erfolgt hier via Telefonleitung.

▶ Übermittlung via E-Mail

Die Meldungen werden den Kassen im Anhang einer E-Mail übersandt.

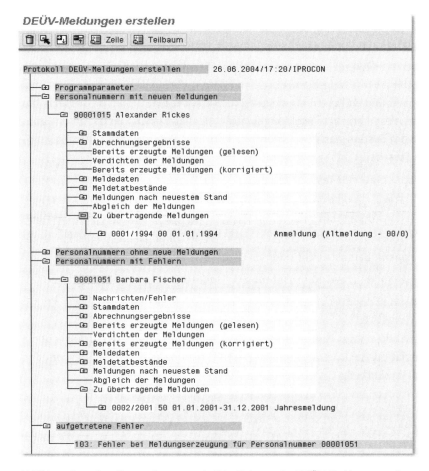

Abbildung 8.22 Detailliertes Baumprotokoll im Rahmen der DEÜV-Meldungserstellung

Nachfolgend wird der derzeit noch meistverwendete Weg der Übermittlung via Diskette erläutert. Beachten Sie dabei, dass der nachstehend erläuterte Report nur Mitarbeiter selektiert, deren Meldungen mit dem Status **Neu** abgespeichert sind.

Übung

Sie wollen die an die Krankenkassenverbände zu übermittelnde DEÜV-Meldedatei erstellen.

1. Wählen Sie **Folgeaktivitäten** · **Pro Abrechnungsperiode** · **Auswertung** · **DEÜV** · **Datenträger (E-Mail DFÜ/Diskette)**.

2. Im Gruppenrahmen **Abrechnungsperiode**:
   - Erfassen Sie den korrekten Abrechnungskreis im entsprechenden Feld und wählen Sie die korrekte Periode aus.
3. Im Gruppenrahmen **Selektion**:
   - Erfassen Sie den Abrechnungskreis, für den die Meldedatei erstellt werden soll.
4. Den Gruppenrahmen **Jahresmeldungen** lassen Sie unbearbeitet. Hier wird der Monat definiert, in welchem die DEÜV-Jahresmeldungen generiert werden.
5. Im Gruppenrahmen **Druckangaben**:
   - Im Feld **Formular** wird der Formularname des Formulars eingegeben, welches die Grundlage für das Anschreiben des Unternehmens an die Krankenkassenverbände bildet. Der Standard enthält hier den Eintrag **HR_DE_D3_BRIEF**. An diesem Anschreiben sind kundeneigene Anpassungen selten, so dass das Standardformular regelmäßig verwendet werden kann.
   - Im Feld **Ausgabegerät** können Sie einen gesonderten Drucker angeben, auf dem ein Ausdruck erfolgen kann.

Das Ergebnis dieses Vorgehens zeigt Abbildung 8.23: Sie haben die Datenträger für die Übermittlung an die Krankenkassen erstellt.

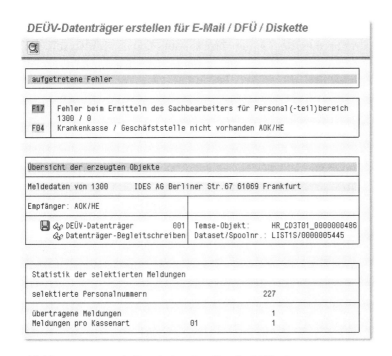

Abbildung 8.23 Protokoll nach dem Erstellen der DEÜV-Datenträger

Von diesem Protokoll aus ist das direkte Abspringen in den Download des TemSe-Objekts bzw. in die Spool-Verwaltung zum Ausdruck des Begleitschreibens möglich.

Übung

Sie wollen die erstellten TemSe-Objekte auf Diskette oder ein Laufwerk herunterladen.

1. Klicken Sie im Protokoll (siehe Abbildung 8.23) auf den Schriftzug **DEÜV-Datenträger** neben dem Disketten- und Brillensymbol.
2. Öffnen Sie die F4-Auswahlhilfe im Feld **Auswertungsdaten enthalten in**.
3. Wählen Sie die Krankenkassenart aus, für die Sie den Datenträger erstellen möchten. Anschließend öffnet sich ein Dialogfenster, welches Ihnen die verfügbaren TemSe-Objekte unter Angabe des Benutzernamens des Erstellers und des Erstellungsdatums anzeigt.
4. Wählen Sie dort das passende TemSe-Objekt aus.
5. Öffnen Sie das Feld **Ausgabebereich** über die F4-Hilfe. Es öffnet sich das Ihnen bekannte Dialogfenster des Betriebssystems zum Abspeichern von Dateien.
6. Vergeben Sie einen Dateinamen, legen Sie den Speicherort fest und wählen Sie **Speichern**.
7. Entscheiden Sie im Gruppenrahmen **Begleitschreiben**, ob Sie ein Begleitschreiben benötigen und ob dieses auf einem Drucker ausgegeben werden soll. Die Ausgabe kann durch Anhaken des Ankreuzfeldes **Formularausgabe unterdrücken** auch verhindert werden.
8. Wählen Sie ⊕.

Sie haben ein TemSe-Objekt für eine Kassenart auf eine Diskette oder ein lokales Laufwerk geladen. Es erscheint ein Kurzprotokoll, dem die Angaben zum Speicherort der Datei und zum Andruck des Begleitschreibens entnommen werden können. Nun kann die Diskette per Post an den entsprechenden Krankenkassenverband übersendet werden.

Sind die DEÜV-Meldungen an die zuständigen Stellen versandt worden, können die letzten beiden Schritte des DEÜV-Prozesses angestoßen werden, die Erstellung der papierenen DEÜV-Bescheinigungen und deren Übergabe an die Mitarbeiter.

Übung

Sie wollen die papierenen DEÜV-Bescheinigungen für die Mitarbeiter Ihres Unternehmens erstellen.

1. Wählen Sie **Folgeaktivitäten • Pro Abrechnungsperiode • Auswertung • DEÜV • Meldungen bescheinigen.**
2. Im Gruppenrahmen **Abrechnungsperiode**:
   - Erfassen Sie den korrekten Abrechnungskreis im entsprechenden Feld und wählen Sie die korrekte Periode aus wie oben erklärt.
3. Im Gruppenrahmen **Selektion**:
   - Erfassen Sie den Abrechnungskreis, für den die Meldedatei erstellt werden soll.
4. Im Gruppenrahmen **Selektion der Meldungen**:
   - Im Untergruppenrahmen **Status der Meldungen** legen Sie fest, ob Sie nur die übertragenen, aber noch nicht an die Mitarbeiter bescheinigten Meldungen bescheinigen oder ob alle mit Status **Übertragen** vorhandenen Meldungen bescheinigt werden. Die letztere Variante kann für einen Wiederholungslauf genutzt werden, da unabhängig von einer bereits erfolgten Bescheinigung die Meldung bescheinigt wird.
   - Im Untergruppenrahmen **Selektion der Meldungen** erfolgt die konkrete Auswahl der zu bescheinigenden Meldungen. Folgende Möglichkeiten stehen zur Verfügung:
     - Nur die Bescheinigungen der ausgewählten Abrechnungsperiode werden erstellt.
     - Alle Bescheinigungen aus einem konkret benannten Jahr werden erstellt.
     - Ausnahmslos alle Bescheinigungen werden erstellt.
     - Eine spezielle Bescheinigung wird erstellt.
5. Im Gruppenrahmen **Absender festlegen durch** erfolgt die Bestimmung des Absenders. Hierfür wird wie bei der Erstellung der Beitragsnachweise ein Merkmal verwendet (im Standard wieder das Merkmal *DZUBT*, siehe dazu auch Abschnitt 8.6.5). Informieren Sie sich bei den zuständigen Mitarbeitern über das in Ihrem Unternehmen verwendete Merkmal.
6. Im Gruppenrahmen **Druckangaben**:
   - im Feld **Formular** wird der Formularname des Formulars eingegeben, das die Grundlage für das Anschreiben des Unternehmens an die Krankenkassenverbände bildet. Der Standard enthält hier den Eintrag **HR_DE_D3_BRIEF**. An diesem Anschreiben sind kundeneigene Anpassungen selten, so dass das Standardformular regelmäßig verwendet werden kann.
   - Im Feld **Ausgabegerät** können Sie einen gesonderten Drucker angeben, auf dem gegebenenfalls ein Ausdruck erfolgen kann.

Auf diese Weise haben Sie die papierenen DEÜV-Bescheinigungen für Ihre Mitarbeiter erstellt. Diese können nun den Mitarbeitern ausgehändigt werden.

8.6.6 Finanzamt

Für die Erfüllung der steuerrechtlich vorgeschriebenen Aufgaben sind – im Gegensatz zur Sozialversicherung – nur wenige Aktivitäten erforderlich. Zum einen ist die Lohnsteueranmeldung zu erstellen, die dem Finanzamt Aufschluss über die Zusammensetzung der zumeist in einer Summe überwiesenen Steuerbeträge gibt. (In Bremen und im Saarland werden mit dieser Summe auch noch zusätzlich die Beiträge zur Arbeitskammer überwiesen.) Anschließend ist die in der Lohnsteueranmeldung ausgewiesene Gesamtsumme von den Mitarbeitern des Finanz- bzw. Rechnungswesens an das Finanzamt zu überweisen. Die Überweisung wird nicht aus dem HR angestoßen, da es sich zumeist nur um einen einzigen Empfänger handelt. Hierfür einen gesonderten DTA zu erstellen, wäre nicht sinnvoll.

Außerdem sind die Lohnsteuerbescheinigungen für die ausgeschiedenen Mitarbeiter anzufertigen. Im entsprechenden Monat (das sind in der Regel die Monate Januar bis April) sind die Jahressteuerbescheinigungen zu erstellen. Sowohl die Erstellung der Lohnsteueranmeldung als auch das Anfertigen der Lohnsteuerbescheinigungen wird nachfolgend erläutert.

Übung

Sie wollen die Lohnsteueranmeldung für Ihr Unternehmen erstellen.

1. Wählen Sie **Folgeaktivitäten · Pro Abrechnungsperiode · Auswertung · Steuer · Lohnsteueranmeldung**.

2. Im Gruppenrahmen **Abrechnungsperiode**:

   ▷ Erfassen Sie den korrekten Abrechnungskreis im entsprechenden Feld und wählen Sie die korrekte Periode aus.

3. Im Gruppenrahmen **Selektion**:

   ▷ Erfassen Sie den Abrechnungskreis, für den Sie die Lohnsteueranmeldung erstellen wollen.

4. Im Gruppenrahmen **Druckeinstellungen**:

   ▷ Wählen Sie das von Ihrem Unternehmen genutzte Formular für die Lohnsteueranmeldung aus. Das Formular hat im Standard den Namen *HR_DE_LSTA_<JJ>*, für das Jahr 2003 beispielsweise *HR_DE_LSTA_03*.

   ▷ Im Feld **Ausgabegerät** können Sie einen gesonderten Drucker angeben, auf dem ein Ausdruck erfolgen kann.

5. Im Gruppenrahmen **Testhilfen**:

   ▷ Die Auswahl **Produktiver Lauf** erstellt – wie der Name schon sagt – einen produktiven Lauf der Lohnsteueranmeldung. Der produktive Lauf kann beliebig oft wiederholt werden.

- Über die Auswahl **Selektierte Sätze** können Sie ermitteln, welche Abrechnungssätze welcher Personalnummern für die Erstellung der Lohnsteueranmeldung ausgewertet werden.
- Die Auswahl **Interne Tabellen** druckt wichtige Informationen der Meldungserstellung an (u.a. insbesondere die für die Erstellung verwendeten Lohnarten und Summenlohnarten).
- Haben Sie das Ankreuzfeld **Detailinformation pro PerNr** ausgewählt, erfolgt abhängig von der ausgewählten Testhilfe die detaillierte Information für jede ausgewertete Personalnummer.

6. Wählen Sie **Ausführen**.

> **Tipp** Die Testhilfe **Detailinformation pro PerNr** sollten Sie nicht bei einem Gesamtlauf verwenden, da lange Laufzeiten die Folge sind. Vielmehr eignet sich diese Option für die Analyse im Fehlerfall.

Im nächsten Schritt können nun die Lohnsteuerbescheinigungen für die Mitarbeiter erstellt werden. Hierbei ist zu beachten, dass für die allgemeine und besondere Lohnsteuerbescheinigung jeweils getrennte Läufe des Reports gestartet werden müssen.

Übung

Sie wollen die Lohnsteuerbescheinigungen für die ausgeschiedenen Mitarbeiter erstellen.

1. Wählen Sie **Folgeaktivitäten · Pro Abrechnungsperiode · Auswertung · Steuer · Lohnsteuerbescheinigung**.
2. Im Gruppenrahmen **Abrechnungsperiode**:
   - Erfassen Sie den korrekten Abrechnungskreis im entsprechenden Feld und wählen Sie die korrekte Periode aus wie oben erklärt.
3. Im Gruppenrahmen **Selektion**:
   - Erfassen Sie den Abrechnungskreis, für den Sie die Lohnsteuerbescheinigungen erstellen wollen.
4. Im Gruppenrahmen **Selektion Bescheinigungen**:
   - Hier müssen Sie entscheiden, welche Art von Lohnsteuerbescheinigung Sie mit diesem Programmlauf erstellen möchten. Es kann entweder die allgemeine, die besondere oder bis zum 31.03.2003 die Lohnsteuerbescheinigung für geringfügig Beschäftigte erstellt werden.

- Darüber hinaus können Sie entscheiden, ob die Lohnsteuerbescheinigung nur für ausgetretene Mitarbeiter ausgestellt werden soll (was im Laufe des Jahres die Regel sein dürfte).

5. Im Gruppenrahmen **Druckausgabe**:
    - Im Feld **Formular** ist der Name des Formulars anzugeben, das als Vorlage für die Lohnsteuerbescheinigung verwendet werden soll. Die SAP AG stellt für jedes Kalenderjahr eine den gesetzlichen Anforderungen entsprechendes Formular zur Verfügung. Dieses Formular kann aber im Rahmen der Systemkonfiguration kundenindividuell angepasst werden.
    - Das Feld **Formularbreite** gibt die Breite des angedruckten Formulars in Spalten vor und wird für den Paralleldruck (mehrere Formular auf einem Blatt nebeneinander) verwendet. Der Standardwert ist auf 27 Spalten eingestellt.
    - Das Feld **Formular-Hintergrund drucken** gibt ab, ob die Texte des Formulars mit angedruckt werden sollen. Das Feld ist speziell für Testzwecke vorgesehen. Im produktiven Lauf muss der Haken immer gesetzt sein.
    - Darüber hinaus können Sie in den weiteren Feldern Angaben zur Anzahl der auf eine Seite zu druckenden Bescheinigungen sowie zu den Randabständen machen.

6. Im Gruppenrahmen **Anschrift Arbeitgeber**:
    - Im Feld **Festl. Lohnst. Betriebsstätte** wird der Absender der Bescheinigung (also jede Betriebsstätte, für die auch eine Lohnsteueranmeldung erstellt wird und die steuerrechtlich als Arbeitgeber fungiert) wieder mit einem Merkmal festgelegt (auch hier im Standard wieder das Merkmal *DZUBT*, siehe dazu Abschnitt 8.6.5).
    - Die **Anschriftenart** ermöglicht einen wunschgemäßen Andruck der Arbeitgeberanschrift. Voraussetzung ist allerdings, dass die Systemtabelle T536A Adressdaten zur angegebenen Anschriftenart enthält. Dies wird in der Regel der Fall sein, so dass Änderungen hier zumeist nicht erforderlich sind.

7. Im Gruppenrahmen **Testhilfe**:
    - Das Feld **Alle Bescheinigungen** legt fest, ob nur die Bescheinigungen des im oben angegebenen Abrechnungsmonat geltenden Bescheinigungszeitraums erstellt werden (aus Infotyp 0012 – *Steuerdaten D* Feld **BescheinigZrm**; für weitere Informationen zum Bescheinigungszeitraum lesen Sie bitte die F1-Hilfe des Feldes im Infotyp 0012 – *Steuerdaten D*) oder ob alle Bescheinigungen für die Bescheinigungszeiträume im entsprechenden Jahr erstellt werden.

▶ Das Ankreuzen des Feldes **Erweitertes Protokoll** führt zur Erstellung eines ausführlichen Erstellungsprotokolls mit dem Andruck der relevanten Daten wie z.B. Personaldaten, Datenbanksätze der Abrechnung, Lohnarten aus den Abrechnungen und Ausweislohnarten.

8. Wählen Sie ⊕.

8.6.7 Buchung ins Rechnungswesen

Nachdem die wesentlichen Aktivitäten im Rahmen der Folgeverarbeitung der Personalabrechnung durchgeführt sind, erfolgt die Buchung ins Rechnungswesen. Dabei erfolgt eine automatische Buchung auf die Konten der Finanzbuchhaltung sowie die Kostenstellen der Kostenrechnung.

Bevor ein produktiver Buchungslauf angestoßen wird, sollten Sie einen Simulationslauf durchführen. Damit können buchungsrelevante Fehler in den Abrechnungsergebnissen erkannt und Fehler bei der Erstellung des produktiven Buchungslaufs verhindert werden. Aufgaben des simulierten Buchungslaufs:

- Selektion der Abrechnungsergebnisse der ausgewählten Mitarbeiter
- Ermittlung der buchungsrelevanten Informationen sowie der Lohnarten
- Bestimmung der zu bebuchenden Sachkonten und Kostenstellen
- Prüfung, ob das Buchungssaldo ausgeglichen ist (ob also die Soll- der Habenbuchung entspricht)
- Feststellung, ob darüber hinaus weitere Fehler im Rahmen der Erzeugung des Buchungslaufs aufgetreten sind

Der wesentliche Unterschied zu einem produktiven Buchungslauf besteht darin, dass die erstellten Buchungsbelege eines Simulationslaufes nicht gebucht werden können, da ihnen die Kennzeichnung als produktiver Lauf fehlt.

Übung

Sie wollen einen Buchungslauf als Simulation erzeugen.

1. Wählen Sie **Folgeaktivitäten · Pro Abrechnungsperiode · Auswertung · Buchung ins Rechnungswesen · Buchungslauf erzeugen**.
2. Im Gruppenrahmen **Abrechnungsperiode**:
    ▶ Erfassen Sie den korrekten Abrechnungskreis im entsprechenden Feld und wählen Sie die korrekte Periode aus wie oben erklärt.

3. Im Gruppenrahmen **Selektion**:

   ▸ Erfassen Sie den Abrechnungskreis, für den Sie den Buchungslauf simulieren wollen. Zur Fehleranalyse erfolgt häufig eine Simulationsbuchung für einzelne Mitarbeiter. In diesem Fall erfassen Sie die entsprechende Personalnummer oder wählen den bzw. die zu buchenden Personalnummern über die F4-Hilfe aus.

4. Im Gruppenrahmen **Laufattribute**:

   ▸ Daten zu den Feldern **Off-Cycle-Abrechnung** werden in Deutschland in der Regel nicht benötigt, so dass dort keine Angaben erforderlich sind.

   ▸ Im Feld **Art der Belegerstellung** bestimmen Sie, ob ein Testlauf (Ausprägung **T**), ein Simulationslauf (Ausprägung **S**) oder ein produktiver Lauf (Ausprägung **P**) erfolgt. Erfassen Sie bitte ein **S**.

   ▸ Sofern Sie ein ausführliches Protokoll wünschen, können Sie dies durch Anhaken des Ankreuzfeldes erstellen lassen. Das Markieren des Feldes führt zur Ausgabe eines Protokolls für jeden Mitarbeiter. Ist das Feld nicht markiert, wird ein Protokoll nur für abgelehnte Mitarbeiter erstellt.

   ▸ Im Feld **Text zum Buchungslauf** können Sie einen Text zum Buchungslauf angeben. Dieser Text wird in der Buchungslaufübersicht angezeigt und kann die Unterscheidung der verschiedenen Laufarten erleichtern.

   ▸ Über die Drucktaste **Kostenplanung** kann die Personalkostenplanung mit Abrechnungsergebnissen versorgt werden.

5. Im Gruppenrahmen **Vorgabe für Buchungsdatum**:

   ▸ In diesem Gruppenrahmen können Sie entscheiden, mit welchem Buchungsdatum ein Lauf ins Rechnungswesen gebucht werden soll. Das Buchungsdatum ist im Falle der Option **Laut Periodendefinition** in der Systemkonfiguration eingestellt.

   ▸ Darüber hinaus können Sie je Buchungskreis **Sonderperioden** buchen. Weitere Informationen zu den Sonderperioden können Sie der F1-Hilfe des Feldes im Dialogfenster entnehmen.

6. Im Gruppenrahmen **Angaben zur Belegerstellung**:

   ▸ Hier wird das Belegdatum vorgegeben.

   ▸ Ergänzend ist die korrekte Buchungsvariante auszuwählen. Diese bestimmt u. a., auf welcher Ebene eine Belegteilung vorgenommen wird.

7. Wählen Sie ⊕.

Weist dieser Buchungslauf keine Fehler mehr auf, kann die Erzeugung des produktiven Buchungslaufes erfolgen. Vorher ist aber der Abrechnungsverwaltungssatz auf den Status **Ende der Abrechnung** zu setzen (siehe Abschnitt 8.5.2). Der einzige Unterschied zum simulierten Buchungslauf besteht darin, dass im Feld **Art der Belegerstellung** (im Gruppenrahmen **Laufattribute**) statt der Ausprägung **S** die Ausprägung **P** vorgegeben wird.

Wurde ein produktiver Buchungslauf erzeugt, kann anschließend die Freigabe und Buchung der Belege erfolgen.

Übung

Sie wollen einen produktiv erzeugten Buchungslauf freigeben und buchen.

1. Wählen Sie **Folgeaktivitäten · Pro Abrechnungsperiode · Auswertung · Buchungslauf bearbeiten**.
2. Wählen Sie den von Ihnen erzeugten produktiven Buchungslauf mit einem Doppelklick aus.
3. Betätigen Sie die Drucktaste .
4. Wählen Sie .
5. Bestätigen Sie die Anfrage im Dialogfenster (»Wollen Sie die markierten Belege für die Buchung freigeben?«) mit **Ja**.
6. Kehren Sie mit Betätigen der Drucktaste in die Buchungslaufübersicht zurück.
7. Markieren Sie den zu buchenden Beleg durch Setzen des Hakens.
8. Betätigen Sie die Drucktaste , und wählen Sie im erscheinenden Dialogfenster (»Die Belege der ausgewählten Läufe werden gebucht. Bitte Verarbeitung auswählen.«) die Aktion **Sofort**.

Auf diese Weise haben Sie die Buchungsbelege freigegeben und ins Rechnungswesen übergeleitet. Mit der Überleitung der Ergebnisse ins Rechnungswesen ist der Prozess der Personalabrechnung abgeschlossen.

8.7 Auswertungen in der Personalabrechnung

Die Ergebnisse der Personalabrechnung werden in erster Linie für die Erfüllung der gesetzlichen Auflagen und zur Abführung von Steuern und Beiträgen benötigt. Genutzt werden diese aber auch für viele andere Zwecke. So z. B. für das Personalcontrolling und für die interne Revision oder im Rahmen von externen Betriebsprüfungen des Finanzamtes oder der Sozialversicherungsträger. Die Auswertung von Abrechnungsergebnissen ist darüber hinaus auch bei der Fehlersuche oder für die Unterstützung von begleitenden Abrechnungsprozessen sehr nützlich. Nachfolgend stellen wir einige Auswertungen der Personalabrechnung dar.

Hier sind vorrangig die Lohnartenverteilung sowie der Lohnartennachweis zu nennen. Beide Auswertungen können als Einzel- oder Summenauswertung erstellt werden. Bei der Einzelauswertung werden je Personalnummer die Anzahl und der Betrag der Lohnart ausgegeben. Bei der Summenauswertung erfolgt eine Summenbildung je Lohnart über alle selektierten Personalnummern.

Die *Lohnartenverteilung* ist eine Auswertung der Abrechnungsergebnisse aus der Sicht von Für-Perioden. Das bedeutet, dass über einen definierten Zeitraum nur das aktuelle Ergebnis der entsprechenden Für-Perioden ausgewertet wird. Beachten Sie bitte, dass die Lohnartenverteilung Rückrechnungen nicht berücksichtigen kann, da – wie erwähnt – immer nur das letzte aktuelle Abrechnungsergebnis je Zeitraum ausgewertet wird. Wird also eine Lohnartenverteilung für den Monat März jeweils nach der Märzabrechnung und nach der Aprilabrechnung erstellt, so stimmen diese beiden Ergebnisse nur dann überein, wenn die selektierten Lohnarten nicht im Rahmen einer Rückrechnung verändert wurden. Wie eine Lohnartenverteilung erstellt wird, wird nachfolgend erläutert.

Übung

Sie wollen eine Lohnartenverteilung erstellen, um die zu zahlenden Steuern mit den zu buchenden Steuern zu vergleichen.

1. Wählen Sie **Infosystem · Lohnart · Lohnartenverteilung**.

2. Im Gruppenrahmen **Lohnarten**:

    ▶ Erfassen Sie im Feld **Auszuwertende Lohnart** über die Drucktaste ⇨ die Lohnarten /262 und /263.

    ▶ Die weiteren Felder in diesem Gruppenrahmen müssen nicht bearbeitet werden.

3. Im Gruppenrahmen **Auswertungszeitraum**:

    ▶ Legen Sie Auswertungsbeginn und -ende fest, indem Sie Jahr und Monat ohne Trennzeichen hintereinander erfassen (für Dezember 2003 erfassen Sie z. B. 200312)

4. Im Gruppenrahmen **Auswertungsart**:

    ▶ Wählen Sie die Option **Summenauswertung**.

5. Im Gruppenrahmen **Sortierung**:

    ▶ Entmarkieren Sie das Feld **Namen sortieren**.

    ▶ Betätigen Sie die Drucktaste **Sortierreihenfolge** und entfernen Sie im nachfolgend erscheinenden Dialogfenster alle vorgegebenen Sortierungen über ◀.

6. Im Gruppenrahmen **Summenbildung** entmarkieren Sie alle Optionen, da wir für unseren Zweck (uns interessiert der Gesamtsteuerbetrag) keine untergeordnete Summenbildung benötigen.

7. Im Gruppenrahmen **Ausgabe** können Sie einen direkten Download veranlassen, indem Sie den Speicherort konkret vorgeben. Wir wollen aber nur den Gesamtbetrag und benötigen keinen direkten Download, so dass das Feld **PC-Download Dateiname** leer bleiben kann.

8. Wählen Sie ⊕.

Der Lohnartennachweis gibt Ihnen – im Gegensatz zur Lohnartenverteilung – einen Überblick über Lohnarten aus der Sicht der In-Perioden. Mit dem Lohnartennachweis können die Lohnarten der Ergebnistabellen *RT* und *CRT* (siehe Abschnitt 8.3.2) ausgewertet werden. Dabei werden das Originalergebnis und zusätzlich eventuell vorhandene Rückrechnungsergebnisse der betrachteten Periode ausgewertet.

Übung

Sie wollen über einen Lohnartennachweis die Höhe der insgesamt zu versteuernden geldwerten Vorteile bei Firmenwagenüberlassung auswerten, da Sie dies als Grundlage für die zu berechnende und abzuführende Umsatzsteuer benötigen.

1. Wählen Sie **Infosystem • Lohnart • Lohnartennachweis**.

2. Im Gruppenrahmen **Abrechnungsperiode**:
   ▸ Erfassen Sie den korrekten Abrechnungskreis im entsprechenden Feld und wählen Sie die korrekte Periode aus wie oben erklärt.

3. Im Gruppenrahmen **Selektion**:
   ▸ Erfassen Sie den Abrechnungskreis oder das sonstige Selektionsmerkmal, für den bzw. das Sie den Lohnartennachweis erstellen wollen.

4. Im Gruppenrahmen **Weitere Angaben**:
   ▸ Im Untergruppenrahmen **Lohnarten** erfassen Sie im Feld **Auszuwertende Lohnarten** über die Drucktaste ⇨ die Lohnarten /425 und /426. Die restlichen Felder können unbearbeitet bleiben.
   ▸ Im Untergruppenrahmen **Auswertungsart** markieren Sie die Option **Summenauswertung**.
   ▸ Den Untergruppenrahmen *Periodenvergleich* können Sie unbearbeitet lassen. Dieser ist dann von Bedeutung, wenn Sie zwei Perioden miteinander vergleichen wollen.

5. Im Gruppenrahmen **Sortierung**:

    ▸ Entmarkieren Sie das Feld **Namen sortieren**.

    ▸ Betätigen Sie die Drucktaste **Sortierreihenfolge** und entfernen Sie im nachfolgend erscheinenden Dialogfenster alle vorgegebenen Sortierungen über ◁◁.

6. Im Gruppenrahmen **Summenbildung** entmarkieren Sie alle Optionen, da wir für unseren Zweck (uns interessiert der Gesamtbetrag der zu versteuernden geldwerten Vorteile für Firmenwagen) keine untergeordnete Summenbildung benötigen.

7. Im Gruppenrahmen **Ausgabe**:

    ▸ Im Feld **Formular** können Sie – sofern über die Systemkonfiguration ein entsprechendes Formular erstellt wurde – ein Formular für die Ausgabe verwenden. Sinnvoll ist dies immer dann, wenn Sie damit z. B. bestimmte Lohnarten für die Mitarbeiter bescheinigen wollen.

    ▸ Über das Feld **PC-Download Dateiname** können Sie einen direkten Download veranlassen, indem Sie den Speicherort konkret vorgeben. Wir wollen aber nur den Gesamtbetrag und benötigen keinen direkten Download, so dass das Feld **PC-Download Dateiname** leer bleiben kann.

8. Wählen Sie ⊕.

Der so genannte Lohnartenreporter (H99CWTR0) ist der Nachfolgereport von Lohnartenverteilung und Lohnartennachweis. In ihm sind beide Auswertungswerkzeuge vereint. Eine wichtige Rolle im Bereich der Personalabrechnung nimmt das *Lohnkonto* ein. Das Lohnkonto erfüllt die in Deutschland bestehenden Verpflichtungen hinsichtlich des Nachweises von Lohnunterlagen für die gesetzlichen Sozialversicherungsträger und das Finanzamt. Darüber hinaus wird es natürlich auch unternehmensintern genutzt (z. B. bei Eigenkontrollen, Fehleranalysen oder im Rahmen von internen Revisionen). Das Lohnkonto ist eine Auswertung aus der Sicht der Für-Periode. Es besteht die Möglichkeit, aus dem angezeigten Lohnkonto in den Entgeltnachweis zu verzweigen. Das Lohnkonto enthält im Standard (die angedruckten Informationen können in den Systemeinstellungen angepasst werden) folgende Informationen:

▶ persönliche Daten des Mitarbeiters

▶ kumulierter Bruttolohn

▶ Nettolohn

▶ weitere Lohnarten zur Information (insbesondere aus den Bereichen Steuer und Sozialversicherung)

Übung

Sie wollen das Lohnkonto für einen Mitarbeiter aufrufen.

1. Wählen Sie **Infosystem · Mitarbeiter · Lohnkonten**.
2. Im Standard erscheint hier der Ihnen vielleicht aus anderen Auswertungsprogrammen bekannte Gruppenrahmen **Zeitraum**. Dieser ist für unseren Zweck eines einfachen Aufrufs des Lohnkontos für einen Mitarbeiter nicht erforderlich. Wechseln Sie daher über **Abrechnungsperiode** in den gleichnamigen Gruppenrahmen und geben Sie Abrechnungskreis und Abrechnungsperiode entsprechend vor.
3. Im Gruppenrahmen **Selektion**:
    - Erfassen Sie die Personalnummer, für die Sie das Lohnkonto erstellen möchten.
4. Im Gruppenrahmen **Ausgabesteuerung**:
    - Im Feld **Formular für Lohnkonto** ist im Standard das Formular *DK01* hinterlegt. Sofern Sie ein angepasstes Formular in Ihrem Unternehmen verwenden, wäre dieses Formular hier zu erfassen.
    - Das Feld **Nur letztes Ergebnis** anzeigen steuert die Berücksichtigung von Rückrechnungen. Ist das Feld markiert, wird nur das letzte aktuelle Ergebnis angezeigt. Alternativ werden bei nicht markiertem Feld alle Rückrechnungen zum ausgewählten Zeitraum berücksichtigt.
    - Das Feld **Anzahl Spalten pro Seite** enthält die Anzahl der anzudruckenden Perioden auf einer Seite.
    - Mit dem Feld **Separates Formular bei JuPer** kann gesteuert werden, ob bei unterjährigem Wechsel zu einer neuen juristischen Person ein neues Formular für das Lohnkonto verwendet werden soll. (Weitere Informationen zum Begriff der juristischen Person im SAP-Umfeld erhalten Sie über die F1-Hilfe des Feldes **JurPerson** im Infotypen 0001 – *Organisatorische Zuordnung*.)
    - Über das Feld **Archivierte Abrech. Ergebnisse** können diese Ergebnisse für die Erstellung des Lohnkontos mit berücksichtigt werden.
    - Das Feld **Summe pro Lohnart ausgeben** kann genutzt werden, um im Falle von Rückrechnungen eine zusätzliche Summenzeile pro Lohnart zu erzeugen. Voraussetzung für die Nutzung ist allerdings, dass die entsprechenden Einstellungen in der Systemkonfiguration vorgenommen wurden.
    - Im Untergruppenrahmen **Ausgabewährung** können Sie wählen, ob die Währung der Für-Periode oder eine im entsprechenden Feld angegebene Alternativwährung für den Andruck verwendet werden soll.

▶ Im Untergruppenrahmen **Ausgabeaufbereitung für Detailanzeige** werden die Einstellungen für die oben bereits erwähnte Verzweigung in den Entgeltnachweis festgelegt. Hier sind entweder die manuellen Eingaben wie in Abschnitt 8.4.2 beschrieben einzugeben oder die Steuerung erfolgt über die Eingabe einer vorhandenen Variante des Entgeltnachweises (Markieren des Feldes **Parametereingabe mittels Variante** und Eingabe von Variante für In- und Für-Periode in den anschließend erscheinenden Feldern). Das Feld **Kontextsensitive Anzeige** steuert die Periodenauswahl beim Detailandruck und lässt sich über die F1-Hilfe problemlos erschließen.

Die Ergebnisse der Personalabrechnung werden darüber hinaus von weiteren Auswertungen und auch bei der Erstellung von Statistiken, Bescheinigungen oder für die Ermittlung von Rückstellungen verwendet. Beispielhaft werden hier als Auswertungen und Statistiken genannt:

- Auswertung der Pfändungsergebnisse
- Lohnjournal
- Übersicht Arbeitgeberdarlehen
- Verdiensterhebungen sowie Gehalts- und Lohnstrukturerhebung
- Berechnung und Anzeige von Wertguthaben und Störfall-SV-Lüften
- Abrechnungsliste Altersteilzeit für die Bundesanstalt für Arbeit
- Liste über Kurzarbeitergeld
- Meldungserstellung über Versorgungsbezüge
- Beitragsnachweise für die Zusatzversorgungen
- Überprüfung der Jahresarbeitsentgeltgrenze in der Krankenversicherung
- Gewerbesteuerzerlegung
- Urlaubsrückstellung
- Liste nach dem Altersvermögensgesetz nach der Besteuerungsart

8.8 Besonderheiten für Österreich und die Schweiz

Österreich und die Schweiz als – zumindest teilweise – weitere deutschsprachige Länder verfügen in einigen Bereichen der Personalabrechnung über Ähnlichkeiten zur deutschen Abrechnung. Dabei weist Österreich eine größere Ähnlichkeit zur deutschen Abrechnung auf als die Schweiz.

8.8.1 Ähnlichkeiten und Analogien

Geringe Unterschiede bestehen, wenn es um die Überweisung der Nettoentgelte und weiterer Zahlungen an die Mitarbeiter bzw. sonstige Institutionen geht. Die genannten Länder verwenden alle ein Datenträger-Austauschverfahren, wobei nur die Formate und Angaben in den Datenträgern Unterschiede aufweisen. Die Vorprogramme zur Erstellung der Regulierungsdaten für die Erstellung von Datenträgern nach dem jeweiligen nationalen Datenträgeraustauschformat weisen daher vom Layout her kaum Unterschiede auf. Dies gilt ebenso für die Zahlungsträgerdruckprogramme, die den eigentlichen Datenträger generieren. Auch die Verwaltung und der Download der Datenträger erfolgt in Deutschland, Österreich und der Schweiz auf sehr ähnlichem bzw. gleichem Wege.

Die Buchung der Personalabrechnungsergebnisse ins Rechnungswesen ist in Deutschland, Österreich und der Schweiz ebenfalls in hohem Maße identisch. Dies gilt auch für viele weitere Länder, da hier generell das Prinzip der doppelten Buchführung zugrunde liegt und folglich auch keine wesentlichen Abweichungen entstehen können.

Im Bereich der Sozialversicherung bestehen zwischen den einzelnen Ländern teilweise doch erhebliche Unterschiede. Aufgrund der vollkommen unterschiedlichen sozialen Sicherungssysteme in der Schweiz auf der einen Seite und in Deutschland sowie Österreich auf der anderen Seite gestaltet sich die Abwicklung der Aktivitäten zur Erfüllung der jeweiligen gesetzlichen Vorgaben sehr unterschiedlich.

8.8.2 Unterschiede bei der Personalabrechnung in Österreich

Obwohl die Personalabrechnung in Österreich eine größere Ähnlichkeit zur deutschen Abrechnung aufweist als die der Schweiz, erfordern die bestehenden Unterschiede schon die Verwendung anderer länderspezifischer Infotypen für die Personalabrechnung. Hier werden beispielhaft die Infotypen 0042 – *Steuerdaten A* sowie 0044 – *Sozialversicherung A* genannt.

In Österreich folgt – wie in Deutschland – der Nachweis der Beiträge zur gesetzlichen Sozialversicherung einem fest vorgegebenen Verfahren, wobei für alle Aktivitäten standardisierte länderspezifische Auswertungsprogramme genutzt werden. Das Verfahren umfasst den Nachweis der Beiträge zur Gebietskrankenkassen und zur Bundesversicherung. Zusätzlich sind Arbeits- und Entgeltbestätigungen für Mitarbeiter mit Kranken- bzw. Wochengeld zu erstellen und zu übermitteln. Da die Arbeitgeber gegenüber den Gebietskrankenkassen einen Erstattungsanspruch auf das gezahlte Krankengeld haben, bietet das R/3-System auch einen Erstattungsantrag im Standard an.

Darüber hinaus ist in Österreich ein der deutschen DEÜV ähnliches Meldeverfahren implementiert. Dieses schreibt sowohl die Übermittlung von An-, Ab- und Änderungsmeldungen wie auch von Jahresmeldungen mit laufenden und einmaligen Entgelten vor.

Was die Steuern angeht, ist dem zuständigen Betriebsfinanzamt in Österreich nicht nur eine entsprechende Abrechnung zu übermitteln. Die steuerlich relevanten Einkommen der Mitarbeiter sind darüber hinaus jährlich dem Betriebsstättenfinanzamt per so genannter Lohnzettel zu melden. Die Städte bzw. Gemeinden erhalten von den Arbeitgebern ergänzend auch noch eine Kommunalsteuer, die mit der deutschen Gewerbesteuer grundsätzlich vergleichbar ist.

Nahezu alle Auswertungen im Rahmen der Folgeverarbeitung, die an die Gebietskrankenkassen oder die Finanzämter zu übermitteln sind, können via elektronischer Datenübermittlung (ELDA) übertragen werden.

8.8.3 Unterschiede bei der Personalabrechnung in der Schweiz

Die Schweiz verfügt über eine andere Ausgestaltung seiner sozialen Sicherungssysteme, wodurch doch erhebliche Unterschiede im Vergleich zu Deutschland oder Österreich in der Personalabrechnung bestehen. So findet in der Krankenversicherung des Kopfpauschalenmodell Anwendung, und die Rentenversicherung beruht auf einem Drei-Säulen-Modell, bei dem neben der staatlichen Altersversorgung (AHV) in Pensionskassen eingezahlt wird. Darüber hinaus stellt die Institution der Familienausgleichskasse eine Besonderheit dar.

Aktivitäten im Zusammenhang mit der Steuer bestehen in der Erstellung und Übermittlung der Quellensteuerabrechnung, die abhängig von der Unternehmensgröße monatlich oder vierteljährlich zu erstellen ist, der Lohnartenrekapitulation sowie der jährlich zu erstellenden Lohnausweise für die Mitarbeiter und die Quellensteuerbescheinigungen für die Kantone Genf, Wallis und St. Gallen.

Die Folgeverarbeitung im Bereich der Sozialversicherung (worunter wir auch die Solidaritätsbeiträge für Mitglieder des Arbeitgeberverbands der Schweizer Maschinenindustrie subsumieren) besteht im Ausweis der ASM-Solidaritätsbeiträge und in den jährlich durchzuführenden Abrechnungen mit den Trägern der AHV, den Versicherungsträgern der Grundsicherung sowie mit den Unfallversicherungsträgern.

Auch die Beiträge zu den kantonalen Familienausgleichskassen sind einmal jährlich entsprechend nachzuweisen.

8.9 Übungsaufgaben zu Kapitel 8

1. Was versteht man unter der »vollständigen Rückrechnungsfähigkeit« der Personalabrechnung in SAP HR?
2. Welche Aktivitäten können bei einer Personalabrechnung mit SAP HR grob unterschieden werden?
3. Welche Infotypen der Personaladministration sind für eine Personalabrechnung in SAP HR zwingend notwendig?
4. Nennen Sie mindestens fünf regelmäßig in einem Abrechnungsergebnis entstehende Tabellen.
5. Nennen Sie mindestens drei Merkmale, durch die sich eine Echtabrechnung von der Simulationsabrechnung unterscheidet.
6. Nennen Sie mindestens zwei wichtige Informationen, welche der Infotyp 0003 – *Abrechnungsstatus* enthält.
7. Nennen Sie die vorrangige und eine weitere Aufgabe des Abrechnungsverwaltungssatzes.
8. Was bedeutet der »Matchcode W« in der Personalabrechnung von SAP HR?
9. Wie viele verschiedene Zahlungen erfolgen im Anschluss an die Personalabrechnung mindestens?
10. Welche Daten erzeugt das DTA-Vorprogramm und aus welcher Tabelle des Abrechnungsergebnisses werden diese Daten entnommen?
11. Welche Erzeugnisse werden mit dem Programm zur Erstellung der Beitragsnachweise mindestens generiert?
12. Nennen Sie mindestens vier Status, die eine DEÜV-Meldung in SAP HR aufweisen kann.
13. Welche Aufgaben erfüllt die Simulation eines Buchungslaufs?
14. Welches ist der wesentliche Unterschied zwischen einer Lohnartenverteilung und einem Lohnartennachweis?
15. Nennen sie mindestens vier Auswertungsreports, die auf Ergebnisse aus der Personalabrechnung zurückgreifen.

9 Organisationsmanagement

Das Organisationsmanagement ist eine sehr mächtige und flexible Komponente. Sie stellt nicht nur die Grundlage für die Prozesse der Personalplanung und -entwicklung dar, sondern ist auch für den optimalen Einsatz der Personaladministration und insbesondere des Personal-Controllings erforderlich. Darüber hinaus bietet es umfangreiche Möglichkeiten zur Definition und Auswertung von Strukturen.

9.1 Überblick

In diesem Abschnitt werden Begriffe vorgestellt, die Sie kennen müssen, wenn Sie mit dem Organisationsmanagement arbeiten wollen. Das Verständnis dieser Begriffe und ihrer Zusammenhänge ist zudem wichtig, um die Integration des Organisationsmanagements mit dem restlichen HR-System (z. B. Personaladministration) zu verstehen.

9.1.1 Der Begriff der Planvariante

Eine Planvariante stellt aus Sicht der Personalplanung und -entwicklung eine eigene Welt dar. Unterschiedliche Planvarianten werden insbesondere genutzt, um alternative Planungsszenarien durchzuspielen. Dazu ist es möglich, Planvarianten zu kopieren.

Einen Sonderstatus hat die *aktive Planvariante* oder *Integrationsplanvariante*. Sie wird mit der Erstimplementierung festgelegt (meist auf »01«) und darf dann nie mehr geändert werden. Die Integrationsplanvariante ist die einzige Planvariante, deren Änderungen sich bei aktiver Integration auf die Personaladministration auswirken.

Um die gerade angezeigte oder bearbeitete Planvariante zu wechseln, kann man den Menüpfad **Personal · Organisationsmanagement · Einstellungen · Planvariante setzen** nutzen (siehe Abbildung 9.1).

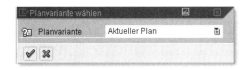

Abbildung 9.1 Planvariante setzen

9.1.2 Objekte, Verknüpfungen und Infotypen

Während die Personaladministration mit der »Person« lediglich eine Art von Informationsobjekt betrachtet, werden im Organisationsmanagement verschiedene Objekttypen verarbeitet. Dies sind z. B.:

- Organisationseinheit
- Planstelle
- Stelle
- Aufgabe

Außerdem werden auch so genannte *externe Objekttypen* angesprochen. Externe Objekttypen sind solche, die zwar im Organisationsmanagement mit anderen Objekttypen verknüpft werden können, selbst aber nicht im Organisationsmanagement angelegt oder gepflegt werden können. Folgende externe Objekttypen existieren im Organisationsmanagement:

- Person aus der Personaladministration
- Kostenstelle aus der Kostenrechnung

Um zwischen diesen Objekten Beziehungen herzustellen, werden Verknüpfungsarten eingesetzt. Jede Verknüpfung hat immer ein »Gegenstück«. In Abbildung 9.2 wird dies anhand der Objekte »Organisationseinheit«, »Planstelle« und »Person« verdeutlicht.

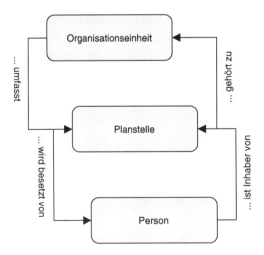

Abbildung 9.2 Verknüpfungen im Organisationsmanagement

Mit Hilfe dieses Baukastens, bestehend aus Objekttypen und Verknüpfungen, können verschiedene Strukturen aufgebaut werden. Über so genannte Auswertungswege sind diese Strukturen dann analysierbar. Ein Auswertungsweg ist dabei der Weg, den eine Auswertung entlang der Organisationsstruktur gehen soll. So beschreibt z.B. der Auswertungsweg O-O-S-P den Besetzungsplan im mySAP Organisationsmanagement. Dabei werden Verknüpfungen zwischen Organisationseinheiten untereinander (O-O) mit den zugehörigen Planstellen (O-S) und den Personen, die diese Planstellen besetzen (S-P), ausgewertet. Der Begriff »Auswertungsweg« wird Ihnen noch einmal in Abschnitt 9.4 begegnen.

Ebenso wie in der Personaladministration, gibt es auch im Organisationsmanagement Infotypen, um Objekte weiter zu beschreiben, wie z.B. eine Organisationseinheit. So kann beispielsweise die Adresse einer Organisationseinheit im Infotyp 1028 – *Adresse* abgelegt werden. Das Infotypenkonzept ist dabei dem der Administration sehr ähnlich – auch wenn die technische Realisierung etwas abweicht. Insbesondere sind hier aber nicht alle Infotypen für alle Objekttypen zulässig. So existiert z.B. für eine Planstelle der Infotyp *Vakanz* – nicht aber für eine Organisationseinheit. In der Anwendung werden die für einen Objekttyp unzulässigen Infotypen nicht zur Pflege angeboten.

Eine weitere Besonderheit der Infotypen des Organisationsmanagements ist ihr Status. So können im Organisationsmanagement Infotypen und damit Objekte z.B. den Status **Aktiv**, **Geplant**, **Beantragt**, **Genehmigt** oder **Abgelehnt** haben. Damit lässt sich im System ein Genehmigungsprozess für Objekte (z.B. Planstellen) abbilden. Der Objekt- bzw. Infotypstatus wird in Abschnitt 9.4 ausführlicher behandelt.

9.1.3 Ausgewählte Objekttypen

Nachfolgend werden Ihnen die wichtigsten Objekttypen und ihre jeweilige Bedeutung kurz erläutert, bevor die eigentliche Pflege des Organisationsmanagements beginnt.

Organisationseinheit

Eine *Organisationseinheit* ist ein zunächst sehr neutraler Begriff innerhalb der Organisationsstruktur. Dahinter kann sich nämlich z.B. ein Geschäftsbereich, ein Team, eine Behörde, ein Werk oder eine Abteilung verbergen. Durch diese sehr allgemeine Definition kann eine beliebig tiefe Hierarchisierung der Organisationsstruktur durch Über- und Unterordnung von Organisationseinheiten abgebildet werden.

Planstelle

Vereinfacht ausgedrückt stellt eine *Planstelle* den Platz dar, den ein konkreter Mitarbeiter einnehmen kann. Insbesondere kann eine Planstelle auch vakant, also »zu besetzen« sein, was für die Personalbeschaffung heißt, dass ein Personalbedarf besteht und ein Mitarbeiter gesucht werden muss. Planstellen sind einer Organisationseinheit zugeordnet, wozu die Verknüpfungsart »gehört zu« benutzt wird (siehe auch Abbildung 9.2).

Leiterplanstelle

Besonders ausgezeichnet ist die *Leiterplanstelle*. Dies ist eine Planstelle, deren Inhaber die entsprechende Organisationseinheit leitet. Technisch entsteht eine Leiterplanstelle dadurch, dass eine Verknüpfung der Art »leitet« zwischen einer Planstelle und einer Organisationseinheit angelegt wird. Die Leiterplanstelle hat in vielen Bereichen eine besondere Bedeutung. So kann sie genutzt werden, um im Workflow bestimmte Aufgaben zuzuordnen oder Zugriffsrechte auf die unterstellten Mitarbeiter zu gewähren.

Stelle

Eine *Stelle* kann als Muster oder Vorlage für eine Planstelle angesehen werden. Während beispielsweise »Kreditsachbearbeiter« allgemein eine Stelle darstellt, so ist »Kreditsachbearbeiter Nr. 3 in der Abteilung Gewerbeimmobilien« eine Planstelle. Textlich werden Stellen und Planstellen meist gleich benannt. Im Beispiel würde also auch die Planstelle »Kreditsachbearbeiter« heißen. Es geht ja aus der Einordnung in die Organisationsstruktur hervor, welche Planstelle genau gemeint ist. Stelle und Planstelle sind über die Verknüpfung »beschreibt« bzw. »wird beschrieben von« verknüpft. Damit liefert das Stellenkonzept eine Strukturierung der Planstellen, die auch zu Auswertungszwecken genutzt werden kann.

9.1.4 Ausgewählte Infotypen

In den nachfolgend erläuterten Pflegeoberflächen für das Organisationsmanagement treten die einzelnen Infotypen kaum noch zu Tage. Sie sind in übergreifenden Oberflächen integriert, um das Vorgehen bei der täglichen Pflegearbeit auf die Aufgaben des Anwenders auszurichten.

Infotyp 1000 – Objekt

Der Infotyp *Objekt* repräsentiert das Objekt selbst (z. B. Organisationseinheit, Stelle, Planstelle). Er enthält insbesondere eine Langbezeichnung und ein Kürzel, die sich beide im Zeitverlauf auch ändern können, denn wie in der Personaladministration haben auch im Organisationsmanagement alle Infotypen ein Beginn- und ein Enddatum. Die eindeutige Identifizierung eines Objekts erfolgt über die 8-stellige Objekt-ID. Den Infotyp 1000 kann man somit mit dem Infotyp 0002 der Personaladministration vergleichen. Dabei entsprechen Langbezeichnung und

Kürzel dem Namen eines Mitarbeiters und die Objekt-ID der Personalnummer. Die Abbildung 9.3 zeigt einen Infotyp 1000 – *Objekt*.

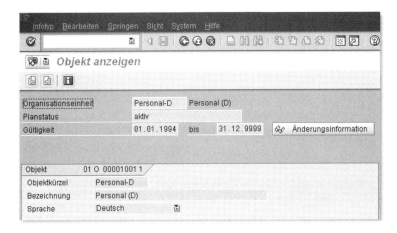

Abbildung 9.3 Infotyp 1000 – Objekt

Infotyp 1001 – Verknüpfungen

Auch *Verknüpfungen* werden in einem Infotyp abgelegt, wobei die Verknüpfungsart den Subtyp darstellt. Die direkte Pflege des Infotyps 1001 ist allerdings die Ausnahme. Die integrierten Pflegeoberflächen erlauben Umhängen, Verknüpfen und gleichzeitiges Neuanlegen mit Verknüpfung, ohne dass der Infotyp 1001 überhaupt wahrgenommen wird. Der Infotyp enthält die Verknüpfungsart und das verknüpfte Objekt (siehe Abbildung 9.4).

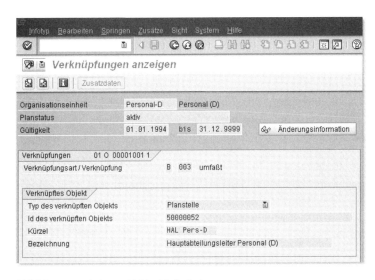

Abbildung 9.4 Infotyp 1001 – Verknüpfungen

Beim Anlegen einer Verknüpfung wird übrigens die korrespondierende Verknüpfung in die andere Richtung automatisch mit angelegt. Wenn also die Verknüpfung Planstelle »gehört zu« Organisationseinheit angelegt wird, legt das System automatisch auch Organisationseinheit »umfasst« Planstelle an.

Infotyp 1003 – Abteilung/Stab

Mit dem Infotyp *Abteilung/Stab* ist es möglich, eine Organisationseinheit als Stabseinheit zu kennzeichnen (auswertbar und in Grafik darstellbar). Außerdem können mit dem Abteilungskennzeichen auch echte Abteilungen von Gruppen abgegrenzt werden. Abbildung 9.5 zeigt ein Beispiel zum Infotyp 1003 – *Abteilung/Stab*.

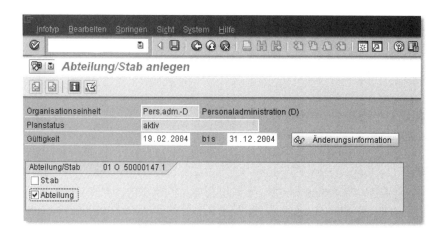

Abbildung 9.5 Infotyp 1003 – Abteilung/Stab

Infotyp 1007 – Vakanz

Die Information zur Vakanz ist ein wesentliches Element der Personalbedarfsplanung und der Personalbeschaffung. Um die Bedarfsplanung wirklich unterstützen zu können, sollte die Vakanz angelegt werden, sobald der Austritt oder die Versetzung eines Mitarbeiters bekannt wird. Dies erfolgt im Allgemeinen in der Personalmaßnahme »Versetzung« oder »Austritt« automatisch.

Der Infotyp selbst enthält einen Status für die Vakanz (siehe Abbildung 9.6): »zu besetzen« heißt, dass unmittelbar mit der Personalsuche innerhalb der Personalbeschaffung begonnen werden kann. Der Status »besetzt/zurückgestellt« hingegen erfordert zunächst keine Aktivitäten.

Die wichtigsten Infotypen haben Sie nun kennen gelernt, so dass wir uns jetzt mit der eigentlichen Pflegeoberfläche des Organisationsmanagements befassen können.

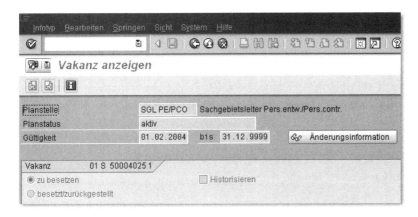

Abbildung 9.6 Infotyp 1007 – Vakanz

9.2 Pflege der Organisationsstruktur

In diesem Buch werden wir uns bezüglich der Pflege des Organisationsmanagements auf die Gesamt-Pflegeoberfläche konzentrieren, welche über die Transaktion PPOCE (Organisationsstruktur anlegen) oder PPOME (Organisationsstruktur ändern) oder über den Menüpfad **Personal · Organisationsmanagement · Aufbauorganisation · Organisation und Besetzung · anlegen/pflegen** erreichbar ist.

9.2.1 Elemente der Pflegeoberfläche

Bevor Sie mit der Pflege der Organisationsstruktur anfangen können, müssen Sie zunächst ein Einstiegsobjekt anlegen. Über den Menüpfad **Personal · Organisationsmanagement · Aufbauorganisation · Organisation und Besetzung · anlegen** werden Sie zunächst aufgefordert, einen Gültigkeitszeitraum für die Wurzelorganisationseinheit anzulegen (siehe Abbildung 9.7).

> **Hinweis** Bitte achten Sie darauf, den Gültigkeitszeitraum für Objekte so weit in der Vergangenheit beginnen zu lassen, wie Sie andere Objekte damit verknüpfen wollen. Wenn Sie z.B. eine Organisationseinheit ab 01.01.2004 beginnen lassen, könne alle damit zu verbindenden Objekte frühestens ab diesem Datum verknüpft werden. Objekte lassen sich nämlich nur für den Zeitraum verknüpfen, in dem jeweils beide gültig sind. Sie können also mit der Wurzelorganisationseinheit, deren Gültigkeit vom 01.01.2004 bis zum 31.12.9999 dauert, keine andere Organisationseinheit oder Planstelle schon ab 01.01.2003 verknüpfen.

In der Meldungsleiste des SAP-Systems wird beim Anlegen einer Wurzelorganisationseinheit oder beim Ändern der Organisationsstruktur die Meldung ⊘ Planvariante Aktueller Plan gesetzt ausgegeben. Sollten Sie in einer anderen Planvariante arbeiten wollen, müssen Sie dies vor dem Anlegen einer neuen Wurzelorganisationseinheit oder dem Ändern einer bestehenden Struktur angeben. Dazu wählen Sie den Menüpfad **Organisationsmanagement · Einstellungen · Planvariante setzen**.

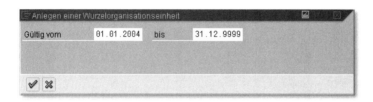

Abbildung 9.7 Angabe des Gültigkeitsdatums einer Wurzelorganisationseinheit

Für unser Beispiel bleiben wir aber bei der aktiven oder Integrationsplanvariante. Nachdem Sie den Zeitraum wohl überlegt ausgewählt haben, gelangen Sie in die Pflegeoberfläche des Organisationsmanagements. Diese Oberfläche ist in vier Bereiche eingeteilt, die nachfolgend erläutert werden (siehe Abbildung 9.8).

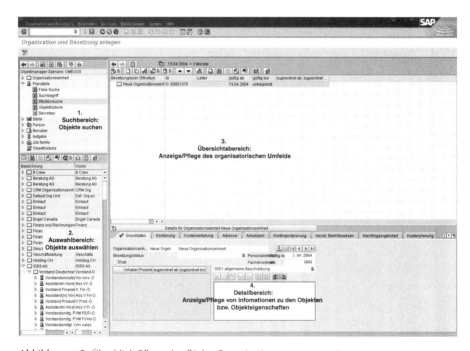

Abbildung 9.8 Überblick Pflegeoberfläche Organisationsmanagement

Über den Suchbereich (1.) werden Objekte gesucht. Das Ergebnis der Suche wird im Auswahlbereich (2.) dargestellt und von dort per Doppelklick oder Drag & Drop in den Übersichtsbereich (3.) übernommen. Wenn Sie ein Objekt im Übersichtsbereich doppelt anklicken, bekommen Sie zu diesem Objekt im Detailbereich (4.) die möglichen Infotypen in Registerkarten angezeigt. Im Folgenden werden die Möglichkeiten der einzelnen Bereiche detailliert erläutert. Der Suchbereich bildet zusammen mit dem Auswahlbereich den *Objektmanager*. Dieser wird in ähnlicher Form z. B. in der Personaladministration verwendet.

Suchbereich

Mit Hilfe des Suchbereichs wählen Sie aus, welchen Objekttyp und welches Objekt Sie bearbeiten wollen. Dieses Objekt ist die Ausgangsbasis für die Bearbeitung einer Organisationsstruktur. Über den Suchbereich wird das Objekt mittels verschiedener Suchhilfen ermittelt.

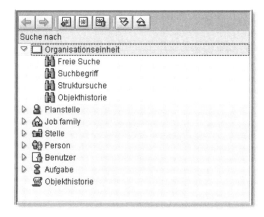

Abbildung 9.9 Suchbereich

Als Erstes müssen Sie sich entscheiden, welchen Objekttyp Sie bearbeiten wollen. Nehmen wir als Beispiel eine Organisationseinheit:

1. Klicken Sie auf den Button ▽ links neben dem Objekttyp **Organisationseinheit**.
2. Wählen Sie eine der gewünschten Suchhilfen aus, indem Sie auf den Namen der Suchhilfe klicken (z. B. Freie Suche). Anschließend bekommen Sie weitere Eingabemöglichkeiten angeboten, um Ihr gewünschtes Objekt zu finden.

Im Suchbereich wird es ermöglicht, eine gesamte Struktur oder einzelne Objekte eines bestimmten Objekttyps (z. B. Planstellen) zu suchen. Im Standard gibt es die drei folgenden Suchwerkzeuge für Objekte:

- **Suchbegriff**: Durch die Eingabe eines Suchbegriffs in das Feld `mit Bezeichnung *` wird sowohl nach der Kurzbezeichnung als auch nach der Langbezeichnung und dem Schlüssel eines Objekts gesucht. Sie müssen dabei nicht den ganzen Begriff eingeben. Es ist ausreichend, wenn Sie z.B. »Pers« eingeben, falls Sie sich für alle Organisationseinheiten interessieren, die mit »Pers« beginnen (z.B. Personaladministration, Personalentwicklung). Über das nächste freie Feld darunter (siehe Abbildung 9.10) bestimmen Sie, ob das gesuchte Objekt zusätzlich zum Suchbegriff direkt oder direkt und indirekt mit dem nachfolgend auszuwählenden Objekttyp und Objekt verknüpft sein soll.

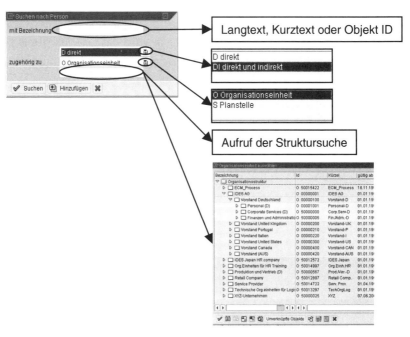

Abbildung 9.10 Suche per Suchbegriff

Am deutlichsten wird das Ganze anhand eines Beispiels. Nehmen wir einmal an, Sie suchen alle Organisationseinheiten, die direkt mit der Organisationseinheit »Vorstand Deutschland« verknüpft sind. Sie lassen dann das Feld **mit Bezeichnung** frei und wählen im darunter liegenden Feld **direkt** aus. Im Feld **zugehörig zu** bestimmen Sie daraufhin den Objekttyp **Organisationseinheit** und im letzten Feld wählen Sie über die Struktursuche aus der Organisationsstruktur die Organisationseinheit **Vorstand Deutschland** aus. Das Ergebnis Ihrer Suche sähe folgendermaßen aus (Abbildung 9.11):

Abbildung 9.11 Alle direkt zugeordneten Abteilungen (Struktur)

Wenn Sie hingegen *alle* Organisationseinheiten auswählen wollen, die direkt und indirekt der Organisationseinheit »Vorstand Deutschland« zugeordnet sind, müssen Sie die Abfrage von **direkt** auf **direkt und indirekt** ändern. Das Ergebnis sähe dann so aus (aus Platzgründen in Abbildung 9.12 nur als Ausschnitt):

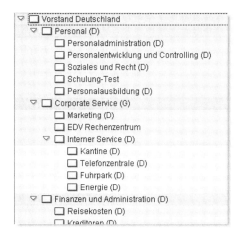

Abbildung 9.12 Direkt und indirekt zugeordnete Abteilungen (Struktur)

- **Struktursuche:** Die Struktursuche ermöglicht es Ihnen, sich anhand der bereits bestehenden Organisationsstruktur das gewünschte Objekt herauszusuchen. Dazu klicken Sie die Suchhilfe Struktursuche des jeweiligen Objekttyps an. Das Ergebnis der Suche (alle gefundenen Strukturen, für die Sie Berechtigungen haben) wird sofort im Auswahlbereich angezeigt (die Erläuterung des Auswahlbereichs finden Sie weiter unten).

- **Freie Suche:** Diese Art der Suche ermöglicht es dem Benutzer, anhand einer Vielzahl von kombinierbaren Kriterien ein Objekt zu selektieren. Durch die Verwendung der so genannten Info-Set-Query kann bestimmt werden, welche Felder zur Selektion und welche Felder für die Ausgabeliste herangezogen werden (siehe Abbildung 9.13).

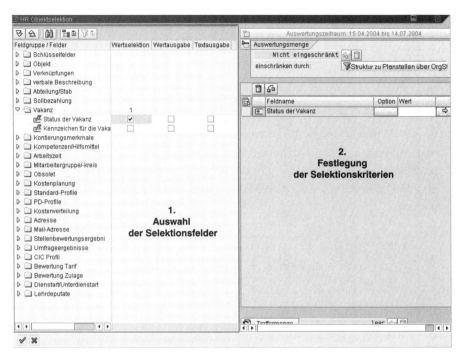

Abbildung 9.13 Freie Suche im Organisationsmanagement

Zunächst wählen Sie aus der Reihe der Selektionsfelder die gewünschten aus (1.). Dabei gibt es mehrere Informationen, welche Sie als Selektionsfeld definieren können. Die Feldgruppen orientieren sich hierbei an den Infotypen. So gibt es z.B. eine Feldgruppe **Vakanz**, **Adresse** oder **Abteilung/Stab**. Wenn Sie eine Feldgruppe über den Button ▷ öffnen, können Sie zunächst pro Feld entscheiden, ob es als Selektionskriterium übernommen werden soll (Haken in der Spalte Wertselektion setzen). Sobald Sie diesen Haken gesetzt haben, wird das Feld in den Bereich zur Festlegung der Selektionskriterien (2.) übernommen. Wenn Sie wünschen, dass das gerade ausgewählte Kriterium auch in Ihrer Ergebnisliste erscheint, müssen Sie in der Spalte Wertausgabe und/oder Textausgabe ebenfalls den Haken setzen. Sollten Sie **Wertausgabe** angekreuzt haben, wird der Schlüssel des Feldes in der Ergebnisliste ausgegeben. Bei **Textausgabe** erscheint in Ihrer Ergebnisliste der jeweilige Text des Schlüssels.

Sobald Sie Ihre Auswahl hinsichtlich der Selektionskriterien und Ausgabefelder getroffen haben, müssen Sie die Kriterien noch mit Leben, also mit Werten füllen. Dazu tragen Sie im Bereich 2 zur Festlegung der Selektionskriterien unter der Spalte Wert Ihr gewünschtes Selektionskriterium ein. Für unser Beispiel in Abbildung 9.13 wäre dies für das Feld **Status der Vakanz** z.B. »0 offen« oder »2 geschlossen«. Über den Button Treffermenge können Sie vorab schon einmal sehen, auf wie viele Objekte Ihre Selektionskriterien zutreffen. Ihre Auswahl übernehmen Sie endgültig, indem Sie den Button ✓ betätigen. Anschließend wird das Ergebnis Ihrer freien Suche im Auswahlbereich angezeigt.

Für den alltäglichen Gebrauch von Suchhilfen können Sie eine einmal ausgeführte Selektion in einer *Suchvariante* abspeichern. Damit ersparen Sie sich den Aufwand, umfangreiche Selektionen jedes Mal wieder neu anlegen zu müssen. Gehen Sie dazu folgendermaßen vor:

1. Führen Sie die gewünschte Selektion wie oben beschrieben aus.
2. Sobald die gewünschte Ergebnisliste im Auswahlbereich erzeugt ist, betätigen Sie den Button 🔘.
3. Erfassen Sie in dem erscheinenden Fenster eine Bezeichnung für die Suchvariante (siehe Abbildung 9.14) und bestätigen Sie Ihre Eingabe über den Button ✓.

Abbildung 9.14 Suchvariante definieren

Herzlichen Glückwunsch! Sie haben Ihre erste Suchvariante angelegt. Suchvarianten werden im Suchbereich unterhalb der Suchhilfen zum jeweiligen Objekttyp angezeigt (siehe Abbildung 9.15). Sie können die Suchvariante zukünftig immer durch einfaches Anklicken im Suchbereich aufrufen. Beachten Sie, dass Sie nicht die Ergebnisliste gespeichert haben, sondern die Selektion. Das heißt, es werden jedes Mal, wenn Sie die Suchvariante aufrufen, erneut die relevanten Objekte selektiert.

Wenn Sie sich die Selektionskriterien der Suchvariante anzeigen lassen wollen, markieren Sie die gewünschte Variante und benutzen anschließend den Button 🔘. Nicht mehr benötigte Suchvarianten löschen Sie mit Hilfe des Buttons 🔘.

Abbildung 9.15 Suchvariante aufrufen

Pflege der Organisationsstruktur

Egal, welche Art der Suche Sie im Suchbereich ausführen, das Ergebnis wird immer im Auswahlbereich angezeigt. Wenn Sie mehrere Suchanfragen nacheinander ausgeführt haben, können Sie mit den Buttons ⬅➡ durch die bisherigen Suchergebnisse im Auswahlbereich blättern.

> **Hinweis** Falls Sie die Transaktion zur Pflege der Organisationsstruktur verlassen und später wieder aufrufen sollten, wird immer die zuletzt durchgeführte Selektion ausgeführt. Um zu vermeiden, dass eine gegebenenfalls sehr umfangreiche Selektion den Aufruf der Pflegetransaktion verzögert, sollte Ihre letzte Selektion vor dem Verlassen der Pflegetransaktion möglichst nicht sehr komplex gewesen ein.

Auswahlbereich

Die Liste des Auswahlbereichs ist besonders bei einer großen Ergebnismenge möglicherweise zu klein. Für diesen Fall können Sie sich die Ergebnisliste über den Button 🔲 vergrößern und wieder verkleinern, mit der Konsequenz, dass der Suchbereich ausgeblendet wird. Abhängig von der Art des Objektes, welches in der Ergebnisliste angezeigt wird, kann es notwendig sein, weitere Informationen anzuzeigen. Bei allen Einträgen in der Ergebnisliste blenden Sie sich die gewünschten von den verfügbaren Informationen über den Button 🔲 (**Spaltenkonfiguration**) ein. Sie bekommen eine Liste der einblendbaren Informationen angeboten (siehe hierzu Abbildung 9.16).

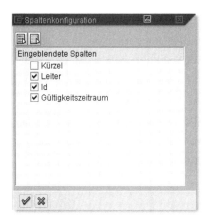

Abbildung 9.16 Spaltenkonfiguration im Auswahlbereich

Setzen Sie den Haken bei den gewünschten Spalten und betätigen Sie den Button ✓ zur Bestätigung Ihrer Auswahl. Die Ergebnisliste wird somit um die ausgewählten Informationen ergänzt (siehe Abbildung 9.17).

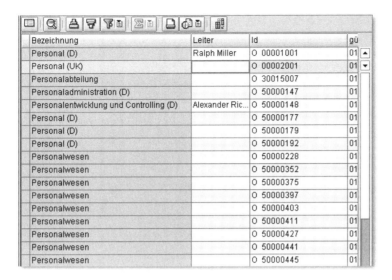

Abbildung 9.17 Erweiterte Ergebnisliste

Das so erweiterte Ergebnis kann jetzt noch mit Hilfe der Buttons 🖨 aufsteigend und 🔽 absteigend sortiert werden. Hierfür markieren Sie die Spalte nach der sortiert werden soll und betätigen einen der beiden Sortier-Buttons.

Sollte Ihnen die Ergebnismenge zu groß sein oder noch nicht das gewünschte Ergebnis liefern, können Sie mit dem Button 🔽 einen Filter auf die Ergebnisliste anwenden. Zum Setzen eines Filters haben Sie mehrere Möglichkeiten:

1. Markieren Sie die gewünschte(n) Spalte(n), nach denen die Liste gefiltert werden soll (z.B. Leiter aus Abbildung 9.17), indem Sie sie mit der linken Maustaste anklicken. Betätigen Sie anschließend den Button 🔽. Sie erhalten eine Selektionsmaske mit der oder den ausgewählten Spalte(n), in die Sie Ihre Filterkriterien eingeben können (siehe Abbildung 9.18). Sobald Sie die Eingabe der Kriterien abgeschlossen haben, bestätigen Sie Ihren Filter mit dem Button ✔. Das Ergebnis ist eine gefilterte Ergebnisliste.

2. Betätigen Sie den Button 🔽, ohne vorher eine Spalte der Ergebnisliste markiert zu haben. Sie erhalten eine Auswahlliste für die Filterkriterien, aus der Sie die gewünschten Felder mit Hilfe des Buttons ◀ aus dem Feldvorrat in die Feldauswahl übernehmen können. Nach Bestätigung Ihrer Auswahl mit dem Button ✔ erhalten Sie wieder das Selektionsbild mit den ausgewählten Feldern. Das weitere Vorgehen ist identisch mit dem unter 1. genannten.

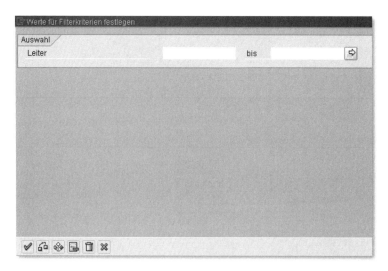

Abbildung 9.18 Filterkriterien für die Ergebnisliste

Sollten Sie einen Filter wieder aufheben wollen, benutzen Sie ebenfalls den Button . Hier ist allerdings etwas Fingerspitzengefühl gefragt, da Sie nicht das Filtersymbol verwenden dürfen, sondern den rechten Teil des Buttons . Einmal angeklickt, erhalten Sie eine kleine Auswahlliste (anlegen oder löschen), aus der Sie **löschen** wählen.

Wenn Ihre Liste aggregierbare Daten enthält, wie z. B. wöchentliche Arbeitszeiten in Stunden innerhalb einer Mitarbeiterliste oder Ähnliches, können Sie diese Daten über den Button summieren. Im Auswahlbereich wird dann eine Summenzeile am Ende des Suchergebnisses angehängt. Der Objektmanager, bestehend aus Such- und Auswahlbereich, sollte eigentlich nicht als Auswertungs-Tool zur Erzeugung von Objektlisten genutzt werden, da es hierfür extra besondere Auswertungen im HR gibt. Dennoch können Sie, wie Sie den vorherigen Ausführungen entnehmen konnten, die Ergebnislisten schon sehr gut auf Ihre eigenen Bedürfnisse zuschneiden.

Eine weitere Aktion, die eigentlich häufiger für Listen in Auswertungen angewandt wird, ist das Drucken. Über den Button können Sie die Ergebnisliste auf Papier bringen. Das Vorgehen beim Drucken ist identisch mit dem bereits geschilderten Verfahren, weshalb an dieser Stelle nicht mehr darauf eingegangen wird.

Neben dem Drucken gibt es noch eine weitere Funktionalität, mit deren Hilfe Sie die Ergebnisliste Ihrer Selektion weiterverarbeiten können, die *Ansichten*. Ähnlich wie beim Button für das Setzen/Löschen von Filtern, verbirgt sich hinter dem Button **Ansichten** eine Auswahlliste mit möglichen Darstellungsalternativen der Ergebnisliste. Im Einzelnen sind dies:

- **ALV-Grid:** Dies ist die Standardeinstellung für Ergebnislisten (siehe Abbildung 9.17).
- **Listausgabe:** Die Ergebnisliste wird in einer Druckansicht angezeigt.
- **Excel Inplace**: Wenn Sie Excel auf Ihrem PC installiert haben und weitere Voraussetzungen im SAP-System geschaffen wurden (u. a. Berechtigungen für den Aufruf von Excel Inplace), dann können Sie Ihre Ergebnisliste auch in Excel darstellen. Eine spezielle Technik erlaubt es dabei, dass MS-Excel innerhalb der SAP-Anwendung eingeblendet wird. Sie haben dort dann die Möglichkeit, die Daten wie gewohnt in Excel zu bearbeiten (siehe Abbildung 9.19).

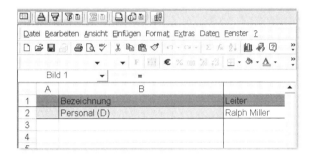

Abbildung 9.19 Ergebnisliste in der Ansicht »Excel Inplace«

- **Lotus 123 Inplace:** Diese Schnittstelle funktioniert ähnlich wie Excel Inplace für die Darstellung Ihrer Ergebnisliste.
- **Crystal Reports Preview:** Sollten Sie in Ihrer Firma die Software Crystal Reports benutzen, kann die Ergebnisliste auch in dieser Anwendung angezeigt werden.

Wie bereits zu Anfang erwähnt, ist der eigentliche Sinn des Auswahlbereichs – neben der Darstellung des Ergebnisses Ihrer Selektion – die Möglichkeit, Objekte aus diesem Ergebnis auszuwählen und zur weiteren Bearbeitung und Anzeige in den Übersichtsbereich zu übernehmen. Die Übernahme von Objekten aus Ihrer Ergebnisliste in den Übersichtsbereich kann auf zweierlei Arten vorgenommen werden. Erstens per Doppelklick auf das gewünschte Objekt oder zweitens per Drag & Drop indem Sie das Objekt mit der linken Maustaste anklicken und es in den Übersichtsbereich ziehen.

Übersichtsbereich

Bevor wir detailliert auf die Funktionalitäten des Übersichtsbereichs eingehen, sollten Sie sich bewusst sein, dass Sie auf die Strukturen im Übersichtsbereich immer für einen bestimmten Zeitraum blicken. Das bedeutet, dass z. B. Organisationseinheiten, die vor dem Zeitraum, in dem Sie auf die Struktur blicken, bereits in Ihrer Gültigkeit begrenzt wurden, nicht mehr sichtbar sind.

Den Zeitraum, auf den Sie Ihren Blick dabei richten, können Sie selbst festlegen. Dazu benutzen Sie entweder den Menüpfad **Einstellungen · Datum und Vorschauzeitraum** oder den Button 🗓 oberhalb des Übersichtsbereichs. Neben diesem Button sehen Sie immer sofort, welcher Zeitraum gerade eingestellt ist (z. B. 🗓 05.04.2004 + 3 Monate).

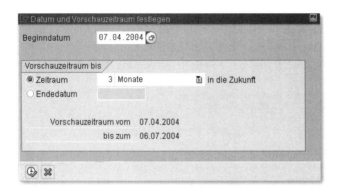

Abbildung 9.20 Datum und Vorschauzeitraum einstellen

Sie können auf dem dann erscheinenden Bild (Abbildung 9.20) folgende Einstellungen vornehmen:

- **Beginndatum**: Hier legen Sie den Beginn des Betrachtungszeitraums fest.
- **Zeitraum**: Zunächst legen Sie hier eine Anzahl und anschließend eine Einheit (Monate/Wochen/Jahre) für das Enddatum fest.
- **Endedatum**: Alternativ zur Zeitraumangabe könne Sie auch explizit ein Endedatum erfassen. Markieren Sie hierzu das Feld ⊙Endedatum und geben Sie anschließend das Datum im Feld daneben an.

Mit dem Button ⊕ bestätigen Sie Ihre Auswahl. Die angezeigte Struktur im Detailbereich wird sofort auf den neuen Auswahlzeitraum angepasst. Abhängig vom gewählten Zeitraum kann es sein, dass bei einigen Objekten in der Struktur (z. B. Personen) Pfeile (↘ oder ↗) angezeigt werden. Anhand dieser Symbole werden Objekte gekennzeichnet, die innerhalb des Auswahlzeitraums neu in die Struktur mit aufgenommen wurden (↘) oder innerhalb dieses Zeitraums die Struktur wieder verlassen (↗). So können Sie auf einen Blick sehen, ob z. B. eine Person den ganzen Zeitraum bereits auf seiner Planstelle sitzt oder sie verlassen wird.

Neben der Übersicht dient der Auswahlbereich in erster Linie dazu, bestehende Strukturen zu verändern oder zu ergänzen, d.h. bestehende Objekte, etwa Organisationseinheiten und Planstellen, anzulegen oder z. B. umzuhängen. Bevor wir uns die Vorgehensweise zum Ändern der Struktur ansehen, werden Ihnen jedoch noch einige Funktionalitäten des Übersichtsbereichs und der Detailbereich erläutert. Mit diesem Wissen können Sie dann relativ leicht in die Pflege der Strukturen einsteigen.

Sichten des Übersichtsbereichs

In Abhängigkeit davon, welche Objekte Sie bearbeiten wollen, müssen Sie sich für eine bestimmte Sicht auf die Organisationsstruktur entscheiden. Folgende Sichten werden im Standard angeboten:

Besetzungsplan (Struktur)

Hier können Sie Organisationseinheiten, Planstellen und Personen in der Struktur sehen und bearbeiten.

Besetzungsplan (Liste)

Es erscheint eine Liste der aktuell im Besetzungsplan vorhandenen Objekte (Organisationseinheiten, Planstellen und Personen), ergänzt durch ein paar Zusatzinformationen, wie z.B. dem Besetzungsprozentsatz einer Planstelle, der gegebenenfalls zugehörigen Stelle, auf der die Planstelle basiert, dem Namen des Vorgesetzten und das Eintrittsdatum des Planstelleninhabers.

Aufgabenzuordnung

Aufgaben können im Rahmen des SAP Workflows genutzt oder etwa auch zur Beschreibung einer Planstelle herangezogen werden. Ein Beispiel für eine Aufgabenzuordnung ist in Abbildung 9.21 dargestellt.

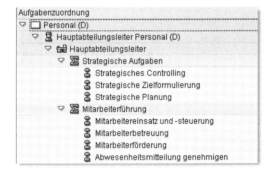

Abbildung 9.21 Sicht »Aufgabenzuordnung«

Kontierung

Über die Sicht »Kontierung« wird die Zuordnung von Kostenstellen zu Organisationseinheiten oder Planstellen ersichtlich. Beachten Sie hierbei, dass in der Struktur nur direkt zugeordnete Kostenstellen angezeigt werden. Nicht angezeigt werden vererbte Kostenstellen. Diese können Sie der Detailsicht zu dem jeweiligen Objekt entnehmen. Die Bearbeitung von Kostenstellen ist nicht im Organisationsmanagement angesiedelt, da Kostenstellen im Modul CO bearbeitet und angelegt werden. Es handelt sich daher um externe Objekte des Organisationsmanagements, genauso wie beispielsweise das Objekt »Person«.

Leiterzuordnung
In der Sicht »Besetzungsplan« können Sie bereits Leiterplanstellen erkennen. Sie sind mit Hilfe des Symbols 🯄 dargestellt. In der Sicht »Leiterzuordnung« wird hingegen ausschließlich die dem Leiter direkt zugeordnete Organisationseinheit angezeigt.

Organisationsstruktur
Diese Sicht zeigt ausschließlich Organisationseinheiten an. Verwenden Sie diese Sicht, wenn Sie neue Organisationseinheiten anlegen oder bestehende als Ganzes (also mit allen zugehörigen Planstellen und Personen) umhängen wollen.

Mit Hilfe der Buttons ⬅ ➡ können Sie zwischen den zuvor aufgerufenen Sichten wechseln. Haben Sie sich für eine Sicht entschieden, können Sie innerhalb der Sicht die aus dem Auswahlbereich bekannte Spaltenkonfiguration (Button 🯄) aufrufen und den Übersichtsbereich um die verfügbaren Informationen der jeweiligen Sicht ergänzen (siehe auch Abbildung 9.16).

> **Tipp** Blenden Sie sich in der Sicht »Besetzungsplan (Struktur)« den Verknüpfungszeitraum ein. So können Sie z.B. sofort sehen, wie lange ein Mitarbeiter schon oder noch auf einer Planstelle sitzt.

Wie bereits oben erwähnt hängt die Art der jeweils angezeigten Objekttypen von der ausgewählten Sicht ab. Um sich einen Überblick über die Bedeutung der grafischen Symbole für die Objekttypen zu verschaffen, sollten Sie den Button 🯄 (**Ikonenlegende**) verwenden.

Sollten Sie sich dafür interessieren, welche weiteren Organisationseinheiten usw. oberhalb der angezeigten Struktur vorhanden sind, können Sie mit Hilfe des Buttons 🯄 die jeweils nächsthöhere Hierarchiestufe mit in die bestehende Struktur aufnehmen.

Jedes in der jeweiligen Struktur angezeigte Objekt besteht – wie Sie wissen – aus dem Infotyp *Objekt*. Für die Ablage weiterer Informationen zu diesem Objekt gibt es ebenfalls unterschiedliche Infotypen. Da diese Informationen den Übersichtsbereich überfrachten würden, gibt es den Detailbereich. Diesen rufen Sie einfach durch Doppelklick auf das Objekt auf. Mit dem Button 🯄 Details für öffnen und schließen Sie den Detailbereich.

Detailbereich

Im Detailbereich werden abhängig vom ausgewählten Objekttyp unterschiedliche Infotypen auf Registerkarten angezeigt. Das Konzept des Detailbereichs beruht darauf, nicht für jeden einzelnen Infotyp eine Registerkarte anzubieten, sondern logisch zusammengehörende Informationen mehrerer Infotypen auf einer Registerkarte zu vereinen. So werden beispielsweise für den Objekttyp **Planstelle** auf der Registerkarte **Grunddaten** u. a. Informationen aus dem Infotyp *Objekt* (Kurzbezeichnung, Langbezeichnung und Gültigkeitszeitraum), *Vakanz*, *Abteilung/Stab* und die Inhaberverknüpfungen angezeigt (siehe Abbildung 9.22).

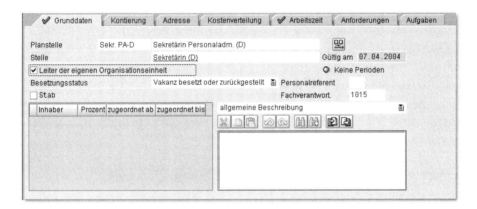

Abbildung 9.22 Detailbereich am Beispiel Grunddaten Planstelle

Sie navigieren auf die gewünschte Registerkarte, indem Sie diese jeweils anklicken. Sollten sehr viele Registerkarten für einen Objekttyp verfügbar sein und der Bildschirm für deren Darstellung nicht ausreichen, können Sie über die Buttons ◄► weitere Registerkarten erreichen oder sich über den Button ▤ eine Liste mit den verfügbaren Registerkarten anzeigen lassen. Von dieser Liste aus können Sie durch einfaches Anklicken eines Eintrages in die gewünschte Registerkarte verzweigen.

Da in SAP HR – wie Sie sicherlich mittlerweile wissen – alle Daten mit einem Zeitbezug gespeichert werden (Beginn- und Enddatum) ist auch für jedes Objekt im Organisationsmanagement eine Historie verfügbar. Im Detailbereich werden immer die zum Stichtag (Systemdatum) gültigen Informationen auf den Registerkarten angezeigt. Über den Button ▦ können Sie aber weitere Buttons einblenden, mit deren Hilfe Sie sich Informationen aus anderen Zeiträumen des Objektes anzeigen lassen können. Mit dem Button ◄◄ wechseln Sie zu dem ersten auf der Datenbank abgespeicherten Datensatz des Objektes und mit dem Button ►► zum letzten Satz. Über die Buttons ◄► können Sie schließlich zu den Sätzen dazwischen wechseln. Der Button ▦ blendet die Zeitraumanzeigen dann wieder aus. Wenn Sie alle für ein Objekt vorhandenen Datensätze in einer Übersicht sehen wollen, benutzen Sie den Button (Periode auswählen). Die Funktionalität bezüglich des Zeitraums werden Sie spätestens dann nutzen, wenn Sie ein Objekt ändern wollen.

Nun verfügen Sie über die notwendigen Grundlagen, um mit der Pflege der Strukturen im Organisationsmanagement zu beginnen. Im Folgenden werden exemplarisch »typische« Arbeiten innerhalb des Organisationsmanagements betrachtet.

9.2.2 Organisationseinheiten pflegen

Wie bereits zu Anfang dieses Kapitels erwähnt, benutzen Sie zum erstmaligen Anlegen einer Wurzelorganisationseinheit den Pfad **Personal · Organisationsmanagement · Aufbauorganisation · Organisation und Besetzung · Anlegen**. Nachdem Sie den Gültigkeitszeitraum für die Organisationseinheit eingegeben und bestätigt haben, wird diese im Übersichtsbereich bereits dargestellt (Bezeichnung: **neue Organisationseinheit**). Im Detailbereich können Sie jetzt auf der Registerkarte **Grunddaten** die vorgeschlagene Kurz- und Langbezeichnung überschreiben (siehe Abbildung 9.23).

Abbildung 9.23 Detailansicht – Anlegen einer Organisationseinheit

Je nach den Vorgaben in Ihrem Unternehmen kann es erforderlich sein, weitere Infotypen zu pflegen. Wenn Sie letztendlich alle Daten zur Organisationseinheit eingegeben haben, müssen Sie diese Eingaben zunächst sichern, damit sie auch tatsächlich auf der Datenbank abgelegt werden. Um Sie regelmäßig an das Speichern zu erinnern, gibt es im SAP HR Organisationsmanagement die Möglichkeit, nach einer festgelegten Anzahl von Aktionen eine automatische Aufforderung zum Speichern einzustellen. Sollte dies bei Ihnen eingestellt sein, erscheint irgendwann folgendes Fenster (siehe Abbilddung 9.24).

Sie haben dann die Wahl, das Speichern gleich durchzuführen oder auf später zu verschieben. Alle Objekte, die Sie zuvor angelegt haben, werden dann gespeichert. Alle Aktionen, die vor dem Speichern durchgeführt wurden, können Sie jederzeit rückgängig machen, indem Sie die Taste einfach oder mehrfach betätigen. Dann werden die Änderungen seit dem letzten Speichervorgang der Reihe nach rückgängig gemacht.

Abbildung 9.24 Sicherheitsabfrage zum Speichern

Organisationseinheiten anlegen

Nachdem Sie die Wurzelorganisationseinheit angelegt haben, können Sie zukünftig über den Pfad **Personal · Organisationsmanagement · Aufbauorganisation · Organisation und Besetzung · Pflegen** die Organisationsstruktur verändern. Um jetzt die eigentliche Struktur anzulegen, gehen Sie vom gewünschten Ausgangsobjekt aus und betätigen den Button ⬜. Nachfolgend erhalten Sie eine Auswahlmaske, in der die möglichen Objekte angezeigt werden, die Sie vom Ausgangsobjekt aus anlegen können.

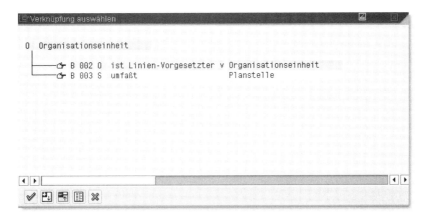

Abbildung 9.25 Auswahl der anzulegenden Objekttypen

In Abbildung 9.25 sehen Sie das Angebot an möglichen Objekten ausgehend von einer Organisationseinheit. Sie können dort erkennen, dass das System anbietet, entweder eine untergeordnete Organisationseinheit oder eine Planstelle anzulegen. Je nachdem, wie wir uns entscheiden, wird sofort mit dem Anlegen des Objektes auch der Infotyp *Verknüpfungen* im Hintergrund angelegt. Wählen Sie das gewünschte Objekt durch einen Klick auf den Text des Objektes und den Button ✓ aus. Schneller gelingt die Auswahl, wenn Sie direkt auf das Handsymbol ☞ vor dem Objekt klicken. Anschließend pflegen Sie die jeweiligen Daten zu dem Objekt im Detailbereich.

Für den Fall, dass Sie größere Mengen von Objekten anlegen wollen, sollten Sie die Kopierfunktion des Organisationsmanagements nutzen. Dazu markieren Sie das zu kopierende Objekt (z. B. eine Planstelle) und betätigen den Button . Im anschließend erscheinenden Fenster können Sie die Anzahl der Kopien, das Beginn- und Enddatum, die Kurz- und Langbezeichnung erfassen (siehe Abbildung 9.26).

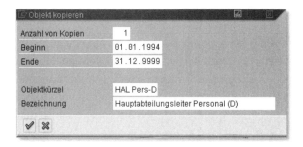

Abbildung 9.26 Kopieren einer Planstelle

Bestätigen Sie Ihre Eingabe anschließend mit dem Button . Die so erzeugten Objekte können Sie dann im Detailbereich anpassen. Der einfachste Weg ist es, dazu eines der gerade kopierten Objekte im Übersichtsbereich doppelt anzuklicken.

Organisationseinheiten anordnen

Wenn Sie mehrere Organisationseinheiten untereinander (auf einer Ebene) anlegen, werden diese nach ihrer Bezeichnung alphabetisch sortiert angeordnet. Für den Fall, dass Ihnen diese Reihenfolge nicht zusagen sollte (in der Regel ist das der Fall), können Sie diese nachträglich ändern. Dazu markieren Sie durch einfachen Mausklick das gewünschte Objekt und verschieben es mit Hilfe der Tasten nach oben oder unten innerhalb einer Hierarchiestufe.

Organisationseinheiten terminieren

Sie können Organisationseinheiten und auch andere Objekte des Organisationsmanagements von Anfang an für einen begrenzten Zeitraum anlegen. Sie sollten jedoch dabei bedenken, dass Sie andere Objekte mit einem begrenzt gültigen Objekt nur für den gemeinsamen Gültigkeitszeitraum verknüpfen können. Im Klartext: Einer Organisationseinheit, die z. B. nur bis 31.12.2005 gültig ist, können auch nur bis zum 31.12.2005 Planstellen zugeordnet werden, auch wenn diese eine längere Gültigkeit haben. Daher empfiehlt es sich, Objekte im Organisationsmanagement erst einmal bis zum 31.12.9999 anzulegen. Sie können dann später abgrenzen, wenn z. B. eine Organisationseinheit aufgrund einer Reorganisation nicht mehr benötigt wird. Abgegrenzt wird ein Objekt über den Button ▫▫ (Terminieren). Dabei müssen Sie auswählen, ob Sie das Objekt oder seine Verknüpfung(en) begrenzen wollen.

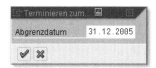

Abbildung 9.27 Erfassung Abgrenzdatum für Objekte

Anschließend müssen Sie das Terminierungsdatum eingeben (siehe Abbildung 9.27) und Ihre Eingabe mit ✓ bestätigen. Sie können Objekte allerdings erst dann abgrenzen, wenn keine länger gültigen Objekte mehr mit dem Objekt verknüpft sind. Sollten Sie dennoch versuchen, ein solches Objekt abzugrenzen, wird das System dies nicht zulassen und Sie auffordern, zuerst bestehende Verknüpfungen zu begrenzen.

Organisationseinheiten verknüpfen

Wenn Sie Reorganisationen durchzuführen haben, kann Ihnen die Funktion des Buttons ▫ sehr hilfreich sein. Über ihn können Sie nämlich Objekte mit anderen Objekten verknüpfen. So können Sie z.B. ausgehend von einer Organisationseinheit dieser eine andere Organisationseinheit unterordnen. Dazu markieren Sie die Ausgangsorganisationseinheit im Übersichtsbereich (z.B. Personalentwicklung (1. in Abbildung 9.28)) und betätigen den Button ▫. Anschließend wählen Sie den zu verknüpfenden Objekttyp aus, z.B. Organisationseinheit über die Verknüpfung B002 »ist Linienvorgesetzter von« (siehe auch Abbildung 9.25). Im darauf folgenden Bild können Sie das zu verknüpfende Objekt auswählen (2. in Abbildung 9.28). Bestätigen Sie Ihre Auswahl mit dem Button ✓.

Das Ergebnis wäre die komplette Verlagerung der Organisationseinheit »Schulung Test« (inklusive aller darunter liegenden Organisationseinheiten, Planstellen und Personen) unter die Organisationseinheit »Personalentwicklung«.

Diese Methode kann man nutzen, doch gibt es zur Reorganisation der Organisationsstruktur auch noch die Möglichkeit, eine Organisationseinheit oder ein beliebiges anderes Objekt per Drag & Drop umzuhängen. Dies soll nachfolgend am Beispiel einer Organisationseinheit gezeigt werden.

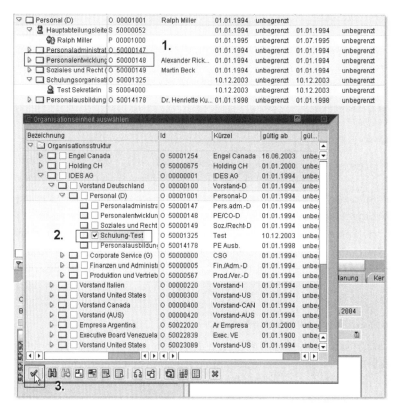

Abbildung 9.28 Objekt zuordnen

Organisationseinheiten umhängen

Bei der Verlagerung von Organisationseinheiten oder Planstellen in eine andere Organisationseinheit per Drag & Drop ist Vorsicht geboten. Das System verwendet im Standard als Beginndatum der neuen Zuordnung das im Übersichtsbereich über **Einstellungen · Datum und Vorschauzeitraum** voreingestellte Datum und als Enddatum den 31.12.9999. Es fragt also nicht explizit nach dem Gültigkeitszeitraum der neuen Zuordnung. Es empfiehlt sich daher, die Zeitraumabfrage bei organisatorischen Änderungen zu aktivieren. Über den Pfad **Einstellungen · Zeitraumabfrage bei organisatorischen Änderungen** kann die Abfrage aktiviert werden (siehe Abbildung 9.29). Nach der Aktivierung werden Sie dann immer nach dem Gültigkeitszeitraum der neuen Verknüpfung gefragt.

Zum Umhängen einer Organisationseinheit (oder eines anderen Objektes aus der Organisationsstruktur) per Drag & Drop klicken Sie das Objekt (z.B. Organisationseinheit) mit der linken Maustaste an, halten diese gedrückt und verschieben das Objekt an die gewünschte Position in der Struktur (Zielorganisationseinheit) und lassen die Maustaste los.

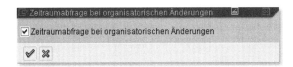

Abbildung 9.29 Aktivierung der Zeitraumabfrage bei organisatorischen Änderungen

Sollten Sie die Zeitraumabfrage für organisatorische Änderungen aktiviert haben (siehe Abbildung 9.29), wird das System eine Zeitraumabfrage anbieten. Dort tragen Sie den Zeitraum ein und bestätigen Ihre Eingabe mit ✓.

Alle bisher aufgeführten Aktionen mit Organisationseinheiten, wie z.B. das Anlegen, Umhängen oder Abgrenzen, können Sie auch mit Planstellen durchführen. Die Vorgehensweise ist dabei die gleiche wie bei Organisationseinheiten. Dennoch gibt es bezüglich der Planstelle noch ein paar Besonderheiten, die nachfolgend erläutert werden.

9.2.3 Planstellen pflegen

Wie bereits erläutert, gibt es als Muster oder Vorlage für Planstellen die *Stellen*. Es ist jedoch nicht zwingend erforderlich, immer eine Stelle als Vorlage für eine Planstelle zu benutzen. Sie können aber beim Anlegen einer Planstelle eine Stelle angeben (siehe Abbildung 9.30).

Planstelle anlegen

Planstellen legen Sie in der Regel ausgehend von einer Organisationseinheit an, indem Sie den Button ▢ betätigen und im anschließend erscheinenden Auswahlfenster die Verknüpfung »umfasst ... Planstelle« auswählen (siehe Abbildung 9.25).

Abbildung 9.30 (Leiter-)Planstelle anlegen

Hier können Sie im Feld **Stelle** eine solche als Muster für die Planstelle angeben. Nach der Bestätigung Ihrer Eingabe über **Enter** wird der Kurz- und Langtext der Stelle als Vorschlag für die Planstelle übernommen. Diesen Wert können Sie selbstverständlich überschreiben. Sollte keine passende Stelle verfügbar sein, haben Sie die Möglichkeit, eine neue anzulegen. Dafür müssen Sie **Bearbeiten · Stelle anlegen ...** anwählen. Anschließend erhalten Sie folgende Eingabemaske (siehe Abbildung 9.31).

Abbildung 9.31 Stelle anlegen

Dort tragen Sie den Gültigkeitsbeginn, die Objektkürzel und Bezeichnungen der neu anzulegenden Stelle(n) ein und bestätigen die Eingabe mit . Anschließend stehen die neu angelegten Stellen als Muster für Planstellen zur Verfügung.

Der Besetzungsstatus einer neu angelegten Planstelle (siehe Abbildung 9.30) wird vorgeschlagen. Der Vorschlagswert hängt davon ab, welche Einstellungen in Ihrem System gewählt wurden. Zumeist werden neue Planstellen sofort als »Vakant« – sprich: als »zu besetzen« – gekennzeichnet. Damit stehen diese »Vakanzen« dann z.B. im mySAP HR Bewerbermanagement zur Verfügung oder können gleich besetzt werden.

Über den Haken können Sie aus einer »normalen« Planstelle eine so genannte Leiterplanstelle machen. Inhaber von Leiterplanstellen sind die Vorgesetzten aller in den darunter liegenden Organisationseinheiten beschäftigten Mitarbeiter. Des Weiteren können Leiterplanstellen z.B. für die Vorgesetzten-Findung innerhalb eines Genehmigungsprozesses mit Hilfe des Workflows genutzt werden (z.B. Urlaubsantrag). Leiterplanstellen werden mit dem Symbol 🯄 gekennzeichnet (z.B. 🯄 Hauptabteilungsleiter Personal (D)).

Nachdem Sie jetzt wissen, wie Sie die Organisationsstruktur – bestehend aus Organisationseinheiten und Planstellen – pflegen, ist es an der Zeit, die Organisationsstruktur mit Leben, also mit Mitarbeitern zu füllen.

9.2.4 Zuordnung/Versetzung von Mitarbeitern

Wie bereits in Kapitel 5, *Personaladministration*, erläutert, kann Mitarbeitern bei Ihrer Einstellung im Unternehmen eine Planstelle zugeordnet werden. Dies geschieht über den Infotyp *Organisatorische Zuordnung*. Sollte in Ihrem System die Integration zwischen der Personaladministration und dem Organisationsmanagement aktiv sein, werden über diese Zuordnung automatisch auch Verknüpfungen im Organisationsmanagement zwischen den Objekttypen »P« (Person) und »S« (Planstelle) erstellt, und die Mitarbeiter sind in der Organisationsstruktur unterhalb Ihrer Planstelle sichtbar (siehe Abbildung 9.32). Das heißt, Besetzungen von Planstellen werden normalerweise nicht vom Organisationsmanagement aus durchgeführt.

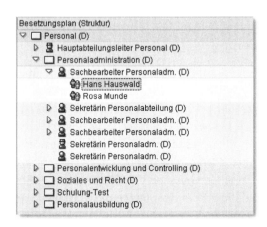

Abbildung 9.32 Mitarbeiter innerhalb der Organisationsstruktur

Auch organisatorische Wechsel, die direkt mit dem Mitarbeiter zu tun haben (z.B. Versetzung aufgrund eines Karriereaufstiegs), werden nicht im Organisationsmanagement durchgeführt, sondern über die Personaladministration abgebildet. Im Organisationsmanagement ergeben sich aus solchen Wechseln neue Verknüpfungen zwischen Personen und Planstelle und Abgrenzungen bisheriger Verknüpfungen. Dennoch kann es Fälle geben, in denen ein organisatorischer Wechsel im Organisationsmanagement durchgeführt wird, z.B. dann, wenn dieser Wechsel aufgrund von Reorganisationen von Abteilungen erforderlich ist (dann werden in der Regel auch die Mitarbeiter zusammen mit ihrer Planstelle versetzt). Einen solchen Wechsel führen Sie mit den bereits bekannten Methoden durch. Sie können eine Planstelle, auf der ein Mitarbeiter sitzt, also mit gedrückter linker Maustaste aufnehmen und in der neuen Organisationseinheit fallen lassen (siehe hierzu auch Abschnitt 9.2.2).

Wenn Mitarbeiter austreten, werden Sie auf die so genannte »Default«- oder »Integrationsplanstelle« gesetzt und tauchen somit aufgrund ihres Beschäftigungsstatus ab dem Austrittsdatum nicht mehr im Organisationsmanagement auf.

Der Umgang mit Objekttypen und Infotypen innerhalb der Organisationsstruktur sollte Ihnen jetzt im Grundsatz vertraut sein. Nachfolgend werden ergänzend noch ein paar Infotypen etwas näher erläutert, die Sie sicherlich des Öfteren pflegen werden.

9.3 Pflege ausgewählter Daten

Die Erläuterung der Pflege der Daten beschränkt sich in diesem Abschnitt auf die im Standard-System vorhandenen Registerkarten für Organisationseinheiten und Planstellen. Der Infotyp *Objekt* wird dabei ausgenommen, da wir diesen beim Anlegen von Objekten bereits kennen gelernt haben.

9.3.1 Die Registerkarte Kontierung

Die Registerkarte **Kontierung** enthält den Infotyp *Kontierungsmerkmale* und über sie können Organisationseinheiten oder Planstellen mit Kostenstellen verknüpft werden. Mit den Feldern des Infotyps *Kontierungsmerkmale*, wie z.B. Buchungskreis oder Personalbereich, können Sie kostenstellenbezogene Vorschlagswerte für Organisationseinheiten und Planstellen festlegen. Diese Vorschlagswerte unterstützen das System dabei, korrekte Kostenstellenzuordnungen für Objekte vorzuschlagen, da Kostenstellen über eine Kombination von Daten, wie z.B. Buchungskreise und Geschäftsbereiche, definiert werden. Durch das Einstellen von Vorschlagswerten können Sie also steuern, welche Kostenstellen Objekten zugeordnet werden können. Wie bereits in Kapitel 5, *Personaladministration*, erwähnt, wird aufgrund der Kostenstellenzuordnung zu Organisationseinheiten oder Planstellen das Feld **Kostenstelle** im Infotyp 0001 – *Organisatorische Zuordnung* gepflegt. Sollte eine Kostenstellenzuordnung im Organisationsmanagement geändert werden, findet auch in den Stammdaten eine automatische Aktualisierung statt.

Besonders im Zusammenhang mit der Kostenstelle ist das Prinzip der Vererbung zu erläutern. Unter Vererbung wird dabei verstanden, dass die für eine Organisationseinheit gesetzten Kostenstellen an darunter liegende Organisationseinheiten sowie an die jeweils zugeordneten Planstellen vererbt werden. Dies gilt so lange, bis an einer darunter liegenden Organisationseinheit oder Planstelle die geerbte Kostenstelle übersteuert wird. Wie Sie in Abbildung 9.33 sehen können, befinden wir uns auf der Organisationseinheit »Personaladministration (D)«. Diese Organisationseinheit hat ihre Kostenstelle von der Organisationseinheit »Personal (D)« geerbt (zu erkennen an dem Hinweis [geerbt von Personal (D) seit 09.06.2...]). Sollten Sie jetzt für diese Organisationseinheit eine eigene Kostenstelle zuordnen wollen, können Sie dies mit Hilfe des Buttons tun. Das Feld **Kostenstelle** ist dann eingabebereit und Sie können eine abweichende Kostenstelle erfassen.

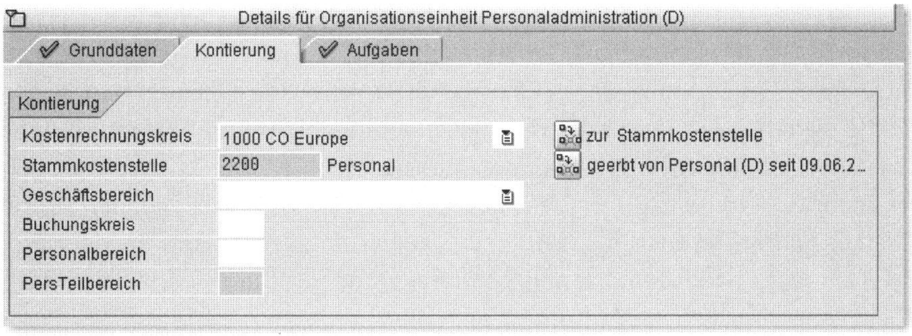

Abbildung 9.33 Kontierung einer Organisationseinheit

9.3.2 Die Registerkarte Kostenverteilung

Kosten, die bei einem Organisationsobjekt anfallen, werden im Regelfall bei derjenigen Kostenstelle verbucht, die entweder diesem Objekt direkt zugeordnet ist oder deren Zuordnung das Objekt von einem übergeordneten Objekt erbt. Diese Stammkostenstelle legen Sie über die oben erläuterte Registerkarte **Kontierung** fest. Die Registerkarte **Kostenverteilung** legen Sie an, wenn Sie anfallende Kosten auf mehrere Kostenstellen verteilen wollen. Sie geben dabei an, welcher Anteil der Kosten auf welche Kostenstelle verteilt werden soll. Sofern dem Objekt bereits eine Stammkostenstelle zugeordnet ist, fällt der übrige Anteil auf diese Kostenstelle. Für das in Abbildung 9.34 gezeigte Beispiel bedeutet dies, dass 50 % der Kosten auf die geerbte Kostenstelle 2200 und 50 % auf die Kostenstelle 2201 verteilt werden. Wenn vor dem Anlegen einer Kostenverteilung dem betreffenden Objekt bereits eine Stammkostenstelle zugeordnet wurde, müssen Sie die Kostenverteilung darauf abstimmen.

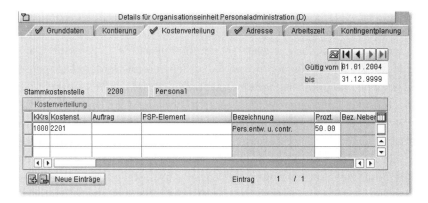

Abbildung 9.34 Infotyp – Kostenverteilung

Sie müssen darauf achten, dass sich eine Kostenverteilung ebenfalls auf untergeordnete Organisationsobjekte (Planstellen, Arbeitsplätze) auswirkt, wenn diesen keine eigene Stammkostenstelle oder Kostenverteilung zugeordnet ist. Wenn für das betreffende Organisationsobjekt eine Stammkostenstelle existiert, wird diese angezeigt (dabei wird der Eintrag aus der Registerkarte **Kontierung** übernommen). Sollten Sie mehr als die angebotenen Zeilen benötigen, können Sie mit Hilfe des Buttons ▣ oder ▢ Neue Einträge ▢ neue Zeilen einfügen. Sollten Sie einen Eintrag nicht mehr benötigen, können Sie diesen durch Markieren der Zeile und anschließendes Drücken des Buttons ▣ entfernen.

Die Einträge im Infotyp *Kostenverteilung* werden sowohl in der Personalabrechnung und im Rechnungswesen als auch in der Komponente »Personalkostenplanung« verwendet.

9.3.3 Die Registerkarte Adresse

Für das Organisationsmanagement haben die hier gepflegten Adressdaten reinen Informationscharakter. Sie können pro Organisationseinheit oder Planstelle eine Erst- oder Zweitadresse erfassen. Dazu wählen Sie den jeweiligen Subtyp aus und erfassen anschließend die gewünschten Daten.

9.3.4 Die Registerkarte Arbeitszeit

Über den Infotyp *Arbeitszeit* können Sie Sollarbeitszeiten für Ihre Organisationseinheiten, Planstellen oder Arbeitsplätze anlegen, um das vorgesehene Arbeitszeitvolumen pro Objekt zu hinterlegen. Sie können dann z.B. im Fall einer Planstellenneubesetzung die an der Planstelle hinterlegte Sollarbeitszeit mit der für den Mitarbeiter hinterlegten Sollarbeitszeit in der Personaladministration vergleichen. Damit können Sie sicherstellen, dass keine unerwünschten Abweichungen entstehen. Auch Daten auf der Registerkarte **Arbeitszeit** gehorchen der Vererbungslogik im Organisationsmanagement (siehe Abbildung 9.35).

Abbildung 9.35 Infotyp – Arbeitszeit

Die Arbeitszeit selbst wird in diesem Infotyp abhängig von einer im System hinterlegten kundenindividuellen Systematik vorgeschlagen. Sie erfassen die Mitarbeitergruppe und den Mitarbeiterkreis und erhalten eine Standardvorgabe von Stunden im Verhältnis zu einer bestimmten Periode (z.B. monatliche Arbeitszeit). Diese Vorgabe können Sie mit Hilfe des Buttons ersetzen. Das Feld **Arbeitszeit** wird dann eingabebereit und kann überschrieben werden. Mit Hilfe des Buttons können Sie sich aber jederzeit wieder den Vorgabewert vorschlagen lassen. Die Abbildung 9.35 zeigt die Zuordnung von Arbeitszeiten am Beispiel einer Planstelle.

Es gibt noch eine Reihe weiterer Infotypen, deren Beschreibung jedoch den Rahmen dieses Buches sprengen würde. Das bisher Gelernte können Sie aber einsetzen, um sich die Pflege weiterer Infotypen selbst zu erschließen.

9.4 Auswertungen im Organisationsmanagement

Um im Organisationsmanagement Auswertungen starten zu können, muss man mit den Begriffen »Planvariante«, »Objekt« und »Auswertungsweg« vertraut sein. Wenn Sie die vorherigen Ausführungen verfolgt haben, sind Sie mit diesen Begriffen vertraut (ein kleiner Tipp: die Planvariante wird in Abschnitt 9.1.1, Objekte und Auswertungswege werden in Abschnitt 9.1.2 erläutert).

Die Auswertungen des Organisationsmanagements befinden sich im Infosystem, im **SAP Easy Access** erreichbar über **Personal · Organisationsmanagement · Infosystem**. Das Infosystem wiederum ist unterteilt nach dem jeweiligen Zielobjekt, das Sie auswerten wollen. So gibt es z.B. ein Infosystem für die Planstelle oder die Organisationseinheit. Anhand von zwei beispielhaften Reports soll die Bedienung der Auswertungen im Organisationsmanagement erläutert werden. Da die Reports des Organisationsmanagements alle auf derselben »logischen Datenbank« basieren, tauchen bestimmte Selektionsfelder immer wieder in den Reports auf.

9.4.1 Beispiel-Report Vakante Planstellen

Mit diesem Bericht können Sie diejenigen Planstellen anzeigen lassen, die als vakant gekennzeichnet sind. Eine vakante Planstelle ist eine Planstelle, die in einem bestimmten Zeitraum keinen Inhaber hat und ausdrücklich als vakant gekennzeichnet ist. Aufgerufen wird die Liste über den Menüpfad **Personal** · **Organisationsmanagement** · **Infosystem** · **Planstelle** · **Vakante Planstellen** (siehe Abbildung 9.36).

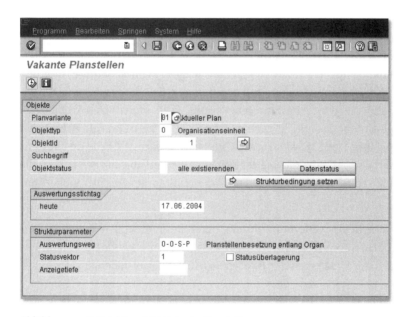

Abbildung 9.36 Selektionsbild Vakante Planstellen

Nahezu alle Reports des Organisationsmanagements enthalten die Selektionsbereiche **Objekte** und **Strukturparameter** und einen Auswertungsstichtag oder -zeitraum.

Selektionsbereich Objekte

Für eine sinnvolle Auswertung sind im Selektionsbereich **Objekte** mindestens die Felder **Planvariante**, **Objekttyp** und **Objekt ID** zu pflegen. Für die Planvariante ist der Schlüssel 01 (Aktueller Plan) als Wert vorbelegt. In der Regel können Sie diesen Wert auch beibehalten. Im Feld **Objekttyp** legen Sie anschließend fest, mit welcher Art von Objekt Sie den Bericht starten möchten (so steht z.B. O für

Organisationseinheit, S für Planstelle usw.). Über den Objekttyp haben Sie bisher nur festgelegt, mit welcher Art von Objekt die Auswertung gestartet werden soll. Dies müssen Sie jetzt noch im Feld **Objekt ID** konkretisieren. Hier legen Sie nämlich fest, mit welchem konkreten Objekt (z. B. Organisationseinheit »Personal (D)« usw.) Sie den Bericht starten möchten.

Zur Selektion von Objekten haben Sie mehrere Möglichkeiten. Sie können die Auswahlhilfe des Feldes **Objekt ID** benutzen oder in dem Feld **Suchbegriff** einen Text eintragen. Über den Suchbegriff gibt es zwei Wege, nach Objekten zu suchen: Sie können das Objektkürzel und/oder die Objektbezeichnung teilweise oder vollständig eingeben und die Eingabetaste wählen. Das System erzeugt dann eine Liste aller Objekte, die dem angegebenen Text entsprechen. Wählen Sie ein Objekt aus dieser Liste aus (mit der linken Maustaste markieren) und bestätigen Sie Ihre Auswahl mit.

Für das Feld **Objekt ID** haben Sie auch die Möglichkeit einer Mehrfachselektion, d. h., Sie können mehrere Startobjekte angeben. Hierzu drücken Sie den Button neben dem Eingabefeld. Mit der Wertehilfetaste (F4) erhalten Sie dem Objekttyp entsprechende Suchhilfen. Über den Objekttyp, den Sie hier als Start angeben, zusammen mit dem Auswertungsweg, den Sie im Bereich der Strukturparameter angeben, sagen Sie dem System, von welchem Objekt aus es welche weiteren Objekttypen und Objekte auswerten soll.

Wie bereits in Abschnitt 9.1.2 erwähnt, können Objekte im Organisationsmanagement mit einem bestimmten Status angelegt werden. Zumeist ist das der Status »1« **Aktiv**. Es gibt jedoch grundsätzlich die Möglichkeit, Objekte im Organisationsmanagement z. B. mit dem Status **Geplant** anzulegen. Diese Objekte stehen dann noch nicht für die Nutzung in einer aktiven Planvariante zur Verfügung, können jedoch bereits ausgewertet werden. Um die Selektion von Objekten auf Objekte mit einem bestimmten Status einzuschränken, müssen Sie den Status in das Feld **Objektstatus** eintragen. Wenn Sie dieses Feld frei lassen (Standardbelegung), dann werden alle Objekte unabhängig von ihrem Status selektiert. Grundsätzlich können in dieses Feld folgende Werte eingetragen werden:

- »1« Aktiv
- »2« Geplant
- »3« Beantragt
- »4« Genehmigt
- »5« Abgelehnt

Wie bereits erläutert, sind die bisher gemachten Eingaben immer in Verbindung mit einem Auswertungsweg zu sehen. Das heißt, Sie müssen neben dem Startobjekt immer auch einen Auswertungsweg angeben. Auswertungswege geben Sie im Selektionsbereich **Strukturparameter** an.

Selektionsbereich Strukturparameter

Das entscheidende Feld im Bereich der Strukturparameter ist der Auswertungsweg. Auswertungswege wurden bereits in Abschnitt 9.1.2 erläutert. Dennoch soll hier noch einmal an einem konkreten Beispiel der Zusammenhang von Auswertungswegen und Startobjekten klar gemacht werden.

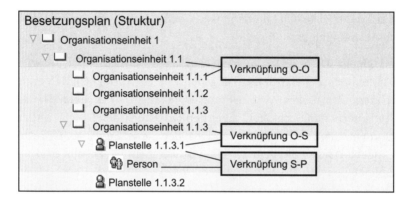

Abbildung 9.37 Beispiel eines Auswertungsweges

Die in Abbildung 9.37 dargestellte Struktur würde von einem Report des Organisationsmanagements dann ausgewertet werden, wenn Sie in der Selektionsmaske folgende Eingaben vornehmen würden:

- Planvariante: 01
- Objekttyp: O
- Objekt ID: Organisationseinheit 1
- Objektstatus: » « (Blank)
- Auswertungsweg: O-O-S-P

Das System würde also beginnend am Startobjekt den gewünschten Auswertungsweg durchlaufen, also alle Verknüpfungen O zu O (Organisationseinheit zu Organisationseinheit), O zu S (Organisationseinheit zu Planstelle) und S zu P (Planstelle zu Person) auslesen und das Ergebnis darstellen.

Neben dem Auswertungsweg können Sie im Bereich der Strukturparameter noch weitere Eingaben vornehmen, die im Folgenden kurz vorgestellt werden.

Statusvektor
Enthält eine Auflistung eines oder mehrerer Status (»1« aktiv, »2« geplant usw.) für Verknüpfungen zwischen Objekten. Diese Auflistung ermöglicht Ihnen die Bestimmung der Objekte, die von einer Auswertung berücksichtigt werden sollen, indem Sie die Objekte abhängig vom Status der Verknüpfungsinfotypen auswählen. Dies Feld wird bei Eingabe eines Auswertungswegs auf »1« gesetzt, d.h., nur die aktiven Verknüpfungen zwischen Objekten werden ausgewertet.

Statusüberlagerung
Wird zusammen mit dem Feld **Statusvektor** verwendet, um eine Simulation zu ermöglichen, die die Ergebnisse nach einer simulierten Aktivierung aller Verknüpfungsinfotypen anzeigt. Die Simulation aktiviert alle Verknüpfungsinfotypen mit dem unter **Statusvektor** angegebenen Status. Die Veränderung des Status ist nur temporär und hat keine Auswirkung auf Ihre Struktur. Markieren Sie das Ankreuzfeld **Statusüberlagerung**, um eine Simulation für die Aktivierung von Verknüpfungsinfotypen anzufordern. Für unser obiges Beispiel (Abbildung 9.37) bedeutet dies, wäre die Verknüpfung zwischen Organisationseinheit 1.1 und 1.1.3 nicht aktiv und das Feld **Statusüberlagernd** nicht angekreuzt, würde die Organisationseinheit 1.1.3 auch nicht Teil der Ergebnisliste sein. Mit angekreuztem Feld **Statusüberlagernd** würde das System simulieren, dass die Verknüpfung zwischen 1.1. und 1.1.3 aktiv wäre, und die Organisationseinheit 1.1.3 würde in der Ergebnisliste auftauchen.

Anzeigetiefe
Dieses Feld enthält eine ein- bis sechsstellige Zahl, die jeweils den verschiedenen Ebenen einer Organisationsstruktur entspricht. Die »1« zeigt dabei die höchste Ebene an (z.B. Organisationseinheit 1 in Abbildung 9.37). Alle darauf folgenden Nummern entsprechen den jeweils darunter liegenden Ebenen. Wenn Sie keine Einschränkung wünschen, lassen Sie das Feld leer. Wenn Sie nur die drei höchsten Hierarchieebenen ausgewertet und angezeigt haben wollen, so muss das Feld eine »3« beinhalten.

Auswertungsstichtag

▶ Über den Auswertungsstichtag legen Sie fest, zu welchem Stichtag der Infotyp *Vakanz* ausgewertet werden soll. Sollten Sie hier nichts eingeben, wird als Stichtag das aktuelle Tagesdatum (Systemdatum) herangezogen.

▶ Wenn Sie alle notwendigen Angaben auf dem Selektionsbild gemacht haben, starten Sie den Report mit der Taste .

Das Ergebnis der Auswertung »Vakante Planstellen« wird in einem so genannten Table Control (interaktives Reporting) dargestellt, dessen Handhabung bereits erläutert wurde.

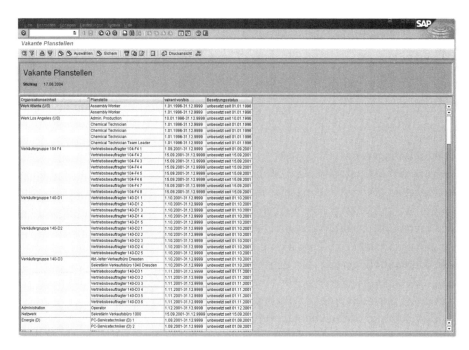

Abbildung 9.38 Auswertungsergebnis Vakante Planstellen

Die Tasten für das Ändern, Auswählen und Sichern von Anzeigevarianten (Layouts) haben hier allerdings ein anderes Aussehen als in den Listen der Personaladministration:

▶ 🔂 Ändern des Layouts

▶ 🔂 Auswählen Auswählen eine zuvor gesicherten Layouts

▶ 🔂 Sichern Sichern des Layouts

Im Einzelnen werden folgende Informationen angezeigt:

▶ Organisationseinheit, mit der die Vakanz verknüpft ist

▶ Bezeichnung der Vakanz

▶ Dauer der Vakanz

▶ Besetzungsstatus der Vakanz

9.4.2 Beispiel-Report Besetzungsplan

Der zweite und letzte Report, der Ihnen kurz vorgestellt werden soll, ist der Besetzungsplan. Dieser Report erzeugt einen Planstellenbesetzungsplan. Die Auswertung erfolgt entlang der Organisationsstruktur gemäß den eingegebenen Selektionskriterien. Die Liste enthält alle selektierten Planstellen und Personen einer oder mehrerer Organisationseinheiten mit Besetzungsprozentsatz und Genehmigungs- und Beschäftigungsstunden.

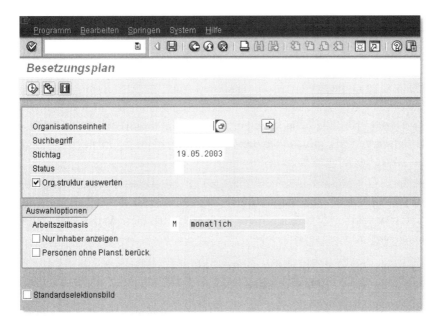

Abbildung 9.39 Selektionsbild Besetzungsplan

Da dieser Report am sinnvollsten mit einer Organisationseinheit als Startobjekt und dem Auswertungsweg O-O-S-P gestartet wird, erscheint in dieser Auswertung das Feld **Objekttyp** nicht, sondern ist im Hintergrund mit »O« (Organisationseinheit) vorbelegt, und auch der Auswertungsweg ist nicht Teil des Selektionsbildes. Sollten Sie dennoch das aus dem Report »Vakante Planstellen« bekannte Selektionsbild wünschen, müssen Sie das Feld Standardselektionsbild anhaken. Sobald Sie dann den Report mit der Taste starten, erscheint das gewohnte Selektionsbild mit den Selektionsbereichen **Objekte** und **Strukturparameter**.

Zur Auswahl der gewünschten Organisationseinheit stehen Ihnen wie auch im Bericht »Vakante Planstellen« die Felder **Suchbegriff** und **Status** zur Verfügung. Sollten Sie eine oder mehrere Organisationseinheiten über die Mehrfachauswahl angegeben haben, müssen Sie überlegen, ob Sie wirklich nur diese Organisationseinheiten auswerten wollen oder auch alle darunter liegenden. Sollten Sie sich nämlich ausschließlich für die ausgewählten Organisationseinheiten interessieren, müssen Sie den Haken in dem Feld Org.struktur auswerten herausnehmen. Dieser Haken bewirkt, dass ausgehend von den ausgewählten Organisationseinheiten alle darunter liegenden Organisationseinheiten mit selektiert werden.

Im Bereich der Auswahloptionen können Sie noch folgende reportspezifischen Angaben machen:

- **Arbeitszeitbasis**: Da der Report pro besetzte Planstelle die Arbeitszeit des Planstelleninhabers anzeigt, müssen Sie sich hier entscheiden, auf welcher Basis (Jahre (Y), Monate (M), Wochen (W), Tage (D)) die Arbeitszeit angezeigt werden soll (Standardvorgabe: Monat).

- **Nur den Stelleninhaber anzeigen** (Nur Inhaber anzeigen): Es gibt im Organisationsmanagement die Möglichkeit, neben dem Planstelleninhaber auch seinen Vertreter mit der Planstelle zu verknüpfen. Sollten Sie in Ihrem Unternehmen diese Verknüpfung nutzen, müssen Sie dieses Feld entmarkieren, um auch die Planstellen-Vertreter angezeigt zu bekommen.

- **Auch Personen ohne Planstellen anzeigen** (Personen ohne Planst. berück.): In machen Unternehmen werden bestimmte Mitarbeiter weder mit Planstellen noch mit Organisationseinheiten verknüpft. Wenn Sie sich auch diese Mitarbeiter im Besetzungsplan anzeigen lassen wollen, müssen Sie dieses Feld ankreuzen.

Starten Sie den Report anschließend mit der Taste , und Sie erhalten das Ergebnis wiederum in einer interaktiven Liste.

9.5 Übungsaufgaben zu Kapitel 9

1. Was versteht man unter einer Planvariante und welche Variante ist in der Regel die aktive?

2. Aus welchen wesentlichen Objekttypen setzt sich eine Organisationsstruktur zusammen?

3. Erläutern Sie anhand eines Beispiels den Unterschied zwischen einer Stelle und einer Planstelle.

4. Was versteht man unter externen Objekttypen des Organisationsmanagements? Nennen Sie mindestens zwei Beispiele.

5. Was versteht man unter einem Auswertungsweg?

6. Aus welchen Bereichen setzt sich die Pflegeoberfläche der Organisationsstruktur zusammen und welche Funktionen erfüllen diese?

7. Legen Sie eine kleine Beispielstruktur mit Organisationseinheiten und Planstellen an.

8. Mit Hilfe welchen Infotyps in der Personaladministration wird die Integration zum Organisationsmanagement hergestellt?

9. Was versteht man unter einer Leiterplanstelle. Wie legen Sie eine solche Planstelle an?

10. Was versteht man unter einer Vakanz? Wie legen Sie eine Vakanz an?
11. Mit welchen Methoden können Sie eine Planstelle von einer Organisationseinheit in eine andere umhängen? Beschreiben Sie Ihr Vorgehen.
12. Wo stellen Sie sich die »Zeitraumabfrage bei organisatorischen Änderungen« ein und warum ist diese Aktivierung sinnvoll?
13. Welche Aussagen sind falsch?
    a. Planstellen sind Muster für Stellen.
    b. Mitarbeiter können sowohl mit Planstellen als auch mit Stellen verknüpft werden.
    c. Kostenstellen und Personen sind externe Objekte des Organisationsmanagements.
    d. Organisatorische Wechsel von Personen sollten grundsätzlich aus dem Organisationsmanagement heraus durchgeführt werden.
    e. Kostenstellen können direkt mit Personen verknüpft werden.
    f. Objekte und Verknüpfungen werden im Organisationsmanagement immer mit einem Beginn- und Enddatum angelegt.
    g. Kostenstellen vererben sich so lange auf darunter liegende Objekte, bis eine abweichende Kostenstelle angegeben wird.
14. Sind ausgetretene Mitarbeiter weiterhin im Organisationsmanagement verknüpft?
15. Welche Daten müssen in einer Standardauswertung des Organisationsmanagements in jedem Fall angegeben werden?
16. Welche Objekttypen erscheinen, wenn Sie den Auswertungsweg O-O-S-P für eine Auswertung wählen?

10 Veranstaltungsmanagement

Das Veranstaltungsmanagement mit seinen Möglichkeiten der effizienten Verwaltung von Seminarkatalogen samt Buchungen, Umbuchungen und Stornierungen bis hin zum Schriftverkehr mit den Teilnehmern und Trainern ist das Thema dieses Kapitels. Die Konzeption des mySAP HR-Veranstaltungsmanagements dient als Grundlage für das Verständnis des Aufbaus und des Zusammenspiels der einzelnen Komponenten. Grundlegende Begriffe werden geklärt, auf denen in den nachfolgenden Kapiteln aufgebaut wird.

10.1 Unterstützte Prozesse des Veranstaltungsmanagements

Im Wesentlichen unterstützt das Veranstaltungsmanagement folgende Geschäftsprozesse:

- Veranstaltungsvorbereitung
    - Ermittlung des Veranstaltungsbedarfs
    - Erstellung des Veranstaltungsangebots
    - Planung der Veranstaltungstermine
    - Planung der Ressourcen
    - Erfassung der Veranstaltungskosten
    - Budgetierung von Bildungsausgaben
    - Durchführung von Veranstaltungsmarketing
- Veranstaltungsdurchführung
    - Buchung, Umbuchung, Stornierung von Teilnehmern
    - Drucken der notwendigen Korrespondenz
    - Faktura nach außen
    - Interne Leistungsverrechnung
    - Umbuchung der Kosten
- Veranstaltungsnachbereitung
    - Veranstaltungs-/Referenten-/Teilnehmerbeurteilung
    - Automatische Übertragung von Qualifikationen
    - Auswertungen zu Veranstaltungen, Teilnahmen, Ressourcen

Aus dieser Vielzahl von Prozessen sind in den nachfolgenden Ausführungen diejenigen detaillierter beschrieben, mit denen man als Anwender innerhalb des Tagesgeschäfts hauptsächlich zu tun hat. Dazu zählen vor allem die Prozesse der Veranstaltungsdurchführung und -nachbereitung. Die Prozesse der Veranstaltungsvorbereitung werden hier etwas grober abgebildet und auf das Wesentliche beschränkt.

10.2 Die dynamischen Menüs

Alle Prozesse des Veranstaltungsmanagements lassen sich im Wesentlichen über die so genannten dynamischen Menüs durchführen. Es gibt insgesamt sieben dieser Menüs:

- Planungsmenü
- Stammdatenkatalog
- Werkzeugmenü
- Veranstaltungsmenü
- Teilnahmemenü
- Ressourcenmenü
- Auskunftsmenü

Das Dynamische an diesen Menüs ist die Tatsache, dass Änderungen in einem der Menüs sich gleichzeitig auf die anderen Menüs auswirken. Wird z. B. im Veranstaltungsmenü ein neuer Veranstaltungstermin angelegt, erscheint dieser direkt im Teilnehmermenü. Die dynamischen Menüs sind immer auf die speziell darin zu verrichtenden Tätigkeiten ausgerichtet, d.h. für jeden der oben genannten unterstützten Prozesse gibt es ein eigenes Menü.

10.3 Die Veranstaltungsvorbereitung

Als Erstes werden wir Ihnen erläutern, wie die Fülle von Veranstaltungen, die Sie in jedem Jahr sowohl extern als auch intern durchführen, im mySAP HR-Veranstaltungsmanagement hinterlegt wird. Dies geschieht im so genannten *Veranstaltungskatalog*. Dabei werden Sie sehen, welche Informationen an den einzelnen Elementen des Veranstaltungskatalogs hinterlegt werden können.

10.3.1 Struktur des Veranstaltungskatalogs

Der Veranstaltungskatalog wird über den Stammdatenkatalog des mySAP HR-Veranstaltungsmanagement gepflegt. Dieser befindet sich im SAP-Menü unter **Personal** · **Veranstaltungsmanagement** · **Einstellungen** · **Laufende Einstellungen** · **Stammdatenkatalog**.

Der Veranstaltungskatalog ist in Form einer Struktur im System hinterlegt. Innerhalb der Struktur können Sie folgendermaßen navigieren:

- **Expandieren der Struktur**
  Durch Anklicken der Schaltfläche ▷ vor einem Element der Struktur (z.B. Element »SAP Planung und Administration« in Abbildung 10.1) gelangen Sie in die nächste Ebene der Struktur. Dies können Sie so lange durchführen, bis sich keine entsprechende Schaltfläche mehr vor dem Element befindet (z.B. Element »SAP Lohn- und Gehaltsabrechnung« in Abbildung 10.1).

- **Komprimieren der Struktur**
  Zum Komprimieren der Struktur müssen Sie die Schaltfläche ▽ vor einem expandierten Element betätigen (z.B. Element »SAP HR« in Abbildung 10.1).

- **Alles expandieren**
  Wenn Sie die komplette Struktur oder einen Teil daraus aufblättern wollen, müssen Sie das oberste Element durch Anklicken markieren und anschließend den Button 🗐 benutzen. Das System öffnet dann alle Element unterhalb des zuvor markieren Elements bis auf die unterste Ebene.

- **Alles komprimieren**
  Zum Zuklappen oder Komprimieren der kompletten Struktur oder eines Teils davon markieren Sie das gewünschte Element und benutzen anschließend den Button 🗐. Es werden dann alle Elemente unterhalb des zuvor markierten Elements zugeklappt.

Die Navigation innerhalb der Struktur können Sie auf alle dynamischen Menüs des Veranstaltungsmanagements anwenden. Diese Struktur besteht aus drei einzelnen Hauptelementen:

1. **Veranstaltungsgruppen**
   Die Veranstaltungsgruppen bilden das gröbste Ordnungskriterium im Veranstaltungskatalog. In der Praxis sind dort meistens Lehrgänge thematisch sortiert. Denkbar wäre z.B. eine Veranstaltungsgruppe »Berufliche Gesundheit und Sicherheit«, unter der letztendlich die Sicherheitstrainings abgelegt werden, oder eine Veranstaltungsgruppe »SAP-Schulungen«, die alle möglichen Schulungen zum Thema SAP beinhalten. Veranstaltungsgruppen können untereinander über mehrere Hierarchien hinweg gruppiert werden. Das Beispiel in Abbildung 10.1 zeigt eine solche Hierarchie.

Abbildung 10.1 Hierarchie von Veranstaltungsgruppen

2. **Veranstaltungstypen**
Mit Hilfe der Veranstaltungstypen werden die einzelnen beabsichtigten Lehrgänge definiert. Im Gegensatz zu den eigentlichen Veranstaltungen sind Veranstaltungstypen jedoch noch nicht mit konkreten Terminen versehen, sondern dienen lediglich als Vorlage für Veranstaltungen.

Dies hat den Vorteil, dass bestimmte Attribute an Veranstaltungstypen hinterlegt werden können, die auf die darunterliegenden Veranstaltungen übertragen werden können. Am Besten erklärt sich dies an einem Beispiel. Stellen Sie sich einen Veranstaltungstyp vor, an dem der folgende zeitliche Ablauf hinterlegt ist (siehe Tabelle 10.1).

Tag	Beginn-Uhrzeit	Ende-Uhrzeit
1	10:00 Uhr	17:00 Uhr
2	09:00 Uhr	17:00 Uhr
3	09:00 Uhr	16:00 Uhr

Tabelle 10.1 Ablauf einer Veranstaltung

Dieser zeitliche Ablauf muss nicht jedesmal an einer Veranstaltung hinterlegt werden, sondern er kann einmal an einem Veranstaltungstyp hinterlegt und dann an die darunterliegenden Veranstaltungen übertragen werden.

3. **Veranstaltungen**
Die Veranstaltungen sind die tatsächlich stattfindenden Schulungen, die mit einem konkreten Termin versehen sind und auf die Sie Mitarbeiter buchen können. Abbildung 10.2 verdeutlicht die einzelnen Objekte des Veranstaltungskatalogs und deren Zusammenhang.

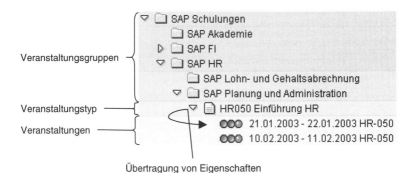

Abbildung 10.2 Übersicht über den Veranstaltungskatalog

Bevor der Schulungskatalog im System aufgebaut werden kann, ist es notwendig, sich über die Struktur der Schulungen im Unternehmen Gedanken zu machen. Die gegebenen Elemente, wie Veranstaltungsgruppen und Veranstaltungstypen, die zur Strukturierung des Schulungskatalogs herangezogen werden können, sollten in der Regel ausreichend sein, zumal mehrere Veranstaltungsgruppen auch untereinander nochmals gruppiert werden können.

10.3.2 Veranstaltungsgruppen anlegen

Veranstaltungsgruppen lassen sich am Besten aus dem so genannten *Stammdatenkatalog* heraus anlegen (**Personal · Veranstaltungsmanagement · Einstellungen · Laufende Einstellungen · Stammdatenkatalog**). Von hier aus hat man den besten Überblick über die gegebenenfalls schon angelegte Struktur des Veranstaltungskatalogs. Nachfolgend wird Schritt für Schritt erklärt, wie Sie Veranstaltungsgruppen anlegen.

Der Stammdatenkatalog des Veranstaltungsmanagements ist eines von insgesamt sieben so genannten *dynamischen Menüs*. Bei allen dynamischen Menüs müssen Sie beachten, dass die Daten, die Sie vor sich sehen, immer für einen bestimmten Zeitraum angezeigt werden. Da im mySAP HR bekanntermaßen alle Informationen in Infotypen abgelegt werden und diese immer ein Beginn- und ein Enddatum haben, kann es sein, dass bestimmte Daten im Stammdatenkatalog nicht angezeigt werden, obwohl sie im System vorhanden sind. Ausschlaggebend hierfür ist der Betrachtungszeitraum. Beim Einstieg in ein dynamisches Menü sehen Sie sofort, welcher Zeitraum angezeigt wird, indem Sie die oberste Zeile betrachten (siehe Abbildung 10.3). Diesen Zeitraum können Sie sich individuell einstellen; das Vorgehen ist ebenfalls Abbildung 10.3 zu entnehmen. Es empfiehlt sich, hier das Beginndatum je nach Bedarf und das Enddatum möglichst auf den 31.12.9999 zu setzen, da das Datum, das Sie hier einstellen, als Beginn bzw. Ende herangezogen wird, sobald Sie eine Veranstaltungsgruppe oder einen Veranstaltungstyp anlegen.

Zum Anlegen einer Veranstaltungsgruppe gehen Sie von einer *Veranstaltungsgruppe* oder vom so genannten *Aktuellen Plan* aus; betätigen Sie die rechte Maustaste und wählen Sie aus dem Kontextmenü den gewünschten Eintrag aus. Hier entscheiden Sie sich, ob Sie auf dieser Ebene oder auf der Ebene darunter etwas anlegen wollen (1. Entscheidung, siehe Abbildung 10.4). Wir wollen als Beispiel unterhalb der Veranstaltungsgruppe SAP HR noch eine weitere Gruppe mit der Bezeichnung »SAP Self Services« anlegen und wählen daher **Anlegen Stufe tiefer** (da wir von der übergeordneten Veranstaltungsgruppe »SAP HR« ausgegangen sind).

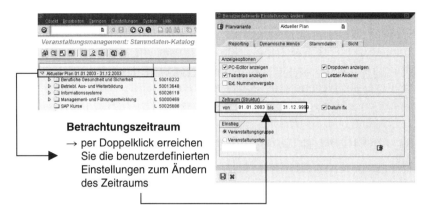

Abbildung 10.3 Einstellen des Betrachtungszeitraumes

Der Punkt **Anlegen mit Vorlage** in dem Kontextmenü kann genutzt werden, falls Sie bereits eine andere Veranstaltungsgruppe angelegt haben, deren Daten weitestgehend denen der neu anzulegenden Veranstaltungsgruppe entsprechen und diese quasi als Muster nehmen wollen. Nachdem Sie sich für die Ebene entschieden haben, auf der das neue Objekt angelegt werden soll, fragt uns das System, was wir anlegen wollen (2. Entscheidung Abbildung 10.4). Wir wählen **Veranstaltungsgruppe** aus und bestätigen unsere Auswahl durch Klick auf den Button .

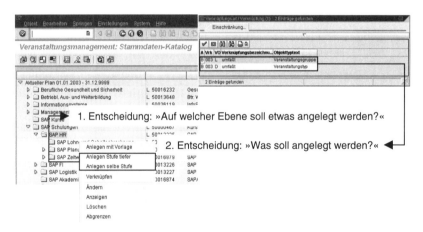

Abbildung 10.4 Anlegen einer Veranstaltungsgruppe

Als Nächstes muss die neue Veranstaltungsgruppe eine Kurz- und eine Langbezeichnung bekommen. Danach haben Sie die Möglichkeit, eine allgemeine Beschreibung der Veranstaltungsgruppe zu hinterlegen (siehe Abbildung 10.5).

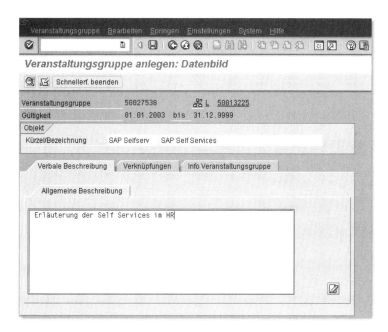

Abbildung 10.5 Datenpflege Veranstaltungsgruppe

Es ist der Vorteil der Pflege von Veranstaltungsgruppen und -typen aus dem Stammdatenkatalog heraus, dass die Verknüpfungen zwischen den einzelnen Elementen automatisch vom System erzeugt werden. Indem wir in unserem Beispiel von der Veranstaltungsgruppe SAP HR ausgehend unsere neue Veranstaltungsgruppe SAP Self Services angelegt haben, wurden diese beiden Veranstaltungsgruppen automatisch miteinander verknüpft.

Nachdem alle notwendigen Veranstaltungsgruppen angelegt sind, werden im nächsten Schritt die Veranstaltungstypen angelegt.

10.3.3 Veranstaltungstypen anlegen

Das Verfahren ist zunächst identisch mit dem Verfahren beim Anlegen einer Veranstaltungsgruppe (siehe Abbildung 10.4). Das heißt, auch Veranstaltungstypen werden am einfachsten aus der Struktur heraus angelegt. Wie gewohnt muss ausgehend vom gewünschten Element, in unserem Beispiel von der Veranstaltungsgruppe »SAP Self Services«, mit Hilfe der rechten Maustaste das Kontextmenü geöffnet und der entsprechende Eintrag ausgewählt werden, hier **Anlegen Stufe tiefer**. Da wir jetzt einen Veranstaltungstyp anlegen wollen, müssen wir in dem anschließend erscheinenden Fenster auch das Element **Veranstaltungstyp** auswählen (siehe Abbildung 10.4). In unserem Beispiel werden wir jetzt einen Veranstaltungstyp mit der Bezeichnung »SAP Employee Self Services« anlegen.

Die Vergabe eines Kürzels und einer Langbezeichnung ist auch beim Anlegen eines Veranstaltungstyps obligatorisch. Die Beschreibung, die hinterlegt werden kann, ist bereits detaillierter als bei der Veranstaltungsgruppe. Es können neben dem erweiterten Veranstaltungstext auch Informationen zum Veranstaltungsinhalt, wie z.B. die einzelnen Themenbereiche, angegeben werden (siehe Abbildung 10.6).

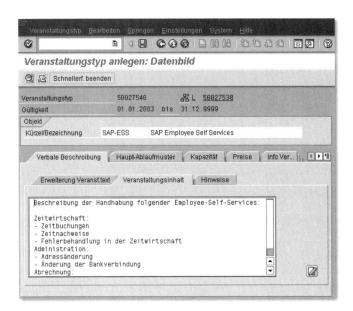

Abbildung 10.6 Veranstaltungstyp anlegen – Verbale Beschreibung

Zusätzlich können jedoch bereits beim Veranstaltungstyp detailliertere Informationen, z.B. zum Ablauf der geplanten Veranstaltungen, über ein so genanntes *Hauptablaufmuster* angegeben werden. Bitte beachten Sie, dass die Angaben, die hier gemacht werden, später beim Anlegen von Veranstaltungen, also konkreten Terminen, lediglich als Vorschlagswerte übergeben werden, die dann gegebenenfalls übersteuert werden können.

Hauptablaufmuster

Bei dem Hauptablaufmuster handelt es sich um Angaben darüber, wie eine Veranstaltung zeitlich abläuft. Ein beispielhafter Ablauf ist bereits in Tabelle 10.1 aufgezeigt worden. Bei der Zuordnung eines Ablaufs zu einem Veranstaltungstyp haben Sie drei Möglichkeiten:

- **Ablauf mit Muster**
  Hierbei wählen Sie einen zuvor definierten Ablauf aus einer Liste aus (siehe Abbildung 10.7). Zusätzlich können Sie einen Beginntag definieren. Dies ist

allerdings meist nur dann sinnvoll, wenn in der Regel eine Veranstaltung immer am gleichen Wochentag beginnt. Ist dies nicht der Fall, sollten Sie das Feld **beliebig** angekreuzt lassen. Bei Veranstaltungen, die sich über einen längeren Zeitraum erstrecken, können mehrere Termine mit dem gleichen Ablauf in regelmäßigen Abständen (Angabe in Wochen bzw. Monaten) vorgegeben werden.

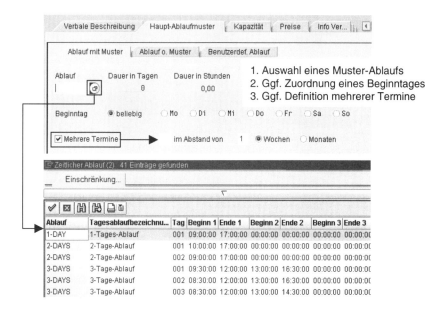

Abbildung 10.7 Veranstaltungstyp anlegen – Ablauf mit Muster

▶ **Ablauf ohne Muster**
Wenn Sie lediglich die Dauer einer Veranstaltung in Tagen und Stunden und den Beginntag angeben wollen, sollten Sie den Ablauf ohne Muster auswählen. Bedenken Sie aber, dass hier keinerlei Angaben über die Beginn- bzw. Endeuhrzeit einer Veranstaltung pro Tag gemacht werden können.

▶ **Benutzerdefinierter Ablauf**
Sollte keines der vorhandenen Muster Ihren Vorstellungen entsprechen, können Sie unter der Registerkarte **Benutzerdef. Ablauf** einen eigenen Ablauf definieren. Hierbei müssen Sie jeden Tag mit einem Tagesablauf versehen, d.h., Sie defnieren zunächst über die Tagesnummer, über wie viele Tage sich die Veranstaltung erstrecken wird; zusätzlich legen Sie über die Auswahl eines Tagestypen fest, wie dieser jeweilige Tag zeitlich ablaufen soll (siehe Abbildung 10.8).

In unserem Beispiel soll ein Ablauf mit Muster gewählt werden, und zwar das Muster »3-DAYS« mit beliebigem Beginntag.

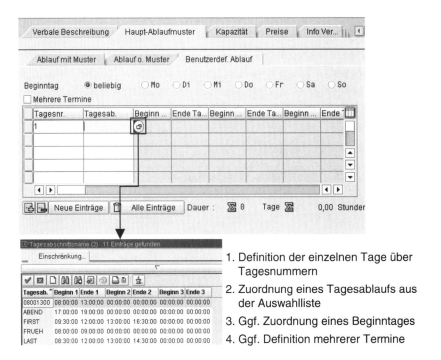

Abbildung 10.8 Veranstaltungstyp anlegen – Benutzerdefinierter Ablauf

Wenn feststeht, wie die Veranstaltungen zeitlich ablaufen sollen, müssen Sie sich Gedanken über die Kapazitäten einer solchen Veranstaltung machen.

Kapazität

Bei der Festlegung der Kapazitäten wird definiert, wie viele Personen mindestens eine Veranstaltung gebucht haben müssen, damit sie stattfindet (minimale Kapazität). Außerdem wird hier die optimale und die maximale Teilnehmerzahl festgelegt (siehe Abbildung 10.9). Ist die maximale Kapazität erreicht, sollten keine Teilnehmer mehr auf diese Veranstaltung gebucht werden.

Abbildung 10.9 Veranstaltungstyp anlegen – Kapazität definieren

Preise

Die hier erfassten Preise für eine Veranstaltung werden nach der internen und der externen Verwendung unterschieden (siehe Abbildung 10.10). Der *interne Preis* wird für die interne Leistungsverrechnung verwendet bzw. vorgeschlagen. In der Regel wird dieser Preis für interne Teilnehmer vorgeschlagen, also für Mitarbeiter ihres Unternehmens, die an einer Veranstaltung teilgenommen haben.

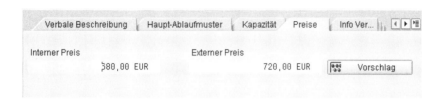

Abbildung 10.10 Veranstaltungstyp anlegen – Preise

Der *externe Preis* ist der Preis, der von einem externen Teilnehmer zu zahlen ist, um eine Veranstaltung zu besuchen. Dieses Feld ist also nur relevant, falls Ihr Unternehmen auch Veranstaltungen durchführt, die von Personen außerhalb Ihres Unternehmens gebucht werden können, so genannte externe Veranstaltungen. Sollte bei Ihnen im System eine entsprechende Kalkulation für Veranstaltungspreise hinterlegt sein, können Sie sich über den Button Vorschlag einen Veranstaltungspreis vorschlagen lassen.

Ist der Preis festgelegt, können noch diverse Informationen zur Steuerung des Systemverhaltens eingerichtet werden, die dann zum Tragen kommen, wenn Sie Mitarbeiter oder Referenten einer Veranstaltung oder einem Veranstaltungstyp zuordnen.

Info Veranstaltungstyp

Für den Fall, dass in Ihrem Unternehmen aus dem SAP-System heraus eine Veranstaltungsbroschüre bzw. ein Veranstaltungskatalog ausgedruckt und den Mitarbeitern zur Verfügung gestellt wird, können Sie durch Ankreuzen des Feldes **In Veranstaltungsbroschüre** auf dem Infotyp **Info Veranstaltungstyp** (siehe Abbildung 10.11) dafür sorgen, dass der gerade angelegte Veranstaltungstyp in diese Broschüre mit aufgenommen wird.

Sollte es sich bei dem Veranstaltungstyp um eine Vorlage für einen Kongress handeln, ist dies durch Ankreuzen des Feldes **Kongress** zu kennzeichnen (siehe Abbildung 10.11). Wenn Sie dieses Feld markieren, legen Sie damit fest, dass dieser Veranstaltungstyp mehrteilig ist, d.h. aus mehreren parallel stattfindenden Einzelveranstaltungen besteht.

Abbildung 10.11 Veranstaltungstyp anlegen – Info Veranstaltungstyp

Zu unserem gerade angelegten Veranstaltungstyp zum Thema Employee Self Service passt die nächste Information, die Sie in dem Infotypen **Info Veranstaltungstyp** hinterlegen können. Dies ist die Information, ob der Veranstaltungstyp im Employee Self Service, also einem Intranet-Szenario zum Buchen, Umbuchen, Stornieren etc. von Veranstaltungen durch die Mitarbeiter selbst, erscheinen soll oder nicht (Letzteres lässt sich über das Feld **Kein Intranet** erreichen, siehe Abbildung 10.11). Sollten Sie keinen Employee Self Service einsetzen, ist es unerheblich, ob das Feld angekreuzt ist oder nicht.

Wie viele Komponenten im SAP-System, sind auch das Veranstaltungsmanagement und die so genannte Zeitwirtschaft (siehe Kapitel 7, *Zeitwirtschaft*) miteinander integrierbar, d.h., die beiden Systeme können miteinander kommunizieren. Die Integration zur Zeitwirtschaft ermöglicht es dabei, automatisch eine so genannte Anwesenheit anzulegen, sobald ein Mitarbeiter auf eine Veranstaltung gebucht wird. Falls Sie sich fragen, wieso jetzt von Anwesenheiten gesprochen wird, obwohl der Mitarbeiter ja eigentlich eine Schulung besucht (also von seiner Arbeit abwesend ist), wundern Sie sich bitte nicht. Die Zeitwirtschaft in mySAP HR spricht immer von Anwesenheiten, wenn ein Mitarbeiter für das Unternehmen unterwegs ist, so z.B. beim Besuch von Seminaren oder auch bei Dienstreisen. Ein weiterer Aspekt der Integration zur Zeitwirtschaft ist es, dass das System prüfen kann, ob ein Mitarbeiter zu einem Termin, zu dem er auf eine Veranstaltung gebucht werden soll, sich z.B. im Urlaub befindet. Wenn Sie das Feld **Keine Integration** im Kasten **Teilnehmer** also ankreuzen, können Sie die gerade erläuterte Integration zur Zeitwirtschaft für Teilnehmer von Veranstaltungen dieses Veranstaltungstyps ausschalten.

Stark im Zusammenhang mit der oben erläuterten Integration zur Zeitwirtschaft steht das Feld **Arbeitsfrei erlaubt** (siehe Abbildung 10.11). Für den Teilnehmer einer Veranstaltung dieses Veranstaltungstyps kann damit hinterlegt werden, ob bei der Verfügbarkeitsprüfung gegen die Zeitwirtschaft arbeitsfreie Zeiten berücksichtigt werden oder nicht. Ist das Feld also nicht angekreuzt, bedeutet dies, dass der Mitarbeiter nicht als Teilnehmer gebucht werden kann, wenn er zu einem Zeitpunkt der Veranstaltung arbeitsfrei hat. Ist das Feld hingegen angekreuzt, kann der Mitarbeiter auch dann als Teilnehmer gebucht werden, wenn er zum Zeitpunkt der Veranstaltung arbeitsfrei hat.

Die zuvor genannten Steuerungskennzeichen bzgl. der Integration zur Zeitwirtschaft lassen sich sowohl auf Teilnehmer als auch auf Referenten bezogen einstellen (siehe Abbildung 10.11).

Über das Feld **Minimaler Anwesenheitsprozentsatz** (Abbildung 10.11) wird gesteuert, wie das System reagieren soll, falls in der Zeitwirtschaft ein Anwesenheitssatz gelöscht wird, der automatisch aus dem Veranstaltungsmanagement beim Buchen eines Teilnehmers auf eine Veranstaltung angelegt wurde. Wenn ein solcher Anwesenheitssatz in der Zeitwirtschaft gelöscht wird, ist es möglich, über dieses Feld zu steuern, ob die Teilnahme storniert wird oder nicht. Hier tragen Sie also den Prozentsatz ein, ab dem die Teilnahme nicht mehr als erfüllt gilt. Das bedeutet, die Teilnahme wird storniert.

Ein Beispiel: Eine Veranstaltung dauert an fünf Tagen jeweils zwei Stunden (insgesamt also zehn Stunden). In der Zeitwirtschaft wird die Anwesenheit des ersten Tages gelöscht (Mitarbeiter krank), und in dem Feld **Minimaler Prozentsatz** sind 70 % eingetragen. Die Buchung wird nicht gelöscht, da die restlichen vier Tage noch immer einen Anwesenheitsprozentsatz von 80 % ergeben. Erst wenn der zweite Anwesenheitssatz gelöscht wird, wird auch die Buchung storniert, da dann nur noch 60 % der Veranstaltung besucht werden könnten.

Die nächste Möglichkeit der Datenerfassung für einen Veranstaltungstyp ist die Registerkarte **Verknüpfungen**. Die dort enthaltenen Möglichkeiten werden nachfolgend erläutert.

Verknüpfungen

Mit Hilfe der Registerkarte **Verknüpfungen** (siehe Abbildung 10.12) hinterlegen Sie weitere Daten an einem Veranstaltungstyp, die später beim Anlegen einer Veranstaltung als Vorschlagswerte gezogen werden. Verknüpfungen werden durch Klick auf den Button [ ] hinter der jeweiligen Verknüpfungsart angelegt. Es werden nachfolgend lediglich die Verknüpfungen angesprochen, die unserer Meinung nach derzeit die größte Praxisrelevanz haben.

Verknüpfung »benötigt Ressourcentyp«
Als Erstes kann hier festgelegt werden, welche so genannten *Ressourcentypen* Ver-

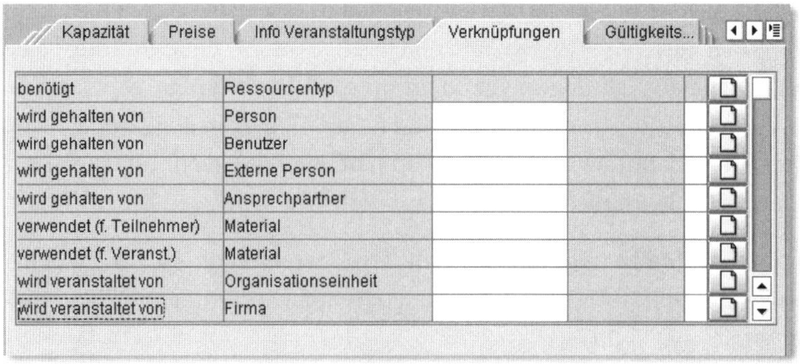

benötigt	Ressourcentyp
wird gehalten von	Person
wird gehalten von	Benutzer
wird gehalten von	Externe Person
wird gehalten von	Ansprechpartner
verwendet (f. Teilnehmer)	Material
verwendet (f. Veranst.)	Material
wird veranstaltet von	Organisationseinheit
wird veranstaltet von	Firma

Abbildung 10.12 Veranstaltungstyp anlegen – Verknüpfungen

anstaltungen dieses Veranstaltungstyps benötigen. Dies geschieht über die Verknüpfung **benötigt Ressourcentyp**.

Unter Ressourcentypen versteht man dabei Referenten, Räume, Projektoren, Flipcharts, Handbücher etc., also alles, was man zur Durchführung einer Veranstaltung benötigen könnte. Beim Anlegen der Verknüpfung zwischen einem Veranstaltungstyp und den benötigten Ressourcen gibt man neben der Menge auch an, ob diese Menge pro Veranstaltung oder pro X Teilnehmer benötigt wird (siehe Abbildung 10.13). Über die Angabe einer Tagesnummer bzw. eines Tagesabschnitts kann z.B. abgebildet werden, dass nur am Vormittag (Tagesabschnitt) des 1. Tages (Tagesnummer) zwei Referenten benötigt werden. Es ist zu empfehlen, die Ressourcentypen über die so genannte *Auswahlhilfe* aufzurufen (siehe Abbildung 10.13), da dann die Möglichkeit besteht, aus der Liste der vorhandenen Ressourcentypen die gewünschten auszuwählen. Wählen Sie die gewünschten Ressourcen durch das Markieren des Feldes ☐ vor den Ressourcen aus. Ihre Auswahl bestätigen Sie dann mit dem Button ✔. Speichern Sie anschließend Ihre Eingaben mit dem Button 💾.

Bitte beachten Sie, dass es sich bei den Ressourcentypen noch nicht um konkrete Ressourcen handelt, sondern nur um Arten von Ressourcen. D.h., Sie haben jetzt zunächst nur festgelegt, dass Veranstaltungen dieses Veranstaltungstyps einen Raum, einen Referenten und Handbücher benötigen. Was hier noch nicht erfolgt, ist die Zuordnung eines konkreten Raumes, konkreter Referenten und konkreter Handbücher. Dies wird üblicherweise erst an den eigentlichen Veranstaltungen und nicht am Veranstaltungstyp vorgenommen. Dennoch kann es Ausnahmen geben, wenn Sie z.B. Veranstaltungen eines Veranstaltungstyps nur in einem bestimmten Raum durchführen können oder nur eine bestimmte Auswahl an Referenten dazu geeignet ist, einen bestimmten Veranstaltungstyp durchzuführen. Ist dies der Fall, können Sie über weitere Verknüpfungen z.B. eine konkrete Auswahl an Referenten einem Veranstaltungstyp zuordnen.

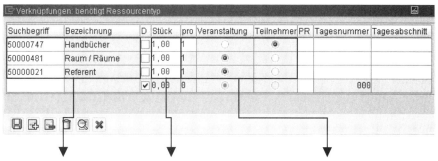

Welchen Ressourcentyp? Welche Menge? Pro (wie viel) Teilnehmer oder Veranstaltung?

Auswahlhilfe des Feldes Suchbegriff für Ressourcentypen

Abbildung 10.13 Verknüpfung anlegen – »benötigt Ressourcentyp«

Verknüpfung »wird gehalten von«

Die konkreten Referenten, die für Veranstaltungen eines Veranstaltungstyps in Frage kommen, können dort auch hinterlegt werden. Dies geschieht über die Verknüpfung **wird gehalten von**. Wie Sie auf Abbildung 10.12 erkennen können, gibt es diese Verknüpfung mehrfach, wobei der Unterschied darin besteht, wen Sie als Referenten in Betracht ziehen. Dies kann zum einen eine Person sein. Person bedeutet, dieser Referent ist Mitarbeiter in Ihrem Unternehmen und als Person in der Personaladministration (siehe Kapitel 5, *Personaladministration*) eingestellt. Außerdem kann auch ein Benutzer des SAP-Systems als Referent eingetragen werden, was in der Praxis allerdings nicht sehr oft vorkommt, da in der Regel Leute, die auf ein SAP-System zugreifen und produktiv damit arbeiten, auch als Mitarbeiterstammsatz im System vorhanden und somit also Personen sind. Mehr Praxisrelevanz hat hingegen die externe Person als Referent. Diese besondere Art von Person ist im System mit eingeschränkten Daten vorhanden, die für die Abwicklung der Formalitäten mit externen Referenten notwendig sind. Kurzum: Alle Referenten, die nicht aus Ihrer Firma stammen, sind im System als so genannte *externe Personen* angelegt. Die Verknüpfung **wird gehalten von** wird genauso wie andere Verknüpfungen über den Button 🗋 angelegt. Abhängig von der Art des Referenten (Person, Benutzer, externe Person) greifen Sie bei der Zuordnung auf unterschiedliche Quellen zurück. In Abbildung 10.14 sehen Sie als Beispiel die Zuordnung von Personen als Referenten. Auch hierbei empfiehlt es sich, die Auswahlhilfe des Feldes **Suchbegriff** zu benutzen, um z. B. über den Vor- und Nachnamen des Referenten zu suchen oder durch Auswahl der relevanten Personen aus einer Liste. Sie wählen die Referenten durch das Markieren des Feldes ☐ vor dem oder den gewünschten Referenten aus. Ihre Auswahl bestätigen Sie dann mit dem Button ✔.

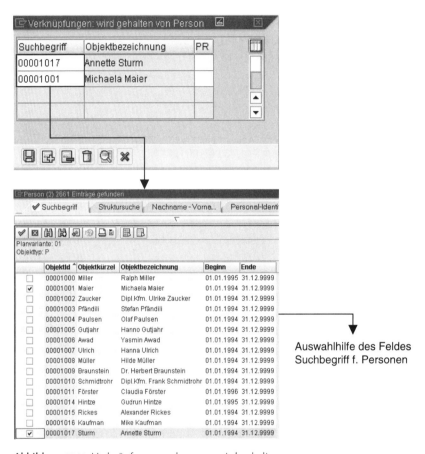

Abbildung 10.14 Verknüpfungen anlegen – »wird gehalten von«

Sollten mehrere infrage kommende Referenten angegeben worden sein, kann später beim Anlegen einer Veranstaltung (siehe Abschnitt 10.4.2) aus dieser Liste ein Referent ausgewählt und zugeordnet werden. Speichern Sie Ihre Eingaben mit dem Button 💾.

Gültigkeitsdauer

Wenn Veranstaltungstypen aufeinander aufbauen, kann die Gültigkeit/Halbwertzeit dazu genutzt werden festzulegen, wie lange das Wissen gültig ist, welches durch den Grundkurs vermittelt wurde, und somit einen Mitarbeiter dazu berechtigt, einen Aufbaukurs zu besuchen (siehe Abbildung 10.15). Ist die Gültigkeit abgelaufen, wird der Teilnehmer so behandelt, als hätte er den Grundkurs nicht besucht.

Abbildung 10.15 Veranstaltungstyp anlegen – Gültigkeitsdauer

Die Gültigkeit einer Veranstaltung des Veranstaltungstyps kann dabei in Jahren und Monaten angegeben werden.

Verfahren

Ein Infotyp, der sich in der Registerkarte **Weitere Daten** befindet, sollte hier noch erwähnt werden. Der Infotyp *Verfahren* beschreibt, welche Aktionen das System durchführen soll, wenn eine Veranstaltung nachbereitet wird.

Veranstaltungen werden nachbereitet, sobald sie durchgeführt wurden (Näheres zur Nachbereitung von Veranstaltungen finden Sie in Abschnitt 10.6.4). Im Infotyp 1030 – *Verfahren* (siehe Abbildung 10.16) können Sie folgende Aktionen für den Veranstaltungstyp festlegen:

- **Prüfung auf Buchungen auf den gleichen Veranstaltungstyp**
  Ein Eintrag in dieses Feld steuert, ob und wie das System bei einer Buchung oder Vormerkung auf einen Veranstaltungstyp reagiert, zu dem bereits eine Buchung bzw. eine Teilnahme vorliegt. Es existieren folgende mögliche Einträge, die auch bei den weiteren folgenden Feldern zum Einsatz kommen und daher nur einmal erläutert werden:
  - » « **(Blank)**: Es findet keine Prüfung statt; es erfolgt keine Meldung
  - »I« **(Information)**: Es findet eine Prüfung statt; bei einer vorliegenden Buchung bzw. bereits erfolgten Teilnahme wird eine entsprechende Meldung ausgegeben
  - »W« **(Warnung)**: Es findet eine Prüfung statt; bei einer vorliegenden Buchung oder Teilnahme wird eine entsprechende Warnung ausgegeben, die Bearbeitung kann durch **Bestätigen** fortgesetzt werden

▶ »E« (Error = Fehler): Es findet eine Prüfung statt; bei einer vorliegenden Buchung oder Teilnahme wird eine entsprechende Fehlermeldung ausgegeben, die Bearbeitung kann *nicht* fortgesetzt werden

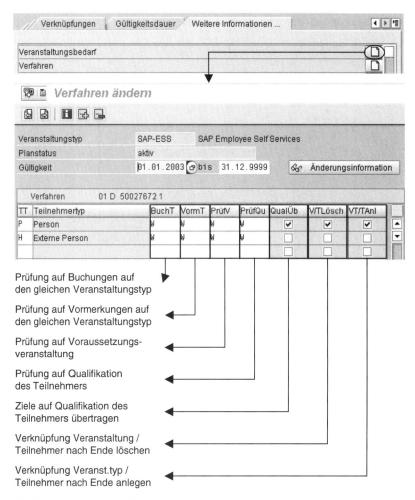

Abbildung 10.16 Infotyp 1030 – Verfahren

▶ **Prüfung auf Vormerkungen auf den gleichen Veranstaltungstyp**
Ein Eintrag in dieses Feld steuert, ob und wie das System bei einer Buchung oder Vormerkung auf einen Veranstaltungstyp reagiert, zu dem bereits eine Vormerkung des selben Teilnehmers vorliegt.

▶ **Prüfung auf Voraussetzungsveranstaltung**
Ein Eintrag in dieses Feld steuert, ob das System vor einer Buchung auf eine Veranstaltung die dafür vorausgesetzten Veranstaltungen mit den bisher vom Teilnehmer besuchten Veranstaltungen vergleicht und welche Meldung aus-

gegeben wird, falls die Voraussetzungen für den Veranstaltungsbesuch nicht erfüllt sind.

- **Prüfung auf Qualifikation des Teilnehmers**
  Ein Eintrag in dieses Feld steuert, ob das System vor einer Buchung auf eine Veranstaltung die dafür vorausgesetzten Qualifikationen mit den Qualifikationen bzw. Ersatzqualifikationen des Teilnehmers vergleicht und welche Meldung ausgegeben wird, falls die Voraussetzungen für den Veranstaltungsbesuch nicht erfüllt sind.

- **Ziele auf Qualifikation des Teilnehmers übertragen**
  Durch Markieren dieses Feldes können Sie festlegen, dass nach Veranstaltungsende die Ziele einer Veranstaltung als Qualifikationen auf den Teilnehmer übertragen werden.

- **Verknüpfung Veranstaltung/Teilnehmer nach Ende löschen**
  Mit einem Eintrag in dieses Feld können Sie das im Customizing im Arbeitsschritt *Nachbereitung* eingestellte Verfahren, das für alle Veranstaltungstypen gilt, für diesen Veranstaltungstyp übersteuern.

- **Verknüpfung Ver.typ/Teilnehmer nach Ende anlegen**
  Mit einem Eintrag in dieses Feld können Sie das im Customizing im Arbeitsschritt *Nachbereitung* eingestellte Verfahren, das für alle Veranstaltungstypen gilt, für diesen Veranstaltungstyp übersteuern.

Sind alle notwendigen Daten für den Veranstaltungstyp erfasst, müssen Sie die gemachten Angaben natürlich noch sichern. Dies geschieht über den Button . Anschließend werden Sie feststellen, dass der Veranstaltungstyp mit einem ganz anderen Symbol in der Struktur des Stammdatenkatalogs dargestellt ist. Im Gegensatz zur Veranstaltungsgruppe stellt sich der Veranstaltungstyp so dar: . Da diese Symbole durchgehend im Veranstaltungsmanagement verwendet werden, also auch in den anderen dynamischen Menüs, ist es für Sie leichter, sich daran zu gewöhnen. Da wir für unseren Veranstaltungstyp Vorgaben, wie **benötigt Referent** und **wird gehalten von**, gemacht haben, werden diese auch gleich in der Struktur des Stammdatenkatalogs mit angezeigt (siehe Abbildung 10.17).

Abbildung 10.17 Anzeige Veranstaltungstyp im Stammdatenkatalog

Mit dem Wissen aus diesem Kapitel wird es Ihnen leicht fallen, die nachfolgenden Ausführungen zu verstehen, da immer wieder von Veranstaltungstypen und deren Eigenschaften die Rede sein wird.

10.4 Veranstaltungsangebot

Über das so genannte *Veranstaltungsmenü* wird – aufbauend auf der zuvor im Stammdatenkatalog angelegten Struktur – das konkrete Veranstaltungsangebot erstellt.

10.4.1 Veranstaltungsmenü

Das Veranstaltungsmenü erreichen Sie über den Pfad **Veranstaltungsmanagement • Veranstaltungen • Veranstaltungsmenü**. Veranstaltungen werden immer ausgehend von einem Veranstaltungstyp angelegt. Im vorherigen Abschnitt haben Sie gelernt, dass Veranstaltungstypen quasi Muster für Veranstaltungen sind. Für das Veranstaltungsmenü können Sie vorab benutzerspezifische Einstellungen vornehmen. Diese erreichen Sie aus dem Veranstaltungsmenü heraus über den Menüpfad **Einstellungen • Einstellungen ändern**. Dort können Sie neben dem bereits in Abbildung 10.3 erwähnten Betrachtungszeitraum für die Struktur zusätzlich ein gewünschtes Einstiegsobjekt auswählen (siehe Abbildung 10.18). Das Einstiegsobjekt dient der Übersichtlichkeit für den Fall, dass Sie nur Veranstaltungen bearbeiten, die unterhalb einer bestimmten Veranstaltungsgruppe oder eines bestimmten Veranstaltungstyps angesiedelt sind.

Zum Festlegen des Einstiegsobjektes wählen Sie zunächst über den Button vor dem jeweiligen Objekt aus, ob Sie als Einstieg eine Veranstaltungsgruppe oder einen Veranstaltungstyp festlegen wollen. Anschließend tragen Sie in das darunter liegende Feld das gewünschte Einstiegsobjekt ein. Das dort angegebene Objekt dient dann als Einstieg in den Veranstaltungskatalog. Die so vorgenommenen Einstellungen müssen Sie mit Hilfe des Buttons anschließend noch sichern. In Abbildung 10.19 ist als Einstieg die Veranstaltungsgruppe **SAP-Schulungen** gewählt worden, um die Auswirkungen des Einstiegsobjektes zu verdeutlichen. Herausnehmen können Sie das Einstiegsobjekt am einfachsten, wenn Sie den Button **Einstieg löschen** betätigen. Damit sparen Sie sich den »Umweg« über die Einstellungen zur Struktur.

Weitere Einstellungen, die Sie bezüglich des Veranstaltungsmenüs, aber auch der anderen dynamischen Menüs vornehmen können, sind die des so genannten *Filters* und der *Sortierung*. Die Filtereinstellungen nehmen Sie auf der gleichnamigen Registerkarte vor (siehe Abbildung 10.20). Was Sie hier als Erstes festlegen können, ist die Sprache der Seminare, die Sie angezeigt haben wollen.

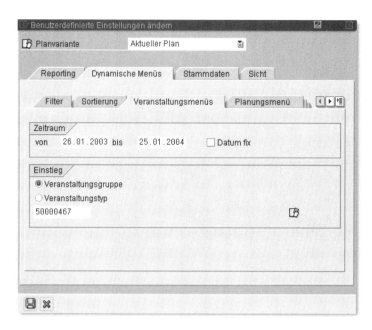

Abbildung 10.18 Einstieg für das Veranstaltungsmenü festlegen

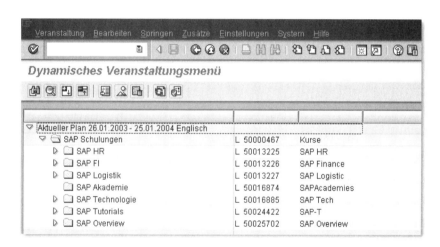

Abbildung 10.19 Veranstaltungsmenü bei aktiviertem Einstiegsobjekt

Das heißt, wenn Sie beispielsweise Deutsch auswählen, werden anschließend nur die Veranstaltungen angezeigt, die in deutscher Sprache gehalten werden. Ähnlich verhält es sich mit dem Veranstaltungsort. Einmal ausgewählt, werden anschließend nur noch die Veranstaltungen in der Struktur angezeigt, die an dem gewählten Veranstaltungsort durchgeführt werden. Bitte beachten Sie, dass Sie diese Filter nur setzen sollten, wenn Sie nur einen bestimmten Teil des gesamten

Veranstaltungsangebotes bearbeiten müssen, der sich durch die genannten Kriterien ermitteln lässt. Sollte dies nicht der Fall sein, laufen Sie Gefahr, Informationen zu verlieren.

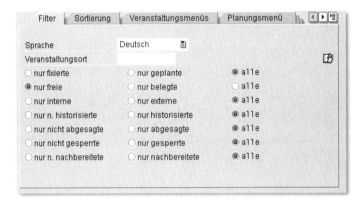

Abbildung 10.20 Filter einstellen

Eine Einstellung, die Sie aber in jedem Fall nutzen können, ist die Möglichkeit der Einschränkung der Anzeige auf Veranstaltungen, die sich in einem bestimmten Status befinden. Damit haben Sie z.B. die Möglichkeit, sich nur Veranstaltungen anzeigen zu lassen, die noch freie Plätze haben (siehe Abbildung 10.20). Dazu müssen Sie den jeweiligen Button ⊙ vor dem aufgezählten Status markieren, so wie das auf Abbildung 10.20 für den Status **nur freie** gemacht wurde. Mit Hilfe des Filters können Sie sich also die Struktur des Veranstaltungsangebotes übersichtlicher gestalten.

Eine weitere Einstellung, die im Veranstaltungsmenü, aber auch im Teilnahmemenü sinnvoll ist, ist das Einblenden der Zusatzinformationen für Veranstaltungen. Diese beinhalten u.a. einen Überblick über bereits getätigte Buchungen zu einer Veranstaltung und weitere wichtige Informationen. Die Zusatzinformationen aktivieren Sie über die Registerkarte **Sicht**. Diese ist erreichbar aus dem Veranstaltungsmenü über **Einstellungen · Einstellungen ändern** oder über den Button 🔳 (siehe Abbildung 10.21). Auf der Registerkarte müssen Sie im Feld ☑ mit Zusatzinformationen einen Haken setzen. Ihre Eingabe sichern Sie mit dem Button 🔳. Hier können Sie auch die Schlüssel einer Veranstaltung ausblenden, in dem Sie den Haken im Feld ☐ mit Schlüssel bzw. ☐ mit Kürzel entfernen. Wie Sie das Veranstaltungsangebot anlegen, zeigt Ihnen Abschnitt 10.4.2.

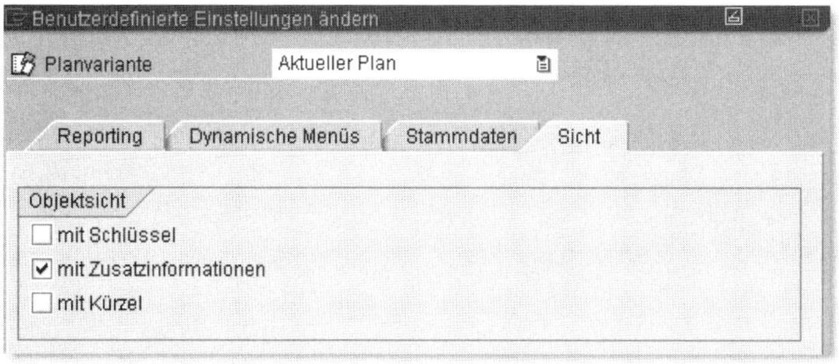

Abbildung 10.21 Einblenden von Zusatzinformationen

10.4.2 Veranstaltungsangebot anlegen

Noch einmal zum besseren Verständnis: Was Sie jetzt anlegen, sind tatsächlich stattfindende Veranstaltungen mit konkreten Terminen. Dies ist der wesentliche Unterschied zu den Veranstaltungsgruppen und Veranstaltungstypen, die Sie im vorherigen Abschnitt angelegt haben. Da Sie bereits wissen, wie man Veranstaltungsgruppen und -typen anlegt, geht das Folgende sicherlich schon leichter von der Hand. Ähnlich wie beim Anlegen der Struktur des Veranstaltungskatalogs (siehe Abschnitt 10.3.1) legen Sie auch Veranstaltungen ausgehend von einem gewünschten Element in der Struktur an. Ganz so frei wie beim Veranstaltungskatalog sind Sie dabei allerdings nicht. Sie müssen schon von einem Veranstaltungstyp ausgehen, wenn Sie eine Veranstaltung anlegen wollen.

Für unser Beispiel gehen wir von unserem zuvor angelegten Veranstaltungstyp *SAP Employee Self Services* aus (siehe Abbildung 10.17). Ausgehend von diesem Objekt betätigen wir die rechte Maustaste und wählen aus dem dann erscheinenden Kontextmenü entweder den Punkt **Anlegen mit Ressourcen** oder **Anlegen ohne Ressourcen**. Welchen Punkt Sie auswählen, hängt davon ab, ob in Ihrem Unternehmen Ressourcen zu Veranstaltungen im Veranstaltungsmanagement verwaltet werden oder nicht. Wir gehen in unserem Beispiel davon aus, dass Sie Ressourcen verwenden. Also wählen wir den Punkt **Anlegen mit Ressourcen** aus (siehe Abbildung 10.22). Auf die weiteren Funktionen des Kontextmenüs zu Veranstaltungstypen kommen wir später.

Beim Anlegen einer Veranstaltung können Sie auf den ersten Blick erkennen, dass bestimmte Datenfelder zur Veranstaltung, wie z. B. Bezeichnung, Sprache, Teilnehmerzahl, interner/externer Preis, schon gefüllt sind (siehe Abbildung 10.23). Diese Vorschlagswerte kommen aus dem zuvor angelegten Veranstaltungstyp und können jetzt an der konkreten Veranstaltung überschrieben oder beibehalten werden. Sollte eine Veranstaltung ohne Ressourcen angelegt werden, sind die Buttons `Ressourcenauswahl` und `Sich.o.Ressourcen` ausgeblendet.

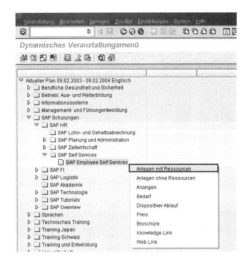

Abbildung 10.22 Veranstaltung mit Ressourcen anlegen

Abbildung 10.23 Datenmaske Veranstaltung anlegen

Gehen wir die einzelnen Felder, die zu pflegen sind, einmal durch: Beginn- und das Enddatum bestimmen den Zeitraum, innerhalb dessen eine Veranstaltung stattfinden kann (dies ist der so genannte *Planungszeitraum*, in unserem Beispiel vom 13.02.2003 bis zum 12.02.2004). Als Nächstes bestimmen Sie, ob die Veranstaltung zunächst nur als geplant oder gleich als fixiert angelegt werden soll. In der Regel werden Veranstaltungen als geplant angelegt und erst dann fixiert, wenn eine ausreichende Anzahl an Buchungen auf der Veranstaltung vorgenommen wurden. Spätestens zum Nachbereiten und Abrechnen von Teilnahmegebühren und Veranstaltungskosten muss sich die Veranstaltung jedoch im Status **fixiert** befinden. Wenn Sie eine Veranstaltung im Status **geplant** anlegen, können Sie beim Fixieren folgende Funktionalität nutzen:

▶ Wenn das Veranstaltungsmanagement in Ihrem Unternehmen entsprechend eingestellt ist, können beim Fixieren einer Veranstaltung die auf der Warteliste verbliebenen Teilnahmen in Vormerkungen umgewandelt werden oder als umzubuchende Teilnahmen auf der Warteliste verbleiben. Dazu später mehr.

▶ Über den automatischen Schriftverkehr des Veranstaltungsmanagements kann eingestellt werden, dass durch das Fixieren beispielsweise das Verschicken einer definitiven Buchungszusage an Teilnehmer ausgelöst wird.

Hinweis Wenn Sie eine Veranstaltung im Status **fixiert** angelegt haben, können Sie diese nicht mehr in den Status **geplant** zurückversetzten.

Mit Hilfe des Feldes ☑ gesperrt können Sie dafür sorgen, dass die Veranstaltung zwar angelegt wird, jedoch keine Buchungen darauf möglich sind. Erst wenn eine Veranstaltung nicht mehr den Status **gesperrt** hat, ist es möglich, Teilnehmer darauf zu buchen. Wie bereits oben erwähnt, werden die Bezeichnung der Veranstaltung und die Sprache, in der die Veranstaltung durchgeführt wird, bereits aus den Eigenschaften des Veranstaltungstyps vorgeschlagen, dem die Veranstaltung zu Grunde liegt. Der Ort, an dem die Veranstaltung stattfindet, ist hier jedoch noch zu pflegen. Am Besten benutzen Sie in diesem Feld die Auswahlhilfe über den Button. Hier können Sie dann zwischen den einzelnen angebotenen Auswahlhilfen wählen:

▶ Suchbegriff
Geben Sie hier den gesuchten Ort ein. Hierbei können Sie auch Platzhalter benutzen, wie z.B. das Zeichen »*«, das für beliebig viele Zeichen steht. Beispielsweise ergäbe die folgende Eingabe Suchbegriff Ham* eine Ergebnisliste mit allen Orten, die mit »Ham« beginnen und danach beliebig viele Zeichen haben, also z.B. »Hamburg« oder »Hamm«. Das Besondere bei

der Suche mit dem Suchbegriff ist die Tatsache, dass hiermit sowohl der Kurztext des Objektes »Ort« als auch der Langtext gleichzeitig durchsucht werden.

▶ **Strukturssuche**
Diese Suchhilfe liefert – falls angelegt – eine Struktur mit den einzelnen verfügbaren Orten. Die Bedienung dieser Struktur ist vergleichbar mit der des Veranstaltungskatalogs.

▶ **Kürzel und Bezeichnung**
Hier können Sie separat nach der Kurz- und/oder Langbezeichnung eines Ortes suchen. Die Handhabung ist vergleichbar mit Suche über den Suchbegriff.

▶ **Freie Suche**
Diese Eingabehilfe erlaubt die detaillierteste Suche nach einem Objekt. Es ist z.B. möglich, den Ort durch Eingabe einer Postleitzahl zu suchen.

Tipp Sie können auch direkt in das Feld **Veranstaltungsort** den gesamten Veranstaltungsort oder Teile davon eingeben. Nach dem Betätigen der Taste **Enter** wird hier entweder der gefundene Ort gleich übernommen oder eine Liste möglicher Orte angezeigt, falls die Eingabe nicht eindeutig war. Welche Suche Sie auch verwenden, Sie gelangen immer in eine Auswahl von Veranstaltungsorten, die in Ihrem System gepflegt sind und den eingegebenen Suchkriterien entsprechen. Abbildung 10.24 zeigt das Ergebnis einer solchen Auswahlhilfe. Hier wählen Sie den gewünschten Eintrag aus, indem Sie ihn entweder mit einem Doppelklick übernehmen oder per einfachem Mausklick auswählen und dann mit dem Button ✓ übernehmen.

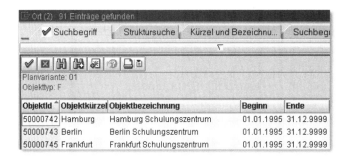

Abbildung 10.24 Auswahlhilfe Veranstaltungsort

Neben der Sprache ist der zeitliche Ablauf in unserem Beispiel ebenfalls bereits durch den Veranstaltungstyp vorgegeben. Über die Zuordnung des zeitlichen Ablaufs einer Veranstaltung bestimmt sich der erste und letzte Tag einer Veranstaltung. Sie können den Beginn einer Veranstaltung durch das Ändern des Beginns des Planungszeitraums beeinflussen. Angezeigt wird der zeitliche Ablauf einer

Veranstaltung über den Button [Anzeigen] im Bereich **Ablauf** (siehe Abbildung 10.23)

Weiterhin können Sie Einfluss auf den Beginntag einer Veranstaltung nehmen, wenn Sie das Feld [☑ Beginntag berücksichtigen] markieren. Dann schlägt das System einen Veranstaltungstermin vor, der den im zeitlichen Ablauf vorgegebenen Beginntag enthält (siehe Abschnitt 10.3.3). In unserem Beispiel käme dann der in Abbildung 10.25 als Erstes abgebildete zeitliche Ablauf zustande, da wir zuvor bei unserem Veranstaltungstyp **beliebiger Beginntag** ausgewählt hatten (siehe Abbildung 10.8).

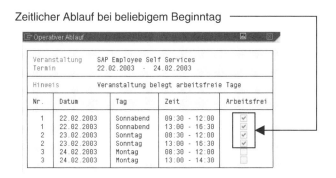

Abbildung 10.25 Zeitliche Abläufe einer Veranstaltung

Ein Veranstaltungsbeginn an einem Samstag kann durchaus vorkommen, wenn man z.B. an Managerseminare denkt, die am Wochenende stattfinden. Ist dies jedoch nicht gewollt, kann über das angekreuzte Feld [☑ Arbeitsfreie Tage berücksichtigen] vom System ein Veranstaltungstermin vorgeschlagen werden, der auf keinen arbeitsfreien Tag fällt (siehe den zweiten Ablauf in Abbildung 10.25). Aufgrund dieser Vorgabe kann für den gewählten zeitlichen Ablauf unter Umständen kein Veranstaltungstermin im Planungszeitraum ermittelt werden. In diesem Fall muss der zeitliche Ablauf dann entsprechend geändert werden. Hierzu benutzen Sie den Button [Ändern] im Bereich **Ablauf** (siehe Abbildung 10.23). Zum Ändern eines zeitlichen Ablaufs vergleichen Sie die Ausführungen zum Haupt-Ablaufmuster im Abschnitt 10.3.3.

Als Nächstes können Sie die aus dem Veranstaltungstyp vorgeschlagenen Zahlen zur Kapazität einer Veranstaltung und zur Preis- und Kostenzuordnung übersteuern. Bei internen Teilnehmern einer Veranstaltung dienen die Angaben zur Preis- und Kostenzuordnung zur Leistungsverrechnung und bei externen Teilnehmern zur Fakturierung. Um den Veranstalter anzugeben, gibt es mehrere Möglichkeiten. Bei externen Veranstaltungen wird in der Regel eine Firma angegeben, bei internen Veranstaltungen eher eine Organisationseinheit. Über das vordere Feld Organisationseinheit im Bereich **Veranstalterdaten** (siehe Abbildung 10.23) wird angegeben, um welche Art von Veranstalter es sich handelt, ob es sich also beispielsweise um eine Firma oder eine Organisationseinheit handelt. Abhängig von Ihrer Eingabe in diesem Feld wird die Auswahl im nebenstehenden Feld entsprechend eingeschränkt. Dies bedeutet, dass nur Organisationseinheiten zur Auswahl angeboten werden, wenn Sie **Organisationseinheit** als Veranstaltertyp ausgewählt haben. Benutzen Sie in dem nebenstehenden Feld die Auswahlhilfe, um den entsprechenden Veranstalter auszuwählen. Handelt es sich um eine Organisationseinheit, empfiehlt sich die Struktursuche.

Im untersten Bereich **weitere Informationen** (siehe Abbildung 10.23) können Sie zusätzlich eine allgemeine Beschreibung der Veranstaltung und Details zum Veranstaltungsinhalt hinterlegen. Dazu betätigen Sie den Button hinter der jeweiligen Information, die Sie anlegen möchten. Das Anlegen von Informationen ist vergleichbar mit dem Vorgehen beim Veranstaltungstyp (siehe hierzu die Ausführungen zu Abbildung 10.5 und Abbildung 10.6).

Da wir zuvor **Veranstaltung anlegen mit Ressourcen** ausgewählt haben, müssen wir jetzt noch die benötigten Ressourcen zur Veranstaltung zuordnen. Das System fordert Sie automatisch dazu auf, die benötigten Ressourcen anzugeben, wenn Sie jetzt auf den Button zum Sichern drücken. Alternativ hierzu können Sie auch den Button [Ressourcenauswahl] betätigen. Es erscheint in jedem Fall das Fenster der Abbildung 10.26.

Als Erstes wird Ihnen noch einmal der Planungszeitraum und der Terminvorschlag des Systems angezeigt. Mit den Buttons und können Sie zwischen unterschiedlichen Terminvorschlägen hin und her wechseln. Sollte in der Spalte **Obligatorisch** bei einer oder mehreren Ressourcen ein Haken gesetzt sein, wird die Verfügbarkeit dieser Ressourcen bei den Terminvorschlägen berücksichtigt. D.h., sollte eine der Ressourcen, die als obligatorisch gekennzeichnet ist, zu einem Termin nicht verfügbar sein, wird dieser Termin nicht vorgeschlagen.

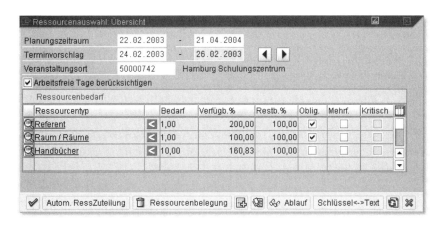

Abbildung 10.26 Ressourcenzuordnung

Zunächst wird noch eine Unterdeckung des Bedarfs angezeigt, da bisher keine Zuordnung von Ressourcen stattgefunden hat. Dies ist über das Kennzeichen ◁ zu erkennen, welches aussagt, dass die ausgewählten Ressourcen unter dem Ressourcenbedarf liegen. Einfach ausgedrückt: Es sind noch nicht genügend Ressourcen der Veranstaltung zugeordnet worden. Neben dem Ressourcentyp, wie Referent, Raum und Handbücher, den wir zuvor dem Veranstaltungstyp zugeordnet haben (siehe Verknüpfung **benötigt Ressourcentyp** im Abschnitt 10.3.3) werden der Bedarf und die Verfügbarkeit der jeweiligen Ressourcen angezeigt. Bitte beachten Sie, dass das System beim teilnehmerbezogenen Ressourcenbedarf von der optimalen Kapazität der Veranstaltung ausgeht, in unserem Fall also von 10 Teilnehmern. Dies ist in Abbildung 10.26 bei der Ressource **Handbücher** deutlich zu erkennen, da das System hier von einem Bedarf von 10 Stück ausgeht. Die Spalte mit der Verfügbarkeit der Ressourcen zeigt in Prozent an, ob der Bedarf der Veranstaltung mit den vorhandenen Ressourcen gedeckt werden könnte. In unserem Beispiel in Abbildung 10.26 wären ausreichend Ressourcen vorhanden, da für alle benötigten Ressourcen mindestens 100 % Verfügbarkeit angezeigt wird. Die Spalte **Restbedarf** (siehe Abbildung 10.26) zeigt an, inwieweit der Ressourcenbedarf trotz bereits zugeordneter Ressourcen noch nicht gedeckt ist. Unser Ziel ist es also, den Restbedarf auf 0 % zu senken.

Wie bereits erwähnt, können Sie über die Spalte **Obligatorisch** festlegen, ob die Verfügbarkeit der Ressourcen bei der Planung der Veranstaltungstermine berücksichtigt werden soll. In der Spalte **Mehrfach** wird dann ein Haken gesetzt, wenn die entsprechende Ressource von mehreren Veranstaltungen gleichzeitig belegt werden kann. Das Kennzeichen **Kritische Ressource** ist gesetzt, falls der Ressourcentyp kritisch ist, d.h. falls nicht genügend Ressourcen des entsprechenden Typs im aktuellen Zeitraum vorhanden sind.

Sie haben jetzt mehrere Möglichkeiten, den Ressourcenbedarf Ihrer Veranstaltung zu decken:

▶ **Automatische Ressourcenzuteilung**
Betätigen Sie den Button [Autom. RessZuteilung], werden automatisch vom System verfügbare Ressourcen zugeordnet, ohne das Sie Einfluss darauf nehmen könnten, welche Ressource eines Ressourcentyps ausgewählt wird. Beachten Sie hierbei, dass das System nur für die Ressourcen eine automatische Zuordnung vornimmt, die als obligatorisch gekennzeichnet sind. Die nicht-obligatorischen Ressourcen müssen Sie manuell zuordnen.

▶ **Manuelle Ressourcenzuteilung**
Durch Anklicken des Button [ ] links von der jeweiligen Ressource (siehe Abbildung 10.26) gelangen Sie in die Ressourcenauswahl. Hier werden die verfügbaren Ressourcen und deren Verfügbarkeit angezeigt (siehe Abbildung 10.27, Beispiel: Ressource Referent). Sie wählen eine Ressource aus, indem Sie die jeweilige Zeile durch Betätigen des Buttons [ ] vor der Ressource markieren, wie in Abbildung 10.27 für die Referentin Anette Sturm gezeigt. Anschließend betätigen Sie den Button [ ] zum Übernehmen Ihrer Auswahl.

> **Hinweis** Da wir zuvor bei der Definition des Veranstaltungstyps bereits festgelegt haben, dass für Veranstaltungen dieses Veranstaltungstyps nur die beiden Referenten Anette Sturm und Michaela Maier in Frage kommen, werden auch nur diese beiden Referenten in der Ressourcenliste angezeigt. Sollte dennoch ein anderer Referent infrage kommen oder eine sonstige Konstellation dazu führen, dass Sie weitere Ressourcen zur Veranstaltung benötigen, können Sie diese temporär mit in die Veranstaltung aufnehmen. Dazu betätigen Sie den Button [ ] zum temporären Hinzufügen einer Ressource. Diese Funktionalität können Sie sowohl zum Hinzufügen eines Ressourcentyps als auch einer Ressource verwenden.

Ein Beispiel: Wir wollen neben den Ressourcen Michaela Maier und Anette Sturm noch einen weiteren Referenten temporär hinzunehmen. Dazu wählen wir zunächst in der Ressourcenauswahl den Button [ ] neben dem Ressourcentyp **Referent** (siehe Abbildung 10.26). Anette Sturm und Michaela Maier werden in der Ressourcenauswahl angezeigt. Anschließend betätigen wir den Button [ ] für eine temporäre Ressourcenzuordnung. Da wir einen internen Referenten zuordnen wollen, wählen wir die Registerkarte **Person** aus (siehe Abbildung 10.28). Über die Suchhilfe des Feldes **Person** (Button [ ]) suchen wir eine Person aus und bestätigen unsere Auswahl mit dem Button [ ].

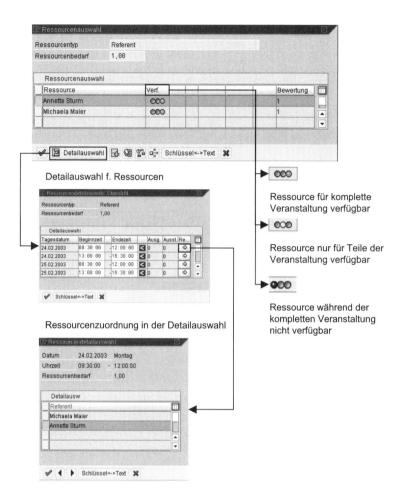

Abbildung 10.27 Manuelle Ressourcenauswahl

Damit haben wir erreicht, dass ein weiterer Referent für diese Veranstaltung hinzugekommen ist. Bitte beachten Sie, dass durch die eben gezeigte Vorgehensweise der Referent nur für die gerade angelegte Veranstaltung als mögliche Ressource hinzugenommen wurde. Sollte diese Zuordnung auch für andere Veranstaltungen des gleichen Veranstaltungstyps gelten, müssen Sie die Ressource über den Button [Icon] hinzufügen. Das Vorgehen bleibt allerdings gleich.

Sollte eine Ressource, z.B. ein Referent, nur teilweise verfügbar sein (dies ist durch eine gelbe Ampel gekennzeichnet, wie Abbildung 10.27 zeigt), dann kann über die Detailauswahl auch eine Zuordnung von Ressourcen zu einzelnen Tagen oder Tagesabschnitten einer Veranstaltung vorgenommen werden (siehe Abbildung 10.27). Hierzu klicken Sie zuerst auf den Button [Detailauswahl]. Sie bekommen sofort die einzelnen Tage bzw. Tagesabschnitte der Veranstaltung angezeigt und können dort über den Button ⇨ jedem Tagesabschnitt eine andere Ressource zuordnen (siehe Abbildung 10.27). Die Auswahl einer Ressource zu einem Tagesabschnitt sowie die restliche Detailauswahl übernehmen Sie jeweils mit dem Button ✓.

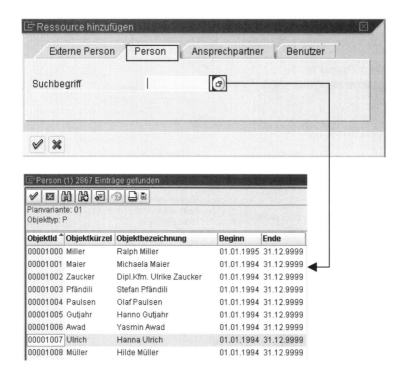

Abbildung 10.28 Ressource temporär hinzufügen

Sollte eine Ressource als nicht verfügbar gekennzeichnet sein, können Sie feststellen, wo die jeweilige Ressource verwendet wird. Dazu müssen Sie die Zeile mit der gewünschten Ressource wie gewohnt markieren und anschließend den Button ⊕ betätigen. Sofort wird Ihnen angezeigt, wo und wann die Ressource in anderen Veranstaltungen verwendet wird. Ein solcher Verwendungsnachweis ist beispielhaft für einen Referenten in der Abbildung 10.29 dargestellt.

Diese Übersicht zeigt die Belegung der Ressource für den gesamten Planungszeitraum. Falls Sie sich nur für den Zeitraum der Veranstaltung interessieren, können Sie sich über den Button ⊞ die Verfügbarkeit einer Ressource, bezogen auf den Veranstaltungstermin, anzeigen lassen. Die Abbildung 10.30 zeigt das Ergebnis einer solchen Verfügbarkeitsprüfung.

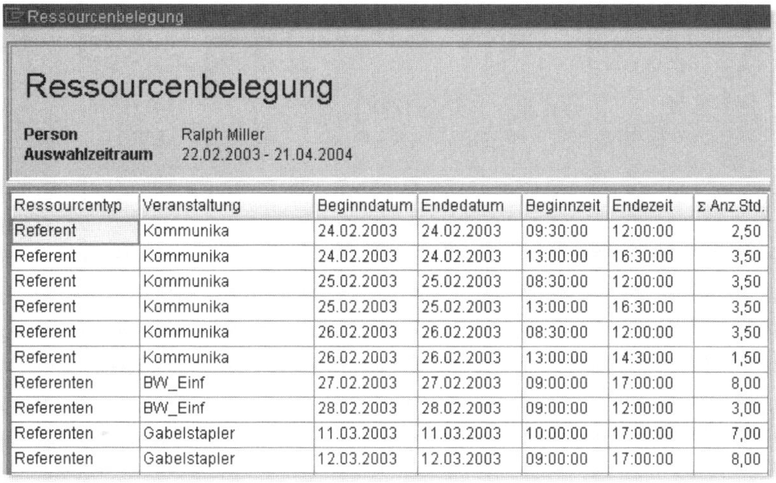

Abbildung 10.29 Verwendungsnachweis einer Ressource

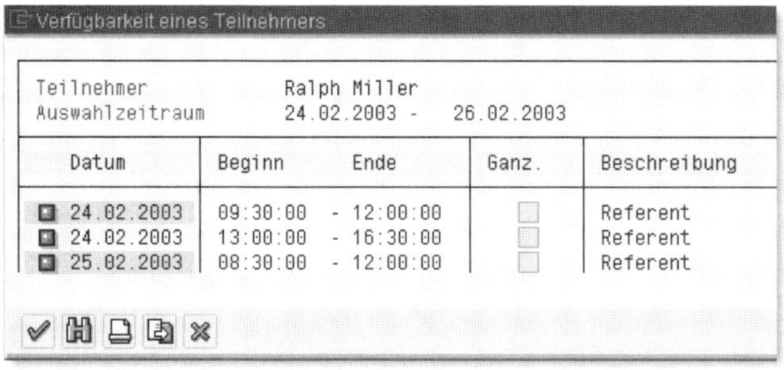

Abbildung 10.30 Verfügbarkeitsprüfung für einen Referenten

Nachdem Sie jetzt alle Möglichkeiten der Zuordnung von Ressourcen zu Veranstaltungen gesehen haben, können Sie nach und nach die einzelnen Ressourcen Ihrer Veranstaltung zuordnen, bis letztendlich alle Ressourcen zugeordnet sind und Sie die Veranstaltung endgültig sichern können. Die Abbildung 10.31 zeigt die Ressourcenauswahl nach erfolgter Zuordnung aller Ressourcen.

Die abgeschlossene Ressourcenauswahl bestätigen Sie nochmals mit dem Button ✓, und anschließend sichern Sie die Veranstaltung mit dem Button 🖫. Jetzt ist es endlich geschafft. Sie haben Ihre erste Veranstaltung angelegt. Diese wird auch gleich im Veranstaltungsmenü angezeigt (siehe Abbildung 10.32). Im Veranstaltungsmenü wird ebenfalls mit Ampel-Icons gearbeitet, die den Status der Veranstaltung bezüglich der bereits erfolgten Buchung anzeigen. Damit können Sie sofort erkennen, ob eine Veranstaltung noch Buchungen aufnehmen kann oder bereits das Maximum an Teilnehmern erreicht ist.

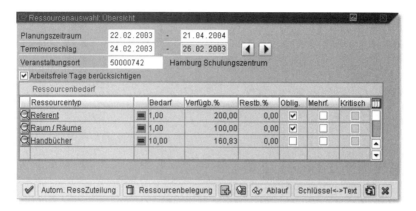

Abbildung 10.31 Ressourcenauswahl nach vollständiger Ressourcenzuordnung

Wenn Sie einen Doppelklick auf eine solche Ampel machen, erhalten Sie in einem kleinen Fenster detaillierte Informationen zur Kapazität und zu den Buchungen einer Veranstaltung (siehe Abbildung 10.32).

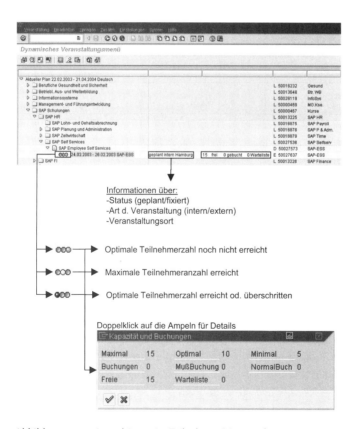

Abbildung 10.32 Ampel-Icons im Teilnahme-/Veranstaltungsmenü

Sollten Sie wie empfohlen die Zusatzinformationen im Veranstaltungs- bzw. Teilnahmemenü aktiviert haben (siehe hierzu Abschnitt 10.4.1), können Sie auch sofort erkennen, wie viele Teilnehmer bereits auf eine Veranstaltung gebucht wurden, wie viele Plätze noch frei sind und wie viele Teilnehmer auf der Warteliste stehen.

Damit auch unsere jetzt angelegte Veranstaltung mit Leben gefüllt wird, müssen natürlich Mitarbeiter auf unsere Veranstaltung gebucht werden. Dies geschieht im Teilnahmemenü und wird in Abschnitt 10.5.1 erläutert.

10.5 Tagesgeschäft

Unter dem Tagesgeschäft des Veranstaltungsmanagements wird das Buchen, Stornieren und Umbuchen von Teilnehmern und Teilnehmerlisten und die Korrespondenz mit den Teilnehmern und Referenten verstanden, also alles das, was tagtäglich an Arbeiten mit dem System anfällt.

10.5.1 Teilnahmemenü

Das Teilnahmemenü erreichen Sie aus dem Veranstaltungsmenü ganz einfach über den Menüpfad **Springen • Teilnahmemenü** oder aus dem SAP Easy Access über den Pfad **Personal • Veranstaltungsmanagement • Teilnahmen • Teilnahmemenü**. Die bisherigen Ausführungen zu den Voreinstellungen der dynamischen Menüs gilt auch für das Teilnahmemenü. Beachten Sie insbesondere, dass Sie die Anzeige der Zusatzinformationen aktiviert haben (siehe Abschnitt 10.4.1).

Buchen von Teilnehmern auf Veranstaltungen

Teilnahmen können im System von verschiedenen Stellen aus vorgenommen werden. Eine Möglichkeit ist über die Transaktion PV00 (Easy Access-Pfad: **Personal • Veranstaltungsmanagement • Teilnahmen • Buchen: Teilnehmer auf Veranstaltungen**). Eine andere – nachfolgende erläuterte – Möglichkeit ist das Teilnahmemenü. Aufgrund der komfortablen Bedienung des Teilnahmemenüs und der dort verwendeten Baumstruktur des Veranstaltungskatalogs empfiehlt es sich, das Buchen aus dem Teilnahmemenü heraus durchzuführen.

Auf einfachste Weise buchen Sie Teilnehmer auf eine Veranstaltung, indem Sie im Veranstaltungskatalog die gewünschte Veranstaltung mit der linken Maustaste markieren und entweder über das Kontextmenü (rechte Maustaste drücken) **Buchen** auswählen (siehe Abbildung 10.33) oder über das Menü **Teilnahme • Buchen** gehen. Wofür Sie sich auch entscheiden, Sie werden in das Fenster der Abbildung 10.34 gelangen.

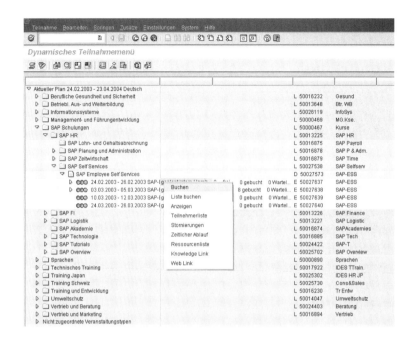

Abbildung 10.33 Kontextmenü einer Veranstaltung – Buchen

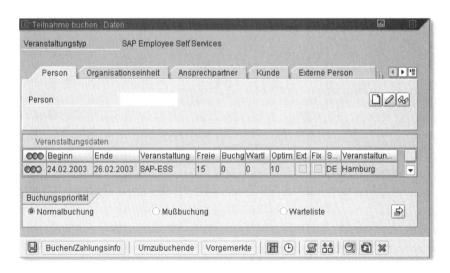

Abbildung 10.34 Teilnehmer auf eine Veranstaltung buchen

Als Erstes müssen Sie den gewünschten Teilnehmer in das Feld **Person** auf der gleichnamigen Registerkarte eintragen. Hier benutzen Sie am besten die angebotenen Auswahlhilfen, um den gewünschten Teilnehmer zu finden. Alternativ dazu können Sie auch direkt den Nachnamen eines Mitarbeiters eingeben. Sollte es mehrere Mitarbeiter dieses Namens geben, werden diese in einer Liste angezeigt und der richtige kann daraus ausgewählt werden.

Die weiteren Schritte hängen jetzt davon ab, ob bei einer Veranstaltung bereits die optimale Teilnehmerzahl erreicht wurde. Ist dies der Fall, sind nur noch so genannte Mussbuchungen oder Wartelistenbuchungen erlaubt. Mussbuchungen sind Buchungsprioritäten, die automatisch für Buchungen vergeben werden, sobald die optimale Kapazität einer Veranstaltung erreicht ist (bis zum Erreichen der maximalen Kapazität). Sollte bereits die maximale Kapazität der Veranstaltung erreicht sein, können nur noch Wartelistebuchungen angelegt werden. Dazu später mehr.

Wir gehen erst einmal von der Annahme aus, dass die optimale Anzahl an Teilnehmern nicht erreicht ist und eine Normalbuchung ausreicht. Es muss also das Feld ⦿ Normalbuchung im Bereich **Buchungspriorität** angekreuzt sein. (Dies ist als Vorschlag schon so eingestellt, solange die optimale Kapazität der Veranstaltung noch nicht erreicht wurde.) Das anschließende Vorgehen hängt davon ab, ob eine Verrechnung der Teilnahmekosten auf die Teilnehmer bzw. deren Organisationseinheiten vorgesehen ist. Falls keine Verrechnung der Kosten vorgesehen ist, kann über den Button 🖫 der Teilnehmer sofort auf die Veranstaltung gebucht werden.

Sollen die Kosten der Teilnahme jedoch verrechnet werden, ist der Button Buchen/Zahlungsinfo zu benutzen. Da wir eine Person, also einen Mitarbeiter, auf unsere Veranstaltung buchen wollen, ist im nun folgenden Fenster das Feld ⦿ Leistungsverrechnung markiert. Die bereits am Veranstaltungstyp hinterlegte Gebühr von 580 EUR wird vorgeschlagen und könnte noch geändert werden. Ebenfalls vorbelegt ist die Stammkostenstelle des Mitarbeiters, die aus seiner organisatorischen Zuordnung entnommen wird. Die Kosten der Veranstaltung können nun über die in Abbildung 10.35 gezeigte Tabelle noch auf mehrere Kostenstellen verteilt werden.

Zur Verteilung der Kosten auf mehrere Kostenstellen müssen Sie für jede neue Kostenstelle den Kostenrechnungskreis und den prozentualen Anteil der Verrechnung in der Spalte **Prozt**. angeben. Anschließend sichern Sie Ihre Eingabe mit dem Button 🖫.

In jedem Fall erhalten Sie bei erfolgreicher Buchung des Teilnehmers die Meldung ✓ Teilnahme wurde gebucht in der Meldungsleiste, und die Veranstaltungsdaten werden aktualisiert (siehe Abbildung 10.36). Das System bleibt dabei weiterhin im Eingabefenster für die Buchungen (siehe Abbildung 10.34). Dies hat den Sinn, dass Sie anschließend sofort den nächsten Teilnehmer auf die gleiche Veranstaltung buchen können. Es kann jedoch zu leichten Verwirrungen führen, falls Sie die Erfolgsmeldung zur Buchung in der Meldungsleiste nicht bemerkt haben sollten.

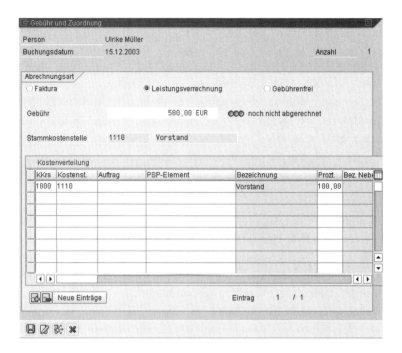

Abbildung 10.35 Buchen/Zahlungsinfo

Veranstaltungsdaten

	Beginn	Ende	Veranstaltung	Freie	Buchg	Wartl	Optim	Ext	Fix	S...	Veranstaltun...
	24.02.2003	26.02.2003	SAP-ESS	14	1	0	10			DE	Hamburg

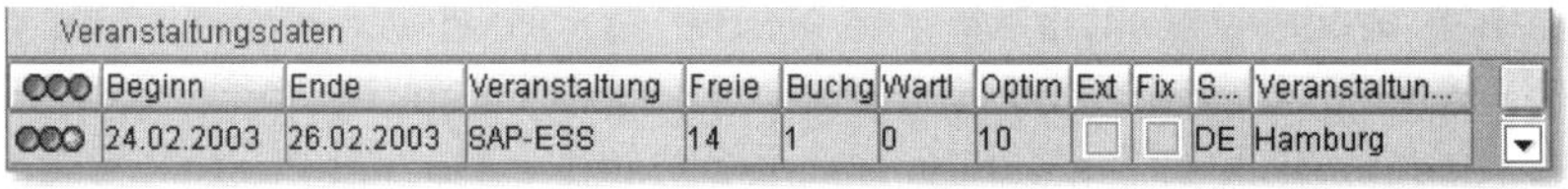

Abbildung 10.36 Aktualisierte Veranstaltungsdaten

Nach dem oben genannten Verfahren können Sie weitere Teilnehmer auf die Veranstaltung buchen. Sollte dabei irgendwann die optimale Teilnehmerzahl erreicht sein, was Sie an der gelben Ampel in den Veranstaltungsdaten erkennen, ist zu überlegen, ob für die nachfolgenden Teilnehmer eine Mussbuchung oder eine Wartelistenbuchung vorgenommen wird. Sie müssen dabei lediglich die Buchungspriorität ändern. Die Buchung an sich läuft weiterhin gleich. Für eine Buchung mit der Priorität Mussbuchung ist die Veranstaltungsteilnahme in jedem Fall gesichert. Eine solche Buchung kann, im Gegensatz zu einer Normalbuchung, beim Fixieren einer Veranstaltung nicht von der Teilnehmerliste verdrängt werden. Eine Buchung der Priorität Warteliste bedeutet hingegen, dass die betreffende Person von der Warteliste nachrücken kann, wenn ein Platz in der gewünschten Veranstaltung frei wird, wobei sich die Buchungspriorität dann von einer Wartelistenbuchung in eine Normalbuchung wandelt. Als Nächstes sehen Sie, wie Sie eine Menge an Teilnehmern auf einmal auf eine Veranstaltung buchen können.

Buchen von Teilnehmerlisten auf Veranstaltungen

Die Funktionalität des Buchens von Teilnehmerlisten auf Veranstaltungen erlaubt es Ihnen, mehrere Teilnehmer auf einmal auf eine Veranstaltung zu buchen. Gehen Sie hierzu am besten im Teilnahmemenü von der gewünschten Veranstaltung aus und betätigen Sie die rechte Maustaste, um aus dem Kontextmenü den Eintrag **Liste buchen** auszuwählen (siehe Kontextmenü in Abbildung 10.33). Das nun erscheinende Fenster (siehe Abbildung 10.37) erlaubt es Ihnen, nacheinander Teilnehmer in eine Liste einzutragen und auf einmal zu buchen.

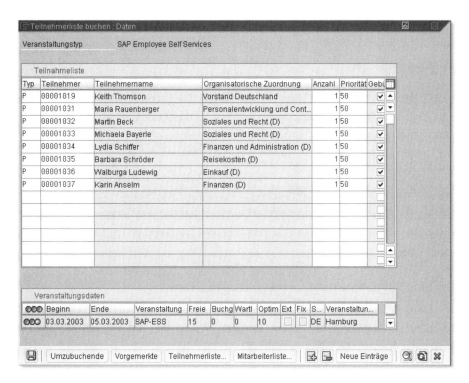

Abbildung 10.37 Teilnehmerliste buchen

Zunächst müssen Sie in die Spalte **Typ** den Teilnehmertyp eintragen. Bei Personen (Mitarbeiter) ist das z.B. der Typ P, bei Organisationseinheiten der Typ O. Benutzen Sie auch hier die Auswahlhilfe des Feldes **Typ**. In die Spalte **Teilnehmer** tragen Sie die Mitarbeiter oder Organisationseinheiten ein, die an der Veranstaltung teilnehmen sollen. Die Anzahl wird bei der Listenbuchung von Mitarbeitern immer auf »1« stehen, bei der Buchung von Organisationseinheiten, so genannten Sammelteilnehmern, muss eine Anzahl eingetragen werden. Die Priorität der Buchung wird hier vorbelegt mit »50«, was einer Normalbuchung entspricht. Die Definition, welche Priorität welcher Art von Buchung entspricht, können Sie der

Wertehilfe des Feldes **Priorität** entnehmen (siehe Abbildung 10.38). Sollen die Kosten der Teilnahme an der Veranstaltung dem Mitarbeiter zugeordnet und verrechnet werden, ist in der Spalte **Gebühr** jeweils ein Haken zu setzen.

Abbildung 10.38 Übersicht Buchungsprioritäten

Ist die Liste komplett, kann über den Button 🖫 die Buchung vorgenommen werden. Da wir die Spalte **Gebühr** bei jedem Teilnehmer angekreuzt haben, erscheint anschließend für jeden Teilnehmer das Fenster mit den Angaben zur Verrechnung der Kosten (siehe Abbildung 10.35). Diese handhaben Sie wie im vorherigen Abschnitt beschrieben.

Ein ähnliches Massengeschäft kann die Buchung eines Teilnehmers auf mehrere Veranstaltungen sein. Da dies durch einzelne Buchungen relativ zeitaufwändig wäre, gibt es die Möglichkeit der Buchung eines Teilnehmers auf eine Veranstaltungsliste.

Buchen: Teilnehmer auf Veranstaltungslisten

Aus dem Easy Access-Menü gelangen Sie über den Pfad **Personal · Veranstaltungsmanagement · Teilnahmen · Buchen: Teilnehmer auf Veranstaltungsliste** zur Eingabemaske der Abbildung 10.39.

Hier erfassen Sie die betroffene Person, Organisationseinheit oder ein anderes Objekt und betätigen anschließend den Button [Teilnahmeliste]. In der dann angebotenen Liste (siehe Abbildung 10.40) können Sie alle Veranstaltungen eintragen, die der Mitarbeiter besuchen soll. Benutzen Sie am besten die Struktursuche zum Finden der gewünschten Veranstaltungen. Sollen die Kosten der Veranstaltung auf den Mitarbeiter bzw. seine ihm zugeordnete Kostenstelle verrechnet werden, müssen Sie in der Spalte **Gebühr** einen Haken setzen (siehe Abbildung 10.40). Die restlichen Felder in der Liste dienen zu Ihrer Information und sind daher nicht eingabebereit.

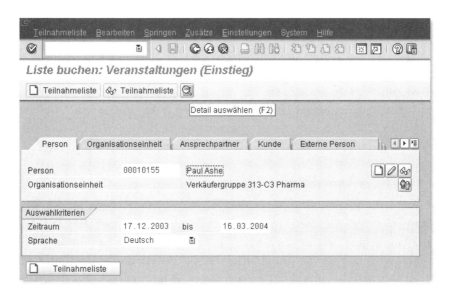

Abbildung 10.39 Teilnehmer auf Veranstaltungsliste buchen

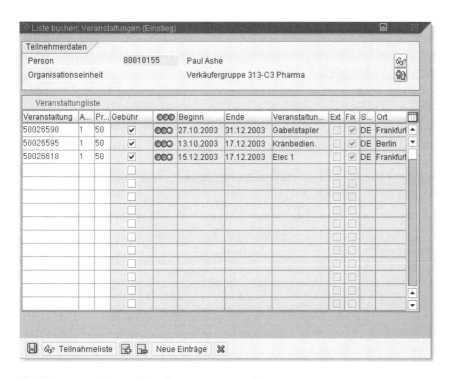

Abbildung 10.40 Veranstaltungsliste zusammenstellen

Wenn Sie die Liste vervollständigt haben, sichern Sie ihre Eingaben mit dem Button 🖫. Das System prüft dann die Verfügbarkeit des Mitarbeiters, d. h., es wird geprüft, ob der Mitarbeiter zur gleichen Zeit gegebenenfalls bereits ein anderes Seminar gebucht hat. Die bereits aus dem Abschnitt 10.5 bekannte Bildschirmmaske zu den Verrechnungsangaben erscheint für jede der für den Mitarbeiter ausgewählten Veranstaltungen, bei denen Sie einen Haken in der Spalte **Gebühr** gesetzt haben. Diese Maske muss entsprechend gepflegt werden (zum Vorgehen siehe die Ausführungen zu Abbildung 10.35 weiter oben in diesem Kapitel).

N.N.-Buchungen vornehmen

Unter einer *N.N.-Buchung* wird verstanden, dass Sie eine Anzahl von Teilnehmern auf eine Veranstaltung buchen, die noch nicht namentlich bekannt sind. Sie können z. B. eine Organisationseinheit auf eine Veranstaltung buchen, ohne genau anzugeben, wer aus dieser Organisationseinheit die Veranstaltung besuchen wird. Sie geben lediglich die Anzahl der zu buchenden Teilnahmen an. Aus dem Teilnahmemenü heraus können Sie ganz einfach N.N.-Buchungen vornehmen. Die Vorgehensweise ist vergleichbar mit einer »normalen« Buchung eines einzelnen Teilnehmers. Sie wählen von der gewünschten Veranstaltung ausgehend mit der rechten Maustaste aus dem Kontextmenü den Punkt **Buchen**. Anstelle der Registerkarte **Person** wählen Sie diesmal die Registerkarte **Organisationseinheit**, wie in Abbildung 10.41 dargestellt. Über die Auswahlhilfe zum Feld **Organisationseinheit** (Tipp: Struktursuche benutzen) wählen Sie die gewünschte Organisationseinheit aus. Anschließend müssen Sie in dem Feld die gewünschte Anzahl an Teilnahmen eingeben. Die weitere Handhabung ist vergleichbar mit einer »normalen« Buchung.

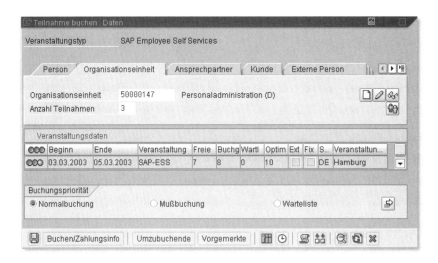

Abbildung 10.41 N.N.-Buchung vornehmen

Eine solche Buchung wird dann im Teilnahmemenü auch als N.N.-Buchung mit eingeblendeter Anzahl angezeigt (siehe Abbildung 10.42).

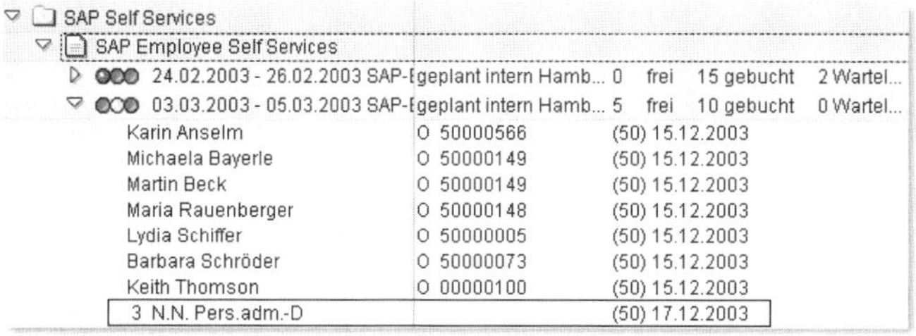

Abbildung 10.42 Anzeige N.N.-Buchung im Teilnahmemenü

Wartelistenbuchungen vornehmen

Wie bereits erwähnt, können Teilnehmer auf Veranstaltungen, bei denen bereits die optimale Teilnehmeranzahl erreicht wurde, nur noch mit der Buchungspriorität **Mussbuchung** oder einer **Wartelistebuchung** gebucht werden. Ist die maximale Kapazität einer Veranstaltung bereits erreicht, können nur noch Wartelistebuchungen angelegt werden. Teilnehmer, die auf der Warteliste einer Veranstaltung stehen, können dann in eine Veranstaltung aufgenommen werden, wenn ein bereits gebuchter Teilnehmer seine Teilnahme storniert (siehe hierzu den Abschnitt *Stornieren von Teilnahmen* weiter unten in diesem Kapitel). Wartelistenbuchungen werden ebenfalls fast wie »normale« Buchungen vorgenommen, mit dem Unterschied, dass Sie beim Buchen die Buchungspriorität auf **Warteliste** ändern (Feld Warteliste ankreuzen). Die weitere Buchung (z. B. mit oder ohne Verrechnung der Teilnehmerkosten) handhaben Sie ebenso wie eine »normale« Teilnehmerbuchung.

Im Gegensatz zur Warteliste, die direkt an der Veranstaltung hängt, also mit einem konkreten Termin verbunden ist, ist die Vormerkliste mit dem Veranstaltungstyp verbunden. D.h., Vormerkungen machen Sie immer dann, wenn ein Teilnehmer sich für einen Typen von Veranstaltung interessiert, aber (noch) keine genaue Terminvorstellung hat. Vormerkungen können Sie auch nutzen, um zukünftige Veranstaltungstermine zu planen. Das bedeutet, wenn Sie entsprechend viele Vormerkungen für einen Typus Veranstaltung haben, können Sie anhand dieser Vormerkungen entsprechend viele Termine für die Zukunft einplanen.

Vormerken von Teilnehmern auf Veranstaltungstypen

Zum Vormerken eines Teilnehmers müssen Sie, wie bereits oben erwähnt, nicht von einer Veranstaltung, sondern von einem Veranstaltungstyp ausgehen. Vormerkungen machen Sie auch aus dem Teilnahmemenü heraus. Dort markieren Sie den gewünschten Veranstaltungstyp mit der linken Maustaste und rufen anschließend durch Drücken der rechten Maustaste das Kontextmenü zu dem Veranstaltungstyp auf. Dort wählen Sie den Eintrag **Vormerken** aus (siehe Abbildung 10.43).

Abbildung 10.43 Kontextmenü eines Veranstaltungstyps – Vormerken

Danach erscheint die schon bekannte Maske zur Eingabe der Vormerkungen, die identisch ist mit der Maske zur Erfassung einer Buchung eines Teilnehmers (siehe Abbildung 10.44). Die Überschrift des Fensters deutet darauf hin, dass Sie jetzt eine Vormerkung durchführen und keine Buchung eines Teilnehmers. Außerdem ist der Button 🖬 hier mit der Funktion **Vormerken** und nicht mit der Funktion **Buchen** belegt.

Wenn Sie einen Mitarbeiter auf einen Veranstaltungstyp vormerken, finden bestimmte Prüfungen – ebenso wie beim Buchen – im System statt. Es wird z.B. geprüft, ob ein Mitarbeiter bereits eine Buchung auf eine Veranstaltung des Veranstaltungstyps oder eine Vormerkung auf den Veranstaltungstyp hat. Das Ergebnis einer solchen Prüfung sehen Sie in Abbildung 10.45. Am Meldungstyp der erscheinenden Meldung können Sie in der Regel erkennen, ob die von Ihnen gewünschte Aktion trotz der Meldung durchgeführt werden kann:

▶ ■ (rot) Fehlermeldung – die gewünschte Aktion kann nicht durchgeführt werden

▶ △ (gelb) Warnung – die gewünschte Aktion kann dennoch durchgeführt werden

▶ ◉ (grün) Information

Abbildung 10.44 Vormerkung einer Person (Mitarbeiter)

Wenn Sie die Aktion trotz der Meldung durchführen wollen, betätigen Sie den Button ✓. Zum Abbrechen der Aktion wählen Sie ✗.

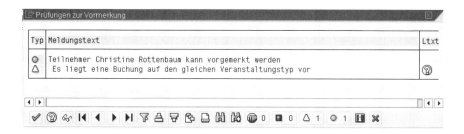

Abbildung 10.45 Plausibilitätsprüfung beim Vormerken

Abweichend von der Buchung eines Teilnehmers auf eine Veranstaltung stehen Ihnen bei der Vormerkung noch weitere Buttons zur Verfügung:

- Vormerken + Notiz : Mit Hilfe diese Button können Sie zur Vormerkung noch eine Notiz erfassen. Darin könnten z. B. mögliche Terminwünsche eingetragen werden.

- Vorgemerkte : Dieser Button führt Sie zu einer Übersicht aller bereits vorgemerkten Personen auf den Veranstaltungstyp. Eine solche Übersicht ist in Abbildung 10.47 dargestellt.

- Buchen : Auch das Buchen ist aus der Vormerkung heraus möglich. Sie gelangen dann zunächst in eine Auswahl der innerhalb des gewählten Zeitraums vorhandenen Veranstaltungstermine, aus der Sie eine Veranstaltung durch Markieren der jeweiligen Zeile auswählen, wie in Abbildung 10.46 mit der Veranstaltung vom 24.03.2003 bis zum 26.03.2003 geschehen. Anschließend betätigen Sie den Button [Buchen] oder [Buchen/Zahlungsinfo] wie gewohnt, um den Mitarbeiter auf die gewählte Veranstaltung zu buchen

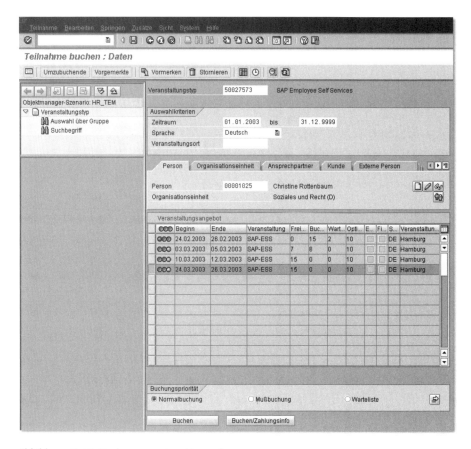

Abbildung 10.46 Buchung aus einer Vormerkung

Wenn Sie sich einen Überblick über bereits erfolgte Vormerkungen auf einen Veranstaltungstyp verschaffen wollen, können Sie dies ebenfalls aus dem Teilnahmemenü heraus tun, indem Sie aus dem Kontextmenü des gewünschten Veranstaltungstyps (siehe Abbildung 10.43) den Punkt **Vormerkungen** auswählen. Sie bekommen dann eine Liste mit allen Vormerkungen angezeigt (siehe Abbildung 10.47).

Aus dieser Liste wiederum können Sie einzelne Vormerkungen wieder herausnehmen, indem Sie den gewünschten Eintrag markieren und anschließend den Button benutzen. Nach der Bestätigung einer kurzen Sicherheitsabfrage (siehe Abbildung 10.48) mit [Ja] wird der entsprechende Eintrag gelöscht.

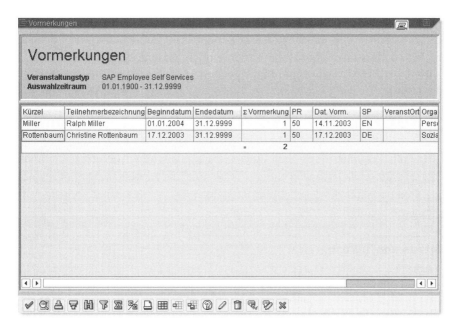

Abbildung 10.47 Vormerkliste eines Veranstaltungstyps

Abbildung 10.48 Sicherheitsabfrage beim Löschen von Vormerkungen

Vormerken von Teilnehmerlisten auf Veranstaltungstypen

Durch die Auswahl des Punktes **Liste vormerken** aus dem Kontextmenü des Veranstaltungstyps (siehe Abbildung 10.43), gelangen Sie in eine Eingabemaske, die Sie bereits aus der Buchung von Teilnehmerlisten auf Veranstaltungen kennen (siehe Abbildung 10.37). Zum Vormerken mehrerer Teilnehmer auf einen Veranstaltungstyp tragen Sie diese in die Liste ein und bestätigen Ihre Eingabe anschließend mit 💾.

Vormerken von Teilnehmern auf Veranstaltungstyplisten

Über den Pfad im SAP Easy Access-Menü **Personal · Veranstaltungsmanagement · Teilnahmen · Vormerken: Teilnehmer auf Veranstaltungstypliste** gelangen Sie in eine Erfassungsmaske, deren Handhabung bereits im Abschnitt *Buchen: Teilnehmer auf Veranstaltungslisten* weiter oben in diesem Kapitel beschrieben ist. (siehe auch Abbildung 10.39 und 10.40).

Bezüglich der Vormerkungen ist für Sie wichtig, dass Sie den Unterschied zwischen einer Vormerkliste und einer Warteliste kennen. Die Handhabung der Buchung eines Teilnehmers oder einer Organisationseinheit auf eine Vormerkliste oder auf eine Warteliste ist im System identisch. Es besteht lediglich ein Unterschied bezüglich des Objektes, auf das diese Buchungen bezogen sind. Vormerklisten sind auf Veranstaltungstypen bezogen und mit keinem konkreten Termin versehen, Wartelisten sind veranstaltungsbezogen und damit auch terminbezogen.

Für den Fall, dass einer Ihrer Teilnehmer nicht an einer Veranstaltung teilnehmen kann und stattdessen schon ein anderer Teilnehmer als Vertreter bestimmt ist, gibt es die Funktionalität des Ersetzens einer Teilnahme. Wie Sie dabei vorgehen, ist nachfolgend erläutert.

Ersetzen von Teilnahmen

Durch das Ersetzen von Teilnahmen sparen Sie sich eine Menge Arbeit. Normalerweise müssten Sie nämlich sowohl die Stornierung eines Teilnehmers als auch die Buchung seines Vertreters oder Ersatzes im System pflegen. Um eine Teilnahme zu ersetzen, müssen Sie im Teilnahmemenü den entsprechenden Teilnehmer mit der linken Maustaste markieren und anschließend aus dem Kontextmenü (rechte Maustaste) den Eintrag **Ersetzen** auswählen. Sie gelangen anschließend in einen Erfassungsschirm, in dem Sie den oder die Ersatzteilnehmer eintragen können (siehe Abbildung 10.49). Wenn Sie einen einzelnen Teilnehmer ersetzen, werden Sie hier natürlich auch nur einen Ersatzteilnehmer erfassen. Für den Fall jedoch, dass Sie etwa eine ganze Organisationseinheit mit einer Anzahl von beispielsweise fünf N.N.-Buchungen ersetzen, können Sie mehrere Einträge in der Liste erfassen. Neben dem Eintrag **Noch zu ersetzende** wird Ihnen dann angezeigt, für wie viele Teilnehmer Sie noch keinen Ersatzteilnehmer eingetragen haben.

Umbuchen von Teilnahmen

Sollte ein Teilnehmer einen bereits gebuchten Termin nicht wahrnehmen können, besteht die Möglichkeit, ihm über die Funktion des Umbuchens sofort alternative Termine zu nennen und ihn auf einen solchen Termin zu buchen. Wiederum ausgehend vom betroffenen Teilnehmer wählen Sie dazu aus dem Kontextmenü den Punkt **Umbuchen** aus und gelangen auf die folgende Eingabemaske (siehe Abbildung 10.50).

Aus der Liste der Veranstaltungsangebote im unteren Bereich der Eingabemaske können Sie die Alternativtermine ersehen. Über den Zeitraum, die Sprache und den Veranstaltungsort im Bereich der Auswahlkriterien können Sie die Anzahl der angebotenen Veranstaltungstermine beeinflussen, da diese abhängig von diesen Kriterien selektiert werden.

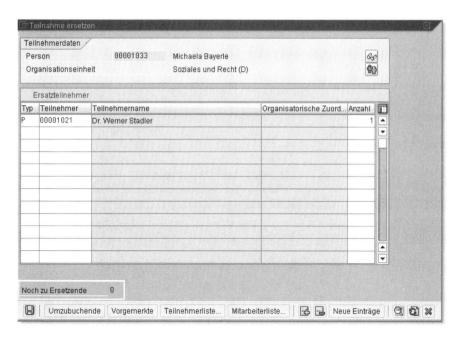

Abbildung 10.49 Ersetzen einer Teilnahme

Sollte der Teilnehmer noch weitere Informationen benötigen, z.B. ob ein bestimmter Kollege auch auf diesen Termin gebucht ist oder wie der zeitliche Ablauf der Schulung ist, können Sie über den Button ▦ die Teilnehmerliste und über den Button ⊙ den zeitlichen Ablauf der Schulung einsehen.

Hat sich der Teilnehmer dann für einen Termin entschieden, müssen Sie diesen wie in Abbildung 10.50 gezeigt markieren, um dann anschließend mit dem Button 🖫 bzw. Buchen/Zahlungsinfo die Umbuchung durchzuführen.

Stornieren von Teilnahmen

Wenn ein Teilnehmer seine Teilnahme weder umbuchen kann noch einen Vertreter schickt, ist eine Stornierung durchzuführen. Dies erfolgt ausgehend vom jeweiligen Teilnehmer über das Kontextmenü und den Punkt **Stornieren**. Wir werden in unserem Beispiel für den Schulungstermin vom 24.02.2003 bis zum 26.02.2003 eine Stornierung vornehmen, da dieser Termin bereits komplett ausgebucht ist und wir zwei Mitarbeiter auf der Warteliste haben (siehe Abbildung 10.51).

Stornieren werden wir die Teilnahme von Herrn Dr. Martin Jost, der wegen Krankheit an der Veranstaltung nicht teilnehmen kann. In der Erfassungsmaske für die Stornierung (siehe Abbildung 10.52) können Sie den Grund für die Stornierung erfassen.

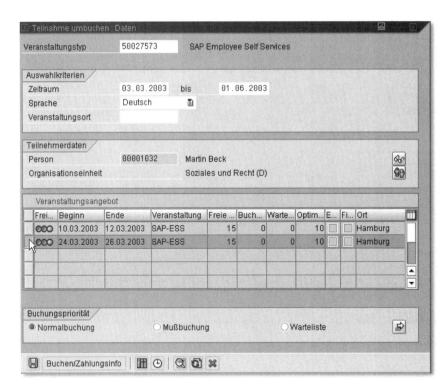

Abbildung 10.50 Umbuchung eines Teilnehmers

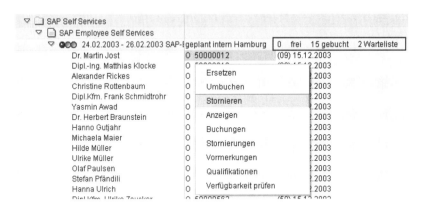

Abbildung 10.51 Kontextmenü – Storno

Der Stornierungsgrund dient zum einen der Dokumentation der Absagegründe, zum anderen kann im System über den Stornogrund eine Stornogebühr in Prozent vom Preis der Veranstaltung automatisch ermittelt werden. Dieser Prozentsatz würde in der Erfassungsmaske unter Storno-% 0 erscheinen, sofern dies in Ihrem System so eingestellt ist. Über den Button Stornieren/Zahlungsinfo würden Sie dann – wie bei der Buchung einer Teilnahme – die Verrechnungsdaten, wie Kostenrechnungskreis und Kostenstelle, angeben. Sollten keine Stornogebühren anfallen, können Sie die Teilnahme über den Button 🗑 direkt stornieren.

Abbildung 10.52 Teilnahme stornieren

Da durch die Stornierung des Teilnehmers jetzt einer der Kandidaten auf der Warteliste nachrücken könnte, bietet das System Ihnen eine Liste möglicher Nachrückkandidaten an (siehe Abbildung 10.53). Aus dieser Liste können Sie einen der Kandidaten auswählen; über den Button ✔ buchen Sie den Teilnehmer dann auf die Veranstaltung.

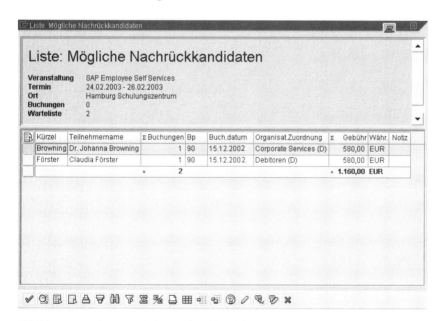

Abbildung 10.53 Liste möglicher Nachrückkandidaten

Jetzt haben Sie alle Funktionen kennen gelernt, die Sie im täglichen Umgang mit den Teilnehmern benötigen. Das Erstellen der Korrespondenz, wie Teilnahmebescheinigungen, Stornobestätigungen usw., ist das Thema des nächsten Abschnitts.

10.5.2 Korrespondenz

Gerade im Veranstaltungsmanagement ist die Korrespondenz eine sehr wichtige Funktion, da sie die Kommunikation mit den Teilnehmern und Referenten mit Hilfe von E-Mails und Word-Dokumenten ermöglicht.

Die Korrespondenz können Sie auf unterschiedliche Art aufrufen. Entweder Sie tätigen einen einzelnen Aufruf für den jeweiligen Fall oder Sie nutzen die so genannte Massenverarbeitung, in der Sie für mehrere Teilnehmer gleichzeitig Dokumente erzeugen. Wollen Sie z.B. für einen einzelnen Teilnehmer eine Buchungsbescheinigung erstellen, markieren Sie diesen Teilnehmer im Teilnahmemenü und wählen Sie den Menüpfad **Teilnahme · Korrespondenz · manuelle Ausgabe** (siehe Abbildung 10.54).

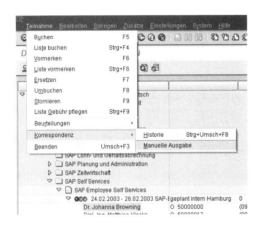

Abbildung 10.54 Aufruf der manuellen Korrepondenz

Sie gelangen dann in eine Liste von so genannten Mitteilungskürzeln, die jeweils für eine Art von Dokument stehen. So gibt es z.B. ein Mitteilungskürzel für die Teilnahmebestätigung (siehe Abbildung 10.55). Bestätigen Sie Ihre Auswahl per Doppelklick auf den gewünschten Eintrag oder mit dem Button ✓.

In der nun folgenden Eingabemaske wird Ihnen die so genannte Empfängerliste für die Korrespondenz angezeigt (siehe Abbildung 10.56). Da wir von einem einzelnen Teilnehmer ausgegangen sind, erscheint auch nur dieser in unserer Liste.

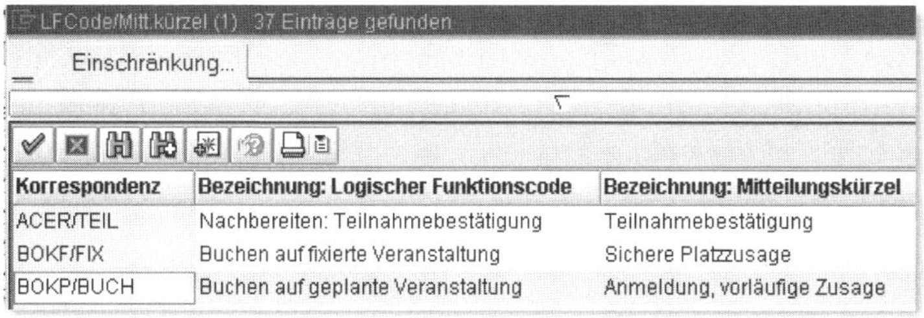

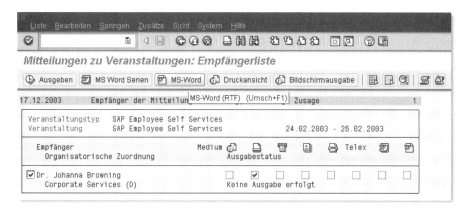

Abbildung 10.55 Liste der Mitteilungskürzel

Sie haben jetzt hier die Möglichkeit, das Ausgabemedium für die Korrespondenz auszuwählen. Die Auswahlmöglichkeiten hängen allerdings von der Einstellung Ihres Systems ab. Es gibt beispielsweise Firmen, die die Ausgabe mit Word nicht nutzen. Wir gehen in unserem Fall aber davon aus, dass Sie MS-Word mit entsprechenden Briefvorlagen im Einsatz haben.

Abbildung 10.56 Auswahl des Mediums für die Korrepondenz

Aus dem Veranstaltungsmanagement gibt es mehrere Möglichkeiten, Korrespondenz zu erzeugen. Entweder Sie benutzen ausschließlich so genannte *SAPScript-Formulare* oder Sie benutzen MS-Word als Ausgabemedium für Ihre Korrespondenz. Wir gehen die einzelnen Möglichkeiten nachfolgend durch.

- Das Medium (Bildschirm) wurde ausgewählt: Die Korrespondenz wird als SAPScript-Formular auf dem Bildschirm angezeigt, jedoch nicht ausgedruckt. Ein Ausdruck von dieser Anzeige aus ist aber jederzeit über den Button möglich.

- Das Medium (Drucker) wurde ausgewählt: Die Korrespondenz wird als SAPScript-Formular auf ihrem Drucker ausgegeben (siehe Abbildung 10.57). Es erscheint daraufhin ein Dialog, wie Abbildung 10.58 ihn zeigt. Wählen Sie hier unter **Ausgabegerät** ihren lokalen Drucker aus (dieser sollte in der Regel bereits als Vorschlagswert eingetragen sein) und drücken Sie den Button [Drucken]. Wenn Sie in der Spool-Steuerung **Sofort ausgeben** markiert haben, wird der Brief sofort auf Ihrem Drucker ausgegeben.

Abbildung 10.57 Ausgabemedium SAPScript

- Das Medium (SAP-Mail) oder das Medium (Internet-Mail) wurde ausgewählt: Hierbei öffnet sich das SAP-interne Mailsystem, und Sie können entweder einen SAP-User oder einen Internet-Mail-Empfänger eintragen. Voraussetzung für Internet-Mails ist allerdings, dass Ihr SAP-System entsprechend konfiguriert ist.

- Das Medium (Fax) wurde ausgewählt: Die Daten werden an einen faxfähigen Drucker gesendet.

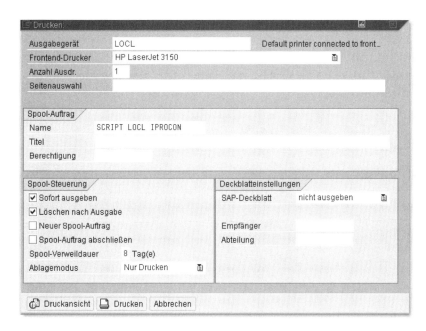

Abbildung 10.58 Dialogfenster – drucken

- Das Medium (MS-Word) wurde ausgewählt: Das fertige Dokument wird nach Word exportiert und könnte dort noch ergänzt werden. Die Ansicht und Aufteilung des Dokuments entspricht der Ausgabe in SAPScript (siehe Abbildung 10.57).

- Das Medium (MS-Word Serienbrief) wurde ausgewählt: Es werden Felder aus SAP nach Word exportiert, die dort zur Erstellung eines Serienbriefes genutzt werden können. In der Regel werden Sie in Ihrem Unternehmen Vorlagen für die einzelnen Briefe erstellt haben, in die hinein Sie die Daten immer wieder übertragen können. Dazu müssen Sie, sobald Sie den Button Ausgeben gedrückt haben, in dem dann erscheinenden Fenster die Checkbox vorhandenes Word Dokument aktivieren. Wollen Sie das Dokument mit einem Passwort schützen, können Sie entweder ein Passwort selbst vergeben oder eines vom System generieren lassen. Wenn Sie das zu erstellende Dokument nicht mit einem Passwort schützen wollen, belassen Sie die Einstellung auf Kein Paßwort (siehe Abbildung 10.59).

Anschließend wird in MS-Word ein Serienbriefdokument geöffnet, das in der Regel perfekter erscheint als die SAPScript-Ausgabe, da MS-Word in der Gestaltung etwas flexibler als SAPScript ist.

Wenn Sie Dokumente für mehrere Teilnehmer einer Veranstaltung erstellen wollen, müssen Sie im Teilnahmemenü von einer Veranstaltung ausgehend ebenfalls den Menüpfad **Teilnahme · Korrespondenz · manuelle Ausgabe** (siehe Abbildung 10.54) aufrufen. Es öffnet sich anschließend ebenfalls die Auswahlliste für die Ausgabe von Dokumenten. Der einzige Unterschied ist, dass dann für jeden auf die Veranstaltung gebuchten Teilnehmer ein Dokument erstellt werden kann.

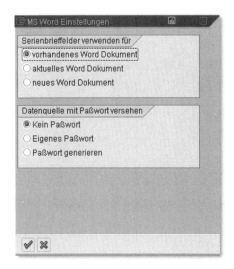

Abbildung 10.59 MS-Word Einstellungen

10.6 Wiederkehrende Arbeiten

Die so genannten *wiederkehrenden Arbeiten* im Veranstaltungsmanagement umfassen alle Aktivitäten, die nach dem Anlegen oder Planen von Veranstaltungsterminen durchgeführt werden und die nicht die Buchungsvorgänge und die Korrespondenz, d.h. das Tagesgeschäft, betreffen.

10.6.1 Fixieren von Veranstaltungen

Aus dem Teilnahmemenü heraus können Sie Veranstaltungen fixieren. Fixiert wird eine Veranstaltung erst dann, wenn Sie entschieden haben, dass eine Veranstaltung stattfinden soll, d.h. wenn sich z.B. ausreichend viele Teilnehmer auf die Veranstaltung angemeldet haben. Das Fixieren ist also ein Schritt in der Veranstaltungsabwicklung. Sobald Sie eine Veranstaltung fixieren, werden an die Teilnehmer beispielsweise endgültige Buchungsbestätigungen ausgegeben. Die Wartelistenbuchungen werden – je nach Customizing Ihres Systems – auf andere Veranstaltungen umgebucht oder in Vormerkungen umgewandelt oder bleiben auf der Warteliste. Bevor eine Veranstaltung nachbereitet werden kann (siehe Abschnitt 10.6.4), muss der Schritt des Fixierens ausgeführt worden sein. Voraussetzung für das Fixieren einer Veranstaltung ist, dass die Veranstaltung im Status **geplant** angelegt wurde und bereits Buchungen auf der Veranstaltung bestehen. Bitte beachten Sie, dass bereits fixierte Veranstaltungen nicht noch einmal fixiert werden können.

Das Fixieren von Veranstaltungen bewirkt, dass die Veranstaltung vom Status **geplant** auf den Status **fixiert** gesetzt wird. Des Weiteren füllt das System die fixierbaren Teilnahmen bei existierenden Wartelistenbuchungen bis zur optimalen bzw. maximalen Kapazität der Veranstaltung auf, sofern die Kapazitätsgrenzen durch Muss- und Normalbuchungen noch nicht erreicht sind (siehe hierzu auch die Ausführungen zur Buchungspriorität im Abschnitt 10.5.1). Dabei haben Sie noch die Möglichkeit, Teilnehmer zu tauschen, indem Sie die Teilnehmerliste bearbeiten. Beachten Sie bitte, dass Mussbuchungen nicht getauscht werden können.

In unserem Beispiel führen wir bei der vorliegenden Veranstaltung jetzt eine Fixierung durch (siehe Abbildung 10.60). Auf dieser Veranstaltung befinden sich insgesamt 15 Teilnehmer, davon sind vier Mitarbeiter auf der Warteliste. Da die optimale Kapazität der Veranstaltung bei 10 Teilnehmern liegt, ist eine der Buchungen offensichtlich eine Mussbuchung.

Ausgehend von der gewünschten Veranstaltung benutzen wir den Eintrag **Fixieren/Absagen** aus dem Kontextmenü. Auf dem dann erscheinenden Bildschirm müssen Sie entscheiden, ob Sie bis zur Erreichung der optimalen oder maximalen Teilnehmerzahl noch Buchungen erlauben wollen. Wählen Sie hierzu im Bereich **Bearbeitung** entweder ⦿ Fixieren (opt.Kap.) oder ⦿ Fixieren (max.Kap.) . Ändern Sie gegebenenfalls im Feld **Zusatzangaben** unter **Umbuchungen ab** das frühestmögliche Datum für einen Umbuchvorschlag (siehe Abbildung 10.61). Das System schlägt Ihnen hierbei das Tagesdatum vor.

Liegt die Zahl der Teilnahmebuchungen unter der minimalen Kapazität, wird ein Dialogfenster geöffnet, das Ihnen die Möglichkeit gibt, den Bearbeitungsmodus zu ändern: Sie können entscheiden, ob Sie die Veranstaltung in diesem Fall absagen möchten. Eine Veranstaltung ohne Teilnehmer kann nicht fixiert werden.

Wir entscheiden uns für das Fixieren bis zur maximalen Kapazität, da eine Fixierung zur optimalen Kapazität mit dem derzeitigen Stand der Buchungen nicht mehr möglich ist. Anschließend wählen Sie den Button [Datenbild] und gelangen damit in die Teilnehmerliste (siehe Abbildung 10.62). Von hier aus können Sie noch einzelne Teilnehmer zwischen der Teilnehmerliste und der Warteliste tauschen. Beachten Sie hierbei aber, dass Teilnehmer mit einer Mussbuchung nicht getauscht werden können.

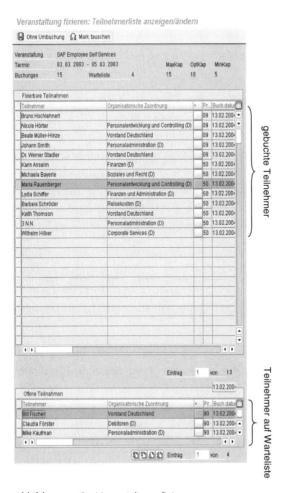

Abbildung 10.60 Veranstaltung fixieren

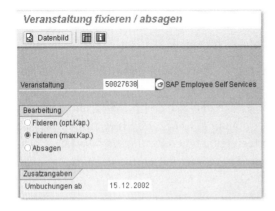

Abbildung 10.61 Datum für einen Umbuchvorschlag festlegen

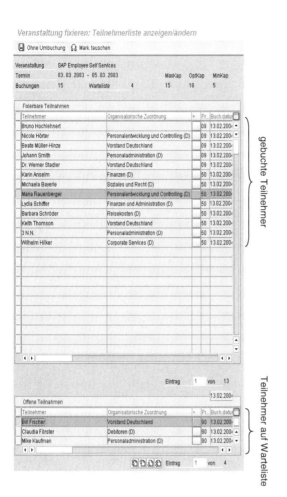

Abbildung 10.62 Teilnehmer tauschen

Um Teilnehmer aus der Teilnahmeliste mit Teilnehmern aus der Warteliste zu tauschen, müssen Sie beide Einträge markieren und anschließend den Button `Mark. tauschen` betätigen. Sie können dabei nur Teilnehmer aus der Liste der fixierbaren Teilnehmer mit der Buchungspriorität Normalbuchung tauschen. Mussbuchungen können nicht auf die Warteliste zurückgesetzt werden.

Wenn Sie Teilnehmer auf der Warteliste nicht mehr in der Veranstaltung unterbringen können, haben Sie die Möglichkeit, Umbuchungen vorzunehmen. Dazu betätigen Sie den Button 🗎 (Sichern mit Umbuchung). Es wird eine Liste der möglichen Umbuchvorschläge oder der Vormerkungen oder der verbleibenden Wartelistebuchungen erzeugt. Wählen Sie pro Teilnehmer die gewünschten Umbuchungen aus. Sollten Sie die Teilnehmer auf der Warteliste nicht weiter bearbeiten wollen, wählen Sie den Button `Ohne Umbuchung`.

Beim Sichern mit Umbuchung werden Umbuchungsvorschläge vom System gemacht. Hierbei spielt wiederum die Priorität der vorherigen Buchung des Teilnehmers eine Rolle. In unserem Beispiel haben zwei Teilnehmer eine höhere Priorität als die anderen beiden. Aufgrund der Kapazität der verfügbaren und vorgeschlagenen Veranstaltung können nur Teilnehmer einer bestimmten Priorität umgebucht werden. Die anderen beiden Teilnehmer werden auf die Vormerkliste des Veranstaltungstyps gebucht (siehe Abbildung 10.63).

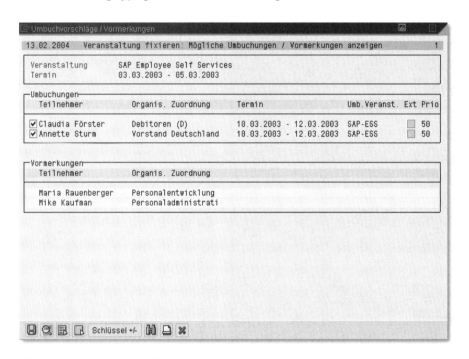

Abbildung 10.63 Sichern mit Umbuchungen beim Fixieren

10.6.2 Absagen von Veranstaltungen

Ähnlich wie beim Fixieren einer Veranstaltung verfahren Sie beim Absagen einer Veranstaltung. Sowohl fixierte als auch geplante interne und externe Veranstaltungen können abgesagt werden. Wird eine Veranstaltung abgesagt, erhält sie ein entsprechendes Kennzeichen.

So können Sie auch gebuchte Teilnahmen auf eine andere Veranstaltung desselben Typs umbuchen. Das System schlägt Ihnen automatisch einen Ersatztermin (sofern vorhanden) vor. Gebuchte und offene Teilnahmen (Wartelistebuchungen) können in Vormerkungen umgewandelt oder auf der Warteliste belassen werden. Veranstaltungen sagen Sie über das Veranstaltungsmenü ab, indem Sie aus dem Kontextmenü einer Veranstaltung **Absagen/Fixieren** auswählen. Anschließend gelangen Sie in eine neue Bildschirmmaske, in der Sie den Punkt ⦿Absagen auswählen und dann den Button 🗎 Datenbild betätigen. Sollten bereits Teilnehmer auf die Veranstaltung gebucht sein, generiert das System Umbuchungsvorschläge (siehe Abbildung 10.64).

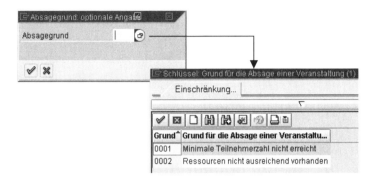

Abbildung 10.64 Umbuchungsvorschläge bei Absage einer Veranstaltung

Markieren Sie die Teilnehmer, die umgebucht werden sollen, und sichern Sie ihre Auswahl mit 🗎. Je nachdem, wie Ihr System eingestellt ist, kann es sein, dass Sie noch einen Grund für die Absage der Veranstaltung angeben müssen. Wählen Sie in diesem Fall aus der angebotenen Liste von Absagegründen den zutreffenden aus (siehe Abbildung 10.65).

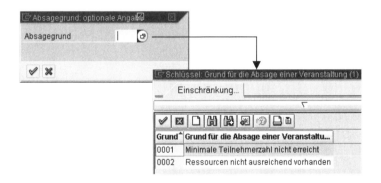

Abbildung 10.65 Auswahl eines Absagegrunds

10.6.3 Sperren/Entsperren von Veranstaltungen

Über das Kontextmenü einer Veranstaltung im Veranstaltungsmenü können Sie Veranstaltungen sperren bzw. entsperren (siehe beispielhaft Abbildung 10.60). Sperren Sie Veranstaltungen, wenn Sie die Teilnehmerliste einer Veranstaltung vorübergehend schließen wollen. Es können sowohl geplante als auch fixierte interne und externe Veranstaltungen gesperrt werden.

Wenn für eine gesperrte Veranstaltung wieder Teilnahmebuchungen zugelassen sein sollen, können Sie diese entsperren. Voraussetzung für das Sperren einer Veranstaltung ist, dass die Veranstaltung weder gesperrt noch abgesagt oder historisiert ist. Das Gleiche gilt für das Entsperren von Veranstaltungen. Gesperrte Veranstaltungen werden im Veranstaltungsangebot nicht mehr berücksichtigt, d.h. Sie können folglich auch keine Teilnahmebuchungen für diese Veranstaltungen durchführen. Entsperrte Veranstaltungen hingegen werden im Veranstaltungsangebot wieder berücksichtigt, d.h., Sie können auch wieder Teilnahmebuchungen für diese Veranstaltungen durchführen. Beachten Sie, dass im Gegensatz zum Absagen einer Veranstaltung das Sperren durch die Umkehrfunktion **Entsperren** rückgängig gemacht werden kann.

10.6.4 Nachbereitung von Veranstaltungen

Sobald eine Veranstaltung tatsächlich durchgeführt bzw. im System fixiert wurde, können Sie mit der Nachbereitung der Veranstaltung beginnen. Folgende Funktionen können in der Nachbereitung von Veranstaltungen genutzt bzw. ausgeführt werden (hier steht ganz bewusst »können ausgeführt werden«, da der Umfang der Nachbereitung von der Einstellung ihres SAP-Systems abhängt):

- Veranstaltungsziele können als Qualifikationen auf die Veranstaltungsteilnehmer übertragen werden. Als Voraussetzung dafür müssen Sie eine Ausprägung der Qualifikation angeben. Das System schreibt diesen Wert als Zusatzdaten in die anzulegenden Verknüpfungen zwischen Qualifikation und Teilnehmer.
- Der Buchungssatz wird gelöscht (Verknüpfung Veranstaltung – Teilnehmer), falls dies so im Verfahren definiert wurde (siehe weiter unten).
- Zwischen Veranstaltungstyp und Veranstaltungsteilnehmer wird eine Verknüpfung (Teilnahmehistorie) angelegt, falls dies so im Verfahren definiert wurde (siehe unten).
- Für alle Teilnehmer wird automatisch eine Teilnahmebestätigung gemäß der Ausgabesteuerung ausgegeben.

Ob und für welche Teilnehmertypen diese Aktionen durchgeführt werden, geht aus dem definierten Verfahren hervor, das im so genannten Customizing des Veranstaltungsmanagements festlegt wurde. Wenn Sie für einen Veranstaltungstyp ein spezielles Verfahren festlegen möchten, können Sie dieses im Infotyp 1030 – *Verfahren* definieren (vergleichen Sie hierzu die Ausführungen zu Abbildung

10.16). Die oben genannten Aktionen werden nur für Muss- oder Normalbuchungen ausgeführt, nicht aber für Wartelistenbuchungen.

Um eine Veranstaltung nachzubereiten, müssen Sie im Veranstaltungsmenü aus dem Kontextmenü der gewünschten Veranstaltung den Punkt **Nachbereiten** auswählen (zum Kontextmenü siehe beispielhaft Abbildung 10.60). Sie gelangen dann auf die in Abbildung 10.66 dargestellte Maske, in der Sie auswählen können, ob die Veranstaltung zusammen mit der Nachbereitung auch historisiert werden soll. Dazu markieren Sie das Feld ☑ Veranstaltung historisieren unter **Zusatzangaben**. Wenn Sie eine Veranstaltung historisiert haben, sind keine weiteren Änderungen an den Veranstaltungsdaten mehr möglich. Eine Historisierung ist unwiderruflich. Außerdem werden historisierte Veranstaltungen nicht mehr im Veranstaltungskatalog angezeigt.

Abbildung 10.66 Veranstaltung nachbereiten

Klicken Sie auf den Button 🗎 Datenbild, um die Nachbereitung zu starten. Sie bekommen sogleich eine Übersicht über die Aktionen, die vom System automatisiert durchgeführt werden (siehe Abbildung 10.67). Da wir im Infotyp 1030 – *Verfahren* für den Veranstaltungstyp, dem die nachzubereitende Veranstaltung zugrunde liegt, definiert haben, dass die Verknüpfung zwischen Veranstaltung und Teilnehmer gelöscht und die Verknüpfung zwischen Teilnehmer und Veranstaltungstyp angelegt werden soll, wird diese auch im Protokoll als Aktion aufgeführt (siehe Abbildung 10.67, Aktion Löschen: 🗑; Aktion Anlegen: 🗋). Sobald Sie den Button 🗎 betätigt haben, werden die zuvor angezeigten Aktionen im Hintergrund ausgeführt.

10.6.5 Interne Leistungsverrechnung

Bei der Buchung oder Stornierung von Teilnahmen haben wir in unseren Beispielen jeweils die Kosten der Veranstaltungen den Teilnehmern bzw. deren Kostenstellen zugeordnet. Damit die Kosten einer durchgeführten Veranstaltung letztendlich auch die Kostenstelle(n) der Teilnehmer belasten, ist die interne

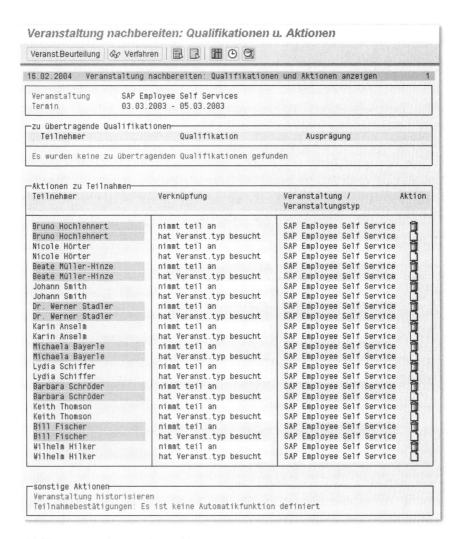

Abbildung 10.67 Aktionen der Nachbereitung

Leistungsverrechnung durchzuführen. Hierzu müssen Sie im Veranstaltungsmenü die gewünschte Veranstaltung markieren und dann im Menü über **Veranstaltung • Leistungsverrechnung • Teilnahmen oder Referententätigkeit** auswählen. Anschließend wird Ihnen das Selektionsbild eines Reports dargeboten, in dem bereits die wichtigsten Felder gefüllt sind (siehe Abbildung 10.68).

Die Planvariante wird bei Ihnen immer die **01** sein, sprich die *aktive Planvariante*. Der Objekttyp »E« (steht für Veranstaltung) ist ebenso wie die Objekt-ID der zuvor markierten Veranstaltung schon gefüllt. Als Objektauswahlzeitraum bzw. Datenauswahlzeitraum wird der Zeitraum vorgeschlagen, mit dem Sie die Struktur der Veranstaltungen betrachten. Sie können noch die Listausgabe des Reports beeinflussen, indem Sie sich z.B. die Teilnahmestornierungen ausblenden und alle verrechenbaren Teilnehmer anzeigen lassen. Dazu müssen Sie die jeweiligen Felder im Bereich der Listausgabe markieren (siehe Abbildung 10.68).

Abbildung 10.68 Interne Leistungsverrechnung für Teilnahmen

Starten Sie den Report über den Button. Sie erhalten ein Protokoll, in dem die zu verrechnenden Teilnehmer aufgelistet werden (siehe Abbildung 10.69).

Hier können Sie dann noch eingreifen, indem Sie einzelne Teilnehmer z.B. von der Leistungsverrechnung ausnehmen oder die Daten der Teilnehmer noch verändern. Um für Ihre Auswahl die Verrechnung zu starten, betätigen Sie den Button Verrechnung. Nun versucht das System, die Daten in das Controlling-Modul des R/3-Systems zu übertragen. Sie erhalten ein Protokoll der Übertragung, aus dem hervorgeht, ob die Buchung erfolgreich war.

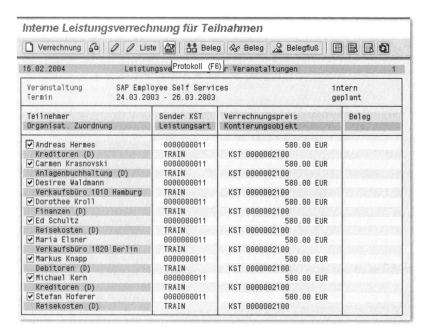

Abbildung 10.69 Protokoll der zu verrechnenden Teilnahmen

Mögliche Probleme bei der Verrechnung der Teilnehmergebühren können Sie über den Button ⚙ dem dortigen Protokoll entnehmen (siehe Abbildung 10.70).

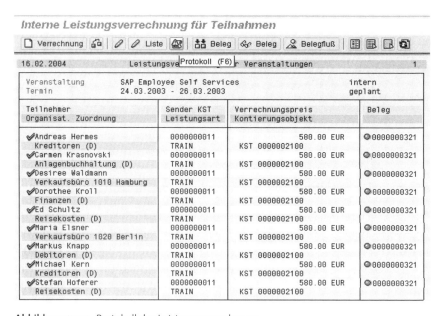

Abbildung 10.70 Protokoll der Leistungsverrechnung

Damit haben wir die wichtigsten Aktionen behandelt, die Sie im Veranstaltungsmanagement durchführen können. Wir kommen nun zu den Auswertungsmöglichkeiten des Veranstaltungsmanagements, denn ein Teil ihres Tagesgeschäfts wird sicherlich die Erteilung von Auskünften und die Beantwortung von Anfragen der Teilnehmer und derer Vorgesetzten sein.

10.7 Infosystem

Das Veranstaltungsmanagement hat – wie auch die anderen Komponenten des mySAP HR – ein Infosystem, in dem sich zahlreiche Standardauswertungen befinden, die es Ihnen ermöglichen, Anfragen von Teilnehmern, Referenten oder Vorgesetzten schnell und effizient zu beantworten.

10.7.1 Auskunftsmenü

Das Auskunftsmenü erreichen Sie entweder aus dem Veranstaltungs- oder Teilnahmemenü über den Pfad **Springen** · **Auskunftsmenü** oder über den SAP Easy Access-Pfad **Personal** · **Veranstaltungsmanagement** · **Infosystem** · **Auskunftsmenü**. Alternativ hierzu können Sie auch über den Pfad **Personal** · **Veranstaltungsmanagement** · **Infosystem** · **Berichte** auf die einzelnen Berichte zugreifen. Die Berichte teilen sich grundsätzlich in drei Berichtsbäume auf:

- Teilnahmen
- Veranstaltungen
- Ressourcen

Zum Aufrufen der Berichte benötigen Sie gewisse Grundkenntnisse, die Ihnen hier vermittelt werden.

> **Tipp** Benutzen Sie nach Möglichkeit das Auskunftsmenü. In den meisten Reports müssen Sie dann nicht erst ein Selektionsbild mit Daten füllen, da Sie im Auskunftsmenü immer, ausgehend von einer konkreten Veranstaltung, einem Veranstaltungstyp oder Teilnehmer, die Auswertung starten können.

Im Auskunftsmenü starten Sie Reports in der Regel ausgehend von einem konkreten Objekt. D.h., Sie markieren beispielsweise eine Veranstaltung und navigieren dann über das Menü **Auskunft** und dann über einen der drei vorhandenen Berichtsbäume **Teilnahmen**, **Veranstaltungen** oder **Ressourcen** (siehe Abbildung 10.71). Alternativ dazu können Sie auch das Kontextmenü benutzen. Das System bietet Ihnen dann eine ganze Reihe von Auswertungen in einer Übersicht dar, aus der Sie den gewünschten Report durch einen Klick auf den Button ⊕ vor dem Report starten.

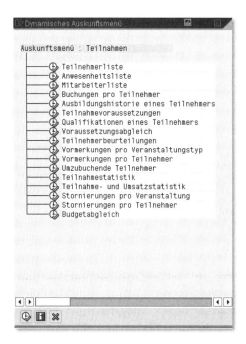

Abbildung 10.71 Auskunftsmenü – Teilnahmen

Abhängig vom Report und dem Objekt, von dem aus Sie den Report gestartet haben, erscheint sofort das Ergebnis des Reports oder sein Selektionsbild (siehe Abbildung 10.72).

Das jeweilige Selektionsbild hängt von der Art der Auswertung ab. Einige Reports haben jedoch bestimmte Selektionsfelder gemeinsam. Daher erfolgt hier eine kurze Einweisung in einige Selektionsfelder.

Als Beispiel dient der Report zur Ausgabe einer Teilnehmerliste. In unserem Beispiel soll die Teilnehmerliste einer Veranstaltung angezeigt werden (siehe Abbildung 10.72). Sollten Sie einem solchen Selektionsbild begegnen, müssen Sie auf jeden Fall folgende Felder füllen:

▶ Planvariante
Eine Planvariante ist ein festgelegter Bereich, in dem Informationsdaten abgelegt werden. Es gibt immer nur eine aktive oder eine produktive Planvariante. Daneben kann es viele so genannte *Spielvarianten* geben, die z.B. zur Planung oder Restrukturierung des Veranstaltungskatalogs genutzt werden können.

▶ Objekttyp
Hier schränken Sie die Art des auszuwertenden Objektes ein. Ein Objekt im Veranstaltungsmanagement kann z.B. eine Veranstaltungsgruppe (L), ein Veranstaltungstyp (D) oder eine Veranstaltung (E), aber auch eine Person (P) sein.

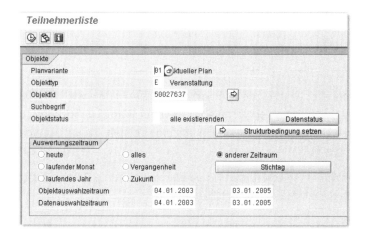

Abbildung 10.72 Selektionsbild Teilnehmerliste

- **Objekt-ID**
  Die Objekt-ID stellt die konkrete Ausprägung eines Objekttypen dar, also z. B. eine konkrete Veranstaltungsgruppe oder einen bestimmten Veranstaltungstyp. Wenn Sie hier nichts eingeben, werden alle innerhalb der angegebenen Planvariante vorhandenen Objekte des gewählten Typs selektiert.

Des Weiteren gibt es Felder, die Sie einsetzen können, um Objekte zu selektieren bzw. um Ihre Auswahl weiter einzuschränken:

- **Suchbegriff**
  In diesem Feld können Sie einen Suchbegriff eingeben, um damit nach dem Objekt zu suchen, mit dem Sie arbeiten wollen (Veranstaltungsgruppe, Veranstaltungen usw.).

- **Objektstatus**
  Enthält einen einstelligen Schlüssel, der für einen Status steht. Alle Objekte im Veranstaltungsmanagement haben einen Status: aktiv, geplant, beantragt, genehmigt oder abgelehnt.

- **Auswertungszeitraum**
  Es werden alle Objekte selektiert, die innerhalb des selektierten Zeitraums oder zum Stichtag gültig sind:

    - Objektauswahlzeitraum
      In diesem Feld schränken Sie eine Auswertung auf Objekte ein, die genau an dem von Ihnen eingegebenen Datum gültig sind.

    - Datenauswahlzeitraum
      Alle Infotypen (Verknüpfungen, Beschreibungen usw.) besitzen einen Gültigkeitszeitraum, in dem sie »existieren« bzw. gültig sind. Um Infotypen

nach deren Gültigkeit zu selektieren, müssen Sie einen Auswahlzeitraum eingeben. Alle Infotypen, die zu einem beliebigen Zeitpunkt innerhalb des angegebenen Zeitraums gültig sind, werden bei der Auswertung berücksichtigt.

Neben diesen Feldern gibt es außerdem reportspezifische Felder, wie z.B. die Möglichkeit, nur Teilnehmer mit einer Normal-, Muss- oder Wartelistebuchung zu selektieren. Sobald Sie die gewünschten Selektionsfelder gefüllt haben, können Sie den Report über den Button ⊕ starten.

Nachfolgend erhalten Sie einen Überblick und eine jeweilige kurze Beschreibung der Reports innerhalb der einzelnen Berichtsbäume.

10.7.2 Berichtsbaum Teilnahmen

Teilnehmerliste

In Abhängigkeit vom Ausgangsobjekt, d.h. davon, welches Objekt Sie im Auskunftsmenü markiert haben, erhalten Sie eine Übersicht über die Teilnehmer. Sie können die Liste auf Normal-, Muss- und Wartelistenbuchungen einschränken. Als Aufbereitungsoption gibt es die Möglichkeit, das Ergebnis der Liste als Anwesenheitsliste aufbereitet auszugeben bzw. nach Word zu exportieren. Hierzu müssen Sie auf dem Selektionsbild die Checkbox ☑ Anwesenheitsliste aufbereitet ankreuzen, den Report starten und anschließend den Button 📄 WinWord betätigen (siehe Abbildung 10.73).

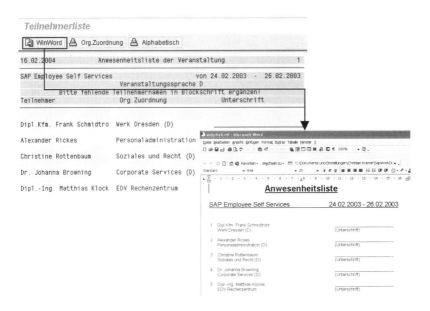

Abbildung 10.73 Teilnehmerliste als Word-Dokument

Mitarbeiterliste

Mit diesem Report können Sie die Mitarbeiterliste einer internen (Objekttyp *Organisationseinheit*) oder externen Organisationsstruktur (Objekttyp *Firma, Kunde oder Interessent*) erstellen. Er findet beispielsweise Verwendung beim Ersetzen von Teilnehmern der N.N.-Buchungen einer Firma.

Buchungen pro Teilnehmer

Mit diesem Report können Sie eine Liste der gebuchten Veranstaltungen eines internen oder externen Einzel- oder Sammelteilnehmers für einen beliebigen Auswahlzeitraum erstellen.

Ausbildungshistorie eines Teilnehmers

Mit diesem Report können Sie die Ausbildungshistorie eines internen oder externen Teilnehmers erstellen, d.h. eine Liste aller Veranstaltungen, die der betreffende Teilnehmer besucht hat und/oder auf die er gebucht ist.

Teilnahmevoraussetzungen

Mit diesem Report können Sie eine Liste der zur Teilnahme an Veranstaltungen eines oder mehrerer Veranstaltungstypen notwendigen Voraussetzungen erstellen. Teilnahmevoraussetzungen können sein:

▶ Besuch von Veranstaltungen eines bestimmten Veranstaltungstyps
▶ Qualifikationen (z.B. EDV-Kenntnisse, HR-Kenntnisse etc.)

Qualifikationen eines Teilnehmers

Mit diesem Report können Sie eine Liste der Qualifikationen eines Teilnehmers erstellen. Unter Qualifikationen werden dabei verstanden:

▶ Besuch von Veranstaltungen eines bestimmten Veranstaltungstyps
▶ Qualifikationen im Sinne von Kenntnissen, Fähigkeiten und Fertigkeiten (z.B. Sprachkenntnisse, BWL-Kenntnisse etc.)

Voraussetzungsabgleich

Mit diesem Report können Sie die für einen Veranstaltungsbesuch vorausgesetzten Qualifikationen den Qualifikationen gegenüberstellen, die ein Teilnehmer bereits besitzt.

Vormerkungen pro Veranstaltungstyp

Mit diesem Report können Sie eine Liste aller auf einen oder mehrere Veranstaltungstypen eingegangenen Vormerkungen für einen beliebigen Auswahlzeitraum erstellen. Dieser Report kann z. B. für die Planung neuer Veranstaltungen eines Veranstaltungstyps dienen.

Vormerkungen pro Teilnehmer

Mit diesem Report können Sie eine Liste der Vormerkungen pro Teilnehmer oder Sammelteilnehmer zusammen mit den zu erwartenden Kosten (den am Veranstaltungstyp gepflegten Preisen) erstellen.

Umzubuchende Teilnehmer

Mit diesem Report können Sie eine Liste der noch umzubuchenden Teilnahmebuchungen erstellen, d.h. der Buchungen, die beim Fixieren einer Veranstaltung infolge einer Vollbelegung bzw. bei einer Veranstaltungsabsage nicht mehr berücksichtigt werden konnten, nicht direkt umgebucht wurden und deshalb noch auf der Warteliste der betreffenden Veranstaltung stehen (siehe Abschnitt 10.6.1).

Teilnahmestatistik

Mit diesem Report können Sie eine Liste mit den Veranstaltungsteilnehmerzahlen erzeugen. Außerdem können Sie mit diesem Report auswerten, welche Veranstaltungen sich im Status geplant befinden und fixiert werden müssen (beispielsweise für die Ab- und Verrechnung der Teilnahmegebühren). Sie können aus dem Ergebnis des Reports direkt Veranstaltungen fixieren und absagen (Button `Fixieren / absagen`) bzw. nachbereiten (Button `Nachbereiten`).

Teilnahme und Umsatzstatistik

Mit diesem Report können Sie eine Liste der Teilnehmerzahlen und Umsätze (Umsatz = Teilnehmerzahl x Preis) für Veranstaltungen erstellen. Je nach gewähltem Auswahlzeitraum können Sie durch diesen Report auch alle verrechenbaren und fakturierbaren Teilnehmer von Veranstaltungen auswerten. Beachten Sie, dass zur Vergleichbarkeit alle Beträge in eine auf dem Selektionsbild anzugebende Währung umgerechnet werden.

Stornierungen pro Veranstaltung

Mit diesem Report können Sie ein Liste der Veranstaltungen erstellen, von denen Teilnehmer storniert wurden. Eventuell erhobene Stornogebühren werden in der Liste ebenfalls ausgegeben. Aus dem Ergebnis des Reports heraus lassen sich Daten zu den Stornierungen pflegen. So können Sie z. B. eine gegebenenfalls erfasste

Notiz zu einer Stornierung anzeigen (🔖) bzw. ändern (📝) und Angaben zur Stornogebühr pflegen bzw. ändern (✏️).

Stornierungen pro Teilnehmer

Dieser Report ist ähnlich dem Report *Stornierungen pro Veranstaltung*, mit dem Unterschied, dass hier der Teilnehmer und nicht die Veranstaltung im Vordergrund der Selektion steht.

10.7.3 Berichtsbaum Veranstaltungen

Veranstaltungsbedarf

Mit diesem Report können Sie eine Liste der Veranstaltungsbedarfe erstellen, d.h. der Anzahl der benötigten und geplanten Veranstaltungstermine pro Veranstaltungstyp. Die Auswertung kann pro Planungsjahr ausgeführt werden; es können jedoch auch einzelne Quartale des entsprechenden Planungsjahres ausgewertet werden. Sie können dabei den Bedarf an zu planenden Veranstaltungsterminen nach Veranstaltungssprachen und Veranstaltungsorten getrennt auswerten. Neben den offenen Bedarfen (d.h. der Anzahl der benötigten Veranstaltungstermine) werden auch die gedeckten Bedarfe (d.h. die Anzahl der bereits geplanten Termine) ermittelt und angezeigt.

Veranstaltungsablauf

Wenn Sie diesen Report von einer Veranstaltung aus aufrufen, wird direkt das Ergebnis angezeigt, ohne dass Sie noch ein Selektionsbild ausfüllen müssen. Der Report zeigt den zeitlichen (operativen) Ablauf einer Veranstaltung an.

Veranstaltungshierarchie

Mit diesem Report können Sie, ausgehend von einer Veranstaltungsgruppe oder einem Veranstaltungstyp, alle hierarchisch untergeordneten Knoten in der Veranstaltungshierarchie anzeigen lassen.

Veranstaltungsbroschüre

Mit diesem Report können Sie eine Veranstaltungsbroschüre der ausgewählten Veranstaltungstypen bzw. -gruppen für einen beliebig gewählten Auswahlzeitraum oder Stichtag erzeugen. Für die Veranstaltungsbroschüre kann ein Win-Word-Download durchgeführt und ein Inhaltsverzeichnis erzeugt werden.

Wenn Sie nur bestimmte Veranstaltungstypen in die Veranstaltungsbroschüre aufnehmen möchten, müssen Sie beim Anlegen dieser Veranstaltungstypen unter **Info Veranstaltungstyp** (Infotyp 1029) das Kennzeichen für die Aufnahme in die

Veranstaltungsbroschüre gesetzt haben (siehe auch die Ausführungen zu Abbildung 10.11).

Folgende Informationen, die an Veranstaltungsgruppen abgelegt werden, können in der Veranstaltungsbroschüre ausgegeben werden:

- Erweiterter Veranstaltungstext (Infotyp 1002, Subtyp 0004)
- Veranstaltungsdauer in Tagen (Infotyp 1042, Subtyp 0001)
- Voraussetzungen, d.h. besuchte Veranstaltungstypen und/oder Qualifikationen (Verknüpfung A029, **setzt voraus**)
- Folgeveranstaltung, d.h. Veranstaltungstypen, die über die Verknüpfung B029, **wird vorausgesetzt von** mit den für die Broschüre ausgewählten Veranstaltungstypen verknüpft sind
- Veranstaltungsinhalt (Infotyp 1002, Subtyp 0002)
- Zielsetzung (Verknüpfung A028, **vermittelt**)
- Zielgruppe (Verknüpfung A033, **ist vorgesehen für**)
- Hinweise (Infotyp 1002, Subtyp 0003)
- Veranstaltungsinformationen: Externer Preis (aus Infotyp 1021) und Veranstalter (Verknüpfung A036, **wird veranstaltet von**)
- Termine und Schulungsort: Veranstaltungstermin (Verknüpfung A020, **ist Spezialisierung von**) und Veranstaltungsort (Verknüpfung A024, **findet statt in**)

Veranstaltungsinformation

Mit diesem Report können Sie sich umfangreiche Detailinformationen zu Veranstaltungsterminen anzeigen lassen, wie z.B. Ort, Referenten, Raum, Telefonnummer des Raumes, Kursverantwortlicher, freie Plätze, Veranstaltungsdauer. Neben der Möglichkeit, einen schnellen Einblick in relevante Veranstaltungsdaten zu bekommen, bietet dieser Report eine wertvolle Bearbeitungshilfe, da Sie damit gezielt auswerten können, welche Veranstaltungen beispielsweise fixiert oder nachbereitet werden müssen, gesperrt sind etc.

Veranstaltungstermine

Mit diesem Report können Sie für die ausgewählten Veranstaltungstypen eine Liste der Veranstaltungstermine erstellen, die dazu im eingegebenen Auswahlzeitraum existieren. Abgesagte, gesperrte, nachbereitete oder historisierte Veranstaltungen werden nicht angezeigt.

10.7.4 Berichtsbaum Ressourcen

Ressourcenausstattung

Mit diesem Report können Sie die Ausstattung von Ressourcen anzeigen lassen. Dafür werden Objekte des Typs »R« (Ressourcentyp) aufgelistet, die mit Objekten des Typs »G« (Ressource) verknüpft sind. Dadurch erhalten Sie für die Belegung von Räumen beispielsweise eine Übersicht, über welche Ausstattung (Objekttyp »R« = Ressourcentyp) die belegbaren Schulungsräume (Objekttyp »G« = Ressource) verfügen.

Ressourcenbelegung

Mit diesem Report können Sie die Belegung der Ressourcen eines ausgewählten Ressourcentyps über einen vorgegebenen Zeitraum tabellarisch darstellen lassen. Angezeigt werden außerdem die Veranstaltungen, die diese Ressourcen belegen. Abhängig vom gewählten Zeitraster wird die Tabelle in einem Stunden-, Tages- oder Wochenraster dargestellt.

Referenteninformation

Mit diesem Report können Sie die Referententätigkeit von Einzelpersonen im Veranstaltungsmanagement auswerten. Das durch den Report erstellte Listbild kann in Abhängigkeit Ihrer Layouteinstellungen folgende Informationen enthalten:

- Auswertungszeitraum
- Ressource (Referentenname)
- Veranstaltungs-ID
- Datum des ersten Veranstaltungstages
- Datum des letzten Veranstaltungstages
- Beginnzeit am ersten Veranstaltungstag
- Endezeit des letzten Veranstaltungstages
- Anzahl der Veranstaltungstage
- Veranstaltungsdauer pro Tag in Stunden
- Gesamtveranstaltungsdauer in Stunden

10.8 Übungsaufgaben zu Kapitel 10

1. Welche wesentlichen Prozesse unterstützt das Veranstaltungsmanagement?
2. Was versteht man unter den so genannten *dynamischen Menüs*?
3. Was bestimmen Sie über den so genannten Vorschauzeitraum eines dynamischen Menüs?
4. Welche weiteren benutzerspezifischen Einstellungen können Sie für die dynamischen Menüs festlegen?
5. Welche Objekte stehen für die Strukturierung des Veranstaltungskatalogs zu Verfügung?
6. Worin bestehen die wesentlichen Unterschiede zwischen diesen Objekten?
7. Welche Menüs werden im Veranstaltungsmanagement unterschieden? Erläutern Sie kurz die wesentlichen Inhalte dieser Menüs.
8. Legen Sie einen kleinen Veranstaltungskatalog an.
9. Was ist der Unterschied zwischen einem internen und einem externen Veranstaltungspreis?
10. Was ist der Unterschied zwischen einem Ressourcentyp und einer Ressource?
11. Legen Sie mehrere Veranstaltungen eines beliebigen Veranstaltungstyps an.
12. Buchen Sie einen Mitarbeiter auf eine Veranstaltung.
13. Was geschieht, wenn der Mitarbeiter zum Veranstaltungstermin eine Abwesenheit (z. B. Urlaub) in der SAP-Zeitwirtschaft eingetragen hat und Ihr Unternehmen die Integration der Zeitwirtschaft in das Veranstaltungsmanagement aktiviert hat?
14. Buchen Sie einen Mitarbeiter auf eine Veranstaltungsliste.
15. Wie gehen Sie vor, wenn Sie mehrere Mitarbeiter (Mitarbeiterliste) auf eine Veranstaltung buchen wollen?
16. Führen Sie eine N.N.-Buchung durch.
17. Ein Mitarbeiter meldet sich kurz vor Veranstaltungsbeginn krank. Stornieren Sie seine Teilnahme.
18. Welche Aussagen sind falsch?

    a) Buchungen auf Wartelisten können nur an einer Veranstaltung vorgenommen werden.

    b) Buchungen auf eine Vormerkliste können zu Nachrückungen beim Stornieren einer Teilnahme führen.

    c) Die Priorität einer Wartelistenbuchung bestimmt die Reihenfolge der Nachrückung.

d) Nach Erreichen der minimalen Teilnehmerzahl einer Veranstaltung garantieren nur so genannte Mussbuchungen eine Teilnahme.

e) Eine im Status **fixiert** angelegte Veranstaltung kann nicht mehr in den Status **geplant** zurückversetzet werden.

f) Vormerkungen können nur auf Veranstaltungsgruppentypen vorgenommen werden.

19. Ein Teilnehmer wünscht einen anderen Veranstaltungstermin. Wie finden Sie einen alternativen Termin, und wie buchen Sie den Teilnehmer um? Beschreiben Sie Ihr Vorgehen.

11 Reisemanagement

Alle Reisekostenbelege der Mitarbeiter zentral einzugeben, kann für die Reisestelle sehr aufwändig sein. Vor allem bei großem Reiseaufkommen wird dieser Prozess deshalb gern dezentralisiert, so dass der Reisende oder ein Multiplikator die Reisedaten selbst in das System einpflegt.

11.1 Voraussetzung in den Stammdaten

Um für einen Mitarbeiter im System Reisen anlegen und abrechnen zu können, muss der Mitarbeiter mindestens mit einem so genannten Ministammsatz im System existieren. Das heißt, es müssen für ihn mindestens die folgenden Infotypen gepflegt sein:

- 0000 – *Maßnahmen*
- 0001 – *Organisatorische Zuordnung*
- 0002 – *Daten zur Person*
- 0006 – *Anschriften*
- 0009 – *Bankverbindung*
- 0017 – *Reiseprivilegien*

Die Erfassung eines neuen Mitarbeiters in SAP HR erfolgt immer über den Infotyp *Maßnahmen*, er ist also zwangsläufig vorhanden. Der Infotyp *Organisatorische Zuordnung* enthält die Kostenstelle, welche für die Kontierung der Reisekostenabrechnung notwendig ist. In *Daten zur Person* sind Name und Geburtsdatum hinterlegt, um den Mitarbeiter zu identifizieren. Der Infotyp *Anschriften* ist für die Überweisung erforderlich. Infotyp 0009 enthält mindestens die Hauptbankverbindung und gegebenenfalls einen Subtyp 2 – *Reisespesen*, um beispielsweise die Erstattungsbeträge direkt auf das zu entlastende Kreditkartenkonto zu buchen. Eine ausführliche Beschreibung dieser Infotypen finden Sie in Kapitel 5, *Personaladministration*, Abschnitt 5.6.

> **Hinweis** In der Regel werden für die meisten Mitarbeiter bei der Einstellung ohnehin umfangreiche Stammsätze im System angelegt. In diesem Fall ist die Erfassung eines Ministammsatzes natürlich nicht mehr erforderlich. Eventuell müssen Sie dann noch den Infotyp 0017 ergänzen und prüfen, ob eine abweichende Bankverbindung (Infotyp 0009) für die Reisespesen hinterlegt werden muss.

11.1.1 Infotyp 0017 – Reiseprivilegien

Mit Hilfe dieses Infotyps (siehe Abbildung 11.1) wird die Reisekostenabrechnung für einen Mitarbeiter gesteuert. Über von Ihnen definierte Gruppierungen bestimmen Sie, welche Erstattungsbeträge in der Reisekostenabrechnung verwendet werden und welche Belegarten für den Mitarbeiter zulässig sind. Die in diesem Abschnitt behandelten Felder sind dabei für Sie relevant.

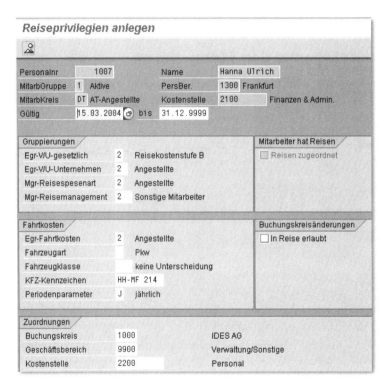

Abbildung 11.1 Infotyp 0017 – Reiseprivilegien für den Mitarbeiter pflegen

Gruppierungen

Das System bietet die Möglichkeit, die Reisekosten von verschiedenen Mitarbeitergruppen nach unterschiedlichen Regelungen abzurechnen. Dazu können hier die Gruppierungen **Erstattungsgruppe-Verpflegung/Unterkunft-gesetzlich** bzw. **-Unternehmen** eingetragen werden. Wählen Sie gegebenenfalls über die F4-Hilfe die gewünschte Gruppierung aus. Im Feld **Mgr-Reisespesenart** bestimmen Sie anhand der Mitarbeitergruppierung, welche Reisespesenarten für den Mitarbeiter zulässig sind. Das Feld **Mgr-Reisemanagement** wird in der Berechtigungsprüfung verwendet. Wird dieses Feld bei Ihnen gepflegt, so bedeutet das, dass nur Reisedaten von Mitarbeitergruppierungen ausgewertet werden, für die der Benutzer eine Berechtigung hat.

Mitarbeiter hat Reisen

Dieses Kennzeichen wird automatisch gesetzt, sobald am Mitarbeiter Reisen gepflegt sind. Damit wird die Selektion von Personalnummern in Reisekostenvorgängen beschleunigt. In Auswertungen zu Reisekosten kann es als Selektionskriterium verwendet werden (siehe Abbildung 11.22).

Fahrtkosten

Haben Sie für die Mitarbeiter verschiedene Regelungen zur Erstattung der Fahrkosten, so ist unter **Egr-Fahrtkosten** die entsprechende Erstattungsgruppe anzugeben. Unterscheiden Sie weiterhin nach Fahrzeugarten in der Erstattung der Fahrtkosten, ist im zweiten Feld die zulässige Fahrzeugart auszuwählen. Fahrzeugklassen fassen wiederum Fahrzeugarten nach bestimmten Aspekten zusammen. Verwendet Ihr Unternehmen eine Klassifizierung, so ist für den Mitarbeiter die zulässige Fahrzeugklasse zu pflegen, andernfalls erfolgt – wie in Abbildung 11.1 zu sehen ist – keine Unterscheidung. Gilt in Ihrem Unternehmen ab einer bestimmten Fahrleistung im Monat oder im Jahr eine reduzierte Fahrtkostenpauschale, so ist das Feld **Periodenparameter** abhängig von der Fahrleistung des Mitarbeiters zu pflegen.

Buchungskreisänderungen

Markieren Sie dieses Feld, falls einzelne Reisen oder Anteile von Reisen in einen anderen Buchungskreis gebucht werden dürfen, als der, der in den Stammdaten des Mitarbeiters festgelegt ist.

Zuordnungen

Soll nicht die Stammkostenstelle des Mitarbeiters (siehe Abbildung 11.1, Infotyp 2100 – *Finanzen & Admin*.), sondern eine abweichende Kostenstelle mit den Reisekosten belastet werden, sind die Felder **Buchungskreis**, **Kostenstelle** und gegebenenfalls **Geschäftsbereich** entsprechend zu pflegen.

11.1.2 Infotyp 0027 – Kostenverteilung

Über den Subtyp 02 des Infotyps 0027 können die Reisekosten auf verschiedene Kontierungsobjekte verteilt werden (siehe Abbildung 11.2). Entspricht die Summe der Prozentsätze nicht 100, so wird die Differenz dem Kontierungsobjekt aus Infotyp 0017 – sofern vorhanden –, ansonsten der Stammkostenstelle aus Infotyp 0001 zugerechnet.

11.1.3 Infotyp 0105 – Kommunikation

Beim Einsatz von Kreditkartenclearing muss im Infotyp 0105 und Subtyp 0011 die Kreditkartennummer hinterlegt werden. Bitte achten Sie darauf, dass die ersten beiden Stellen des Feldes das Kürzel zur Identifikation der Kreditkartengesell-

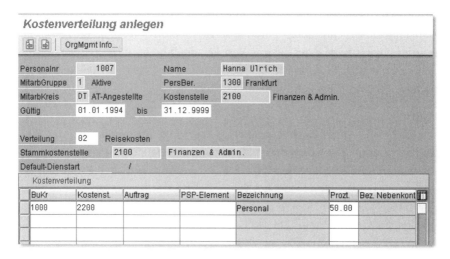

Abbildung 11.2 Infotyp 0027 – Reisekosten belasten verschiedene Kostenstellen

schaft (z.B. EC für Euro Card) enthalten müssen und erst danach die Nummer der Kreditkarte eingegeben wird (siehe Abbildung 11.3).

Abbildung 11.3 Infotyp 0105 mit Subtyp 0011 zum Hinterlegen der Kreditkartennummer

11.2 Reisedaten im Reisemanager erfassen

11.2.1 Reiseantrag und Vorschuss erfassen

Der Reiseantrag dient zur Beantragung einer Geschäftsreise, zur Auszahlung eines Vorschusses sowie zur Beantragung der benötigten Reisemittel. Der Prozessablauf vom Reiseantrag bis zur Reisekostenabrechnung ist in Abbildung 11.4 dargestellt, wie er im System abläuft. Nicht immer ist es erforderlich oder wird es verlangt, einen Reiseantrag zu stellen.

Übung

Stellen Sie sich vor, Sie selbst oder einer Ihrer Kollegen plant eine Geschäftsreise. Sie möchten dafür den Antrag mit den notwendigen Informationen für die Buchung der Reisemittel stellen. Sie gehen dabei wie folgt vor:

1. Wählen Sie den Pfad **Personal · Reisemanagement · Reisemanager**. Es öffnet sich das Einstiegsbild (siehe Abbildung 11.5).

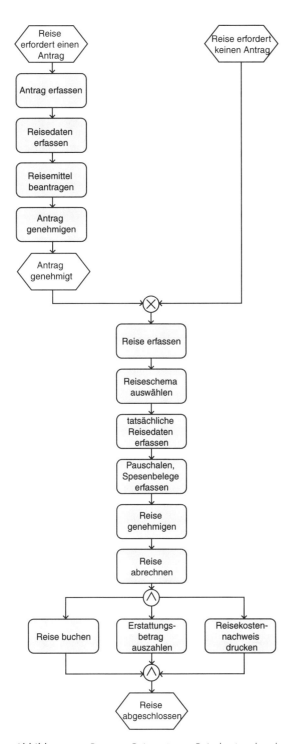

Abbildung 11.4 Prozess »Reiseantrag – Reisekostenabrechnung«

Abbildung 11.5 Einstiegsbild Reisemanager

2. Falls Sie in Ihrer Rolle als Multiplikator oder als zentrale Reisestelle den Reiseantrag für einen Kollegen anlegen möchten, müssen Sie über die Drucktaste 🗔 die Personalnummer wechseln (siehe Abbildung 11.6).

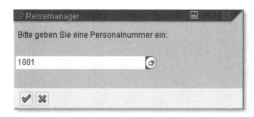

Abbildung 11.6 Für einen anderen Mitarbeiter Reisen pflegen

3. Klicken Sie auf den Link **Anlegen eines Reiseantrags**. Es öffnet sich ein leeres Reiseantragsformular.

4. Füllen Sie im Reiseantragsformular zunächst die Rahmendaten der Reise aus:

   Reiseziel
   Geben Sie hier das Reiseziel an. Besuchen Sie auf Ihrer Geschäftsreise mehrere Orte, so ist zunächst das erste Ziel anzugeben.

   Land
   Wählen Sie bitte in der Drop-Down-Liste das Land des ersten Reiseziels aus.

   Tätigkeit
   Manche Unternehmen unterscheiden nach zulässigen Reisetätigkeitsarten abhängig von einer unternehmensspezifischen Mitarbeitergruppierung. Ist bei Ihnen dieses Feld zu pflegen, wählen Sie bitte die entsprechende Tätigkeit der Geschäftsreise aus.

Grund

Dies ist ein Textfeld ohne Eingabehilfe. Tragen Sie hier den Grund der Reise ein.

Geschätzte Kosten

Die geschätzten Kosten können für eine automatische Genehmigung des Reiseantrags relevant sein. Nehmen Sie hier gegebenenfalls eine Schätzung der Gesamtkosten der Reise vor und geben Sie die Währung an (siehe Abbildung 11.7).

Abbildung 11.7 Eine mehrtägigen Inlandsreise beantragen

Hinweis In vielen Systemen finden Sie die Währung »Euro« unter dem Text **Währung der Mitgliedsstaaten der EWU**. Sollten Sie ihn also in Ihrem System nicht unter **E** finden, suchen Sie ihn unter **W**.

5. Falls Sie auf Ihrer Geschäftsreise weitere Orte besuchen, klicken Sie bitte auf den Button 🗋 vor **Weitere Ziele**: Das erste Reiseziel wird automatisch in die Tabelle übernommen. Tragen Sie darunter die weiteren Ziele mit Anfangsdatum und Anfangsuhrzeit des Reiseabschnitts ein (siehe Abbildung 11.8). Über die Drucktaste 🗂 schließen Sie die Tabelle wieder.

6. Im nächsten Schritt können Sie einen **Vorschuss** beantragen: Öffnen Sie die Tabelle über den Button 🗋. Tragen Sie Betrag und gegebenenfalls eine abweichende Währung ein. Mit **Enter** bestätigen Sie die Eingabe. Das System füllt automatisch **Kurs** und **Abrechnungsbetrag** aus. Markieren Sie das Feld **Kasse**, falls der Vorschuss bar ausgezahlt wurde. Nach dem Sichern können Sie den Vorschuss nicht mehr ändern, jedoch weitere Beträge in die Tabelle eingeben.

Rahmendaten							
Reisebeginn	17.03.2004		Uhrzeit	14:00			
Reiseende	19.03.2004		Uhrzeit	20:00			
1. Reiseziel	Wiesbaden						
Land	Deutschland		Tätigkeit	keine Unterscheidung			
Grund	Query-Seminar bei MFS						

Weitere Ziele

	Zielort	Land	Anfangsda...	Uhrz...	Grund	Tätigkeitsart
	Wiesbaden	DE	17.03.2004	14:00	Query-Seminar bei	keine Untersch...
	Frankfurt	DE	19.3.04	17:00	Kundenbesuch	keine Untersch...
				00:00		keine Untersch...
				00:00		keine Untersch...
				00:00		keine Untersch...

Abbildung 11.8 Geschäftsreise mit mehreren Reisezielen beantragen

Wenn Sie weniger ausgezahlt bekommen haben als zuerst angegeben, müssen Sie einen Negativbetrag pflegen. Die Überweisung des Vorschusses kann erst nach Genehmigung des Reiseantrags erfolgen. Die Höhe des beantragten Vorschusses kann ebenso wie die geschätzten Gesamtkosten relevant für die automatische Genehmigung sein. Schließen Sie den Abschnitt zur besseren Übersicht wieder.

Hinweis Informieren Sie sich über die Handhabung von Vorschüssen in Ihrem Unternehmen. Oft ist eine Erfassung an dieser Stelle nicht vorgesehen. In diesem Fall ist das Feld im Allgemeinen ausgeblendet. Doch nicht immer sind die Bildschirmmasken optimal an die Unternehmensspezifika angepasst.

7. **Von Stammkontierung abweichende Kostenzuordnung der Gesamtreise**: Egal, ob die Reisekosten normalerweise die Stammkostenstelle aus Infotyp 0001 oder andere Kontierungsobjekte aus Infotyp 0017 bzw. 0027 belasten (siehe Abschnitt 11.1.2): An dieser Stelle übersteuern Sie diese allgemeine Regelung der Kostenzuordnung. Über die Drucktaste können Sie auch eine prozentuale Aufteilung (je Kostenstelle, Auftrag, Vorgang etc.) vornehmen.

8. Unter **Bemerkungen** können Sie eine Mitteilung für die Reisestelle erfassen, z.B. weitere Reiseteilnehmer für zusammenhängende Sitzplatzreservierungen angeben.

9. Im zweiten Teil des Formulars können Sie nun **Transportmittel** und **Unterkunft** je Reiseziel **beantragen**.

Der schwarze Pfeil in der Spalte **Auswahl** kennzeichnet das Reiseziel, für das Sie gerade die Reisemittel bearbeiten. Wählen Sie nun im unteren Teil das entsprechende Reisemittel für dieses Reiseziel aus, indem Sie auf das jeweilige Symbol klicken.

Hinflug/Rückflug

Wählen Sie im ersten Feld aus, ob sich Datum und Uhrzeit auf die Abreise oder die Ankunft beziehen. Wenn Sie z.B. nicht wissen, wie lange der Flug dauert, aber zu einer bestimmten Uhrzeit eintreffen müssen, geben Sie besser die Ankunftszeit an. Weiterhin müssen Sie Start- bzw. Zielort und Land eingeben. Für den Hinflug ist Ihr Reiseziel als Zielort und für den Rückflug als Startort bereits vorbelegt. Die Vorbelegungen können Sie überschreiben.

Wenn Sie Ihre Eingaben für das Reisemittel abgeschlossen haben, drücken Sie bitte den **Übernehmen**-Button. In der Tabelle wird Ihnen durch das Symbol das beantragte Reisemittel angezeigt (siehe Abbildung 11.9). Schließen Sie der Übersicht halber den Abschnitt durch Klick auf das Symbol des Reisemittels.

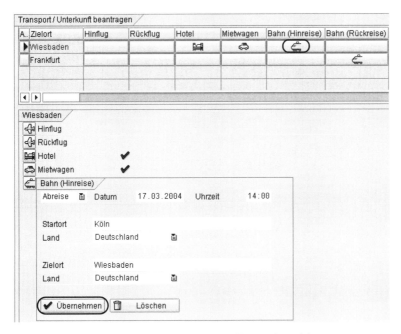

Abbildung 11.9 Die Hinreise nach Wiesbaden soll per Bahn erfolgen

Hotel

Die An- und Abreisedaten sind bereits gemäß Ihren Rahmendaten vorbelegt. Korrigieren Sie die Daten gegebenenfalls und drücken Sie den **Übernehmen**-Button, um ein Hotelzimmer zu beantragen. In der Tabelle wird dies wiederum durch das Symbol angezeigt.

Mietwagen

Den Mietwagen beantragen Sie für den Zielort, an dem Sie den Mitwagen aufnehmen. Wählen Sie dann Annahmezeitpunkt sowie Abgabezeitpunkt und -ort aus und drücken Sie den **Übernehmen**-Button.

Bahn (Hin-/Rückreise)

Für Bahnfahrkarten gilt das Gleiche wie für Flugtickets. Wählen Sie also auch hier aus, ob sich die Uhrzeit auf Abreise oder Ankunft bezieht.

10. Haben Sie die Beantragung der Reisemittel abgeschlossen, können Sie sich den Reiseantrag in der Übersicht ansehen (siehe Abbildung 11.10). Drücken Sie dazu in der Drucktastenleiste den Button [Übersicht]. Den Reiseantrag können Sie an dieser Stelle auch ausdrucken (**rechte Maustaste · Drucken**) oder über die Drucktaste [Mail/Fax] versenden. Mit dem grünen Pfeil kehren Sie zum Reiseantragsformular zurück, wo Sie eventuelle Korrekturen vornehmen können.

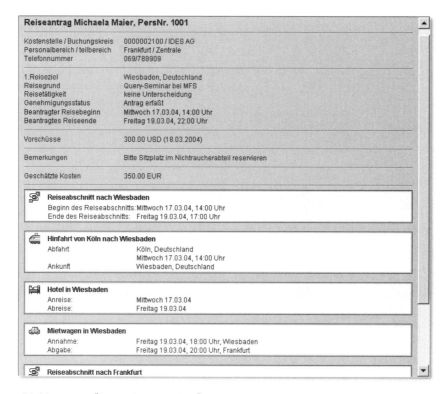

Abbildung 11.10 Überprüfen Sie in der Übersicht noch einmal Ihre Angaben

11. Ist Ihr Reiseantrag vollständig ausgefüllt, drücken Sie den **Sichern**-Button und kehren zurück zum Einstiegsbild.

Nun ist der Reiseantrag ordnungsgemäß gestellt und wird nach dem Sichern entweder an einen Genehmigungsworkflow übermittelt oder ist von der Reisestelle oder der Führungskraft über einen Genehmigungsreport abrufbar. Im Einstiegsbild des Reisemanagers taucht die Reise unter **Meine offenen Reisen** (siehe Abbildung 11.5) auf. Je nach Berechtigung können Sie das Formular von dort über den Link **Bearbeiten des Reiseantrages** erneut zur Bearbeitung öffnen.

> **Tipp** Das Infocenter enthält Informationen zu Ansprechpartnern der Reisestelle, die Höhe der Verpflegungs-, Übernachtungs- und Kilometerpauschalen abhängig vom Reiseland, Angaben zur aktuell ausgewählten Personalnummer, und Sie haben im Infocenter die Möglichkeit, Währungen umzurechnen. Das Infocenter steht Ihnen an jeder Stelle des Reisemanagers zur Verfügung. Sie öffnen es über die Drucktaste 🅸.

11.2.2 Reise zur Abrechnung erfassen

Übung

Ihr Reiseantrag wurde genehmigt, und die Dienstreise ist erfolgt. Nun möchten Sie die Reisekosten abrechnen. Sie gehen dabei wie folgt vor:

1. Sie befinden sich im Einstiegsbild des Reisemanagers. Falls Sie in Ihrer Rolle als Multiplikator oder als zentrale Reisestelle die Reisedaten für einen Kollegen erfassen möchten, müssen Sie über die Drucktaste 👥 die Personalnummer wechseln (siehe Abbildung 11.6).

2. Wählen Sie in der Übersicht **Meine offenen Reisen** bzw. **Offene Reisen von …** für die abzurechnende Reise den Link **Anlegen einer Reisekostenabrechnung**.

3. Falls es verschiedene Formulare für die Reisekostenabrechnung in Ihrem Unternehmen gibt, werden Sie als Nächstes aufgefordert, das Reiseschema nach der Art der Reise auszuwählen (siehe Abbildung 11.11).

Abbildung 11.11 Reiseart auswählen

> **Tipp** Sie können auch nach Erfassung der Reisedaten und Spesenbelege das Reiseschema wechseln. Wenn Sie die Reisekostenabrechnung geöffnet haben, wählen Sie den Pfad **Zusätze · Reiseschemawechsel**.

4. Als Vorgabe werden die Rahmendaten aus dem Reiseantrag übernommen. Bitte geben Sie die tatsächlichen Daten der Reise ein (Datum/Uhrzeit). Wenn Sie eine Auslandsreise abrechnen möchten, müssen Sie gegebenenfalls die

Region zum Land angeben, da es innerhalb einiger Länder wie z.B. den USA oder der Russischen Föderation unterschiedliche Pauschalen gibt.

5. Öffnen Sie den Bereich **Pauschale Erstattung,** um ggf. Pauschalen für Fahrtkosten und Verpflegung abzurechnen.

Fahrtkosten

Hier können Sie die mit einem eigenen Fahrzeug gefahrenen Kilometer abrechnen. Klicken Sie auf **Aufteilung der Wegstrecke**, um die Gesamtkilometer gegebenenfalls auf die einzelnen Tage aufzuteilen. Überschreiben Sie – sofern erforderlich – in der ersten Spalte das Datum und füllen Sie die weiteren Felder der Tabelle entsprechend aus. Über den Button **Zusatzinfo** können Sie weitere Informationen zu einer einzelnen Wegstrecke erfassen (siehe Abbildung 11.12).

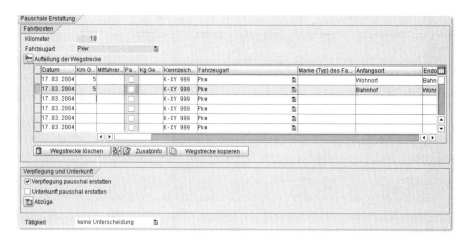

Abbildung 11.12 Aufteilung der Wegstrecke für Privatfahrzeug

Tipp Durch die Aufteilung der Wegstrecke können Sie auch den Tatbestand erfassen, dass die verschiedenen Teilstrecken mit einer unterschiedlichen Zahl von Mitfahrern gefahren wurden.

Verpflegung und Unterkunft

Die Verpflegung wird in der Regel pauschal erstattet. Deswegen ist das Ankreuzfeld **Verpflegung pauschal erstatten** bereits markiert. Handelt es sich jedoch z.B. um ein Seminar mit Vollverpflegung, dann darf das Feld nicht aktiv sein. Erfordern gesetzliche oder unternehmensspezifische Regelungen einen Abzug für unentgeltliche Bewirtung, so ist unter dem Punkt **Abzüge** entsprechend Frühstück, Mittag-, Abendessen oder der Essens-Bon zu markieren (siehe Abbildung 11.13).

Das Feld **Unterkunft pauschal erstatten** ist zu aktivieren, wenn es aufgrund einer privaten Übernachtung keinen Hotelbeleg abzurechnen gibt. Da dieses Kennzeichen für die gesamte Reise gilt, müssen gegebenenfalls einzelne Nächte, für die z. B. doch ein Hotel in Anspruch genommen wurde, wieder ausgenommen werden. Dafür ist unter **Abzüge** in der Spalte **Nacht zum** das Häkchen zu setzen.

Hinweis Das SAP-Standardsystem erkennt nicht automatisch, dass Nächte, für die ein Hotelbeleg erfasst wurde, aus der Pauschalerstattung herauszunehmen sind. Daher müssen Sie auf dieses Kennzeichen sehr genau achten.

Tätigkeit
Über dieses Feld kann jede Reise bezüglich der Tätigkeit (z. B. Kundenbesuch, Seminar o. Ä.) kategorisiert werden. Dies ist für den Zweck der Auswertung oft erforderlich oder bestimmt gegebenenfalls auch das zu bebuchende Konto in der Finanzbuchhaltung. Abhängig von Ihrer unternehmensspezifischen Reiserichtlinie kann sogar die Höhe der Erstattung davon abhängen. Informieren Sie sich daher über die Nutzung dieses Feldes in Ihrem Unternehmen und die Bedeutung der einzelnen Einträge.

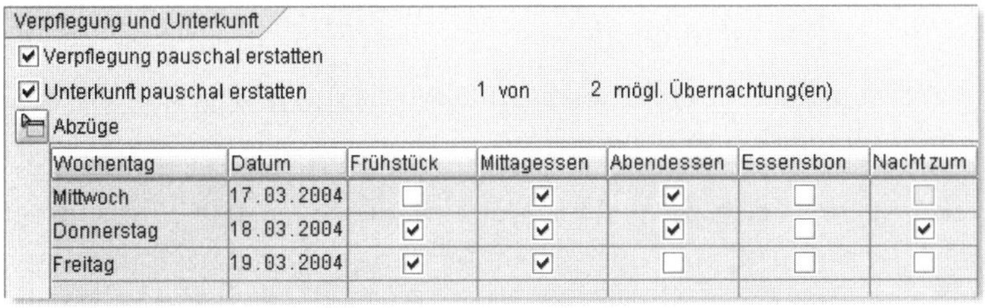

Wochentag	Datum	Frühstück	Mittagessen	Abendessen	Essensbon	Nacht zum
Mittwoch	17.03.2004	☐	☑	☑	☐	☐
Donnerstag	18.03.2004	☑	☑	☑	☐	☑
Freitag	19.03.2004	☑	☑	☐	☐	☐

Abbildung 11.13 Abzüge für vom Unternehmen bezahlte Verpflegung oder Unterkünfte erfassen

6. Im Bereich **Spesenbelege** tragen Sie nun Ihre abzurechnenden Belege ein.

Spesenbeleg
Wählen Sie in der Drop-Down-Liste die Belegart aus. Geben Sie weiterhin Betrag und Währung ein. Die Vorsteuer ist vorbelegt und muss in der Regel nicht geändert werden. Zudem kann es erforderlich sein, das Datum des Belegs und die Gültigkeit (z. B. Mietwagenleihdauer) zu pflegen.

Zusatzinformationen
Die Zusatzinformationen zum Beleg sind vor allem bei Hotelübernachtungen interessant. Dann müssen Sie hier die Anzahl der Frühstücke angeben. Jedoch nur dann, wenn sie im Betrag der Hotelrechnung enthalten sind. Gab es kein Frühstück oder haben Sie dafür extra bezahlt, dann tragen Sie hier eine Null ein.

Abweichende Kostenzuordnung des Spesenbelegs

Soll ein einzelner Beleg auf eine andere Kostenstelle gebucht werden, dann geben Sie unter diesem Punkt die Informationen ein.

7. Übernehmen Sie den Spesenbeleg mit **Enter** oder per Klick auf **Übernehmen** in die Tabelle (siehe Abbildung 11.14).

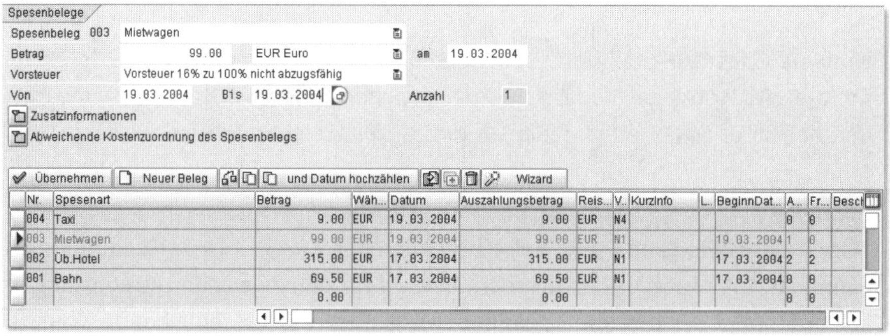

Abbildung 11.14 Änderung eines Spesenbelegs durch Markieren der Zeile

8. Haben Sie alle Belege eingegeben, können Sie über die Drucktaste [Ergebnisse] die Reisekostenabrechnung simulieren (siehe Abbildung 11.15). Sie bekommen den erwarteten Erstattungsbetrag mitgeteilt. Das Ausdrucken der Simulation erfolgt über den **Drucken**-Button.

9. Gehen Sie zurück in die Reisekostenabrechnung, nehmen Sie eventuell notwendige Korrekturen vor und sichern Sie.

Auf diese Weise ist Ihre Reisekostenabrechnung nun fertig gestellt und von der Reisestelle oder der Führungskraft über einen Genehmigungsreport abrufbar. Im Einstiegsbild des Reisemanagers taucht unter **Meine offenen Reisen** bzw. **Offene Reisen von ...** neben der Reise der errechnete Erstattungsbetrag auf. Je nach Berechtigung können Sie in der Zeile über den Link **Ändern der Reisekostenabrechnung** das Formular erneut zur Bearbeitung öffnen.

Die Reisekostenabrechnung ermittelt aus den Rahmendaten Datum und Uhrzeit den Verpflegungsaufwand sowie aus den Spesenbelegen die Erstattungsbeträge und verrechnet ausgezahlte Vorschüsse. Das Ergebnis wird an das Rechnungswesen zur Auszahlung an den Mitarbeiter weitergeleitet.

Über der Tabelle der Spesenbelege finden Sie mehrere Drucktasten, die Sie bei der Eingabe der Belege unterstützen. Um die nachfolgend beschriebenen Funktionen zu nutzen, müssen Sie den Spesenbeleg in der Tabelle markieren, indem Sie auf den Zeilenanfang klicken:

```
                    R E I S E K O S T E N N A C H W E I S

Name         Michaela Maier                              Simulation
PersonalNr   1001                    IDES AG             Zentrale
ReiseNr      2600293                 Frankfurt           Kostenst. 2100

                        P A U S C H A L A B R E C H N U N G

                                  Verpflegung

 Datum              Lnd      Firma
 Uhrzeit                     AbzgFi.    Anzahl      Erstattungsbetrag in EUR

 17.03.04 17.03.04
 14:30    24:00     DE       12.00         1                       12.00

 18.03.04 18.03.04
 00:00    24:00     DE       24.00         1                       24.00

 19.03.04 19.03.04
 00:00    22:15     DE       24.00         1                       24.00

 Gesamtbeträge Verpflegung in EUR                                  60.00

                                   Fahrtkosten

 Datum      Art              Betrag
                             Firma     Km/Anz.      Erstattungsbetrag in EUR

 17.03.04   Pkw
            Km-G              0.27         5                        1.33

 17.03.04   Pkw
            Km-G              0.27         5                        1.33

 Gesamtbeträge Fahrtkosten in EUR                                   2.66

 Gesamtbeträge Pauschalabrechnung in EUR                           62.66

                          E I N Z E L N A C H W E I S

            Reisespe-  Abz.Fr
 Datum  BNr senart     An Lnd VS                          Betrag in EUR

 17.03.04 001  Bahn          N1                                   69.50
 17.03.04 002  Üb.Hotel      N1                                  315.00
 17.03.04 002  Üb.Hotel  2 DE V0                                   9.00-
 17.03.04 003  Mietwagen     N1                                   99.00
 19.03.04 004  Taxi          N4                                    9.00

 Erstattungsbetrag Einzelnachweis in EUR                         483.50


                          E R S T A T T U N G S B E T R A G

 Erstattungsbetrag in EUR                                       546.16
```

Abbildung 11.15 Simulation der Reisekostenabrechnung

- **Kopieren gleicher Belege**: Belege gleicher Art und mit dem gleichen Betrag können Sie mit dem Button einfach kopieren (und gegebenenfalls auf den Folgetag setzen mit Hilfe des nebenstehenden Buttons **mit Datum hochzählen**).

- **Kreditkartenclearing**: Über den Button ▣ können Sie den Kreditkartenbeleg hochladen, wenn bei Ihnen das Kreditkartenclearing eingesetzt wird.
- **Splitten eines Betrages**: Den Wizard 🪄 Wizard verwenden Sie, um vom Gesamtbetrag einer ausgewählten Spesenart (z.B. Hotelübernachtung) die Privatanteile (z.B. Minibar, Video) abzusplitten oder den Betrag auf verschiedene Spesenarten aufzuteilen.

> **Hinweis** Zur Erklärung der Eingabefelder und Drucktasten wurde hier das Standardformular der Reisekostenabrechnung verwendet. In Ihrem System werden zugunsten einer hohen Benutzerfreundlichkeit nur die tatsächlich benötigten Felder sichtbar sein.

11.3 Reisedaten im Reisekostenmanager erfassen

Übung

Nehmen Sie nun einmal an, dass Sie eine Geschäftsreise im Reisekostenmanager erfassen möchten. Dieser Weg ist in der Regel dann zu wählen, wenn Sie sehr viele Reisen zu erfassen haben und ständig mit dem System arbeiten – z.B. als Mitarbeiter der Reisestelle. Diese Oberfläche erfordert etwas mehr Übung, erlaubt dann aber schnelleres Arbeiten und einen besseren Überblick über die Reisen eines Mitarbeiters mit Status und Erstattungsbeträgen. Hierfür wählen Sie folgendes Vorgehen:

1. Rufen Sie den Pfad **Personal · Reisemanagement · Reisekostenabrechnung · Reisekostenmanager** auf. Es öffnet sich das folgende Bild (siehe Abbildung 11.16).

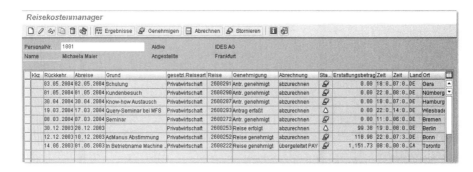

Abbildung 11.16 Einstieg in den Reisekostenmanager

2. Wählen Sie die Personalnummer des Mitarbeiters aus, falls Sie nicht Ihre eigene Geschäftsreise abrechnen möchten.

3. Drücken Sie den **Anlegen**-Button .

4. Füllen Sie zunächst die Rahmendaten der Reise aus.

5. Im Abschnitt **Pauschale Erstattung** können Sie die mit Ihrem Privat-Pkw gefahrenen Kilometer eintragen. Zur Aufteilung der Gesamtkilometer wählen Sie die Registerkarte **Wegstrecken**. Hatten Sie auf Ihrer Reise Vollverpflegung, dann darf das Feld **Verpflegung** nicht aktiv sein. Eine pauschale Erstattung für die **Unterkunft** ist zu aktivieren, wenn Sie privat übernachtet haben.

6. Eine abweichende Kostenzuordnung für die Gesamtreise nehmen Sie im nächsten Block vor. Verwenden Sie gegebenenfalls den Button für die Aufteilung der Kosten.

7. Abweichend vom Reisemanager tragen Sie nun in dieser Anwendung alle weiteren Reisedaten direkt in die Tabelle der jeweiligen Registerkarte ein.

Belege

Die Zusatzinformationen zum Spesenbeleg verbergen sich hinter dem Button **Infos** (siehe Abbildung 11.17). Bei der Eingabe einer Spesenart mit Zusatzinformationen, die zwingend zu pflegen sind, erscheint automatisch ein Popup für die Pflege. Die Spesenart erscheint dann rot auf der Registerkarte **Belege**.

Sollen einzelne Belege auf eine abweichende Kostenstelle kontiert werden, dann markieren Sie die entsprechende Zeile und wählen den Button **Kosten** aus. Außerdem haben Sie auch in dieser Transaktion die Möglichkeit, Belege über die Drucktaste **Wizard** zu splitten.

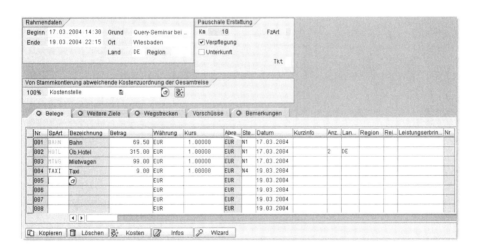

Abbildung 11.17 Erfassen der Reisedaten im Reisekostenmanager

Weitere Ziele
Falls notwendig, tragen Sie hier weitere Ziele der Reise ein und nehmen eine abweichende Kostenzuordnung für einzelne Orte vor.

Wegstrecken, Vorschüsse, Bemerkungen
Die Aufteilung der Wegstrecken, die Pflege der Vorschüsse und der Bemerkungen erfolgt analog zum oben beschriebenen Vorgehen (siehe Abschnitt 11.2.2).

8. Sichern Sie die Eingaben und führen Sie die Simulation der Reisekostenabrechnung durch.

Auf diese Weise ist nun die Reisekostenabrechnung abgeschlossen und von der Reisestelle oder der Führungskraft über einen Genehmigungsreport abrufbar. Im Einstiegsbild des Reisekostenmanagers taucht die Reise in der Tabelle mit Angabe des Erstattungsbetrags auf.

> **Hinweis** Im Reisekostenmanager können Sie auch einzelne Reisen abrechnen (Button **Abrechnen**). In der Regel erfolgt die Abrechnung aber als Massenverarbeitung über den Menüpfad **Personal** · **Reisemanagement** · **Reisekostenabrechnung** · **Periodische Arbeiten** · **Reisen abrechnen**.

> **Tipp** Damit in der Tabelle im Reisekostenmanager (sowie unter **Meine offenen Reisen** im Reisemanager) der Erstattungsbetrag ausgewiesen wird, müssen die Statistiktabellen beim Sichern der Reise gefüllt werden. Die Einrichtung erfolgt im Customizing unter **Finanzwesen** · **Reisemanagement** · **Reiseabrechnung** · **Aufbau von Reisestatistiken definieren**.

11.4 Die verschiedenen Status einer Reise

11.4.1 Genehmigungs- und Abrechnungsstatus

Im Reisemanager finden Sie Genehmigungs- und Abrechnungsstatus einer Reise unter **Listen aller Reisen**. Im Reisekostenmanager stehen die Status in den Spalten **Genehmigung** und **Abrechnung**.

Bis auf die Status **abgerechnet** und **storniert** können Sie die Genehmigungs- und Abrechnungsstatus – vorausgesetzt Sie haben die entsprechende Berechtigung – manuell setzen bzw. ändern. Verwenden Sie dazu den Button [Reisestatus] (im Reisemanager erscheint der Button, wenn Sie die Reise unter **Listen aller Reisen** öffnen). Es öffnet sich folgendes Bild (siehe Abbildung 11.18).

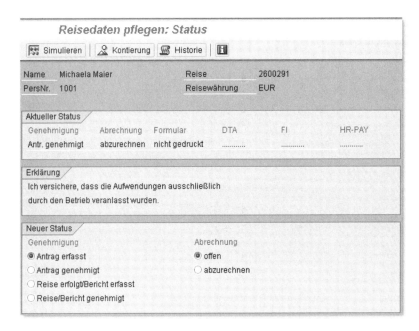

Abbildung 11.18 Manuelles Setzen der Status im Reisekostenmanager

In Tabelle 11.1 sind alle möglichen Kombinationen der Status mit Erläuterungen zusammengestellt.

Status Genehmigung	Status Abrechnung	Erläuterung
Antrag erfasst	abzurechnen	Beim Anlegen eines Antrags erzeugt das System im Hintergrund die dazugehörige Reisekostenabrechnung.
Antrag wartet	abzurechnen	Antrag wartet auf Unterlagen. Dieser Status wird über den Genehmigungsreport vergeben (siehe Abschnitt 11.5).
Antrag genehmigt	abzurechnen	Der Antrag wurde genehmigt und kann zur Auszahlung des Vorschusses abgerechnet werden. Die Reise darf angelegt werden.
Reise erfolgt	abzurechnen	Die Reisekostenabrechnung wurde erfasst.
Reise wartet	abzurechnen	Reise wartet auf Unterlagen. Dieser Status kann nur über den Genehmigungsreport vergeben werden (siehe Abschnitt 11.5).
Reise genehmigt	abzurechnen	Die Reise wurde genehmigt und kann nun abgerechnet werden.

Tabelle 11.1 Mögliche Kombinationen von Status einer Reise

Status Genehmigung	Status Abrechnung	Erläuterung
Reise genehmigt	abgerechnet	Das System setzt diesen Status automatisch nach der Abrechnung. In diesem Status können die Abrechnungsergebnisse an das Rechnungswesen, den Datenträgeraustausch oder die Personalabrechnung übergeleitet werden.
	storniert	Die Reise wurde storniert. War die Reise bereits gebucht und abgerechnet, erfolgt eine Korrekturbuchung und Rückrechnung.
	offen	Dieser Status wird vergeben, wenn mit der Abrechnung noch gewartet werden soll, weil z. B. ein Sonderfall noch zu klären ist. Es empfiehlt sich in diesem Fall, stets auch eine Bemerkung zur Reise zu erfassen, damit auch nach längerer Zeit und für Dritte nachvollziehbar ist, warum diese Reise auf **offen** gesetzt wurde.

Tabelle 11.1 Mögliche Kombinationen von Status einer Reise (Forts.)

Hinweis Wenn eine Reise noch nicht gebucht oder abgerechnet wurde, kann sie im Reisemanager (unter **Listen aller Reisen**) und im Reisekostenmanager gelöscht werden. Es erfolgt dann keine Zahlung oder Buchung. Nach der Buchung und Abrechnung ist nur noch die Stornierung zulässig, damit eine Korrekturbuchung und gegebenenfalls Rückrechnung ausgelöst wird.

Dieser Hinweis bezieht sich immer auf die letzte »Version« der Reise. Das heißt, wenn Sie einer Reise nach der ersten Auszahlung/Buchung nachträglich einen vergessenen Beleg hinzufügen, können Sie die Löschfunktion wieder nutzen. Dann wird lediglich die Ergänzung gelöscht und die Reise liegt wieder in der Version vor, die ausgezahlt/gebucht wurde.

11.4.2 Druck- und Überleitungsstatus

Ob eine Reise an die Personalabrechnung (HR-PAY), das Rechnungswesen (FI) oder den Datenträgeraustausch (DTA) übergeleitet worden ist, erkennen Sie ebenfalls in der Spalte **Abrechnungsstatus**. Diese Spalte vereinigt also eigentlich vier verschiedene Status. In Auswertungen sind diese allerdings getrennt selektierbar. Den Druckstatus vom Reisekostennachweis können Sie sich über den Button **Historie** in der Spalte **Formular** (siehe Abschnitt 11.4.3) ansehen. Die Überleitungsstatus und der Druckstatus können nicht manuell gesetzt werden.

11.4.3 Historie der Reisestatus

Die Historie der Reisestatus ist in beiden Anwendungen, dem Reisemanager als auch dem Reisekostenmanager aufrufbar (siehe Abbildung 11.19). Sie dient dazu, die verschiedenen Schritte in der Statusänderung nachzuvollziehen.

Abbildung 11.19 Historie einer Reise, aufgerufen im Reisekostenmanager

Im Reisemanager finden Sie die Historie unter **Liste aller Reisen**:

1. Markieren Sie die Reisekostenabrechnung der gewünschten Reise und wählen Sie **Ändern**.
2. Wählen Sie den Button ![Historie]. Sie gelangen auf das Bild **Reisedaten pflegen: Historie**.

Rufen Sie im Reisekostenmanager die Historie wie folgt auf:

1. Markieren Sie die gewünschte Reise und wählen Sie **Ändern** oder **Anzeigen**.
2. Wählen Sie den Button ![Historie]. Sie gelangen auf das Bild **Reisedaten pflegen: Historie** bzw. **Reisedaten anzeigen: Historie**.

11.5 Reisen genehmigen

Übung

Stellen Sie sich vor, Sie sind zuständig für die Genehmigung von Reiseanträgen oder Reisekostenabrechnungen. Sie wollen nun alle erfassten Reisekostenabrechnungen selektieren, um diese zur Genehmigung zu überprüfen.

> **Hinweis** Der Begriff »Genehmigung« steht bei Reisen für die Freigabe zur Abrechnung und Zahlung. Nur genehmigte Reisen können abgerechnet werden (ungenehmigte Reisen können lediglich simuliert werden, um das Ergebnis der Abrechnung vorwegzunehmen). Und schließlich können nur abgerechnete Reisen eine Buchung oder Zahlung auslösen. Abrechnung, Buchung und Zahlung erfolgen in der Regel automatisch als Hintergrundverarbeitung oder werden von einer zentralen Stelle gestartet. Mit der Genehmigung sorgen Sie dafür, dass eine Reise diesen Prozess durchläuft.

Um alle erfassten Reisekostenabrechnungen auszuwählen und zu überprüfen, gehen Sie wie folgt vor:

1. Starten Sie den Report **Reisen genehmigen** über den Pfad **Personal · Reisemanagement · Reisekostenabrechnung · Periodische Arbeiten**.
2. Nehmen Sie die gewünschte Selektion vor. Im oberen Teil können Sie Personalnummern über die Organisatorische Zuordnung (Button **Org.Struktur**) bzw. Felder des Infotyps 0001 (Button **weitere Selektionen**) selektieren.

   Rahmendaten
   Hier finden Sie die Rahmendaten des Reiseantrags, inklusive der Reisenummer, die vom System vergeben wird.

   Kostenzuordnung
   Die Kostenzuordnung bezieht sich auf den Infotyp 0001, auf eine abweichende Kostenzuordnung im Reiseantrag oder in den Infotypen 0017 – *Reiseprivilegien* oder 0027 – *Kostenverteilung*.

   Status
   Auf dieser Registerkarte können Sie nach verschiedenen Status der Reise selektieren. Für Reisen mit zu genehmigender Reisekostenabrechnung geben Sie wie in Abbildung 11.20 gezeigt unter **Status der Genehmigung** »3« für **Reise erfolgt** und unter **Status der Abrechnung** ebenfalls »3« für den Status **abzurechnen** ein (abhängig von Ihrem internen Prozess).

   Reiseart
   Hier können Sie Dienstreisen und Wochenberichte separat auswerten. Wochenberichte werden über eine eigene Transaktion erfasst und enthalten Belege, die nicht im Zusammenhang mit einer Dienstreise entstanden sind (z.B. Portobeleg).

   Sonderverarbeitung
   Hier können Sie für mehrere Reisen den Status gleichzeitig ändern, z.B. alle Reisekostenabrechnungen ohne Belege auf den Status **genehmigt** setzen.

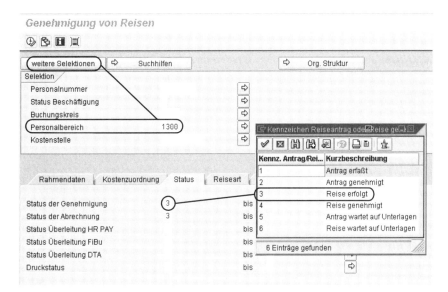

Abbildung 11.20 Selektion zu genehmigender Reisekostenabrechnungen

Listaufbereitung
Wenn Sie die neue Listaufbereitung wählen, stehen Ihnen die verschiedenen Funktionen des Table Control zur Verfügung (siehe Abschnitt 3.7.2). Ein eigenes Layout, das Sie für den Report gespeichert haben, können Sie ebenfalls auf dieser Registerkarte eintragen.

3. Nachdem Sie die Selektion abgeschlossen haben, drücken Sie auf den **Ausführen**-Button. Sie erhalten eine Liste mit den zu genehmigenden Reisekostenabrechnungen angezeigt.

4. Zur Überprüfung der Reisekostenabrechnung haben Sie folgende Möglichkeiten. Markieren Sie die Zeile und

   - klicken Sie auf den **Ändern**-Button, um in den Reisemanager bzw. Reisekostenmanager zu springen (es öffnet sich automatisch die Transaktion, in der die Reisedaten erfasst wurden),
   - klicken Sie auf den Button **Reisereporting**, um eine Übersicht über die Belege zu erhalten,
   - verwenden Sie die Drucktaste **Ansehen**, um die Simulation der Reisekostenabrechnung zu starten.

5. Um die Reise(n) zu genehmigen, markieren Sie die Zeile(n) und drücken den Button **Reise genehmigen**. Falls noch weitere Angaben in einer Reisekostenabrechnung fehlen, verwenden Sie die Drucktaste **Reise unvollständig**.

> **Hinweis** Wenn Sie eine Reise auf **unvollständig** setzen, erhält sie den Status **wartet**. Wenn Sie diese Möglichkeit nutzen, müssen Sie sicherstellen, dass diese Reisen nicht untergehen. Sie sollten dann regelmäßig den hier beschriebenen Genehmigungsreport so starten, dass die Reisen mit Status **wartet** aufgelistet werden und Sie gegebenenfalls nachfragen können.

Die Prüfung der erfassten Reisekostenabrechnungen ist nun abgeschlossen, und Sie haben den Status der Genehmigung auf **genehmigt** oder gegebenenfalls auf **Reise wartet auf Unterlagen** gesetzt. Die genehmigten Reisen werden in den nächsten Lauf der Reisekostenabrechnung, Buchung und Zahlung einfließen.

> **Hinweis** Hat eine genehmigte Reise nicht den Abrechnungsstatus **abzurechnen**, geht sie nicht in die Abrechnung ein. Bei »normalem« Verlauf sollte der Status zwar auf **abzurechnen** stehen – im Fehlerfall sollten Sie dies aber nochmals überprüfen. Vielleicht wurde sie aus irgendeinem Grund auf **offen** gesetzt.

Zur Genehmigung von Reiseanträgen verfahren Sie im Prinzip genauso. Achten Sie nur auf die Selektion der richtigen Status: **Antrag erfasst** und **abzurechnen** (abhängig von Ihrem internen Prozess).

Das Korrekturkennzeichen informiert Sie darüber, dass eine in das Rechnungswesen übergeleitete Reisekostenabrechnung geändert worden ist. Klicken Sie auf das Symbol in der Zeile oder den Button in der Drucktastenleiste, um die Korrekturen der Reise anzuzeigen.

Um bereits gebuchte Reisen zu löschen, verwenden Sie die Drucktaste . Damit setzen Sie den Status auf **storniert**.

11.6 Druck des Reisekostennachweises

Übung

Nun möchten Sie Reisekostennachweise für bereits abgerechnete Reisen mehrerer Mitarbeiter erzeugen und ausdrucken. Sie gehen wie folgt vor:

1. Rufen Sie die Transaktion **Personal · Reisemanagement · Reisekostenabrechnung · Periodische Arbeiten · Formulare drucken · Standardformular** auf.

2. Sie gelangen auf das Selektionsbild für den Reisekostennachweis (siehe Abbildung 11.21).

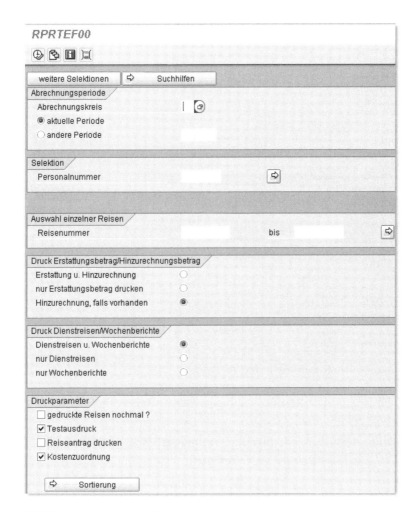

Abbildung 11.21 Selektionsbild zum Reisekostennachweis

3. Wählen Sie zuerst den Abrechnungskreis und die Abrechnungsperiode aus. **Aktuelle Periode** ist dabei in der Regel korrekt. Es werden in diesem Fall auch die älteren Reisekostennachweise gedruckt. Sie müssen also den Monat der Reise nicht genau auswählen.

4. Unter dem Eintrag **Selektion** können Sie nach verschiedenen Feldern des Infotyps 0001 selektieren, wie z.B. Personalbereich oder Mitarbeiterkreis. Wählen Sie dazu den Button **weitere Selektionen** aus und nehmen Sie die gewünschten Felder als Selektionsfelder auf.

5. Über den Button **Suchhilfen** können Sie den Wertebereich weiter einschränken, indem Sie nach weiteren Kriterien selektieren (siehe Abbildung 11.22).

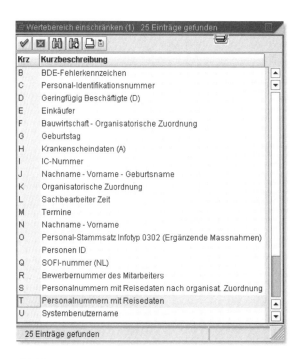

Abbildung 11.22 Weitere Einschränkung des Wertebereichs

6. Selektieren Sie im nächsten Abschnitt **Auswahl einzelner Reisen** gegebenenfalls nach Reisenummern.

7. Unter **Druck Erstattungsbetrag/Hinzurechnungsbetrag** bestimmen Sie, wie die zu versteuernden Beträge im Reisekostennachweis berücksichtigt werden.

8. Unter **Druck Dienstreisen/Wochenberichte** können Sie zwischen den Abrechnungen von tatsächlichen Dienstreisen und Belegen ohne Reise (Wochenberichte) unterscheiden.

9. Unter **Druckparameter** selektieren Sie Reisen abhängig vom Druckstatus:

   - **gedruckte Reisen nochmal?** ist nicht aktiviert: Es werden alle noch nicht gedruckten Reisen bis zum Zeitpunkt der oben ausgewählten Abrechnungsperiode gedruckt.

   - **gedruckte Reisen nochmal?** ist aktiviert: Die in der oben angegebenen Abrechnungsperiode abgerechneten Reisen werden nochmals ausgedruckt.

   - **Testausdruck**: Der Druckstatus ändert sich für die selektierten Reisen nicht.

   - **Reiseantrag drucken** ist aktiviert: Es werden auch Reiseanträge ausgewertet, die wegen einer Vorschussauszahlung abgerechnet wurden.

   - **Kostenzuordnung** ist aktiviert: Die Aufteilung der Kosten wird zusätzlich angedruckt.

10. Über den Button **Sortierung** können Sie mit Hilfe der Felder aus Infotyp 0001 die Reihenfolge der ausgegebenen Personalnummern festlegen, z.B. zuerst nach der Organisationseinheit und danach nach dem sortierfähigen Namen.

11. Drücken Sie den **Ausführen**-Button oder lassen Sie den Report im Hintergrund ausführen (Menüpunkt **Programm**), falls große Datenmengen verarbeitet werden (zur Ausführung von Reports im Hintergrund siehe Kapitel 3, *Grundlagen und Navigation*, Abschnitt 3.7.1).

Im Ergebnis wird nun der Reisekostennachweis für abgerechnete Reisen gemäß Ihren Selektionsbedingungen ausgedruckt. Darauf befinden sich der Verlauf der Reise, die Pauschal- und Belegabrechnung, eine Zusammenstellung der Ergebnisse sowie der Erstattungsbetrag für den Mitarbeiter.

> **Hinweis** Durch den Druckstatus ist es möglich, jede Reise genau ein Mal zu drucken, ohne dafür spezielle organisatorische Maßnahmen vornehmen zu müssen. Das System merkt sich über diesen Status von selbst, welche Reisen noch zu drucken sind. Wird eine Reise nach dem Druck wieder geändert und erneut abgerechnet, wird der Druckstatus wieder zurückgesetzt und die Reise ist beim nächsten Drucklauf mit dabei.

11.7 Zahlung und Buchung

Über den Pfad **Personal · Reisemanagement · Reisekostenabrechnung · Periodische Arbeiten · Reisen abrechnen** werden die Reisen abgerechnet. Damit das System die Reisen in die Abrechnung aufnimmt, müssen folgende Bedingungen erfüllt sein:

- Die Reise endet vor dem Endedatum der Abrechnungsperiode.
- Die Reise hat den Genehmigungsstatus **genehmigt**.
- Die Reise hat den Abrechnungsstatus **abzurechnen**.

Die Abrechnungsergebnisse können dann über einen Buchungslauf in das Rechnungswesen übertragen und dort verarbeitet werden. Wählen Sie dazu den Menüpfad **Personal · Reisemanagement · Reisekostenabrechnung · Periodische Arbeiten · Überleitung ins Rechnungswesen · Buchungslauf anlegen**.

Erfolgt die Zahlung nicht über die Kreditoren der Finanzbuchhaltung und nicht über die Entgeltabrechnung, so kann der Datenträger für die Zahlung über folgenden Menüpfad erstellt werden: **Personal · Reisemanagement · Reisekostenabrechnung · Periodische Arbeiten · Auszahlung über Datenträgeraustausch (DTA)**.

11.8 Übungsaufgaben zu Kapitel 11

1. Welchen Link wählen Sie im Reisemanager, um eine Reisekostenabrechnung zu einem genehmigten Reiseantrag anzulegen?
2. Wo können Sie angeben, welche Fahrten Sie für eine Reise mit Ihrem Privat-Pkw zurückgelegt haben und ob Sie dabei andere Reisende mitgenommen haben?
3. Welche Genehmigungsstatus müssen Sie im Genehmigungsreport jeweils eintragen, um die als unvollständig gekennzeichneten Reiseanträge oder Reisekostenabrechnungen zu selektieren?
4. Wo erkennen Sie, wann ein Reiseantrag vom Mitarbeiter erfasst wurde?
5. Was passiert, wenn Sie eine bereits ausgezahlte oder gebuchte Reise löschen?
6. Sie reisen manchmal im Auftrag einer anderen Abteilung. Wo teilen Sie dem System mit, welche Kostenstelle für eine bestimmte Reise belastet werden soll? Auf welche Kostenstelle werden die Reisekosten kontiert, wenn dort keine Eingabe vorgenommen wird?
7. Wo können Sie erfahren, ob die Reisekostenabrechnung bereits ausgedruckt worden ist?
8. Welchen Status muss eine Reise haben, damit sie abgerechnet wird?
9. Was müssen Sie pflegen, um eine Reise als Kombination (Einzelnachweis und Übernachtungspauschale) abzurechnen?
10. Sie stellen fest, dass Sie das falsche Reiseschema ausgewählt haben. Wie können Sie dieses wechseln, ohne die Reisedaten und Spesenbelege erneut zu erfassen?

12 Employee Self Service (ESS)

Zur Verbesserung des Mitarbeiterservice und zur Reduzierung administrativer Tätigkeiten wird in immer mehr Unternehmen der Employee Self Service eingesetzt. Der ESS ermöglicht es Mitarbeitern, Daten im HR selbst zu pflegen. Für Sie als Mitarbeiter der Personalabteilung ist es wichtig, seine Funktionen gut zu kennen, damit Sie auf Fragen von Kollegen reagieren können.

12.1 Voraussetzungen

12.1.1 Zugang zum ESS

Der Employee Self Service (ESS) ist eine webbasierte Anwendung. Daher benötigen Sie für den Zugang einen Webbrowser (z.B. MS Internet Explorer oder Netscape Navigator). Fragen Sie einen Kollegen oder Ihren Systembetreuer, über welchen Pfad (URL) Sie dahin gelangen. Wahrscheinlich findet sich im Intranet Ihres Unternehmens ein Link, der Sie zur ESS-Anwendung führt.

> **Hinweis** Die eigentliche Funktionalität des ESS liegt in Ihrem SAP HR-System, wie Sie es in den vorangegangenen Kapiteln kennen gelernt haben. Der ESS stellt lediglich eine einfachere Oberfläche dar, die auf Anwender zugeschnitten ist, die nur selten mit dem System arbeiten.

12.1.2 Personalstammdaten

Damit ein Mitarbeiter mit dem ESS arbeiten kann, muss für Ihn ein Stammsatz in der Personaladministration geführt werden. Eine spezielle Anforderung des ESS ist dabei, dass der Subtyp 0001 – *Systembenutzername SAP-System* des Infotyps 0105 – *Kommunikation* gepflegt ist. Dies ist erforderlich, damit das System erkennt, welchem Personalstammsatz ein Anwender zuzuordnen ist. Hier ist für jeden Mitarbeiter genau der Benutzername zu hinterlegen, mit dem er sich am ESS anmelden soll (siehe Abbildung 12.1). Vorher ist das Arbeiten im ESS nicht möglich.

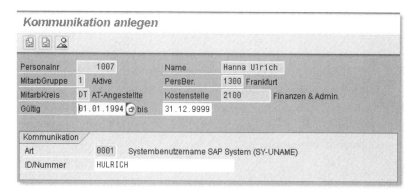

Abbildung 12.1 Infotyp 0105 mit Subtyp 0001 anlegen für die Zuweisung eines SAP-Benutzernamens

12.2 Einstieg in den ESS

Der ESS kann auf verschiedenen Wegen bereitgestellt werden:

1. Innerhalb des so genannten *Enterprise Portals* von SAP. Dann wird der ESS mit anderen Anwendungen zusammengefasst und erscheint dem Anwender nicht mehr als isoliertes System.

2. Innerhalb des *mySAP Workplace*, den Vorläufer des Enterprise Portals. Er basiert auf einem ähnlichen Konzept wie das Enterprise Portal, nutzt aber eine andere Technologie.

3. Über den ESS als »isolierte« Anwendung. Er ist dann meist über einen einfachen Link ins Intranet integriert und erlaubt über ein spezielles Menü den Zugriff auf bestimmte HR-Funktionen über den Webbrowser.

Wir wollen hier das dritte Beispiel näher betrachten, da die anderen beiden Varianten weniger eine ESS-spezifische Beschreibung, sondern eher eine Darstellung des Portals bzw. des Workplace erfordern. Beachten Sie, dass die Optik in allen Fällen stark unternehmensspezifisch sein kann. Das grundsätzliche Konzept ändert sich jedoch nur wenig.

Wenn Sie über ihren Webbrowser den ESS anwählen, erscheint zunächst die Anmeldemaske (siehe Abbildung 12.2). Diese entspricht inhaltlich im Wesentlichen der normalen Anmeldemaske, die Sie in Kapitel 3, *Grundlagen und Navigation*, kennen gelernt haben. Auch die Anmeldung verläuft analog zum dort beschriebenen Vorgehen:

1. Tragen Sie im Feld **Login** Ihren Benutzernamen ein.
2. Tragen Sie im Feld **Password** Ihr Kennwort ein.

3. Wählen Sie im Auswahlfeld **Language** die gewünschte Sprache aus.
4. Klicken Sie auf den Button **Logon**.

> **Hinweis** In der Regel arbeiten Sie im ESS mit dem gleichen Benutzernamen und dem gleichen Kennwort wie beim »normalen« Zugang zum HR-System. Es kann allerdings sein, dass es in Ihrem Unternehmen davon abweichende Regelungen gibt.

Abbildung 12.2 Anmeldung am ESS

Nach der Anmeldung sehen Sie das in Abbildung 12.3 dargestellte Einstiegsbild. In Ihrem System kann insbesondere das Menü abweichen, da in Ihrem Unternehmen andere Services im ESS angeboten werden.

Grundsätzlich ist das Einstiegsbild aber immer so aufgebaut, dass Sie im linken Bildbereich das Menü sehen und im rechten einige Überblicksfunktionen. In unserem Beispiel sind das der Status Ihres SAP-Office-Eingangskorbs und ein Platzhalter für mögliche Systemnachrichten von Ihrem Systemadministrator. Sie gelangen zu diesem Einstiegsbild über das Symbol 🏠 oberhalb des ESS-Menüs immer wieder zurück.

> **Hinweis** Nutzen Sie zum Abmelden aus dem ESS *immer* den Button, den Sie oberhalb des ESS-Menüs finden. Schließen Sie nicht einfach Ihren Webbrowser und wählen Sie nicht ohne vorherige Abmeldung einen anderen Link aus, denn in diesen Fällen wird Ihr Benutzer nicht sofort vom HR-System abgemeldet.

Das kann insbesondere dazu führen, dass jeder, der unmittelbar im Anschluss Zugang zu Ihrem PC hat, sich ohne Kennwort an Ihrem ESS anmelden kann. Diese Zeitverzögerung beim fehlerhaften Abmelden hängt von den konkreten Einstellungen in Ihrem Unternehmen ab und kann von mehreren Minuten bis zu mehreren Stunden dauern.

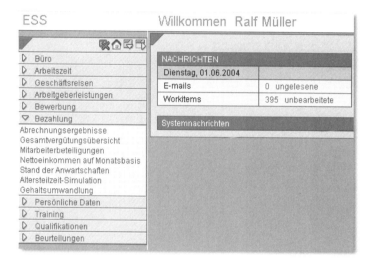

Abbildung 12.3 ESS-Menü

12.3 Arbeiten mit dem ESS

Unmittelbar nach dem Anmelden sehen Sie im ESS-Menü nur die Kategorien (z.B. Arbeitszeit, Bezahlung usw.). Die eigentlichen Funktionen sehen Sie, wenn Sie die Kategorie durch einen Klick auf das kleine Dreieck öffnen. In unserem Beispiel in Abbildung 12.3 wurde so die Kategorie **Bezahlung** geöffnet, die sieben verschiedene Services enthält.

Um einen Service zu starten, klicken Sie ihn einfach an. Der Service wird daraufhin in der rechten Bildhälfte angezeigt. Das Starten des Service **Abrechnungsergebnisse** liefert das in Abbildung 12.4 dargestellte Auswahlbild. Hier geben Sie an, für welche Periode oder Perioden Sie Ihren Entgeltnachweis sehen möchten.

Über den Button **Abrechnungsergebnisse anzeigen** gelangen Sie dann zu dem in Abbildung 12.5 gezeigten Bild. Im oberen Bereich werden Ihnen alle Entgeltnachweise der im vorangegangenen Schritt ausgewählten Perioden angezeigt. Im unteren Bildbereich können Sie sich mit Hilfe des Buttons **Entgeltnachweis anzeigen** den oben ausgewählten Nachweis anzeigen lassen. Um die Periodenauswahl zu ändern, nutzen Sie den Button **Neue Auswahl**.

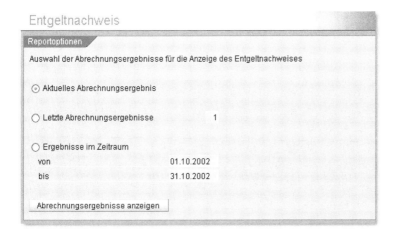

Abbildung 12.4 Auswahl der Periode für den Entgeltnachweis

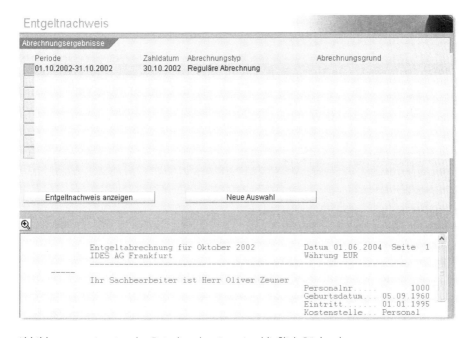

Abbildung 12.5 Anzeige des Entgeltnachweises einschließlich Rückrechnungen

Um den gesamten rechten Bildbereich für den Entgeltnachweis zu nutzen, klicken Sie auf den Button ⊕. Um wieder zum geteilten Bild zurückzukehren, nutzen Sie den Button ⊖.

Sie können den Entgeltnachweis auch ausdrucken, indem Sie das Kontextmenü Ihres Webbrowsers verwenden. Klicken Sie dazu mit der rechten Maustaste auf den Entgeltnachweis und wählen Sie **Drucken**. Danach können Sie – wie beim normalen Arbeiten mit Windows gewohnt – den Drucker auswählen und den Druck starten.

> **Hinweis** Der Entgeltnachweis enthält sensible Daten. Achten Sie darauf, dass er tatsächlich an einem Drucker in Ihrer Nähe ausgedruckt wird, so dass Sie ihn sofort entnehmen können. Überprüfen Sie vorher den Drucker auf seine Einsatzbereitschaft. Sonst könnte es sein, dass der Entgeltnachweis im Speicher des Druckers gepuffert wird, bis dieser repariert ist, und dann erst ausgedruckt wird, so dass ein Kollege oder ein Kundendienstmitarbeiter des Druckerherstellers ihn findet.

Dieses Beispiel soll genügen, um die grundsätzliche Arbeitsweise des ESS zu verdeutlichen. Die einzelnen Services entsprechen inhaltlich stets einer Funktionalität innerhalb Ihres HR-Systems. Wählen Sie weitere Services analog zu dem hier gezeigten Vorgehen aus.

> **Hinweis** Verwenden Sie niemals einen der in Abbildung 12.6 gezeigten Buttons Ihres Browsers, während Sie mit dem ESS arbeiten. Benutzen Sie grundsätzlich zum Navigieren nur Links und Buttons innerhalb des ESS-Fensters. Ansonsten kann es zu inkonsistentem Verhalten des ESS kommen. Die meisten Unternehmen blenden daher die entsprechenden Buttons aus, wenn der Anwender in den ESS einsteigt.

Abbildung 12.6 Verbotene Buttons im ESS

13 Manager's Desktop (MDT)

Vorgesetzte erhalten zunehmend mehr Verantwortung über ihren organisatorischen Zuständigkeitsbereich. Zur Ausübung der geforderten Kontrolle und Steuerung sind tagesaktuelle Informationen zu Mitarbeitern, Kostendaten und Organisation zielführend. Der Manager's Desktop stellt dem Vorgesetzten diese Informationen überwiegend in Form von Auswertungen zur Verfügung und schafft damit die nötige Transparenz für die Steuerung personalwirtschaftlicher Prozesse und die Führung seiner Mitarbeiter.

13.1 Integration mehrerer Komponenten

Der Manager's Desktop (MDT) vereinigt mehrere SAP HR-Komponenten. Die Abbildung der Aufbauorganisation im Organisationsmanagement (siehe Kapitel 9, *Organisationsmanagement*) ist Grundvoraussetzung für den MDT. Sie liefert den Zuständigkeitsbereich zum angemeldeten Benutzer, d.h. zu der Führungskraft. Über die Verknüpfungen in der Organisationsstruktur werden die dem Vorgesetzten unterstellten Organisationseinheiten mit den zugeordneten Planstellen und Mitarbeitern ermittelt. Folgende Anwendungen können außerdem integriert sein:

- Die *Personaladministration* liefert eine Reihe von Auswertungen zu den Mitarbeitern.
- Die *Ad-hoc Query* bietet die Möglichkeit, flexible Auswertungen über die unterstellten Mitarbeiter anzulegen (zum Arbeiten mit Ad-hoc Queries siehe Kapitel 6, *Reports und Queries in der Personaladministration*).
- Das *Rechnungswesen* ermöglicht Budgetauswertungen und Kostenstelleninformationen.
- Der *Workflow* übermittelt die zu erledigenden Vorgänge innerhalb eines Prozesses zum Vorgesetzten und nach Erledigung weiter zum nächsten Verantwortlichen. Beispielsweise können aus dem Employee Self-Service Reiseanträge zur Genehmigung an den MDT des Vorgesetzten übermittelt werden.
- Über die *Personalentwicklung* hat die Führungskraft Zugriff auf Seminarteilnahmen, Beurteilungen und Qualifikationen der einzelnen Mitarbeiter.
- Die Integration der *Personalbeschaffung* im MDT ermöglicht den Vorgesetzten, Entscheidungen zur Personalauswahl selbst im System zu erfassen.
- Das *Vergütungsmanagement* erlaubt die dezentrale Planung und Budgetierung von Vergütungsanpassungen.

13.2 Aufbau des Manager's Desktop

Im Easy Access-Menü finden Sie die Transaktion zum Aufruf des Manager's Desktop unter **Personal · Manager's Desktop**. Beim ersten Aufruf gelangen Sie auf folgendes Bild (siehe Abbildung 13.1). Hier sehen Sie die zur Verfügung stehenden Themenkategorien. Im Standard werden angeboten:

- Personendaten
- Organisation
- Vergütungsmanagement/Kosten + Budget
- Personalbeschaffung
- Workflow-Eingang
- Spezialgebiete

> **Hinweis** In der Regel sind nicht alle Kategorien aktiv. Außerdem sind die Inhalte der einzelnen Kategorien meist stark unternehmensspezifisch angepasst. Es können sogar Kategorien umbenannt oder hinzugefügt sein. Die grundsätzliche Funktionsweise des MDT bleibt jedoch immer gleich. Diese stellen wir Ihnen in diesem Kapitel anhand einiger repräsentativer Beispiele vor.

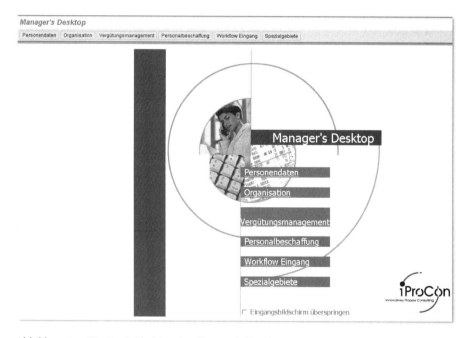

Abbildung 13.1 Einstiegsbildschirm des Manager's Desktop

Hinweis Das Einstiegsbild kann auch grundsätzlich im Customizing deaktiviert sein. Zum benutzerspezifischen Ausblenden des Einstiegsbildes siehe Abschnitt 13.4.1.

Durch Anklicken einer Themenkategorie starten Sie den Manager's Desktop. In Abbildung 13.2 wurden die **Personendaten** ausgewählt. In der oberen Leiste ist dieser Button grau dargestellt. Im linken Bildbereich wird Ihnen der Funktionsbaum zum Themenblock **Personendaten** angeboten. Dieser enthält Standardreports sowie die Transaktion zum Start der Ad-hoc Query. Die Funktionen sind thematisch in Ordnern zusammengefasst.

Im rechten Bildbereich sehen Sie einen Ausschnitt aus der Aufbauorganisation Ihres Unternehmens: Ihren Zuständigkeitsbereich. Die Registerkarten enthalten verschiedene Sichten auf Ihren Zuständigkeitsbereich. In Abbildung 13.2 wird die Registerkarte **Alle unterstellten Mitarbeiter** mit den unterstellten Organisationseinheiten, Planstellen und zugeordneten Inhabern angezeigt.

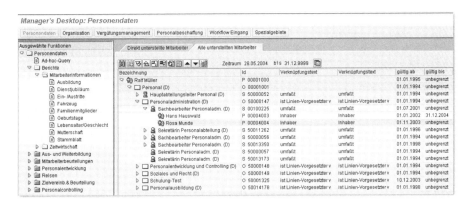

Abbildung 13.2 Bildbereiche des MDT – Funktionsbaum und Baumstruktur des Zuständigkeitsbereichs

Abhängig von der Integration und vom ausgewählten Themenblock können z.B. zusätzlich folgende Registerkarten existieren:

▶ **Direkt unterstellte Mitarbeiter**: enthält alle Organisationsobjekte, für die Sie unmittelbar verantwortlich sind

▶ **Direkt berichtende Mitarbeiter**: enthält die Mitarbeiter unterstellter Leiterplanstellen sowie direkt berichtende Mitarbeiter

▶ **Kostenstellen**: enthält alle direkt und indirekt unterstellten Organisationsobjekte mit den zugeordneten Stammkostenstellen

13.3 Die verschiedenen Themenkategorien

13.3.1 Personendaten

Zum Aufruf einer Auswertung über ein Objekt Ihres Zuständigkeitsbereichs markieren Sie zuerst das Objekt, z.B. einen einzelnen Mitarbeiter (siehe Abbildung 13.2) oder auch die gesamte Organisationseinheit. Ziehen Sie das Objekt dann per Drag & Drop auf die gewünschte Funktion (z.B. eine Auswertung) im Funktionsbaum oder wählen Sie diese durch Anklicken aus, nachdem Sie das Objekt markiert haben. Sie erhalten direkt das Ergebnis der Auswertung (siehe Abbildung 13.3). Ein Selektionsbild wird im Allgemeinen nicht vorgeschaltet.

Familienmitglieder						
Personalnummer	Name des Mitarbeiters bzw. Bew	Eintritt	Familienbeziehung	Vorname	Nachname	GebDatum
00004004	Rosa Munde	01.11.2003	Kind	Lilli	Munde	03.02.2002
00004004	Rosa Munde	01.11.2003	Kind	Robert	Munde	03.02.2002

Abbildung 13.3 Aufruf des Reports »Familienmitglieder« für Mitarbeiterin Rosa Munde

13.3.2 Organisation

In dieser Kategorie stehen grundsätzlich zwei Arten von Funktionen bereit:

▶ Auswertungen zur Organisationsstruktur und zum Stellenplan

▶ Durchführen von organisatorischen Änderungen

Zum Auswerten von Objekten (Planstellen, Organisationseinheit) gehen Sie wie in Abschnitt 13.3.1 beschrieben vor. Die Durchführung von organisatorischen Änderungen wird im Folgenden kurz beschrieben.

> **Hinweis** Diese Funktionalität innerhalb des MDT ist auf die dezentrale Nutzung durch Führungskräfte zugeschnitten, die nur innerhalb einzelner Abteilungen Änderungen vornehmen dürfen. Als zentrales Werkzeug zur Durchführung von Organisationsänderungen nutzen Sie bitte unbedingt die in Kapitel 9, *Organisationsmanagement*, beschriebenen Methoden.
>
> Die dezentrale Durchführung von Organisationsänderungen im MDT wird in vielen Unternehmen durch das Berechtigungskonzept unterbunden. Aufgrund der weit reichenden Auswirkungen solcher Änderungen ist diese Beschränkung in vielen Fällen auch sinnvoll.

Um Ihren eigenen Zuständigkeitsbereich zu reorganisieren, markieren Sie das umzuhängende Objekt und ziehen es per Drag & Drop auf das neue übergeordnete

Objekt. Sie werden aufgefordert, das Beginndatum anzugeben und – falls Mitarbeiter von der Reorganisation betroffen sind – eine Personalmaßnahme auszuwählen. Zum Umhängen können Sie auch die Funktionen **Objekte ausschneiden** und **Objekte zuordnen** aus dem Funktionsbaum verwenden.

Wenn Sie einen Mitarbeiter auf eine Planstelle außerhalb Ihres Zuständigkeitsbereichs versetzen wollen, wählen Sie die Funktion **Versetzung außerhalb** aus. Geben Sie dann das Datum der Versetzung, eine Personalmaßnahme (z. B. Organisatorischer Wechsel) und den neuen Leiter oder die neue Organisationseinheit an. Der zukünftige Vorgesetzte erhält per Workflow den Auftrag, die zu besetzende Planstelle festzulegen. Solange die Versetzung im Gange ist, erscheint auf Ihren Registerkarten **Direkt unterstellte Mitarbeiter** und **Alle unterstellten Mitarbeiter** einen Button mit Pfeil neben dem Mitarbeiter (siehe Abbildung 13.4).

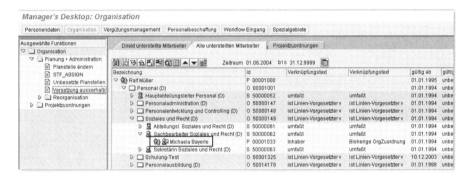

Abbildung 13.4 Personalmaßnahme zur Versetzung einer Mitarbeiterin außerhalb des Zuständigkeitsbereichs ist noch nicht abgeschlossen

Sobald Sie einen Mitarbeiter per Personalmaßnahme umgehängt haben, erhält der zuständige Sachbearbeiter in der Personalabteilung einen Workflow, um die Personalmaßnahme zu prüfen und fertig zu stellen.

13.3.3 Vergütungsmanagement/Kosten + Budget

In dieser Themenkategorie können Sie zum einen Berichte zur Kostenstellenrechnung und zum anderen verschiedene Funktionen zur Kontingentplanung (Personalkapazitätsplanung) sowie zur Vergütungsplanung ausführen.

Hinweis Je nach Konfiguration Ihres Systems kann diese Rubrik mit **Vergütungsmanagement** oder mit **Kosten + Budget** überschrieben sein.

Den Zugriff auf Kostenstellenberichte erhalten Sie in der Rubrik **Kostenstellenrechnung**. Sie greifen hier auf Auswertungen des Moduls CO (Kostenrechnung)

zu, befinden sich also nicht mehr innerhalb des HR. Fragen Sie zur Handhabung der Auswertungen gegebenenfalls Ihre Controllingabteilung.

Unter der Rubrik **Planstellenkontingent** haben Sie die Möglichkeit, die in Ihrem Zuständigkeitsbereich benötigte Kapazität für einen festgelegten Zeitraum zu planen. In der Übersicht (siehe Abbildung 13.5) sehen Sie je Planungsperiode die Anzahl der bereits vorgesehenen Planstellen (**aktuell**) sowie die insgesamt benötigte Anzahl (**geplant**) – abhängig von der Registerkarte je Organisationseinheit – entlang der Organisationsstruktur oder je Stelle.

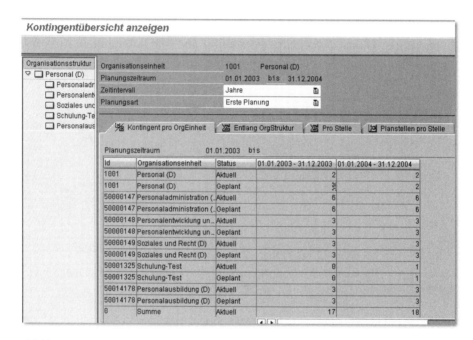

Abbildung 13.5 Kontingentübersicht pro Organisationseinheit des Zuständigkeitsbereichs

Schließlich können Sie unter der Rubrik **Vergütungsmanagement** Gehaltserhöhungen (absolut oder prozentual) gewähren und Leistungsboni je Mitarbeiter vergeben. Als Voraussetzung müssen Vergütungsanpassungsgründe und Anpassungsarten eingerichtet sein.

13.3.4 Personalbeschaffung

Im Themenblock der Personalbeschaffung sehen Sie die unbesetzten Planstellen in Ihrem Zuständigkeitsbereich. Außerdem werden die zugeordneten Bewerber angezeigt, für die der Auswahlprozess noch nicht abgeschlossen ist, d.h. die weder eine Zu- noch eine Absage erhalten haben.

Sie haben nun die Möglichkeit, Ihre Entscheidungen im Personalauswahlprozess direkt im System zu hinterlegen. Dazu stehen Ihnen alle zum Bewerber erfassten Stammdaten und gegebenenfalls die elektronisch archivierten Bewerberunterlagen zur Ansicht zur Verfügung. Um das Profil des Bewerbers mit den Anforderungen der Planstelle zu vergleichen, muss die Integration zur Personalentwicklung aktiv und für die Planstelle ein Anforderungsprofil erstellt sein.

Den aktuellen Zuordnungsstatus des Bewerbers zur Planstelle finden Sie auf der Registerkarte unter der Spaltenüberschrift **Verknüpfungstext**. Folgende Funktionen können Sie entweder über den Funktionsbaum oder das Kontextmenü der rechten Maustaste (siehe Abbildung 13.6) ausführen:

▶ Bewerber ablehnen

▶ Bewerber einladen

▶ Bewerber Vertrag anbieten

▶ Bewerber einstellen

▶ Bewerber zurückstellen

▶ Bewerber in Bearbeitung

Dabei ändert sich der Zuordnungsstatus entsprechend, und es geht eine Mail an die zuständige Personalabteilung. Sobald Sie einem Bewerber im MDT einen Vertrag anbieten, ihn einstellen oder ablehnen, verschwindet er von der Registerkarte.

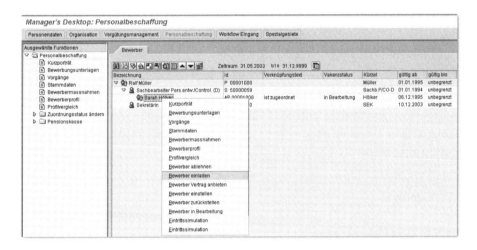

Abbildung 13.6 Funktionen der rechten Maustaste hinsichtlich eines Bewerbers

13.3.5 Workflow-Eingang

Im Workflow-Eingang werden die Ihnen zugestellten Workflow-Aufgaben (Work-Items) mit den Zusatzinformationen Beschreibung, Priorität, Eingangsdatum und Aufgabe bereitgestellt. Zur besseren Übersicht können Sie nach einzelnen Attributen sortieren, wie in Abbildung 13.7 beispielsweise aufsteigend nach Priorität. Durch einmaliges Klicken mit der linken Maustaste auf die Spaltenüberschrift erreichen Sie eine absteigende und durch zweimaliges Klicken eine aufsteigende Sortierung. Über den Funktionsbaum im linken Bildschirmbereich sehen Sie die Gesamtanzahl der in Ihrem Workflow-Eingang befindlichen Work-Items. Durch Anklicken einer einzelnen Aufgabe werden im rechten Bereich nur die zur gewählten Aufgabe gehörenden Work-Items angezeigt.

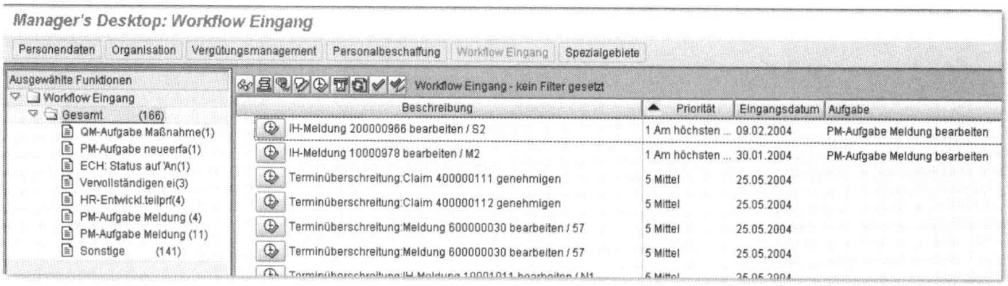

Abbildung 13.7 Workflow-Aufgaben im Themenblock Workflow-Eingang sortiert nach der Priorität

Über den **Anzeigen**-Button in der Buttonleiste können Sie in die Detailsicht des Work-Items verzweigen. Um mehrere Work-Items in die Anzeige zu übernehmen, markieren Sie diese mit der linken Maustaste und gleichzeitigem Drücken der Taste **STRG**. Auf dem folgenden Bildschirmbild öffnen Sie dann über den Button **Weiter** die Detailsicht der einzelnen Work-Items.

Analog verfahren Sie mit den weiteren ausführbaren Funktionen **Wiedervorlegen**, **Anlage anzeigen**, **Anlage anlegen**, **Ausführen**, **Weiterleiten**, **Annehmen** und **Erledigt setzen**. Um ein einzelnes Work-Item auszuführen, können Sie auch auf den Button am Zeilenanfang klicken.

Über den Button **Auffrischen** rufen Sie zwischenzeitlich neu hinzugekommene Work-Items ab.

13.3.6 Spezialgebiete

Unter **Spezialgebiete** können z. B. Intranet- oder Internetseiten abgelegt sein. Abbildung 13.8 zeigt die Zuordnung von URLs interessanter Internetseiten. Sie können diese Seiten innerhalb des MDT aufrufen, sofern Sie von Ihrem Arbeitsplatz aus über einen Internetzugang verfügen.

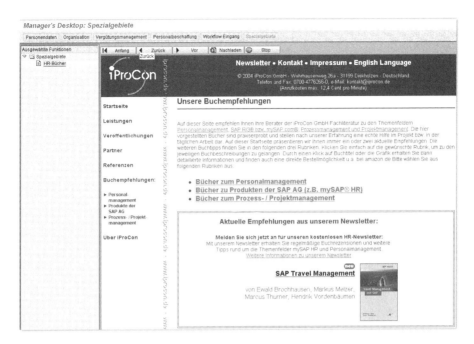

Abbildung 13.8 Link zur Homepage www.hr-buch.de unter »Spezialgebiete«

13.4 Anpassung des eigenen Manager's Desktop

13.4.1 Überspringen des Einstiegsbilds

Damit das Einstiegsbild beim Aufruf des MDT nicht mehr angezeigt wird, markieren Sie entweder auf dem Einstiegsbild **Einstiegsbildschirm überspringen** oder wählen Sie im MDT den Pfad **Einstellungen · Einstiegsbildschirm ausschalten**. Beim nächsten Aufruf werden dann die zuletzt angezeigte Themenkategorie und die zuletzt angezeigte Registerkarte dargestellt.

13.4.2 Themenkategorien und Funktionen auswählen

Damit nur die von Ihnen tatsächlich benötigten Themenkategorien oder Funktionen angezeigt werden, können Sie über **Einstellungen · Funktionen · Funktionsauswahl** ganze Themenblöcke oder einzelne Funktionen ausblenden, indem Sie die Zeile demarkieren (siehe Abbildung 13.9). Bitte beachten Sie, dass die Auswahlmöglichkeiten abhängig vom unternehmensspezifischen Customizing sind.

Abbildung 13.9 Ausblenden der Auswertung »Vollmachten« im MDT

13.4.3 Registerkarten auswählen

Die Registerkarten bieten Ihnen verschiedene Sichten auf Ihren Zuständigkeitsbereich, so z. B. auf alle unterstellten oder nur die direkt unterstellten Organisationseinheiten mit der Zuordnung von Planstellen und Mitarbeitern. Über den Pfad **Einstellungen · Registerkarten** können Sie für die aktuell ausgewählte Themenkategorie die anzuzeigenden Registerkarten bestimmen (siehe Abbildung 13.10).

13.4.4 Spalten im rechten Bildbereich auswählen

Die Registerkarten einiger Themenkategorien wie **Personendaten** oder **Organisation** enthalten jeweils eine Baumstruktur mit unterschiedlichen Objekten wie Organisationseinheit, Planstelle oder Person. Zu diesen Objekten werden mehrere Zusatzinformationen angeboten: z. B. die ID des Objekts, der Gültigkeitszeitraum oder der Besetzungsprozentsatz einer Person auf einer Planstelle. Die Anzeige der Spalten können Sie beeinflussen.

Abbildung 13.10 Anzeige zweier Registerkarten zur aktuell ausgewählten Themenkategorie

Wählen Sie dazu **Einstellungen** · **Spaltenkonfiguration** und markieren Sie die Informationen, die Ihnen zu den einzelnen Objekten angezeigt werden sollen (siehe Abbildung 13.11).

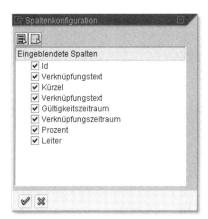

Abbildung 13.11 Alle Zusatzinformationen im rechten Bildbereich sollen eingeblendet werden

Tipp Per Doppelklick auf ein Objekt, z. B. die Planstelle, öffnen Sie ein Dialogfenster mit einer Auswahl von Zusatzinformationen zum Objekt. Von dort können Sie über den Button **Detail** in die Objektpflege mit den zugehörigen Infotypen verzweigen (siehe Kapitel 9, *Organisationsmanagement*).

13.5 Übungsaufgaben zu Kapitel 13

1. Beschreiben Sie die beiden Möglichkeiten zum Aufruf eines Berichts im MDT über eine Organisationseinheit.
2. Sie möchten im linken Bildschirmbereich nicht benötigte Reports ausblenden. Wie gehen Sie vor?
3. Welchen Zuordnungsstatus zur vakanten Planstelle muss ein Bewerber haben, damit er auf der Registerkarte **Bewerber** in der Themenkategorie **Personalbeschaffung** angezeigt wird?
4. Unter welcher Themenkategorie können Sie einen Leistungsbonus für Ihren Mitarbeiter erfassen?
5. Welche Möglichkeiten haben Sie, den rechten Bildschirmbereich anzupassen?
6. Welche Funktion müssen Sie wählen, um einen Mitarbeiter in eine Organisationseinheit zu versetzen, die nicht in Ihrem Zuständigkeitsbereich liegt?

14 Hilfefunktionen

Bei Unklarheiten oder Problemen mit dem System haben Sie mehrere Möglichkeiten, sich zu helfen. Welche Hilfefunktion Ihnen abhängig von der Situation am meisten dient, erfahren Sie in diesem Kapitel.

14.1 Online-Hilfen

SAP stellt zwei Online-Hilfen bereit, die ausführliche, ständig aktualisierte Dokumentationen enthalten. Zum einen gibt es das SAP Help Portal, zum anderen den SAP Service Marketplace. Beide finden Sie im Internetportal der SAP.

Zum SAP Help Portal gehören:

- Allgemeine Einführung in das R/3-System
- SAP-Bibliothek mit der gesamten SAP-Dokumentation
- Glossar mit den Definitionen zu SAP-Begriffen
- Release-Informationen

Diese genannten *Hilfefunktionen* können Sie auch direkt aus dem SAP-System (siehe Abbildung 14.1) oder von einer CD aufrufen, die mit jedem neuen Release ausgeliefert wird.

Abbildung 14.1 Die Online-Hilfen können Sie auch über Hilfe-Menü aufrufen

Der SAP Service Marketplace hingegen ist ausschließlich online verfügbar, da er den Austausch zwischen dem Kunden und der SAP ermöglicht (siehe Abschnitt 14.1.2).

14.1.1 Das SAP Help Portal

Um das SAP Help Portal im Internet aufzurufen, gehen Sie wie folgt vor:

1. Geben Sie in das Adressfeld des Web-Browsers den URL *http://help.sap.com* ein.
2. Wählen Sie unter *SAP R/3* und *R/3 Enterprise* das entsprechende Release und anschließend die Sprache aus.
3. Wählen Sie die gewünschte Hilfefunktion aus.

Allgemeine Einführung in das R/3-System

Die allgemeine Einführung (auch *Getting Started* genannt) macht Sie mit der Handhabung des Systems, also dem Aufbau und der Navigation, vertraut. Die Einführung enthält darüber hinaus ausführliche Informationen zum Umgang mit Listen, Reports und Hintergrundverarbeitung, so dass dieser Teil nicht nur Einsteigern eine Hilfe sein wird.

SAP-Bibliothek

Um sich mit einem Thema grundsätzlich vertraut zu machen bzw. sich in ein neues Thema einzuarbeiten, empfiehlt sich die *SAP-Bibliothek*. Darin befindet sich zu jedem Anwendungsgebiet eine ausführliche Dokumentation. Wählen Sie zum Beispiel in der Baumstruktur – einer Art Inhaltsverzeichnis – die Komponente **Personalwirtschaft** aus und verzweigen Sie weiter nach unten, bis Sie zu den gewünschten Informationen gelangt sind. Am Ende der Erläuterung finden Sie oftmals weitere Links zu verwandten Themen aus der SAP-Bibliothek oder gegebenenfalls den Pfad zur Customizing-Dokumentation (siehe Abschnitt 14.2.2).

Glossar

Wenn Ihnen die Bedeutung einer SAP-spezifischen Bezeichnung unklar ist, schauen Sie am besten im Glossar nach. Dort finden Sie zu fast allen SAP-Begriffen und zu allgemeinen betriebswirtschaftlichen Begriffen eine kurze Erläuterung. Über das Alphabet steigen Sie gezielt in die Suche ein. Blättern Sie mit dem Scrollbalken nach unten, um den Begriff zu suchen, und klicken Sie ihn anschließend an, um die gewünschte Information zu erhalten (siehe Abbildung 14.2).

Release-Informationen

Bei einem Releasewechsel erhält das Unternehmen eine neue Version des SAP-Systems. Welche Änderungen und Neuerungen zu jedem Release-Stand erfolgen, erfahren Sie in den Release-Informationen. In der Regel werden Sie als Anwender von Ihrem Vorgesetzten oder Key User mit den relevanten Release-Informationen versorgt.

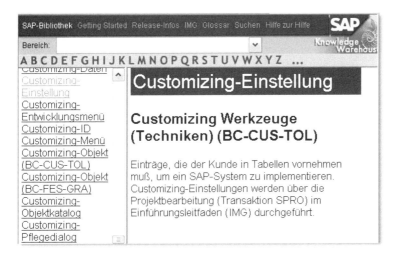

Abbildung 14.2 Glossareintrag

Möchten Sie dennoch den Inhalt einer bestimmten Release-Info nachschlagen, gehen Sie wie folgt vor:

1. Wählen Sie im Menü des SAP-Systems den Pfad **Hilfe • Release-Infos**.
2. Wählen Sie im Bild **Release-Informationen-Suche** den Button **mySAP Releasenotes Gesamtlisten**.
3. Markieren Sie die Zeile des gewünschten Release-Standes und klicken Sie anschließend auf den Button **Anzeigen.**
4. Klicken Sie auf das Pluszeichen vor der Anwendungskomponente, in der Sie die Information vermuten. Die Unterliste wird angezeigt.
5. Verfahren Sie weiterhin entsprechend, bis Sie die gewünschte Release-Info sehen.
6. Per Doppelklick auf öffnen Sie die Information.

Tipp Um gezielt nach einer Release-Info zu suchen, wählen Sie entweder den Button **Freitextsuche**. Dort können Sie nach Stichworten suchen, die Sie in der Release-Information erwarten. Oder Sie wählen den Button **Attributsuche**, um z.B. eine Liste aller neu hinzugekommenen Funktionen zu erhalten (siehe Abbildung 14.3).

Hinweis Eine übersichtliches Verzeichnis der Release-Informationen je Release-Stand finden Sie auch im SAP Help Portal. Sie haben hier jedoch keine Suchmöglichkeit, wie sie in Abbildung 14.3 dargestellt ist.

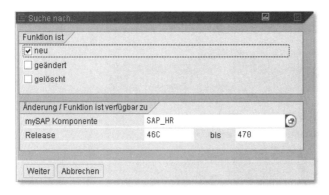

Abbildung 14.3 Anzeige aller neuen Funktionen seit dem Release 4.6C

14.1.2 SAP Service Marketplace

Die andere wichtige Online-Hilfe ist der SAP Service Marketplace. Dieses Internetportal hilft Ihnen bei speziellen Fragen zum R/3-System, bei Problemfällen oder Fehlern des Systems. Sobald ein Problem entdeckt und gelöst wird, legt SAP dazu eine Problembeschreibung mit einer Hinweisnummer an. Falls Sie ein Problem vermuten, lohnt es sich, immer zuerst unter den so genannten *SAP Notes* nachzusehen.

Um den umfassenden Service des SAP Service Marketplace zu nutzen, benötigen Sie entsprechende Zugangsdaten. Fragen Sie Ihren SAP-Administrator, falls Ihnen die Anmeldedaten unbekannt sind.

1. Starten Sie den SAP Service Marketplace über den Web-Browser mit der URL *http://service.sap.com* oder über das Hilfe-Menü aus dem SAP-System.
2. Drücken Sie den Button **Login** und geben Sie Ihre Anmeldedaten ein.
3. Wählen Sie **Support** und anschließend **Find SAP Notes** aus.
4. Sie haben nun die Möglichkeit,
   - SAP-Hinweise zu suchen (siehe Abbildung 14.4)
   - die 10 wichtigsten SAP-Hinweise des Monats zu jeder Komponente zu lesen
   - häufig gestellte Fragen anzusehen.

Falls Sie keinen entsprechenden Hinweis gefunden haben, können Sie eine **Problemmeldung erfassen**.

> **Hinweis** SAP-Hinweise und selbst erfasste Problemmeldungen können auch über den *Online Support Service* (OSS) eingesehen werden. Wählen Sie dazu den Menüpfad **System · Dienste · SAP Service**. Die SAP plant jedoch, diesen Service in unbestimmter Zeit aufzugeben.

Abbildung 14.4 Hinweissuche über die Hinweisnummer oder andere Suchkriterien

14.2 Die Hilfefunktionen des Systems

14.2.1 Dokumentation im Easy Access-Menü

Wenn Sie sich nicht sicher sind, welche Bedeutung eine Funktion im Easy Access-Menü hat, können Sie direkt zu dieser Anwendung eine Dokumentation aufrufen.

1. Navigieren Sie mit dem Pfeil bis zu einer ausführbaren Funktion (gekennzeichnet mit).
2. Klicken Sie die Funktion mit der rechten Maustaste an.
3. Wählen Sie im Drop-Down-Menü **Dokumentation anzeigen** aus (siehe Abbildung 14.5).

Tipp Manche Bezeichnungen im Easy Access-Menü sind missverständlich. Wenn Sie häufiger mit einer solchen Funktion arbeiten, ziehen Sie die Anwendung in Ihre Favoriten und vergeben Sie einen sprechenden Namen. Eine Anleitung dazu finden Sie in Abschnitt 3.4.2.

Abbildung 14.5 Aufrufen der Dokumentation der Funktion »Pflegen«

14.2.2 Customizing-Dokumentation

Als Key User werden Sie das eine oder andere kleine Customizing, wie z. B. das Pflegen von Tabellen mit Vorgabewerten, selbst vornehmen. Dabei können Sie sich im Einführungsleitfaden (IMG) zu jedem Customizing-Schritt näher darüber informieren, welche Bedeutung die Einstellung hat, welche Empfehlung die SAP gibt und welche Aktionen auszuführen sind. Das Symbol ⊕ im Menü des Einführungsleitfadens kennzeichnet ausführbare Funktionen.

> **Tipp** Falls Sie nicht wissen, unter welcher Komponente die Funktion zu finden ist, können Sie diese auch anhand eines Stichworts suchen. Wählen Sie dazu in der Symbolleiste 🔍.

> **Hinweis** IMG steht für *Implementation Guide* (Einführungsleitfaden). Der SAP-Referenz-IMG unterstützt Sie bei der Einführung des SAP-Systems und späteren kundenspezifischen Einstellungen.

1. Wählen Sie im SAP Easy Access-Menü den Pfad **Werkzeuge · Customizing · IMG · Projektbearbeitung**.

2. Klicken Sie auf den Button **SAP-Referenz IMG**.

3. Das Bild **Einführungsleitfaden anzeigen** enthält einen Menübaum mit den Anwendungskomponenten. Navigieren Sie durch Anklicken der Pfeile zur gewünschten Funktion (siehe Abbildung 14.6).

4. Klicken Sie dann auf den Button , um die Dokumentation zu öffnen.

Abbildung 14.6 Ausschnitt aus dem IMG, hier zum Einstellen der Maßnahmen

Tipp Die Dokumentation zum Customizing steht ebenfalls im SAP Help Portal zur Verfügung. Sie erreichen die Online-Version über den Link »IMG«.

14.2.3 Die F1-Hilfe

Falls Sie sich unsicher über die Bedeutung eines Feldes sind, hilft Ihnen die F1-Hilfe weiter. Sie enthält eine Dokumentation zu fast jedem Feld. In Abschnitt 3.5.1 haben Sie diese Hilfefunktion bereits kennen gelernt. Um die Dokumentation zu öffnen, setzen Sie den Cursor in das fragliche Feld und drücken die **F1**-Taste. Es öffnet sich der *Performance Assistent*.

Sie haben außerdem die Möglichkeit, ausgehend vom *Performance Assistenten* weiterführende Hilfefunktionen aufzurufen. Insbesondere die *Hilfe zur Anwendung* enthält über die Feld-Informationen hinaus Erläuterungen zum Ablauf des Vorgangs. Tabelle 14.1 zeigt die Drucktasten, über die Sie automatisch zum entsprechenden Kontext der SAP-Bibliothek gelangen.

Symbol	Hilfefunktion
	Hilfe zur Anwendung (SAP Bibliothek)
	Technische Info
	Glossar
	SAP Help Portal

Tabelle 14.1 Verzweigungen zur SAP-Bibliothek

14.3 Übungsaufgaben zu Kapitel 14

1. Wo werden bekannte Problemfälle und ihre Lösungen dokumentiert?

    a) SAP Service Market Place

    b) Glossar

    c) SAP-Hinweis

    d) SAP Help Portal

2. Welche Hilfefunktion verwenden Sie, wenn Sie sich unsicher über die Bedeutung eines Feldes sind?

3. Welche Auskünfte erhalten Sie in den Release-Informationen?

4. Welche Hilfefunktion macht Sie mit dem Umgang des Systems vertraut?

5. Was ist der Unterschied zwischen Online-Hilfen und Hilfefunktionen des Systems?

6. Welche Aussagen sind falsch?

    a) Der SAP Service Marketplace ist im Internet unter *http://service.sap.com* zu finden.

    b) Der SAP-Referenz IMG unterstützt die Einführung des SAP-Systems sowie laufende kundenindividuelle Einstellungen.

    c) In der SAP-Bibliothek sind SAP-spezifische und allgemeine betriebswirtschaftliche Begriffe definiert.

    d) Das Glossar der Online-Hilfe befindet sich auch auf der CD, welche die SAP zu jedem neuen Release ausgibt.

    e) Alle Online-Hilfen können auch direkt aus dem System gestartet werden.

    f) Im Easy Access-Menü kann zu jedem Menüpunkt eine Dokumentation aufgerufen werden.

A Wichtige Transaktionscodes

Mit einigen Anwendungen arbeitet man sehr häufig. Um von einer Anwendung in die nächste zu springen, bietet sich das Easy Access-Menü bzw. das Benutzermenü an. Wenn Sie den Transaktionscode kennen, lohnt sich jedoch der kürzere Weg über das Kommandofeld (siehe Kapitel 3, *Grundlagen und Navigation*, Abschnitt 3.4.3). In unten stehender Tabelle sind eine Reihe häufig gebrauchter Anwendungen mit dem jeweils zugehörigen Transaktionscode aufgelistet.

Anwendungskomponente/Anwendung	Transaktionscode
ADMINISTRATION:	
Personalstammdaten anzeigen	PA20
Personalstammdaten pflegen	PA30
Personalmaßnahmen durchführen	PA40
ZEITWIRTSCHAFT:	
Zeitdaten anzeigen	PA51
Zeitdaten pflegen	PA61
Schnellerfassung Zeitdaten	PA71
Arbeitsvorrat Zeitwirtschaft	PT40
Zeitnachweis	PT61
Zeitabrechnung	PT60
Arbeitsplatz Personalzeitmanagement	PTMW
ENTGELTABRECHNUNG:	
Abrechnungsverwaltungssatz pflegen	PA03
Abrechnungsstatus eines Mitarbeiters	PU03
Entgeltnachweis	PC00_M01_CEDT
Abrechnungssimulation	PC00_M01_CALC_SIMU
Abrechnung starten	PC00_M01_CALC
ORGANISATIONSMANAGEMENT:	
Organisationsstruktur anzeigen	PPOSE
Organisationsstruktur pflegen	PPOME
Organisationsobjekte pflegen	PP01

Anwendungskomponente/Anwendung	Transaktionscode
VERANSTALTUNGSMANAGEMENT:	
Benutzerspezifische Einstellungen	PSVI
Teilnahmemenü	PSV1
Veranstaltungsmenü	PSV2
Ressourcenmenü	PSVR
Auskunftsmenü	PSV3
REISEMANAGEMENT:	
Planungsmanager	TP01
Reisemanager: Erfassen von Anträgen und Reiseabrechnungen	TRIP
Reisekostenmanager: Erfassen von Reiseabrechnungen, Abrechnen einzelner Reisen	PR05
Genehmigung von Reiseanträgen und Reisekostenabrechnungen/Übersicht	PRAP
Reisekostenformular (Standardformular)	PRF0
Reisen abrechnen	PREC
MDT:	
Start des Manager's Desktop	PPMDT
AUSWERTUNG:	
SAP-Query	SQ01
Reports starten	SA38

B   Erläuterungen zu Prozessmodellen

Um die Prozessbeispiele verstehen zu können, sollten Sie die Bedeutung folgender Symbole kennen:

Ereignisse

Abbildung B.1 ARIS©-Symbol – Ereignis

Ereignisse (siehe Abbildung B.1) sind zum einen Startpunkte für die Prozesse, d.h., ein Prozess wird aufgrund eines Ereignisses gestartet: Aus der Bewerberverwaltung kommt das Ereignis Bewerber ist einzustellen. Für den Prozess der Einstellung bedeutet dies, dass ein auslösendes Ereignis stattfindet und der Prozess gestartet wird. Des Weiteren sind Ereignisse Ergebnisse von Entscheidungsprozessen. Ein Beispiel: Nach einem Vorstellungsgespräch ist zu entscheiden, ob der Bewerber eingestellt werden soll. Mögliche Ergebnisse dieses Entscheidungsprozesses können sein Bewerber ist einzustellen oder Bewerber ist abzusagen«.

Funktionen

Abbildung B.2 ARIS©-Symbol – Funktion

Funktionen stellen Tätigkeiten dar, z.B. »Vorstellungsgespräch führen«. Laut allgemeiner ARIS-Konvention ist eigentlich nach jeder Funktion ein Ereignis zu setzen (siehe Abbildung B.3). Aufgrund des Platzbedarfs der Prozessmodelle wurde auf die Verwendung dieser »Trivialereignisse« verzichtet.

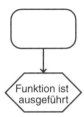

Abbildung B.3 Funktion → Ereignis

Die Verbindungen zwischen Funktionen, Ereignissen und den Konnektoren nennt man Kanten.

Systemfunktionen

Abbildung B.4 ARIS©-Symbol – Systemfunktion

Vom System – in diesem Fall SAP – automatisch durchgeführte Aktionen sind in so genannten Systemfunktionen (siehe Abbildung B.4) dargestellt. Es handelt sich hierbei um Aktionen, die ausschließlich vom System gesteuert werden, d.h. ohne Zutun eines Benutzers.

Konnektoren

Konnektoren stellen zwischen Funktionen, die Entscheidungen beinhalten, und den daraus resultierenden Ereignissen eine logische Verbindung dar. Doch auch die Verbindung zwischen einem Ereignis und daraus resultierenden Funktionen wird über sie abgebildet. In den dargestellten Prozessbeispielen wurden die in diesem Abschnitt beschriebenen Konnektoren eingesetzt.

Abbildung B.5 ARIS©-Symbol – UND-Konnektor

Der UND-Konnektor (siehe Abbildung B.5) bewirkt, dass nach einem Ereignis oder einer Funktion mehrere Funktionen parallel durchgeführt werden. Er wird dann eingesetzt, wenn grundsätzlich *alle* Funktionen durchgeführt werden *müssen*, die nach einem Ereignis oder einer Funktion erscheinen.

Abbildung B.6 ARIS©-Symbol – UND/ODER-Konnektor

Wenn hingegen nicht in jedem Fall alle Funktionen, die einer vorherigen Funktion folgen, durchgeführt werden müssen, wird der UND/ODER-Konnektor (siehe Abbildung B.6) eingesetzt.

Abbildung B.7 ARIS©-Symbol – XOR-Konnektor

Über den XOR-Konnektor (siehe Abbildung B.7) werden Fälle abgebildet, in denen in einer Funktion Entscheidungen getroffen werden.

Abbildung B.8 Beispiel XOR-Konnektor

Abbildung B.8 zeigt die Verwendung des XOR-Konnektors anhand eines Beispiels.

Wertschöpfungskettendiagramme

Anhand von Wertschöpfungsketten (siehe Abbildung B.9) wird Ihnen auf einer groben Ebene die logisch-zeitliche Abfolge eines Prozesses verdeutlicht. Folgendes Beispiel ist dementsprechend ganz einfach zu interpretieren: Zuerst wird die Reise geplant, danach wird sie durchgeführt und schließlich abgerechnet.

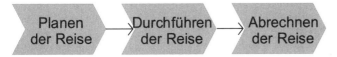

Abbildung B.9 Vorgänger- und Nachfolgerbeziehung in einem Wertschöpfungskettendiagramm

C Weitere Quellen

Im Folgenden sind einige Publikationen aufgeführt, die zur fachlichen Vertiefung der behandelten Themen geeignet sind oder weiterführende Themen im R/3-Umfeld enthalten, die in diesem Buch nur im Rahmen von Integrationsaspekten angesprochen wurden.

Bücher:

- Brochhausen, Ewald; Kielisch, Jürgen; Schnerring, Jürgen; Staeck, Jens: *mySAP HR: Technische Grundlagen und Programmierung*. Bonn 2003
- Brochhausen, Ewald; Melzer, Markus; Thurner, Marcus; Vordenbäumen, Hendrik: *SAP Travel Management*. Bonn 2004
- Edinger, Jörg; Ringling, Sven: »Qualitätssicherung in der HR-Einführung. Ausgewählte HR spezifische Aspekte und typische Stolpersteine«. In: S@PPORT 3/2003, S.14ff.
- Krämer, Christian; Lübke, Christian; Ringling, Sven: *Personalplanung und -entwicklung mit mySAP HR: Prozessorientierte Einführung – Rollenbasierte Anwendung*. Bonn 2002
- Krämer, Christian; Lübke, Christian; Ringling, Sven: *mySAP HR Personalwirtschaft*. 2. Auflage. Bonn 2003
- Scherer Eric: *SAP-Training*. Bonn 2003
- Scholz, Christian: *Personalmanagement*. München 2000
- Vetter, Michael: *mySAP Einführung*. München 2003

Webseiten:

- help.sap.com (Achtung: kein »www« davorsetzen): Hilfeportal der SAP AG, enthält Hilfedateien zu allen SAP-Produkten in verschiedenen Release-Ständen (kostenfrei, Navigation in englischer Sprache aber Dokumentation selbst mehrsprachig abrufbar – auch in deutscher Sprache)
- www.admanus.de: praxiserprobte Lösungen rund um mySAP HR sowie Newsletter (kostenfrei)
- www.dsag.de: Seite der Deutschen SAP Anwendergruppe. Foren zu allen SAP-Themen, Materialien zum Download und Veranstaltungshinweise (größtenteils nur für DSAG-Mitglieder zugänglich. Mitgliedschaft kostenpflichtig)
- www.hr-buch.de: Empfehlung projekterprobter Bücher rund um Personalmanagement, Projektmanagement und SAP (kostenfrei)

- **www.hrexpertonline.com**: Online-Datenbank des Newsletters HREXPERT, Fachartikel rund um mySAP HR (kostenpflichtig, in englischer Sprache)
- **www.sap.com/community**: Foren zu allen SAP-Themen (HR-Forum sehr stark frequentiert), Materialien zum Download, Online-Events, Newsletter (größtenteils für Mitglieder. Anmeldung kostenfrei, in englischer Sprache)
- **www.sap.de**: deutschsprachige Seite der SAP AG. Ein sehr breites Angebot an Dokumentation, White-Papers, Life-Demos, Newslettern, Links, Support-Seiten etc. (teilweise allgemein zugänglich, teilweise nur für Kunden, teilweise kostenpflichtig. Teile der Dokumentation nur in englischer Sprache vorhanden)
- **www.sap.info**: Onlineausgabe des Magazins SAP INFO. Artikel zu allen Themen rund um das Angebot der SAP AG sowie Newsletter (kostenfrei)

D   Das Autorenteam

Das vorliegende Buch ist eine Teamleistung. Die Autoren haben vielen Mitwirkenden zu danken, ohne die das Projekt nicht in dieser Qualität zu bewerkstelligen gewesen wäre. Dies sind insbesondere:

- Alle Teilnehmer an den Anwenderschulungen, die wir für unsere Kunden durchgeführt haben. Ihr Feedback ist uns nicht nur eine grosse Hilfe, unsere Schulungen ständig zu verbessern, sondern floss natürlich auch in dieses Buch ein. Das Gleiche gilt für alle Teilnehmer an unseren SAP HR Seminaren, die wir im Auftrag des Managementforums Starnberg durchführen.
- Unsere Kollegen aus dem HR-Beratungsnetzwerk AdManus (www.admanus.de). Vielen Dank dafür, dass wir uns bei allen Fragen stets auf eure Hilfsbereitschaft verlassen können!
- Unser iProCon-Kollege Christian Lübke, dessen Fachwissen und neutrales Urteil uns an vielen Stellen eine große Hilfe war.
- Die Mitarbeiter des technischen Supports der PIKON International Consulting Group (www.pikon.com), die dafür gesorgt haben, dass der Zugang zum IDES-System als Quelle zahlreicher nachgestellter Beispielfälle immer funktioniert hat.
- Last but not least: das Team von Galileo Press, allen voran Frau Inken Kiupel, Frau Eva Tripp und Frau Wiebke Hübner. Die Galileo-KollegInnen haben nicht nur einen tapferen Kampf gegen den Tippfehlerteufel geführt (und hoffentlich gewonnen ;-). Sie haben die Autoren auch bei der Konzeption des Buches und im Projektverlauf hervorragend unterstützt.

Nun sollen dem Leser aber auch die Autoren selbst noch kurz vorgestellt werden (Reihenfolge: »Alter vor Schönheit«):

Sven Ringling

Sven Ringling ist einer der Geschäftsführer und Gründer der iProCon GmbH. Er optimiert in verschiedenen Projekten den Einsatz von mySAP HR mit Schwerpunkten unter anderem in Zeitwirtschaft, Qualitätssicherung, dezentralen Anwendungen (z.B. ESS) und Personalentwicklung. Darüber hinaus sammelte er im Management von Personalprozessen und bei der Auswahl von HR-Software und Outsourcing-Dienstleistern Erfahrung. Bis Anfang 2000 war er Manager bei einem großen Beratungshaus und stellvertretender Leiter des Fachzentrums HR. Er ist unter anderem Autor der SAP PRESS Bücher *mySAP HR Personalwirtschaft* und *Personalplanung und -entwicklung mit mySAP HR*.

Christian Krämer

Christian Krämer arbeitet seit Anfang 2001 als Senior Consultant bei der iProCon GmbH. Er betreut mehrere Kunden im Bereich mySAP HR mit Schwerpunkten in Zeitwirtschaft, Altersversorgung, Organisationsmanagement, Personalbeschaffung und Veranstaltungsmanagement. Darüber hinaus hat er bereits umfangreiche Projekte zur prozessorientierten Konzeption für die Implementierung von mySAP HR abgewickelt und Erfahrungen in E-Learning-Projekten gesammelt. Bis Anfang 2001 war er Senior Consultant im Fachzentrum HR eines großen Beratungshauses. Er ist unter anderem Autor der SAP PRESS Bücher *mySAP HR Personalwirtschaft* und *Personalplanung und -entwicklung mit mySAP HR*.

Jörg Edinger

Jörg Edinger ist seit 2002 Consultant der iProCon GmbH. Er betreut mehrere Kunden im Bereich mySAP HR mit Schwerpunkten in Entgeltabrechnung, Altersversorgung, Personalcontrolling und Personalkostenplanung. Zuvor war er als Controller bei der Barmer Ersatzkasse tätig. Er verfügt über langjährige Praxiserfahrung in den Bereichen Entgeltabrechnung, Altersversorgung sowie Controlling.

Anja Junold

Anja Junold ist seit 2002 Consultant der iProCon GmbH. Sie betreut mehrere Kunden im Bereich mySAP HR mit Schwerpunkten in Reisemanagement, Organisationsmanagement, Administration und Qualitätssicherung. Schon während Ihres Studiums konnte Sie umfangreiche Erfahrung in Personalabteilungen und mit Personalsoftware in Unternehmen innerhalb und außerhalb Deutschlands sammeln.

Die iProCon GmbH

Die iProCon GmbH (www.iprocon.de) hat sich seit Anfang 2000 die Mission auf die Fahne geschrieben, die unternehmensweiten Personalprozesse ihrer Kunden zu optimieren und damit deren Wettbewerbsfähigkeit nachhaltig zu steigern. Dazu steht neben dem prozessorientierten Beratungsansatz vor allem der Einsatz moderner HR-Systeme, insbesondere mySAP HR, im Vordergrund. Die Idee, die Anforderungen aus den Prozessen ohne Bruch in die IT-Umsetzung einfließen zu lassen, setzt insbesondere voraus, dass die Anwender das neue System gut beherrschen und verstehen. Alle Autoren halten immer wieder Schulungen für Endanwender, Multiplikatoren und Projektteams. Außerdem sind Sie als Referenten anderer Anbieter, z.B. für die HR-Veranstaltungen des Managementforum Starnberg, geschätzt.

Index

* (Sternchen) 41

A

abgerechnet bis 273
Ablauf
 benutzerdefiniert 361
 mit Muster 360
 ohne Muster 361
Ablaufmuster 360
Abrechnen bis 272
Abrechnungsergebnis 251, 256, 257, 260, 281, 290
Abrechnungsergebnis anzeigen 260
Abrechnungskonzeption 257
Abrechnungsperiode 174
Abrechnungsprogramm 278
Abrechnungsprotokoll 263
abrechnungsrelevanten Daten 252
Abrechnungssimulation 252, 262
Abrechnungsstatus 76, 90, 98, 147, 152, 199, 271, 279, 448
Abrechnungsstruktur 67
Abrechnungsverwaltungssatz 273, 300
Abtragung 217
Abweichende Bezahlung 211, 220
Abwesenheiten 202
Abwesenheitsart 202
Abwesenheitsgrund 222
Abwesenheitskontingente 121, 215, 223
Abwesenheitsübersicht 247
Ad-hoc Query 184, 186
Aktive Planvariante 311
aktuelle Periode 174
Altersversorgung 65
änderbare Daten 46
Ankreuzfelder 43
Anmeldebild 21, 460
Anmeldemaske → s. Anmeldebild
Anmelden
 Kennwort 22
 Mehrfach 23
Anmeldesprache 22, 46
Anschrift 77, 105
Anwesenheiten 207, 214
Anwesenheitskontingente 218
Anwesenheitskontrolle 233
Arbeitgeberleistungen 65
Arbeitsbereich 185, 186
Arbeitsplatz Personalzeitwirtschaft 239
Arbeitsplatz-Basisbezüge 260
Arbeitsvorrat 231
Arbeitszeitplanregel 214
ASCII 180
aufbereitete Name des Mitarbeiters 189
Aufgeld 212
Ausbildungshistorie 423
Ausgabeaufträge 60
Ausgabesprache 229
Ausgabevorschau 189
Auskunftsmenü 419
Auslandsentsendung 171
Auswertung 161, 245, 306
Auswertungsmenge 187, 190, 194
Auswertungsschema 225
Auswertungsweg 313
Auswertungswerkzeuge 162
Auswertungszeitraum 189, 290, 421

B

Bankverbindung 112
BAP → s. betriebswirtschaftliches Abrechnungsprotokoll
Basisbezüge 109
Bedeutung von Feldern 43
Behinderung 122
Beitragsnachweise 285
Benutzergruppe 184, 185, 186
Benutzermenü 33
Benutzerstammsatz 33
Benutzervorgaben 47
Benutzervorgaben hinterlegen 43
Berichtsbaum
 Ressourcen 427
 Teilnahmen 422
 Veranstaltungen 425
betriebswirtschaftliches Abrechnungsprotokoll 266
Bewerber 471
Buchen
 N.N.-Buchung 394
 Teilnehmer auf Veranstaltung 387, 394
 Teilnehmer auf Veranstaltungslisten 392, 399
 Teilnehmerlisten auf Veranstaltungen 391
 Warteliste 395
Buchung 220, 235
Buchung der Belege 301
Buchung ins Rechnungswesen 299

Buchungsbelege 299
Buchungslauf 299, 301, 457
Buchungslauf simulieren 299
Business Information Warehouse 162

C

Client Server Technologie 17
Cursorverhalten 31
Customizing 19, 163
Customizing-Dokumentation 482

D

Daten eingeben 40
Daten zur Person 199
Datenauswahlzeitraum 167, 171, 189, 421
Datenfernübertragung 287, 291
Datenpflege in R/3 40
Datenträger-Austauschverfahren 283
Datenträgerverwaltung 283
Datenübernahme 252
Datumsformat 47
Deckblätter erzeugen 57
Desktopverknüpfung 38
DEÜV 117
DEÜV-Bescheinigungen 294
DEÜV-Meldedatei 292
DEÜV-Meldungen 285, 289, 290, 291, 294
Dezimaldarstellung 47
Dialoglohnarten 259
Dienstpostenverwaltung 66
Dienstreise 207
Diskette 291
Dokumentation 481, 482
Download 180
Druckaufbereitung 57
Drucken in R/3 55, 464
Druckstatus 450
Drucktastenleiste 27
DTA-Begleitzettel 283, 285
DTA-Datei 283
DTA-File → s. DTA-Datei
DTA-Vorprogramm 281, 287
Durchführung der Abrechnung 255
dynamische Maßnahme 104, 120, 138, 145
dynamische Menüs 354

E

Easy Access-Menü 481
Echtzeit 161
Einführungsleitfaden 482, 483
Eingaben sichern 42
Eingabeprüfung 42

Eintrittsdatum 138, 154, 156
Einzugsermächtigung 289
E-Mail 287, 292
Employee Self Service 459
Enterprise Portal 18, 460
Entgeltabrechnung 65
Entgeltbelege 219
Entgeltfortzahlung 204
Entgeltnachweis 266, 462
E-Recruiting 18
Ergänzende Zahlung 128, 220
Ergebnisliste 165, 179
Ergebnislisten bearbeiten 54
Ergebnislisten in Reports 52
Ergebnismenge 194
Ergebnistabelle 260
Erstellungsinformationen 261
ESS → s. Employee Self Service
ESS-Menü 462
Excel 180
Externe Überweisung 126
Externer Objekttyp 312

F

F1-Hilfe 483
F4-Hilfe 41
Fahrtkosten 433, 442
Familie/Bezugsperson 104
Familienausgleichskassen 308
Favoriten anlegen 35
Fehlende Berechtigung 39
Fehler beim Anmelden 23
Fehler-/Abbruchmeldung 30
Fehlerbehandlung 231, 237, 239
fehlerhafte Personalnummern 275
Fehlerliste 287
Feldauswahl 188
Feldgruppen 188
Feldhistorie 42
Feldtypen 43
feste Daten 46
Flexible Mitarbeiterdaten 181, 182
Folgeerkrankung 206
Folgeverarbeitung 275, 279
freie Abgrenzung 177
freie Suche 81
Freitextfeld 84
Fremddienstleistung 210
früheste Änderung Stamm 271
Funktionstastenbelegung 27
Für-Periode 257

G

Geburtstagsliste 181
Genehmigungsstatus 448
gesperrte Personalnummern 275
gesperrte Sätze 89
Gleitzeitsaldo 223
Gleitzeitübersicht 249
Globaler Bereich 185
Graphical User Interface → s. SAP GUI
Gültigkeitszeitraum 75

H

Halbwertzeit des Wissens 369
Hardcopy-Funktion 27, 55
HCM 18
Herkunftskennzeichen 222
Hintergrundverarbeitung 52
Hinweise 238
HIS 163
HR 17
HTML 180

I

Implementation Guide (IMG) → s. Einführungsleitfaden
Infomeldung 30
Informationen 238
Infoset 184
Infoset-Auswahl 186
Infotyp 73, 200, 314
Infotypsatz 75
In-Periode 257
Integration 17
 Veranstaltungsmanagement - Zeitwirtschaft 364
Integrationsplanvariante 311
interne Leistungsverrechnung 415
Internetrecruiting 65
Internetseiten im MDT 472

J

Jahreskalender 234

K

Kannfeld 41
Kapazität 470
Karriereplanung 66
Kategorie 466
Kategorie (ESS) 462
Kategorie → s. Themenkategorie
Kennwort 22
Knowledge-Warehouse 66

Kommunikation 459
Konfiguration des R/3-Bildschirms 28
Kontingent 224
Kontingentübersicht 235
Korrekturlauf der Abrechnung 271, 279
Korrespondenz 404
Kosten + Budget im MDT 466, 469
Kostenstelle 312, 434
Kostenstellenrechnung im MDT 469
Kostenverteilung 261
Kostenzuordnung 209, 261
Krankengeldzuschuss 206
Krankheit 202, 204
Kreditkartenclearing 433
kumulierte Zeitsalden 235

L

Layout 165, 179
Layout-Menü 27
Learning Solution 18
Leistungslohn 65
Leistungsverrechnung 209
logische Datenbank 168
Logon-Daten 21
Logon-Verzeichnis 21
Lohnarten 219, 259
Lohnartenkonzepts 259
Lohnartennachweis 302, 303
Lohnartenverteilung 302
Lohnfortzahlung → s. Entgeltfortzahlung
Lohnkonto 304
Lohnsteueranmeldung 296
Lohnsteuerbescheinigungen 296, 297

M

Manager's Desktop → s. MDT
Maßnahme 91, 199
Maßnahmenschnellerfassung 147
Matchcode W 279
Matchcodes 176
MDT 163, 465
Mehrarbeit 214, 218
Mehrarbeitsverrechnungsart 208, 215, 218
Mehrfachanmeldung 23
Mehrfacherkrankung 206
Mehrpersonensicht 243
Mehrstufige Selektion 192
Mehrtagessicht 241
Meldezeitraum 290
Meldungsbearbeitung 244
Meldungssicht 244
Mengenlehre 193

Mengenoperationen 192
Menüleiste 23
Mitarbeiterliste 163, 423
Mitarbeitersicht 244
Mitarbeiterstruktur 66
Modus 26
Monatskalender 234
MSS 18
Mussfeld 22, 41, 74
mySAP ERP 18
mySAP HCM → s. HCM

N
Nachbereitungsverfahren 369
Nachfolgeplanung 66
Name des Mitarbeiters (sortierfähig) 189
Navigation in R/3 21, 33
Negativerfassung 198
Nicht mehr abrechnen 272

O
Objektauswahlzeitraum 421
Objekt-ID 315, 421
Objektmanager 78, 201
Objektmengen 193
Objektselektion 187
Objekttyp 312, 420
Online Support Service 480
Online-Hilfen 477
Organisation im MDT 468
Organisationseinheit 313
Organisationsmanagement 65, 311, 465
Organisationsstruktur 67, 176
Organisatorische Zuordnung 98, 199

P
Parameter-ID 45
Payment Medium Workbench 285, 288
Performancemanagement 66
Periodenkonzept 257
Personalabrechnung 65, 251
Personaladministration 65, 180
Personalakte 151
Personalbeschaffung 65, 466
Personalbeschaffung im MDT 470
Personaleinsatzplanung 66
Personalentwicklung 66
Personalkostenhochrechnung 66
Personalkostenplanung 66
Personalnummer gesperrt 272
Personalstammdaten 459
Personalzeitwirtschaft 65

Personenauswahlzeitraum 167, 171, 189
Personendaten im MDT 468
Personen-ID 171
Personen-Selektion 168
persönlich tiefste Rückrechnung 271
Planstelle 313
Planstellenkontingent 470
Planvariante 161, 311, 420
PNP 168
PNPCE 168
Positiverfassung 198
produktive Abrechnung 278
Programm abbrechen 255
Programmierung 19
Protokoll 225
Protokollbaum 263
Prozessablauf der Abrechnung 275

Q
Qualifikationen 423
Query 162, 184
Quick-Infos 28

R
R/2 17
R/3 17
R/3 Enterprise 18
R/3-Bildschirm 23
    Konfiguration 28
Radiobutton 43
Rechnungswesenstruktur 67
Referenten 367, 382
Referenteninformation 427
Referenzpersonalnummer 96, 132
Regulierungsdaten 282, 287
Reiseabrechnung 441, 457
Reiseantrag 434, 435, 437, 438
Reiseart 441
Reisebuchung 457
Reisedaten 446, 447
Reisegenehmigung 451
Reisekosten 431, 434
Reisekostenabrechnung 435, 445, 453, 457
Reisekostenmanager 446
Reisekostennachweis 455
Reisekostennachweis drucken 454
Reisekostenverteilung 433
Reisekostenvorschuss 434
Reisemanagement 66
Reisemanager 431, 434, 436
Reiseprivilegien 432
Reisespesen 432

Reisestatus 448, 449
Reisestatus, Historie 451
Reiseziel 438
Release 19
Report 47, 162
    aufrufen 48
    ausführen 49
Reporting-Funktion 49
Reportvarianten 51
Ressourcen 366, 380
Ressourcenausstattung 427
Ressourcenbelegung 384, 427
Ressourcentypen 365, 381
Ressourcenzuteilung
    automatisch 382
    manuell 382
Rich Text Format 180
RT 260
Rückrechnung 90, 152, 153, 154, 227, 258, 302
Rückrechnungsdifferenz 268

S

Sachbearbeiterstruktur 67
Saldenübersicht 234
Saldokorrektur 224
Sammelsuche 79
SAP 17, 197
SAP AG 17
SAP Easy Access 33
SAP GUI 21
SAP Help Portal 477, 478
SAP Query 184
SAP Service Marketplace 480
SAP-Bibliothek 484
SAP-Hinweis 480
SAP-Konfiguration 28
SAP-Logon 21
SAP-Office 461
SAP-Referenz-IMG 482
Schlüssel in Drop-Down-Listen 30
Schnellerfassung 148, 201
Schnittmenge 193
Selektionsbild 163
Selektionsfelder 170
Selektionskriterien in Reports 49
Selektionsoptionen 50, 169, 190
SEM 18
Serienbrief 180
Service (ESS) 462
Simulation 226, 252
Skillmanagement 66

Sofortdruck 56
Sollarbeitszeit 107, 199
Sortierung 176
Sozialversicherung 285
Sozialversicherungsdaten Deutschland 115
Spaltenauswahl 179
Spesenbeleg 443, 444
Spool-Aufträge 58
Spool-Datei 58
Spool-System 55, 58
Spool-Verwaltung 285
Stammdaten 256
Stammdatenpflege 77
Standard 19
Standardbereich 185
Standardselektionsbild 168, 192
Statistiken 306
Status Beschäftigung 169
Status Zeiterfassung 67
Statusleiste 28
Stelle 314
Stellenplan 67
Stellenwirtschaft 66
Steuerberechnung 257
Steuerdaten Deutschland 113
Stichtag 161
stornieren 395, 401
Stornierungen 424, 425
Stornierungsgrund 402
Subsystem 200
Subtyp 74
Suchbegriff 80
Suchhilfe → s. Matchcodes
Support Packages 19
Symbolleiste 24
Systembenutzername 459
Systemfunktionsleiste 24
Systemmeldung
    Fehlende Berechtigung 39
Systemmeldungen 30
Systemnachrichten 461
Szenarien 311

T

Tabelleneinstellungen 53
Tabellenkalkulation 180
Tabellenlayout 55
Table Control 53
Tabverhalten 31
Tagesarbeitszeitplan 214
Tageszuordnung 221
technische Info 45

technischen Lohnarten 259
Teilnahme
　ersetzen 400
　stornieren 401
　umbuchen 400
Teilnahmekosten 389
Teilnahmemenü 387
Teilnahmestatistik 424
Teilnahmevoraussetzungen 423
Teilnehmer vormerken 395
Teilnehmerliste 422
Temporäre Vorgabewerte 45
TemSe-Objekt 287, 294
TEVEN 222
Textfelder 40
Textverarbeitungsprogramm 180
Themenkategorie 466
Time Manager's Workplace → s. TMW
Titelleiste 27
TMW 239
Transaktion 28
Transaktion stoppen 40
Transaktionen
　Probleme beim Ausführen 39
Transaktionen verknüpfen 38
Transaktionscodes 36
Transaktionscodes ermitteln 37
Treffermenge 187, 190, 194

U
Überleitungsstatus 450
Überweisung 280, 288
umbuchen 400
Umsatzstatistik 424
Unternehmensstruktur 67
untertägige Abwesenheiten 204
Urlaub 202
Urlaubsanspruch 121, 202

V
Vakanz 102, 316
Variante 176
Varianten von Reports 51
Veranstalter 380
Veranstaltungen 356
　absagen 412
　fixieren 408
　nachbereiten 414
　sperren/entsperren 413
Veranstaltungsablauf 425
Veranstaltungsangebot 372, 375

Veranstaltungsbedarf 425
Veranstaltungsbroschüre 363, 425
Veranstaltungsgruppen 355, 357
Veranstaltungshierarchie 425
Veranstaltungsinformation 426
Veranstaltungsinhalt 380
Veranstaltungskapazität 362
Veranstaltungskatalog 354
Veranstaltungsmanagement 66
Veranstaltungsmenü 372
Veranstaltungsort 377
Veranstaltungspreise 363
Veranstaltungstermine 426
Veranstaltungstypen 356, 359
Vereinigungsmenge 193, 194
Vergütungsmanagement 66, 466
Vergütungsmanagement im MDT 469
Verknüpfung 312
Verknüpfungen im Veranstaltungsmana-
　gement 365
Verknüpfungsart 312
Vermögensbildung 123
Vertragsbestandteile 118
Vertretung 212
Voraussetzungsabgleich 423
vormerken
　Teilnehmer auf Veranstaltungstypen 395
　Teilnehmer auf Veranstaltungstyplisten
　399
　Teilnehmerlisten auf Veranstaltungs-
　typen 399
Vormerkungen 424
Vorschau 190
Vorschlagswerte einrichten 44
Vortageskennzeichen 208

W
Warnmeldung 30
Warteliste 395
Web-Browser 459
Wert 191
Wertebereich 456
Wertehilfe 42
Wiederkehrende Be-/Abzüge 127
Wochenkalender 234
Word 180
Workflow 466
Workflow-Eingang 472
Work-Item 472
Workplace 460
WPBP 260

Z

Zahlungsbegleitliste 285
Zahlungsinformationen 261, 282
Zeitabgleich 233
Zeitabrechnung 224
Zeitart 224, 246
Zeitausweis 199
Zeitausweisnummer 199, 235
Zeitauswertung 198, 224
Zeitauswertungsergebnisse 248
Zeitbelege 233
Zeitbewertung 224
Zeitbindung 76, 84
Zeitdaten 200
Zeitdatenpflege 201, 239
Zeitereignisse 199, 220, 235
Zeiterfassungsgeräte 235
Zeiterfassungsinformation 199
Zeiterfassungskarte 200
Zeiterfassungsterminal 220
Zeitkonto 215, 235
Zeitlicher Veranstaltungsablauf 378
Zeitlohnarten 224, 246, 259
Zeitnachweis 226, 234
Zeitnachweisformular 227
Zeitnachweisvariante 225
Zeitraum 161
Zeitraumauswahl 174
Zeitraum-Selektion 168
Zeitsaldo 223
Zeitumbuchungsvorgaben 223
Zeitwirtschaft 197
Zutrittskontrollgruppe 200
Zwangsrückrechnung 225, 237
Zwischenablage 41

**Leichter planen -
Ressourcen sinnvoll
einsetzen**

ca. 70 S., ca. 58,00 Euro
ISBN 3-89842-951-2, September 2004

Personaleinsatzplanung mit SAP HR

www.sap-hefte.de

Martin Esch, Hans-Jürgen Figaj

Personaleinsatzplanung mit SAP HR

SAP-Heft 11

Sie arbeiten im HR-Bereich und haben Vorkenntnisse in SAP HR Zeitwirtschaft und Organisationsmanagement? Die Personaleinsatzplanung Ihres Unternehmens gestaltet sich bislang aufwändig und außerhalb Ihres SAP-Systems?
Dieses Heft berät Sie fundiert über die Gestaltungsmöglichkeiten, die die Standard-Personaleinsatzplanung (PEP) mit SAP Ihnen bietet.
Mithilfe einfacher Lösungen ermöglichen es Ihnen die Autoren, die zugrunde liegenden Konzepte und Prozesse zu durchdringen, die Funktionalitäten der PEP kennen zulernen und alle notwendigen Customizing-Einstellungen vorzunehmen.